JN444746

머신러닝 기술의 이해 : 기술사회학과 공학적측면을 중심으로

김지연 | 박주영 | 박정호 | 김재인 | 김태환

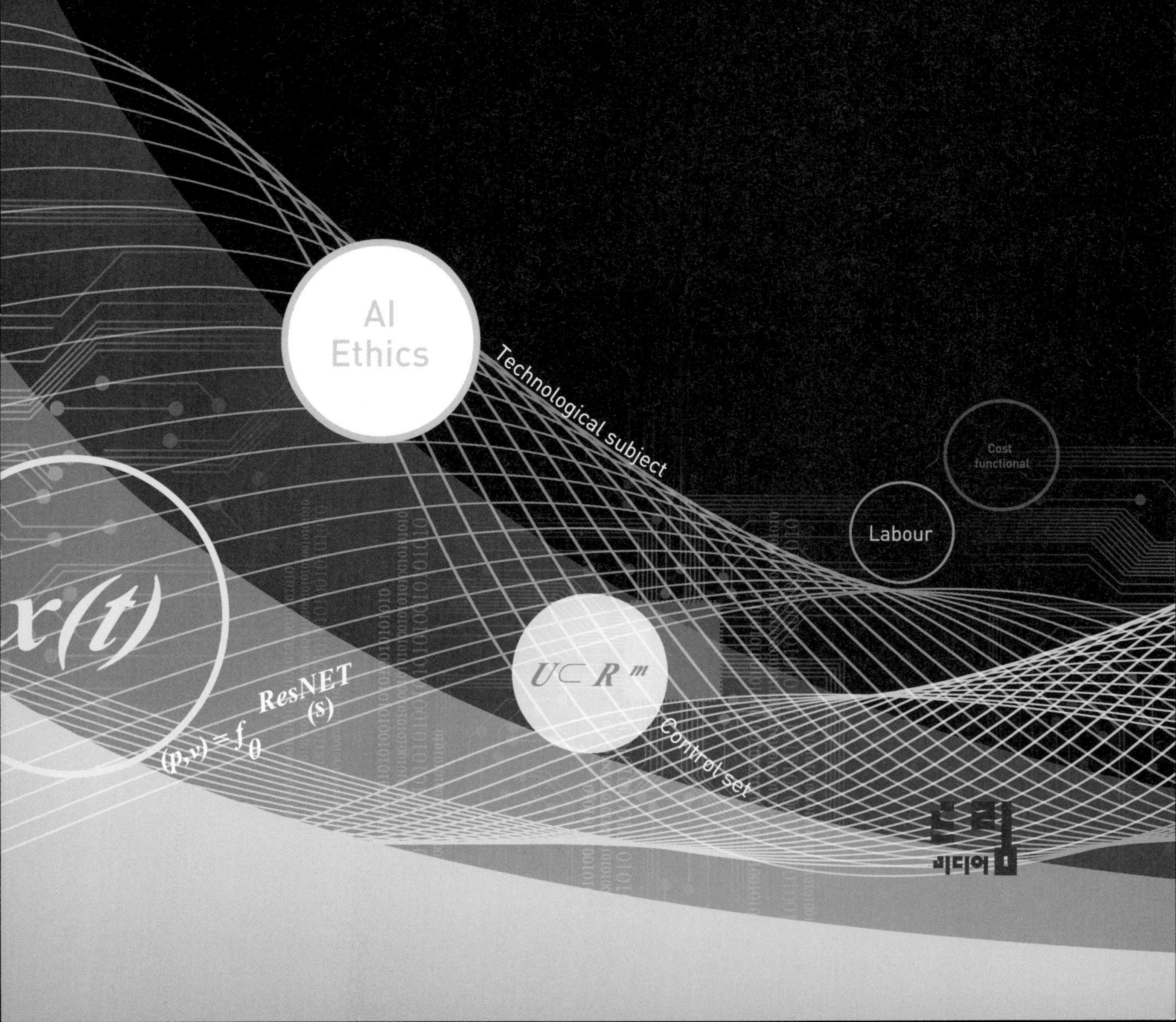

머릿말

이 책에서는 그동안 고려대학교 제어계측공학과, 정보보호학과, 수학과, 금융공학협동과정 등에서 인공지능 관련 강의를 하면서 다룬 내용을 모아 보았다. 최근 들어 머신 러닝을 포함한 인공지능 기술은 공학 분야뿐만 아니라 다양한 분야에서 우수한 성과를 보이고 있다. 인공지능 기술은 4차 산업혁명 시대의 주요 이슈로 대두되고 있는데, 이 책에서는 인공지능의 기술사회학적 측면과 공학적 측면을 중심으로 한 다양한 이슈들을 소개하였다, 이 책의 중요한 특징 중 하나는 머신 러닝을 하나의 공학 기술로 소개하는 데에 그치지 않고, 현재에 이르기까지 인공 지능이 어떠한 기술사회적 의미를 가져왔는지를 함께 소개하였다는 점이다. 머신 러닝 기술은 앞으로도 다양한 측면에서 그 의미와 가치를 새롭게 정립하면서 기술혁신을 이루어 나가야 하는 숙제를 안고 있으므로 이 책과 같이 융합적 사고를 위한 화두를 던지는 노력은 계속적으로 필요할 것이다.

기술사회학은 도구주의와 기술결정론을 비판하면서 출발했다. 도구주의(Instrumentalism)에 따르면, 기술은 인간에 의해 만들어졌으므로 인간이 기술의 주인이며 기술을 통제한다고 생각하는 기술낙관론이다. 여기서 기술은 그 자체로 어떤 자율성도 없으며 중립적이다. 반면에, 기술결정론(technological determinism)은 기술시스템이 어느 정도 성숙하면 스스로 자율성을 가지게 되고 사람들은 그 시스템의 일부가 된다고 주장한다. 이 관점에서 기술은 창조자로부터 벗어나 자신의 고유한 법칙에 따라서 진화하는 유기체적 생명체와 유사해진다. 기술결정론은 기술이 사회발전에 영향을 준다는 점을 강조한다.

도구주의와 기술결정론은 상이한 관점처럼 보이지만, 기술과 사회를 이분법적으로 본다는 점에서는 공통적이다. 도구주의는 인간이 도구를 지배하고 기술결정론에서는 기술이 인간을 지배한다. 양쪽 모두 인간과 도구(기술)가 별 개의 것으로 분리되어 있고 어느 한쪽이 다른 한쪽에 일방적 영향을 준다는 생각이다. 기술사회학은 이런 관점에 반대한다. 인간과 기술은 완벽하게 분할되지 않으며 상호적으로 변화하는 관계에 있다.

이 책의 Part I에서는 인공지능의 기술사회학적 측면을 위하여 기계의 이미지, 오토마타 이야기, 튜링테스트, 지식의 사회적 성격, SF와 인공지능, 알파고와 인간, 인공지능의 전망, 인공지능과 노동, 포스트 휴먼 등을 다루고, Part II에서는 머신러닝의 공학적 측면을 위하여 머신 러닝의 공부 방법, 확률, 함수 근사, 이진 분류, 커널 기법, 서포트 벡터 머신, 젠센 부등식, 마코프 의사결정 과정, 확률론적 최적 제어, 강화 학습 및 딥 러닝 등을 다룬다.

더 나아가 이 책은 머신 러닝 기술에 대하여, 기술사회학과 공학이라는 이질적인 관점에서 출발하여 "기술의 주체(technological subject)"가 되기 위한 노력의 일환이다. 기술의 주체는 그 기술에 매혹되어 그 기술의 의지, 그 기술의 질서를 자신의 것으로 받아들이기로 한 자들이다. 그리하여 그 기술이 자신을 대상화하는 것을 승인하며 최종적으로 그로 인한 이득만이 아니라 그로 인한 손해도 감수하기로 작정한 자들이다. 그들은 그 기술의 대상이 되었지만, 그럼에도 불구하고, 그들이 당당히 주체로 불려지는 이유는 그들이 스스로 매혹되었기 때문이며, 또한 스스로 매혹되기를 그만둘 수도 있기 때문이다. 그러한 자들이 얼마나 많은 지가 그 기술의 권력의 크기이다.

이 개념을 인공지능에 적용해보면, 인공지능기술에 매혹되어 그 기술의 의지와 질서를 받아들이기로 한 자들을 "인공지능기술의 주체"라고 부를 수 있을 것이다. 과연 인공지능기술은 그러한 자신의 주체를 만날 수 있을 것인가? 우리는 어쩌면 그 광경을 목격할 수도 있을 것이다.

2018년 초, 고려대학교 연구실에서

대표저자 박주영, 김지연

CONTENTS

PART I
기술사회학적 측면

PART II
공학적 측면

PART I

기술사회학적 측면

CHAPTER 01

기계의 이미지

기계는 자연물은 아니지만 자연화된 인공물(artifacts)이다. 즉, 인공물이지만 자연물처럼 당연한 것으로 여겨진다. 기술사적으로 이 인공물을 보는 다수의 관점들이 있다. 우선 인공물은 인간에 의해서 만들어지므로 수동적인 존재라고 보는 관점이 있는데 이를 흔히 '기술도구주의'라고 한다. 다른 한편으로 산업혁명 이후 다양한 종류의 기계들이 일상화되면서 기계의 자율성(autonomy)에 주목한 관점이 등장했다. 그것이 '기술결정론'이다. 마지막으로 기술은 미리 결정된 길을 가는 것이 아니라 사회문화적으로 구성된다는 해석이 있다. 이를 '구성주의'라고 하는데 이 관점은 동시대의 사람들이 기계에 대해서 어떤 태도를 취하는지 또는 어떤 이미지를 가지는지를 중요하게 생각한다.

인공지능, 로봇 등 지능기계(intelligent machines) 문제는 이제 우리의 미래에 관한 주요한 주제가 되었다. 우리는 기계 일반에 대한 구성주의 관점에서 지능기계와 사회와의 관계에 특별히 주목할 필요가 있다. 먼저 세계의 여러 전설과 신화에 등장했던 기계 이미지에 대해서 알아본다. 전설과 신화는 기계에 대한 사회문화적 기대와 두려움을 동시에 담고 있다. 사소한 전설도 그냥 전해지는 법은 없다.

골렘(Golem) 이야기

골렘은 거대한 기계를 연상하게 한다. 16 세기 말, 체코 프라하 유대인들은 신성로마제국 황제 루돌프 2세(Rudolf Ⅱ)의 통치하에서, 사회정치적으로 핍박받고 있었다. 랍비 유다 로우 벤 베잘렐(Rabbi Judah Loew ben Bezalel)은 골렘을 만들어 유대인을

그림 1.1
랍비와 골렘

자료: sefaria.org

골렘이라는 단어는 성경에 단 한 번 등장한다. 히브리어로 골렘은 "형상이 없는 덩어리(shapeless mass)"를 의미한다.

보호하기로 결정했다. 랍비는 의식을 거쳐서 블타바 강 유역에서 흙으로 골렘을 지었고 히브리어로 특별한 주문을 외워서 생명을 불어넣었다. 골렘의 이마에 "진리"를 의미하는 "emet"이라는 단어를 삽입했다.

골렘은 랍비의 명령에 복종하며 유태인 게토의 사람들을 돕고 보호했다. 그러나 골렘은 더 커지면서 사람을 죽였다. 랍비 로우는 골렘을 파괴하기 위해서 "emet"의 첫 번째 문자 e를 제거했다. "met"은 죽음을 의미했다. 전설에 따르면 랍비의 아들이 골렘을 다시 살려냈다고 전해진다.

골렘 신화는 거대한 기계의 이미지가 '약자의 보호자'였다는 것을 시사한다. 한편으로 그 골렘이 자율성을 가지게 되어 통제할 수 없게 되어서 파괴해야 했다는 대목은 기계에 대한 두려움을 담고 있다. 골렘의 이마에 주문을 넣었다는 이야기는 기계를 지배하는 규칙에 관한 함축이다. 이 이야기는 기계(기술)에 대한 상반된 이미지를 동시에 대변하고 있다.

피그말리온(Pygmalion) 신화

그리스 신화에 나오는 피그말리온은 키프로스의 왕이었다. 피그말리온은 '현실의 여인들'을 좋아하지 않았다. 그는 상아로 아름다운 여인을 조각으로 만들어 '그녀'와 언제나 함께 생활했다. 그러던 중 그 아름다움도 불완전하다는 것을 깨닫고 아프로디테에게 제물을 바치면서 자신의 조각상이 진짜 여자로 변하게 해달라고 빌었다. 그리고 그가 집에 돌아왔을 때 조각상은 아름다운 여인으로 변해있었다. 그 여인을 갈라테아라고 불렀다. 이처럼 자신이 만든 인공물에 감정을 느끼는 현상을 "피그말리온 효과(Pygmalion effect)"라고 한다.

피그말리온 이야기는 수많은 예술작품 - 회화, 소설, 희곡, 영화 등의 모티브가 되었다. 1912년 조지 버나드 쇼(George Bernard Shaw)의 희곡 〈피그말리온〉이 대표적이다. 이 희곡에는 피그말리온 역할에 음성학자인 히긴스 교수(Prof. Higgins)가 등장하고, 갈라테이아 역할에는 런던 빈민가에 살면서 심한 사투리를 쓰는 소녀 엘리자 두리틀(Eliza Doolittle)이 등장한다. 히긴스교수는 엘리자를 교육하여 귀족부인처럼 보이게 만들 수 있다고 친구 피커링 대령(Colonel Pickering)과 내기를 한다. 엘리자도 그 실험에 동의한다.

히긴스: 알파벳을 발음해 봐.

엘리자: 알파벳은 나도 알아요. 내가 아무것도 모르는 줄 아세요? 어린애를 가르치듯이 할 필요 없어요.

히긴스: (버럭 소리를 지르면서) 알파벳을 발음해 보라고.

피커링: 해봐요, 둘리틀 양, 곧 이해하게 될 거야. 선생님이 하라는 대로 해요. 선생님 방식대로 가르치게 해요.

엘리자: 음, 그렇게 말씀하신다면.... 아이, 버이, 커이, 더이 –

6개월 후 발음과 태도를 훈련받은 엘리자는 버킹엄 파티에 참석하고, 그곳에서 히긴스교수의 제자이자 음성학자 카파티 교수를 만난다. 히긴수교수의 제자이기도 한 카파티 교수 역시 음성학적으로 사람의 출신을 판별할 수 있다고 한다. 그는 엘리자가 너무 정확한 영어를 구사하기 때문에 영국인이 아니라고 판정하지만 엘리자가 귀족이라는 점에 대해서는 조금도 의심하지 않으며 "헝가리 귀족"이 분명하다고 장담한다.

실험과정에서 엘리자는 그저 거짓으로 흉내를 냈을 뿐이다. 그런데도 실험이 끝난 후 엘리자는 과거의 빈민 생활로 돌아갈 수도 없었고 그렇다고 상류층으로 살 수도 없었다. 실험 과정은 엘리자의 발성만이 변화시킨 것이 아니라 그의 정체성도 변화시킨 것이다. 갈라테이아가 조각상에서 인간으로 변이한 것처럼 엘리자도 변형되었다. 버나드 쇼의 관점에서 교육받은 인간은 일종의 인공물이었다.

이 희곡은 대중적으로 인기가 있어서 1938년 동명영화로 제작되었고 뮤지컬로도 성공했다. 1964년 오드리 헵번 주연의 헐리우드 뮤지컬 영화 〈마이 페어 레이디(My Fair Lady)〉가 가장 잘 알려진 버전이다.

버나드쇼의 이 작품은 아마도 공학자들에게 영향을 준 것으로 보인다. 히긴스 교수의 엘리자 실험은 테스트 참가자가 면접관들을 속인다는 설정으로 "튜링 테스트(Turing Test)"와 많이 닮았다. [3장참조] 알렌 튜링은 이 작품을 본 것일까? 튜링테스트를 제안했던 1950년, 이 작품은 영국에서 연극과 영화로 인기가 있었다. 한편 더 명시적인 사례도 있다. 1966년 MIT대 와이젠바움 교수(Prof. Weisenbaum)는 이 작품을 참조하여 자신의 자연어대화 프로그램 프로젝트 이름을 "엘리자(Eliza)"라고 명명했다고 밝혔다. 엘리자라는 인물은 '스스로 변화하는 힘'을 가진 인공물을 상징하기 시작했다.

기계는 무엇인가

챔버스 영어사전(Chambers English Dictionary)은 기계의 정의에 대해서 매우 넓게 기술하고 있다.

> "모든 인공적 수단 또는 발명품: 엔진, 그가 말하는 것만 수행할 수 있는 것, 조직된 시스템, 정당 조직"

또한 옥스포드 영어사전은 기계에 대해서 이렇게 말하고 있다.

> 살아있는 존재, 의식 그리고 의지와 대조적으로, 기계적으로 움직이는 부분들의 조합. 그래서 지능 없이, 단지 습관으로 행동하거나 규칙에 복종하는 사람에게 적용, 또는 궤도를 벗어나지 않는 '기계'의 엄밀함과 일관성을 가지고 행동하는 것에 적용

사전적으로 기계의 정의를 확인하는 순간 그 범위가 상당히 넓다는 것을 알 수 있다. 과학사회학자 콜린스(Collins, H.)에 따르면 기계를 분류하는 방식은 여러 가지가 있는데, 먼저 "기계가 무엇을(what) 했는지"를 기준으로 유형화했다. [1]

1. 도구(tools): 기계는 우리가 이미 할 수 있는 일을 하도록 해서 우리의 능력을 증대할 수 있다. 예) 망치와 톱.
2. 대리인(Proxies): 우리가 이미 하던 일을 수행함으로써 우리를 대체할 수 있다. 로프는 배를 고정하기 위해 기둥 주위에 두르는 대리인이다.
3. 새로움(novelties): 기계는 우리가 결코 할 수 없는 일을 할 수 있다. 예) 고가다리, 폭발 장치, 냉동장치, 우주 로켓, 레이저, 가상-현실 헤드셋

이처럼 기계의 작동은 단지 수동적인 것에 머물지 않는다. 특히 '새로움' 항목은 우리가 이미 인정한 기계의 역량이다. 결과적으로 기계는 우리의 통제를 넘어설 수

도 있다. 또한 "기계가 어떻게(how) 작동하는지"를 기준으로 유형화할 수도 있다.

1. 기본 행동자(Behavers) : 같은 것을 반복적으로 수행한다. 예) 자동 드릴 기계.
2. 선택 행동자(Disjunctive behavers) : 사전에 작성된 선택 목록 중에서 행위를 선택한다.
3. 피드백 행동자(Feedback behavers) : 특정 가능성 집합에 등재된 자극을 감지하여 미리 예상된 범주 안에서 무엇인가를 수행한다.
4. 학습 행동자(Learning behavers) : 자신의 환경과 자신의 사용자로부터 정보를 취득하고 자신의 설계에 이것을 결합한다.

우리는 이미 매우 다양하고 많은 기계들과 상호작용하며 일상을 살아가고 있다. 이제 기계 없는 삶은 불가능해졌다. 그러므로 기계에 대한 더 많은 이해가 요구되고 있다. 인공지능에 대한 이해는 기계 일반에 대한 이해를 전제로 할 때 안정적으로 구축될 수 있다.

기계의 예시 : 사다리 타기 놀이

여기 아주 쉽게 만들 수 있는 기계가 하나 있다. 우리는 동료들과 식사 후 아이스크림 내기 사다리 타기를 한다. 사다리 타기는 가상의 제비뽑기인데, 가로줄을 아무리 많이 그어도 결과가 중복되지 않고 각 출발지점과 각 도착지점이 일대일로 대응한다(함수 성격). 모든 참가자가 뽑기 진행 과정을 지켜볼 수 있다. 그런데 연필을 들고 직접 사

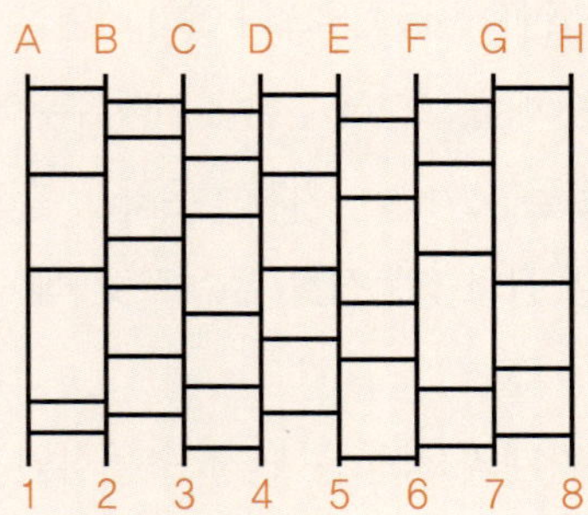

다리 타기를 수행하기 전까지는 그 결과를 알 수 없다. 사다리 줄을 직접 그린 사람도 뽑기의 결과를 알 수 없다.

사다리 타기의 결과는 제비뽑기와 같지만, 추가적인 특질이 있다. 가벼운 역할을 정하기 위해 당첨자를 정하는 과정을 즐겁게 만든다. 이 사다리 타기는 누가 아이스크림을 살 것인지를 결정하는 일을 대행(대리인 역할)해 주었다. 이 장치는 입력과 출력만 알 수 있고 그 내부를 볼 수 없는 일종의 암흑상자(Black box)로서, 의사결정을 자동화해준다. 사다리타기는 참가자들을 '공평하게' 처리한다는 점이 매력적이다.

기계의 예시 : 관료조직 (Bureaucracy)

여러 학자들은 국가 또는 관료조직도 기계의 일종이라고 규정한다. 19세기 독일 사회학자 막스 베버(Weber, M.)는 근대 관료제를 분석한 것으로 유명하다. 그는 관료제의 조직 개념을 기계처럼 다루었다. 베버는 관료제적 조직의 이득을 공정과 효율이라고 본다. 그리고 스미스(Smith, B. C. 1988)는 관료제의 정의에 다음과 같이 묘사했다.

> *"관료제는 다수의 "사무실들"로 구성되어 있다… 각 사무실의 임무, 권위 그리고 의무는 정규적이고 안정적이고 엄밀한 방식 안에서 형식적 규칙에 의해 할당된다. …… 순수한 관료제의 가장 중요한 특질 중 하나는 ………그 사무실의 업무가 개인적 숙고와 관계없이 적용되는 규칙에 따른다는 것이다. 관료는 유사한 사례에 대하여 유사한 처방을 하는 것으로, "형식적 비인격성(formalistic impersonality)"을 취할 것으로 기대된다."*

미셸 푸코(Foucault, M.)도 관료조직 또는 국가제도를 자율성을 가진 기계에 비유했다. 그는 근대의 감옥 "파놉티콘(Panopticon)"을 자동적 권력 장치로서 분석한 것으로 잘 알려져 있다[6장 참조]. 대조적으로 산업사회학과 조직사회학 연구자들은 관료조직을 기계에 비유해서는 안된다고 주장한다. 관료조직을 운영하는 사람들의 권위에 대한 복종 또는 상호적 존경과 같은 현상은 기계의 특성과 모순적이기 때문이다. 그럼에도 불구하고 관료조직은 비인격성(impersonality)를 특징으로 하며, 의사결정을 표준화하고 자동화한다는 점은 분명해 보인다.

“기계-같은(machine-like)”

“기계-같은”이라는 말은 기계에 대한 대표적인 이미지를 표현한다. “기계 같다”는 말은 어떤 맥락에서 사용되고 있나? 대체로 부정적으로 사용되는데, 분석적인 측면에서 양가적 의미를 모두 포함하고 있다. (1) 예측가능하다: 인과적 합리성 (2) 부자연하다: 환경맥락에 대한 부적합성 등.

이처럼 풍부하고 다양한 기계의 이미지가 존재한다는 사실은 우리가 기계와 함께한 경험이 풍부하기 때문일 것이다.

기술은 세계를 이해하는 방식

기계는 기술의 구체적인 출현 형태이다. 따라서 기계의 이미지는 기술의 이미지와 중첩된다. 우리에게 “기술은 무엇인가?” 하이데거(Heidegger, M.)에 따르면 기술은 세계를 이해하는 근본적인 방법이다. 지식 그리고 진리는 단순히 주어지는 것이 아니라 어떤 특정한 방식으로 구성될 때만 출현할 수 있다. [3]

지식의 문제는 지식 그 자체보다 그것을 배열하고 배치하는 구조적 형식을 들여다보아야 한다. 기술은 그러한 구조적 형식을 구축하는 행위 전체를 말하며 이를 지칭하기 위해 하이데거는 “Gestell(Enframing, 프레임 구축하기)”이라는 새로운 용어를 창안했다. 어떤 문제를 풀기 위해서 특정한 조직 원리를 구성하고 그 질서 안으로 자연 세계를 배치하는 것이다. 이로써 자연은 이 프레임의 대상이 되어, 그 프레임 안으로 재조직되며

그림 1.2
근대지리학과 지도제작

1695년 네덜란드 암스테르담의 비셔(Visscher N.)에 의해 제작된 세계지도. 현대 지도의 유래를 보여준다. 동반구와 서반구로 나누어 그렸고, 위도와 경도가 뚜렷하게 드러나 있다.

자료: https://sanderusmaps.com

그 프레임에 맞는 관계를 부여받는다.

다시 말해서 기술은 세계 내 존재의 "드러남의 양식(that way of revealing)"이다. 기술은 인간과 사물 모두를 끊임없이 그 질서의 양식 안으로 호출한다. 그러한 기술에 의해서 세계 내 사물들은 어떤 형식 안에 놓일 때만 우리 앞에 출현할 수 있다. 기술은 인간 활동의 단순한 집합이 아니라 그 모든 것들이 배열될 수 있는 구조적 형식, 즉 "진리의 형식(mode of truth)"을 형성하는 것이다. 기술은 인간이 자연의 지식을 얻는 과정 전체이다. 그러므로 기술은 자연에 대한 우리의 지식을 실현하고 자연에 대한 우리의 이해를 형성하고 변환할 수도 있다.

예를 들어 보자. 근대 지리학의 발전은 지도제작과 함께했다. 위도와 경도라는 프레임 안으로 육지와 바다의 경계, 산의 높고 낮음이 '재현'되었다. 지도는 실재와는 다르지만 실재를 대표한다. 그래서 지도는 우리에게 세계를 이해하는 방식, 세계에 대한 진실을 제공한다. 우리는 지도를 통해서 세계를 전지적 시점에서 내려다 볼 수 있게 되었다. 지도를 그리는 방법에 따라 지형은 조금씩 다른 모양으로 출현하는데 이것은 프레임이 사물을 드러내는데 얼마나 중요한 토대가 되는지를 다소 보여준다. 지도가 우리에게 당연한 것이 된 이 후, 위도와 경도는 배경 속으로 사라졌고, 그 프레임 자체는 인식하지 못하게 된다.

하이데거의 프레임 구축 개념은 기술에 대한 인식론에 영향을 준다. 대표적으로 인공지능 논쟁으로 유명한 드레퍼스(Dreyfus, A.)는 우리의 세계 인식에 대해서 이렇게 말했다. [3장 참조]

> 우리는 어떻게 망치를 망치라고 이해할 수 있고, 의자를 의자라고 이해할 수 있나? 우리가 의자가 무엇이지 혹은 망치가 무엇인지 이해할 수 있는 이유는 그것이 일련의 문화적 실천 전체, 즉 우리가 그 속에서 성장하여 점차 친숙하게 된 그 전체에 들어맞기 때문이다.

우리는 지금 우리 앞을 막 지나가고 있는 것이 고양이인지 개인지를 곧장 알 수 있다. 한 번도 본 적이 없는 새로운 모양의 고양이나 개가 등장하더라도 아주 쉽게 알 수 있다. 그것은 고양이 자체를 안다기보다 고양이와 고양이가 아닌 것 사이(관계)를 아는 것에 가깝다. 고양이를 개별로서 파악하는 것이 아니라, 전체 맥락 안에서 그것이 고양이라는 것을 파악하는 것이다.

한편 하이데거는 현대기술의 위험에 대해서도 경고했다. 현대 기술은 "프레임 구축하기(Gestell)"를 극단으로 몰아가고 있다. 특히 기계기술의 영역에서 가장 분명해 보인다. 현대의 기계기술에서 모든 대상은 그 자체로 의미가 사라지고, 에너지와 통계로부터 기계와 사람들에 이르기까지, 모든 것은 '질서가능성(orderability)'이 있는지를 기준으로 배치되고 있다. 그런 사정은 현대 물리학이라는 불리는 곳, 과학의 영역에서도 마찬가지다.

의미의 프레임(Frame of Meaning)

하이데거의 주장과 같은 맥락에서 콜린스(Collins, H.)는 "의미의 프레임"이라는 개념을 사용했다. 우리가 알고 있는 '합리성'이란 근본적으로 완벽하거나 뛰어나다는 의미가 아니라, 특정 사회문화적 의미의 프레임 안에서 '합리적인 것'으로 인정된 것이다. 그런 연유로 합리성은 사회문화에 따라서 다를 수 있다. 한 사회에서 합리적인 것이 다른 사회에서는 전혀 합리적이지 않은 것으로 정의될 수 있다. 그런 만큼 개별적 지식보다 의미의 프레임이 어떻게 구축되는지가 더 중요하다.

유사한 사례는 학문분과에서도 마찬가지로 빈번히 발생한다. 특정 전문가 사회에서 통용되는 것이 다른 특정 전문가 사회에서는 그렇지 않을 수 있다. 해당 전문가 사회가 형성해 온 의미의 프레임이 다르기 때문에, 어떤 이론적 개념이나 행동(실험)이 다른 프레임에서는 다른 관계로 배치될 수 있다. 이런 점에서 과학도 하나의 문화적 실천이며, "자기-충족적인 사회-인지 시스템(self-contained socio-cognitive system)"이다.[2]

> 사회집단은 예술이나 정치에 대한 그들의 신념을 구축하는 것과 같은 방법으로, 자연 세계에 대한 그들의 신념을 구축한다. 진실이라고 설명된 것은 사회적 과정의 결과이지, 그 결과의 원인이 아니다.

의미의 프레임 개념은 과학철학자 토마스 쿤(Kuhn, T.)의 "패러다임(paradigm)" 개념과도 일맥상통한다. 패러다임은 "과학 공동체 구성원들이 공유하고 있는 가정, 정의, 법칙 그리고 기교들의 집합(set of assumptions, definitions, laws and techniques)이다. 쿤에 따르면 패러다임 전환(paradigm shift)이 일어난 후에는 이전 패러다임과는 의미를 공유하지 않는다.[6, 7] 근대 이전의 패러다임은 근대 과학 패러다임에서는 이해할 수 없는 것이 된다. 16세기 연금술은 많은 지적 기여를 했지만 근대 과학이 되지 못했고 미신의 영역이 된 대표적 사례다.

마치 경쟁하는 정치 이념 중에서 하나를 선택해야 하는 '혁명'처럼, 과학자들은 경쟁하는 패러다임들 중에서 하나를 선택해야 할 때가 있다. 그것을 과학혁명이라고 부른다. 패러다임이 교체되었을 때 이전 패러다임의 모든 개별 구성요소들은 재정의되며, 새로운 질서 안으로 배치된다. 그 결과 전에는 관계없었던 것이 이제 관계있는 것이 될 수도 있다. 이것은 패러다임이 그 '세계(현실)'를 변형할 수 있다는 의미이다. 과학지식과 진리의 문제는 어떤 패러다임 안에 있느냐에 의존한다.

기술시스템

19세기 이후 과학자, 시스템 건설자들은 현대 세계의 기술시스템을 창조하기 시작했다. 오늘날 대부분의 사람들은 자연환경이 아니라 이러한 시스템에 의해 구성된 인공 환경 속에 있다. 현대 기술을 단지 개별 기계나 장치로만 한정하는 것은 현대 기술의 경향을 충분히 이해할 수 없다.

기술시스템의 대표적인 사례는 전등/전력시스템이다. 1879년, 에디슨은 기존의 전구를 개조하여 고저항 필라멘트 전구를 생산할 수 있었다. 그러나 여전히 상품이 되기에는 부족했다. 당시 각 가정에 전기가 배전되지 않았기 때문이다. 소비자가 전구를 구매하더라도 사용할 수 없었다. 에디슨회사는 전구를 판매하기 위해서 발전소를 세우고 전선을 깔아서 각 가정에 전기를 배전했다.

당시 시스템 구축가들은 발전기와 송전선뿐만 아니라 전기기구 제조업체나 전력회사와 같은 조직적 형태까지도 발명했다. 또한 당시 지배적 조명방식이었던 가스등과 대비하여 전기조명이 미래의 비전이라고 홍보했다. 당시 사람들은 한 번도 사용해 본 적이 없는 전구를 사용할 동기가 없었다. "전구는 가스등보다 안전하고 깨끗하다!" 에디슨회사는 전구를 팔기 위해서 전기시스템 전체를 구축했고 전기에 대한 사회적 이미지도 변화시켜야 했다. 토마스 휴즈(Hughes T.)는 그런 기술적 노력 전체를 "기술시스템(technological system)"이라고 정의했다.[4, 5]

기술 시스템의 구성 요소들은 서로 상호작용하기 때문에, 각 구성 요소의 특성은 시스템 전체 맥락 안에서 파악해야만 제대로 파악할 수 있다. 관리구조나 조직형태는 시스템 내부에서 기능하는 기술적 특성에 영향을 받는다. 반대로 기술 시스템의 관리자들은 기술적 요소를 선택할 때 종종 관리구조나 조직형태와 잘 어울리는지를 고려한다. 예를 들면 전력회사의 관리구조는 발전소가 시스템 내부에서 차지하는 경제적 역할을 반영하여, 기업의 관리구조에 적합한 방식으로 설계된다. 또한 기업에서의 기술적 하드웨어의 구조는 기업의 사업전략과 상호작용한다. 기술의 역사를 통해서 볼 때, 하나의 인공물이 사회적으로 수용되기까지는 개별 차원을 넘어서 시스템 수준의 구성을 요구했다.

인공지능을 위한 의미의 프레임

현재, 인공지능 기술이 직면한 문제는 단지 개별 기능적 발전 차원으로 한정되지 않는다. 어떤 기계(어떤 새로움)를 만들어낸다는 것은 그 기계가 전체 맥락에 잘 들어맞도록 배치될 수 있는 자신의 프레임을 가지게 된다는 것이다. 인공지능이 사회적으로 승인되기 위해서는, 인공지능의 역할이 사회 전체 맥락에 잘 들어맞도록 배치될 수 있는 '의미의 프레임'도 함께 발명되어야 한다. 그것은 역으로 인공지능이 사회적으로 승인될만한 자신만의 역할을 발견했다는 의미일 것이다.

참고문헌

[1] Collins, H. M. & Martin, K., *The Shape of Actions: What Humans and Machines Can Do*, The MIT Press, Cambridge MA, 1998.

[2] Collins, H. M. & Pinch, T. J., *Frames of Meaning: The Social Construction of Extraordinary Science*. Routledge, London and New York, 1982.

[3] Heidegger, M. *The Question Concerning Technology and Other Essays*, William Lovitt(trans.), Harper & Row, New York, 1962[1977].

[4] Hughes, T. P., *Networks of Power: Electrification in Western Society, 1880-1930*, The Johns Hopkins University Press, Baltimore and London, 1983.

[5] 송성수 편저, 과학기술은 사회적으로 어떻게 구성되는가, 새물결, 1999 .

[6] 토머스 S. 쿤, 과학혁명의 구조, 김명자 · 홍성욱 옮김, 까치출판, 2013.

[7] 김동광, 과학에 대한 새로운 관점: 과학혁명의 구조, 미래출판, 2014.

CHAPTER 02

자동인형 이야기

오토마타(Automata)는 스스로 작동하는 기계 일반을 지칭한다. 이 말은 자기자신의 추동력으로 움직이는 (moving by one's own impluse), 또는 '그 자체의 행동(acting of itself)'이라는 의미의 그리스어 "오토마토스(Automatos)"에서 유래한 것이다. 우리말로는 일반적으로 자동기계 또는 자동인형이라고 번역한다. 단어의 역사만큼이나 자동인형에 대한 판타지는 아주 오래전부터 세계 도처에서 발견된다.

기원전 3세기 중국 주나라 기술자가 움직이는 인형을 제작하여 왕에게 받쳤다는 기록이 있다. 일본에는 카라쿠리(Karakuri)라는 자동인형이 있는데, 17세기 중반 에도시대부터 만들어지기 시작했다. 카라쿠리 인형은 주로 태엽과 톱니바퀴로 작동되는데, 중국의 지남차와 물시계 제작기술의 영향을 받아 기계장치들이 점차 발전되어 움직이는 인형으로 진화했다.

유럽에서는 18세기 자동인형 붐이 일어났다. 과학사회학자 사이먼 쉐퍼(Schaffer, S.)에 따르면 유럽의 자동인형은 중세도시의 시계장치와 관련이 있다. 시계장치 내부의 톱니바퀴와 캠장치들이 자동인형의 내부 장치로 전환되었다. 이들 기계의 자동성은 단순 도구나 장난감의 기능에 그치지 않고 사회적 영향력을 발휘하기 시작했다.[1] 동서양 모두 자동인형은 시계장치와 연관이 있었다.

도시 공공 건축물, 시계탑

유럽의 시계장치는 16세기 중세 도시국가에서 공공적 의미를 가지고 탄생했다. 도시는 자연으로부터 멀어진 공간이다. 농촌의 삶은 자연의 흐름에 부응하여 일상을 영위하지만, 도시는 이제 그럴 수 없게 되었다. 도시의 공간에 자연을 대신하는 역할을 '누군가' 해야 했다.

> 도시에는 폭발적 긴장이 늘 존재했다. 중세에는 도시의 공기가 사람들을 자유롭게 해 준다고들 했다. 이것이 도시에는 큰 문제를 낳았다. 마스터와 도제, 상인과 점원들의 이해관계가 대립했다. 도시는 역병과 화재에 취약했고 사회적 갈등이 만연했다. 목표는 도시를 훌륭한 질서와 이상적 정부의 장소로 바꿔놓을 수 있는 기법을 찾는 것이었다. 시계장치가 해법을 제공해 주었다. 종소리는 도시 전체에 퍼져나가 이질적인 집단들을 한데 묶어 주었고 자연에서 완전히 동떨어진 세계에 규칙성을 제공해 주었다. 도시들은 이내 화려한 시계를 만들어 자신들의 힘을 과시하기 시작했고 이 시계에 초기의 자동인형들이 자리를 잡게 됐다. [2]

시계장치는 자연의 항상성을 모방한 것이었다. 당시 시계장치는 공공 구조물이었고, 그 리듬과 왕복 운동은 도시의 일상 체계를 움직이는 근간이었다. 시민들은 시계 소리에 맞추어 일을 시작했고 약속을 지켜야 했다. 시계 장치는 자연의 자리를 대체했고 새로운 도시질서와 도덕을 형성했다. 이제 시간을 지키는 사람은 성실한 사람으로 그 반대는 믿을만하지 못한 사람으로 평가되었다. 그렇게 근대사회에서 시간 개념은 시민의 자격으로 체화되었다. 이것이 최초의 오토마타였던 시계장치의 위력이다.

이후 다양한 자동인형들이 만들어졌는데 상당기간 동안 귀족들의 향유물이었다. 18세기에 유럽의 작업장에서 장인들은 시계의 부품들을 소형화하는 창의적 방식을 발전시켰다. 소형화된 부품 덕택에 자동인형은 새로운 종류의 운동을 모사할 수 있었고 새소리처럼 자연스러운 소리도 재현할 수 있었다. 자동인형은 궁전과 우아한 정원에 전시되었다. 당시 자동인형 장인들의 보수는 형편없이 낮았지만 창의적이고 숙련된 작업으로 자동인형을 발전시켰다.

가장 귀족적인 자동인형의 대표적인 사례는 1740년대에 오스트리아의 부유하고 번창하는 도시, 잘츠부르크 헬브룬 궁전 안에 만들어진 기계 극장(Mechanical theatre

그림 2.1
오스트리아 헬브룬 궁전 안 기계 극장 [사진 : 저자]

at Schloss Hellbrunn)이었다. 빵굽는 사람, 맥주만드는 사람, 옹기장이, 석공 등을 본뜬 200여개의 자동인형들이 이상적인 도시인의 모습을 보여주도록 배치되었다. 기계 극장은 무대 아래에서 수력으로 수차를 돌리고 기어를 통해서 기계를 구동하는 대규모 설계였다. 톱니바퀴와 유사한 역할을 하는 금속 부품들은, 마치 오늘날 소프트웨어 프로그램처럼, 각 인형들이 정해진 간격으로 특정 행동을 하도록 연결되어 있다. 우아한 모습의 귀족 인형은 거의 움직이지 않고 전체 광경을 내려다보는 자리에 놓여졌고, 그 외 인형들은 위계질서 안에서 자기 역할에 순종하는 모습으로 구현되어 있다. 이 기계극장은 귀족의 관점에서 본 '정당한 사회', '유토피아 사회'를 제시하고 있다. 16세기 도시의 시계장치가 수행했던 역할처럼 헤브룬 궁전의 기계극장도 규범적 교육 기능을 수행했다. [1, 5]

이 기계극장은 뉘렌베르크 기술자 로렌츠 로저네거(Lorenz Rosenegger)가 제작했는데, 그는 암염광부이면서 급진주의자였다고 한다. 그는 무장 경비원의 감시 하에 이 기계극장을 제작했다고 전해진다. 쉐퍼(Schaffer, S.)는 엄청나게 부유한 궁정 사회를 위해 오락거리로 만들어진 기계지만 그것의 기계적 창의성, 정교하게 형상

그림 2.2
"작가(The Writer)" 인형이 글을 쓰는 모습: 자케-드로즈 전시회 포스터 (2012)

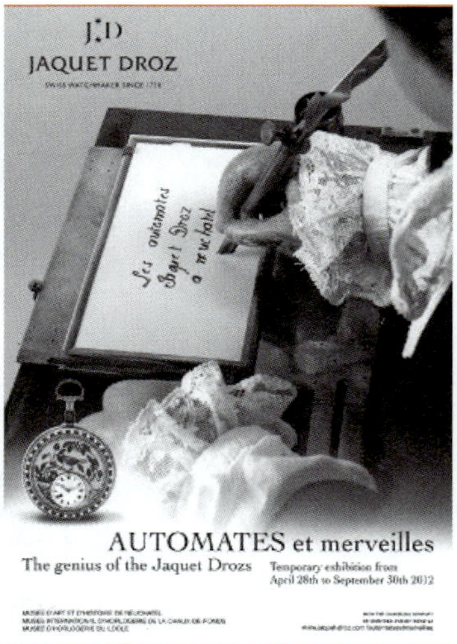

자료: masterhorologer.com

화된 외관, 그것의 영혼 그 자체는 가난한 장인 기술자들에게서 나왔다고 강조했다.

자동인형이 점차 일반 대중에게 공개되면서 장인들 중 일부는 대중적으로 인기를 얻기 시작했다. 피에르 자케-드로즈(Pierre Jacquet-Droz, 1721-1790)는 소년의 모습으로 서판 위에 글을 쓰는 "작가(The Writer)" 인형의 제작자로 유명하다. 이 인형은 당시 유럽에서 크게 유행했었다. 자케 드로즈는 스위스 고급 시계 및 자동인형 제작자였고 지금도 시계 브랜드로 남아 있다. 자케 드로즈는 시계장치와 자동인형의 강한 연관성을 직접적으로 보여준다. 그의 자동인형은 예술과 공학의 걸작들이었다.

당시 자동인형은 왕과 귀족들을 즐겁게 해주거나, 사람들에게 도덕적 교훈을 가르쳤으며, 심오한 철학적 문제를 제기하거나 혁명을 부추기기도 했다. 자동인형이 대중적 향유물이 되면서, 자동인형과 그 자동인형이 모방했던 귀족을 연관짓기 시작했다. 특히 급진주의자, 공화주의자, 혁명가들은 이런 유사성을 이용했다. 1770년대에 귀족정치를 공격하려 쓰인 소설은 귀족들을 "레이스로 뒤덮인 영혼 없는 몸뚱이"로 묘사했다. 인간처럼 보이지만 실은 자동인형이라는 것이다. 급진적 논평가들은 왕처럼 자동인형이 되긴 쉬워도 장인처럼 자동인형을 만들긴 어렵다고 설파했다. 진보주의자들은 군주정을 일종의 자동 기계라고 묘사하기도 했다. 그러자 군주정을 파괴하는 것도 가능하다는 생각이 확산되었다. [2]

기계주의(mechanism)

자동인형 제작자들 중 일부는 생명체를 그대로 모사하려고 시도했다. 프랑스 천재적인 공학자이며 발명가였던 자크 드 보캉송(Jacques de Vaucanson, 1709-1782)은 당대의 가장 아름답고 복잡한 기계장치들을 만들었다. 그는 최초로 완벽한 자동 직조기계를 창안했을 뿐만 아니라, 세계 최초로 진짜 로봇을 창조한 사람이라는 평가를 받고 있다.

보캉송은 인간과 기계 사이에 아무런 중대한 차이도 없다고 확신했다. 이것은 르네 데카르트(René Descartes, 1596-1650) 이후 등장했던 기계주의(mechanism)라는 사상적 흐름에 부합하는 것이었다. 보캉송은 해부학 강의를 열심히 들었고 몸이 동작하는 방식을 상세히 연구했다. 보캉송의 태도는 18세기 당시 인간의 몸에 대한 새로운 사고방식에서 나온 것이다.

프랑스 사전(1927)에 따르면, "기계(machine)"이라는 단어는 "일반적으로 오토마타, 즉, 예술이나 자연의 힘으로 스스로 움직이는 사물들"을 지시했다. 계몽된 자연철학자들은 모든 살아있는 것, 심지어 인간도 기계로 볼 수 있다는 주장을 했고, 기계주의는 때때로 유물론(materialism)적 비전과 결합했다.

보캉송 시대의 사람들은 인간의 몸이 작동하는 방식이 그 본질에 있어 '자동적(autonomous)'이라는 점을 파악하기 시작했다. "예기치 못한 벼랑을 만났을 때", "몸이 깜짝 놀라 뒤로 펄쩍 뛰지 않는가?", "주먹이 날아올 때 눈꺼풀이 자동으로 닫히지 않는가?", "허파는 마치 풀무처럼 자동적으로 계속 작동하지 않는가?" 이런 관찰 결과 보캉송은 생명 그 자체를 모사할 수 있는 기계를 만들 수 있다고 생각했다. 만약 인간의 행위들이 자동적인 것이라면 그대로 복제, 또는 재현하는 것이 가능할 것이다! [2]

그림 2.3
보캉송이 만든 자동인형들, "북치는사람", "오리", "플루트 연주자" [5]

보캉송은 "플루트 연주자(The Flautist)"를 제작할 때, 진짜 피부를 구해서 이 인형의 표면에 입힐 만큼, 인간에 대한 복제가능성에 몰입했다. 보캉송의 인형은 공학과 예술적 수완 그리고 해부학적 연구의 결합을 보여주는 것이었다. 그의 인형은 유럽에서 대성공했다. 그러나 지금은 남아있는 것이 없다. 하지만 이 기계인형은 당시 사람들을 자극해서 "완전한 기계와 생명체 사이에 정말 차이가 있는가?"하는 철학적 질문을 던지게 만들었다. 그렇게 보캉송의 작업은 철학적 논쟁과 수많은 기술적 혁신으로 이어졌다.

기계장치, 행동의 번역

자동인형 기술의 성공은 무엇보다도 캠(cam)이라고 불리는 원형 장치 때문에 가

그림 2.4 자동인형 주요 장치 캠, 오른쪽 "작가(the Writer)" 인형의 내부 [2]

능했다. 캠의 장점은 융통성(flexibility)이다. 기계가 해야 하는 어떤 일이라도 캠의 표면에 새겨 넣을 수 있다. 캠의 둘레 표면을 캠공이가 읽어들이면, 캠의 원운동이 상하운동 또는 전후운동으로 전환된다. 캠장치는 일종의 기계적 기억장치이다. 캠과 캠공이의 관계는 음반 레코드판과 레코드 침이 상호작용하는 기능적 관계와 같다. 캠의 표면이 정교할수록 더 복잡한 운동을 저장할 수 있다. 이러한 운동은 매우 다양하게 응용될 수 있다.

자케-드로즈의 글쓰는 "작가(the Writer)"인형 안에는 이런 캠이 여러 겹으로 배열되어 있다. 그 캠들이 움직일 때 캠공이가 캠 가장자리를 읽어 들여 인형의 손 움직임으로 번역된다. 자케-드로즈는 캠장치를 통해서 인간의 글쓰기 행동을 역설계했다. 더 나아가 캠의 제어바퀴는 낱개의 문자들로 구성되어 있는데 각 문자들의 제거, 교체, 재배열이 가능했다. 그래서 원칙적으로 어떤 단어, 어떤 문장도 쓸 수 있었다. 이 인형은 프로그램이 가능한 컴퓨터의 먼 조상이다.

프랑스혁명 이후 자동인형은 전 지구적인 무역거래에서 인기 상품이 되었다. 자동인형 제작자는 유명인이 되었다. 조셉 멀린(John Joseph Merlin, 1735-1803)이 대표적 인물이다. 그의 백조 인형(Silver Swan)은 너무 아름다워서 숭배자들이 있을 정도였다. 백조는 물고기를 잡는 행동을 정확하게 수행했고 시계 제조공의 기술과 보석세공사의 숙련을 결합한 걸작이었다.[1)]

1) 차분엔진을 설계했던 찰스 배비지는 어린 시절 박람회에서 멀린의 인형에 매료되었다.

체스 두는 기계인형, 투르크

18세기 후반, 자동인형에 대한 거대한 애호가 층이 형성되고 시장이 커지면서 제작자들은 대중을 열광시킬 좀 더 창의적인 것을 만들었다. 1769년 궁정 발명가 볼프강 폰 켐펠렌(Wolfgang von Kempelen, 1734-1804)은 합스부르크의 마리아 테레지아 여왕(Habsgurg Empress Maria Theresa)을 위해서 체스를 두는 인형 "투르크(The Turk)"를 제작했다. 이 기계장치가 1784년 독일 라이프찌히의 성 마가엘 축일 박람회에 처음 등장했을 때의 모습은 이러했다.

> 관람객들이 어두운 방에 들어가면 커다란 캐비닛이 놓여 있었고 그 뒤편에 터키 담배 파이프를 들고 앉아 있는 실물 크기 인형이 있다. 캐비닛 위에 나사로 고정된 체스 판이 있는데, 터키인형의 시선은 체스 판을 응시하고 있다. 연출자는 캐비닛의 앞과 뒤를 열어서 복잡한 기어 바퀴, 축, 도르래의 배열을 보여준다. 그리고 캐비닛에

그림 2.5
체스두는 인형 투르크(the Turk)

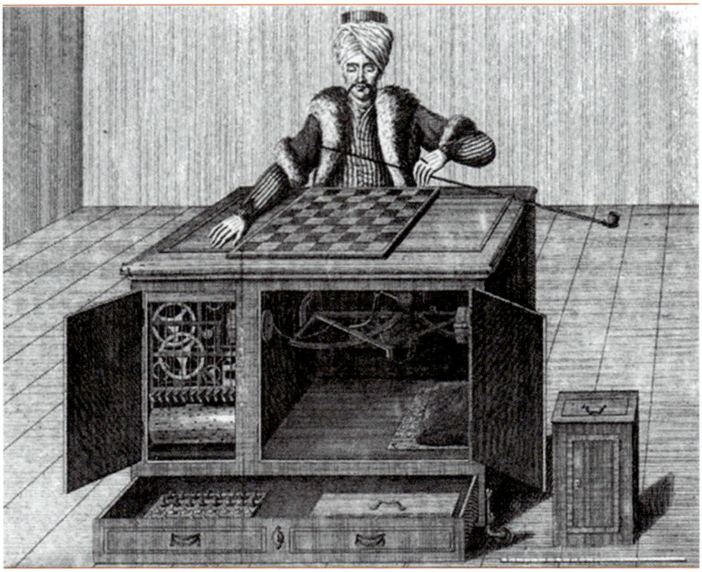

자료: wikipedia.org

촛불을 비추어서 숨긴 것이 없다는 것을 관람객에게 확인시켜주었다. [1]

이 자동인형은 유럽을 순회하면서 가는 곳마다 승리를 거뒀다. 이 인형은 엔지니어링, 메커니즘, 설계의 가능성을 보여 주었다. 더 나아가 이 놀라운 기계는 단순한 오락을 넘어선 일을 해냈다. "투르크" 인형은 박람회와 극장의 중요한 끌개였다. 그런 자동인형은 매혹적인 상품이 되고, 그 의미는 시장을 형성했고 그 가치는 상업적인 것으로 전환되었다. 그 자동인형은 단순한 사회적 질서를 은유하는 것에 머물지 않았고, 상업적 욕망을 포함하는 제조 경제와 상업적 시스템으로 진입했다.

계몽

18세기 자동인형은 산업과 작업장 관리체계를 변화시키고, 계몽 공학(Enlightenment engineering)이라는 개입주의 프로젝트를 불러왔다. 우선, "투르크"인형은 여러 기계공학 및 수학연구와 상호적 영향을 주고 받았다.

당시 수학자들은 "체스 나이트 여행문제(Knight's Tour Problem)"를 풀고 있었다.

그림 2.6 체스 나이트 여행문제(Knight's Tour Problem)

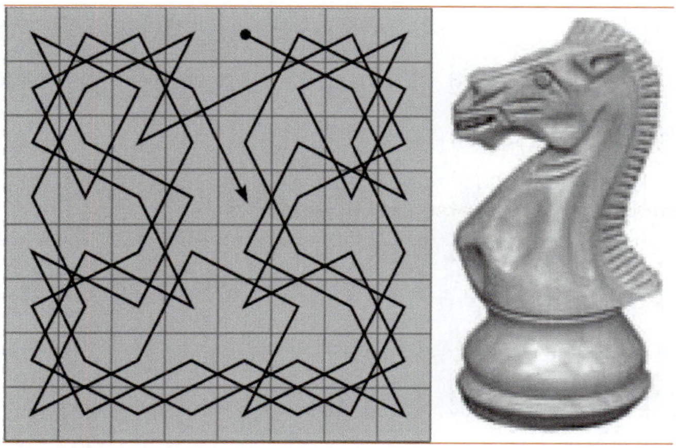

자료: wikipedia.org

나이트가 한 번 출발하여 체스판 위의 모든 네모 칸을 여행하는 경로를 찾는 것이었다. 이 수학적 분석은 1759년 베를린 학회에서 발표되었고 이후 '오일러 문제(Euler's problem)'라고 명명되었다. 그의 분석은 이후 추론 스킬의 지침이 되었다. 오일러의 분석은 기계의 지능을 보여주는 것이었고, 결과적으로 중세 수학의 유물론 특질(materialist possibilities)을 드러낸 것이었다. 이전의 어떤 수학적 도형도 모든 방향의 이동을 통합한 적은 없었다. 그런 것은 한 번도 본 적이 없는 상황으로서, (한 사람의 의지가 아니라) 모든 사람의 의지에 의존해야 하는 것이었다. [1]

한편 "투르크"인형은 제조 시스템 설립에 영향을 주었다. 쉐퍼는 이 인형이 직조기계의 개량에 영감을 주었다고 주장한다. 1780년대 중반 직물 산업을 경영하던 사람들은 이런 생각을 했다: "기계가 체스를 둘 수 있다면 베를 짜는 일도 할 수 있지 않을까?" 실제로 역직기의 북을 좌우로 보내는 회전 팔은 "투르크"인형의 팔 동작과 유사해 보인다. [2]

그런데 1820년대 "투르크"인형의 비밀이 마침내 폭로됐다. 이 장치의 내부에 전문 체스 선수였던 난쟁이가 앉아서 인형의 팔을 조종할 수 있었다. 이것은 자동인형이 아니라 실은 멋지게 배치된 장치였다. 사람은 기계로 가장하고 기계는 사람으로 가장했다. 이전까지는 기계가 인간을 모방하는 방향만 존재했는데, 이제 인간이 기계를 모방하는 새로운 방향이 추가된 것이다. 인간과 기술, 사람과 기계의 경계가 모호해지고 있다는 것은 알리는 사건이었다.

기계를 닮으려는 인간의 경향은 "투르크"인형에서만 일어난 일회적 사건이 아니라, 당시 사회 전반에 걸쳐서 일어난 계몽사상과 관련이 있다. 계몽은 18세기 유럽 세계를 지배했던 지적 운동이다. 칸트에 따르면 계몽은 인간 의식이 미성숙한 무지의 상태에서 해방되는 인류 최종 시대를 말한다. 대표적인 계몽의 슬로건은 "과감하게 알려고 하라"이다. 계몽운동을 확산시키기 위한 대표적인 활동으로 백과사전(Encyclopaedia, 1751-72) 출판이 있다. 세상의 모든 지식을 기술할 수 있는 백과사전을 만들 수 있다면 모든 사람들이 무지에서 벗어날 수 있을 것이었다. 백과사전은 지식을 기계화하려는 대표적인 시도였다.

또한 근대의 군대체계도 기계를 모방하는 인간을 '생산'했다. 계몽주의 시기 프러

근대권력의 자동성

오토마타가 근대와 함께 출현했던 것은 우연이 아니다. 근대권력 역시 자동성이라는 특질을 가지기 때문이다. 푸코(Foucault, M.)에 따르면, 근대권력은 중세권력에 비해서 상대적으로 덜 폭력적이면서도 가장 효율적으로 그리고 자동적으로 작동하는 권력이다. 이 권력은 "타자의 의지 원칙(the principle of the foreign will)"에 의해 작동하는 초권력(super power)이다. 근대 권력이 자동성을 가질 수 있는 결정적 토대는 근대법을 자신의 의지로 받아들이는 근대적 주체의 등장이다. 그들은 근대법이 그려내고 있는 시민의 이미지를 자기 자신과 동일시하면서, 그 법의 관점으로 자기 자신을 관찰하고 평가한다. [4] 그러한 근대적 주체는 교육을 통해서 완성된다. 그것은 군대의 훈련체계와도 유사하다.

시아 군사 규율은 유럽 군대에 영향을 주었는데, "물질적 훈련(material exercise)"이라는 최소한 6년의 기초 훈련을 요구했다. 병사들은 잠재적으로 장교의 속성을 가지지만 때로 무책임한 군중이기도 하다. 그들에 대한 훈련은 기계적 반복을 포함하는데, 개인의 의도(individual willfulness)를 규율에 종속시킬 수 있도록 만든다. 표준적 보폭, 음악적 리듬, 장착과 발사 같은 '행동의 분해(decompositions of actions)'는 자동 시스템(군대)의 근간이었다. 분해된 행동은 필요에 따라서 다시 조합 · 편집될 수 있다.

다른 유럽의 군사 프로그램도 병사들을 오토마타처럼 다루었다. 역설적으로 인간이 오토마타처럼 되려면 상당한 정도의 교육 훈련을 받아야만 했다. 기계처럼 행동하는 관료(전문가)로 등용되려면 상당한 정도의 교육을 받아야 하고 그런 자격을 검증받아야 한다. 기계를 모방하려는 인간의 시도는 합리성과 예측가능성, 통제성을 구현하려는 근대적 이념을 포함한다. 기계적인 세계에 대한 개념은 인식론적인 변화를 불러왔다. 기계철학과 시계장치의 세계관은 18세기 유물론자들의 모든 사유 안으로 스며들었다. 그런 맥락에서 카라 레일리(Reilly, K.)는 근대의 지식인들을 일종의 오토마타라고 언급했다.

철학적 존재로서 자동인형

"투르크"인형은 엄밀하게 오토마타가 아니라 '기계의 환영(simulacrum of machine)'이었다. 그럼에도 불구하고 지능, 기계, 은닉 사이의 관계를 대중적 관심문제가 되도록 만들었다는 점에서 주목할만하다. 문화평론가이면서 철학자였던 발터 벤야민(Walter Benjamin, 1892-1940)은 투르크장치를 "철학적 상대방(philosophical counterpart)"이라고 정의했다.

투르크 인형과 그 안에 앉아 있는 인간 조합은 데카르트의 마음 이론(Theory of Mind)의 예시처럼, 몸과 마음 조합을 상상하게 했다. 데카르트주의자는 우리의 마음은 내용물이고 몸은 그 내용물을 담고 있는 그릇 또는 껍질로 비유했다. "투르크"인형은 이런 이원론적 몸-마음 모델(dual model)의 예시처럼 보였다. 투르크 인형 속의 난쟁이는 몸 속의 마음을 상징했다. 그렇게 상상하는 순간 "기계속의 유령(ghost in the machine)"은 더이상 유령이 아니게 되었다! 이제 마음은 '실재'하는 것이 되었고 몸과 대등한 존재가 되었다.

이 기계장치는 한편으로는 당시 유럽사회를 반영하고 다른 한편으로는 유럽사회에 도전하는 '역사적으로 구성된 물질(historical material)'이었다.[3] '인간이 들어 있는 투르크'와 '계몽화된 근대인'은 서로 반전된 존재이다. 전자는 '기계속의 인간'이라면 후자는 '인간속의 기계(근대규율)'이다. 양자는 또한 서로를 반영하는 타자(the Other)이다. 양자는 서로를 거울처럼 반영하는 방식으로 서로를 확인해준다. 근대 이

기계속의 유령 (ghost in the machine)

이 전문용어는 길버트 라일(Ryle, G.)의 책 『마음의 개념(The Concept of Mind, 1949)』에서 처음 창안한 것이다. 행동주의자이고 유물론자였던 라일은, 몸으로부터 마음 개념을 분리하고 마음의 지위를 더 중요하게 평가하는 데카르트의 이원론을 비판했다. 물리적 과정 안에서 비물리적인 과정이 발생한다는 데카르트의 주장은 신비주의라고 공격하면서, 그는 마음 개념에 대해서 "기계속의 유령 도그마"라고 비판했다.

후 인간과 기계는 서로를 닮아가면서 다양한 방식으로 서로 혼합되어 갔다. 애드거 앨런 포우(Edgar Allan Poe, 1809-1849)는 시적 구성에 기계적 원리를 적용했고, 찰스 배비지(Charles Babbage, 1791-1871)는 지능의 기계화를 이론화하면서 게임-수행 오토마타를 만들고자 했다.

행동의 대체인가?

자동인형이 불러일으킨 가장 결정적인 질문은 "기계의 작동이 인간의 행위를 대체할 수 있는가?"라는 것이다. 근대사회와 산업은 오랫동안 여러 가지 형태로 인간의 행위를 기계의 작동으로 전환하거나, 또는 그 반대의 방향으로 전환하는 분야에서 '성공'하고 있다. 대표적으로 테일러-포드 시스템은 노동자의 행동을 잘게 조각내고 각 단위의 행동을 표준화했다. 그렇게 되면 그 행동을 누가 하는지는 중요하지 않고, 그 행동 자체가 중요해진다. 그 행동을 할 수 있다면 그가 누구이든지 관계없이 그 자리에 배치될 수 있다. 그리고 또 언제든지 '교체'될 수도 있다. 더 나아가 그 행동을 할 수 있다면 '그'는 반드시 인간일 필요도 없다.

근대인 즉, 계몽화된 우리들은 기계가 인간의 신체동작을 '대체'한다고 믿는다. 이 믿음은 움직이는 인간의 신체를 대표하는 새로운 장치(기계)의 존재를 정당화했다. [11장 참조]

참고문헌

[1] Schaffer, Simon. "Enlightened Automata", *The Sciences in Enlightened Europe*, University of Chicago Press. 1999.

[2] [BBC 다큐멘터리] *Mechanical Marvels, Clockwork Dreams*, written by Schaffer, S. directed by Stacey N. 김명진 자막번역. 2009.

[3] Benjamin, Walter. "Theses on the Philosophy of History" *Illumiantions: Essays and Reflections*. trans. by Harry Zohn. Schocken Books: New York. 253-264. 1969.

[4] Foucault, Michel. *The Birth of Biopolitics: Lecturesat the College de France,1978-1979*, ed. by Michel Senellart; English series editor, Arnold I. Davidson; trans. by Graham Burchell, Picador. 2008.

[5] Reilly, Kara, Automata and Mimesis on the Stage of Theatre History, Palgrave Macmillan, 2011.

CHAPTER 03

튜링 테스트(Turing Test) 논쟁

알렌 튜링(Turing, A.)은 1937년 논문에서 "생각하는 기계(thinking machine)" 개념을 창안했다. 튜링은 판단불가능한 명제가 존재하는지를 확인하기 위한 수학적 도구(기계)를 만들고 있었다[1]. 그래서 이 논문은 괴델의 불완전성 명제(Incompleteness theorems)를 재증명한 것으로 평가받고 있다. 튜링은 "모든 논리적 체계는 자기 자신의 논리적 일관성을 증명하지 못한다"는 괴델의 명제가 기계의 완전성 문제에도 적용된다는 것을 알고 있었다. 다시 말해서 "완전한" 기계는 스스로 불완전하다는 것이다.

튜링의 생각하는 기계는 가상의 추론 기계(abstract machine)였지만 이 후 컴퓨터와 인공지능(artificial intelligence)의 기원이 되었고, 흔히 "튜링 기계(Turing Machine)"라고 불린다. 1956년 여름 다트마우스 회의(Dartmouth conference)를 기점으로 기계지능 문제가 구체적으로 부상했고, 이후 여러 연구자 공동체들이 지능 기계를 창조하는 작업에 도전했다. 1960년대 중반 기업 내 인공지능 실험실이 등장했고, 1970년대 학계의 영역으로 다루어지기 시작했으며, 1980년대에는 과학의 영역이 되었다.

튜링 기계

튜링기계의 부품은 4가지 구성으로 단순하다. (1) 무한히 많은 칸을 가진 테이프(infinite tape), 각 칸은 유한개의 알파벳으로 채워진다. 그 알파벳은 두 개 이상의 기호로 구성되어야 한다. 이 테이프는 확장가능하다. (2) 헤드(head), 테이프에 쓰인 기호를 읽거나 쓰면서 왼쪽에서 오른쪽으로 이동한다. (3) 상태 기록장치(state register),

그림 3.1

튜링기계 구조

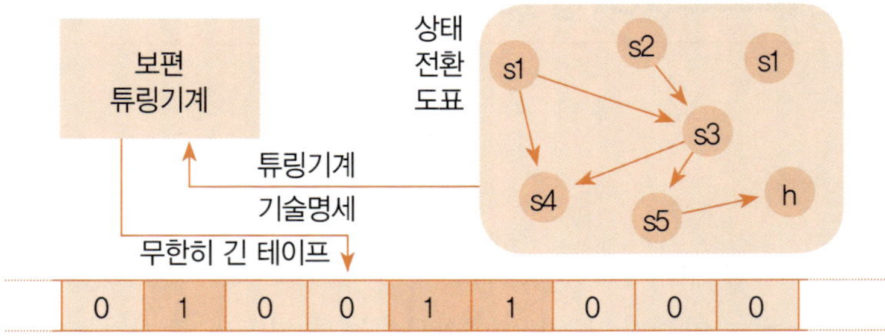

자료: http://web.mit.edu/manoli/turing/www/turing.html

이 기계의 상태를 저장한다. (4) 작동규칙표(action table or transition function), 기계가 어떤 기호를 써야 하는지, 어느 방향으로 이동할지, 다음 새로운 상태는 무엇인지를 '말해준다'.

이 기계의 헤드는 테이프 칸의 기호를 읽고 쓰면서 테이프 위를 한 칸씩 좌우로 움직인다. 움직일 때마다 기계의 상태는 변경된다. 테이프는 메모리 칩이고, 테이프를 읽고 쓰는 장치는 메모리 입출력 장치, 작동규칙표는 중앙처리장치에 해당한다.

비록 단순하지만, 이 기계의 구조에 어떤 기능을 적용할 수만 있다면, 이 기계는 그 기능을 수행할 수 있다. 최종적으로 튜링이 원했던 것은 하나의 기계로 여러 가지 일을 하는 것이었는데, 그것이 바로 보편 기계(universal machine)개념이다. 이런 보편성 개념은 이전의 도구들과 튜링기계의 결정적 차이이다.[1] 튜링기계의 후예로서 컴퓨터는 텍스트를 편집하고 음악을 재생하고 메일을 송수신하는 등 여러 기능을 수행할 수 있고 계속 기능을 확장해 가고 있는 '보편기계'다.

1) 데카르트는 "이성은 모든 상황에서 사용가능한 보편적 도구"라고 정의했다. 그렇다면 생각하는 기계는 보편성을 가져야 한다.

"생각한다"란 무엇인가

"생각하는 기계"를 만들려면 먼저 "생각한다"는 개념을 정의할 수 있어야 한다. 개념을 정의할 수 있다는 것은 그것을 '이해'했다는 의미일 것이다. 따라서 튜링기계 문제는 "지능"을 정의할 수 있느냐는 문제로 귀결된다. 그런데 그 개념을 정의하려는 순간 명백하다고 여겨졌던 이 개념이 매우 정의하기 어렵다는 것을 깨닫게 된다. 우리는 우리 자신의 '사유하는 상태'를 직접 설명할 수 없다. 다른 사람의 '사유' 상태도 직접 볼 수 없다. 우리는 다만 서로의 실천을 관찰하면서 상대방의 지능 또는 마음의 상태를 추론할 수 있을 뿐이다. 때때로 자신의 마음의 상태로 정확히 정의하기 어렵다.

튜링은 그런 난제를 피하기 위해서 '생각하는 기계'란 사실상 '학습하는 기계(learning machine)'이어야 한다고 정의했다. 기계가 생각하기 위해서는 역설적이게도 처음부터 완벽하게 정의되어서는 안 된다. 이미 잘-정의된 프로그램을 내장하려면, 이 기계의 저장 공간은 프로그램의 정의와 명세들로 거의 점유될 것이고 내적 규칙에 따라서 이미 확정된 합리적인 행동만을 할 것이다. 그렇다면 그 기계는 추가적으로 무엇인가를 더 학습할 필요가 없다. 그렇다면 기계가 무엇인가를 생각할 여지가 없다.[2] 그러므로 생각하는 기계는 필수적으로 완벽하지 않아야 하고, 대신 학습 역량이 있어야 한다.

기계는 어떤 방법으로 이런 역량을 획득할 것인가? 튜링은 생각하는 기계를 구현하기 위해서 인간을 모방하고자 했다. 그런데 어른('완전한 인간')을 모방하기 보다는 아이('씨앗')를 모방하는 방법이 더 적절하다고 제기했다. 그래서 튜링은 이 기계를 두 부분으로 나누었다.: (1) 아이-기계(the child-machines)와 (2) 교육 과정(the education process).

> 기계가 그 자신의 행위의 결과를 관찰함으로써 자신의 목표를 더 효과적으로 달성하도록 자신의 프로그램을 수정할 수 있다. 이것은 유토피아의 꿈이 아니라, 가까운 미래의 가능성이다. [2]

여기서 "자신의 행위의 결과"와 "스스로 프로그램을 수정"이라는 언급은 중요하다. "생각하는 기계"는 자신의 행위의 결과를 자신의 목표와 비교하고, 그 목표에 도달하는 방향으로 스스로 자기 자신을 수정하고 개선할 역량을 가져야 한다. 다시 말해서 이 기계는 자신과 자신의 환경 사이의 상호작용의 결과를 관찰하여 자신을 개선함으로써 최초의 상태 즉, 이미 주어진 프로그램에 머물지 않아야 한다.

결론적으로 튜링의 "아이-기계"는 완전하지 않지만 학습할 역량이 있는 프로그램이다. 교육 과정을 통해서 이 기계는 처벌-신호가 반복되지 않는 방향으로, 반면에 보상-신호는 반복가능성이 증가하는 방향으로 나아가도록 제작되어야 한다. 다른 방법이 없다면 보상과 처벌에 관한 정보의 총량이 학습의 양이 될 것이다. 이 외의 방법으로 학습하는 기계는 무작위 요소(random element)를 포함할 수 있다. 튜링은 무작위 요소가 학습하는 기계의 진화 속도를 향상할 수 있다고 생각했다.

오늘날 기계학습(machine learning) 영역은 "인공지능의 한 유형으로서 명백하게 프로그램 되어 있지 않은 채, 학습할 수 있는 역량"을 말한다. 자신의 경험을 학습하는 컴퓨터를 구현할 수 있다면 상세한 프로그래밍을 대량으로 해야 하는 노고와 필요도 생략할 수 있을 것이다. 튜링이 그러했듯이 인공지능 영역은 반드시 "지능"을 이해하지 않더라도 지능 존재를 구현하는 것을 목표로 하고 있다. 사실 우리 인간도 지능을 명백히 이해하지는 못하고 있지만 지능을 사용하는 존재이다. 연구자들은 인간의 행동과 생각을 모방하는 방법은 물론 이상적인 합리성을 구축하는 등 다양한 접근법을 개발하고 있다. 여기서 합리성은 결코 전지전능하다는 것이 아니다. 다만 합리적 선택 순간까지의 인지 시퀀스에 의존하는 것으로 충분하다.

튜링기계 비판

인공지능은 초기부터 이미 다수 비판에 직면한 바 있다. 대표적으로 허버트 드레퍼스(Dreyfus, H.)는 1965년 〈연금술과 인공지능(Alchemy and Artificial Intelligence)〉을 통해서 튜링의 "생각하는 기계" 개념을 부정했다. 그에 따르면 인공지능은 연금술이 그러했듯이 불가능한 도전이다. "(컴퓨터의) 불연속적이고 확정적인 작용으로 인간의 지적 행위에 대한 완벽한 분석이 가능한가?", 또는 "그런 디지털 용어로 인간의 지적 행위에 대한 적절한 분석이 가능한가?"라는질문에 대해 드레퍼스는 "아니다"라고 결론 내린다. [5] 분절적인 형식의 컴퓨터 작동이 맥락 차원에서 체화된 인간의 지적 역량을 모방할 수 없기 때문이다.

드레퍼스가 그런 결론에 도달하는 배경은 그의 반데카르트주의 경향과 관련이 있다. 그는 데카르트적 이원론(dualism)을 반대한다. 데카르트주의자들은 마음(정신)을 몸이라는 껍질속의 내용물로 정의함으로써 마음과 몸을 분할할 수 있는 것으로 상정했다. 마음이 내용물이라면 그 내용물을 그릇으로부터 덜어내어서 다른 그릇에 담을 수도 있을 것이다. 또한 몸과 마음이 분리될 수 있다면 마음이 하나의 몸에서 다른 몸으로 손실 없이 전송될 수 있을 것이다.

이에 반해 드레퍼스에게 있어서 마음은 몸과 분리될 수 없다. 이것은 일원론(monism)으로서, 여기서 마음은 "체화되고 자동력을 가진 의식(embodied, motile consciousness)"이다. 이에 따르면 지능은 몸의 실행을 통해서 체화된 효과이다. 따라서 마음이나 지능은 하나의 몸에서 다른 몸으로 손실 없이 그대로 전송될 수 없다. 학생이 교사로부터 지식을 전달받는 과정도 이와 같다. 지식은 그대로 옮겨지지 않는다. 교사의 지식은 다만 학생에 의해서 번역될 수 있을 뿐이다. 그것은 오히려 새로운 가능성을 함축한다. 번역은 모방이면서 동시에 변이를 의미하기 때문이다.

튜링 테스트

튜링기계에 대한 질문들 중에서 큰 관심을 끄는 것은, 만약 생각하는 기계를 만들었다면 "그 기계가 정말 생각하는지 어떻게 알 수 있는가?"라는 것이다. 이 질문은 최초의 질문, "기계는 생각할 수 있나?"라는 질문과 연결되어 있다. 튜링은 지능의 본질에 대한 합의가 어렵다고 여긴 듯 하다. 그래서 그는 현실적인 상황에서 지능의 승인여부를 확인하기로 한다. 지능을 직접 정의하지 않고도 기계의 지적 역량을 드러낼 수 있는 방법으로 제안한 것이 튜링테스트(Turing Test)다. 이 해법은 기계 지능의 문제를 기계의 모방 역량의 문제로 전환하는 것이었다. [2]

아마도 튜링은 데카르트에게 영향을 받았을 것이다. 데카르트는 〈방법서설(Discourse on Method, 1637)〉에서, 지적 대화를 하는 능력(the capacity to hold an intelligent conversation)을 테스트하는 것보다 인간의 정신력(human mentality)에 대한 더 까다로운 테스트는 없다고 주장한다. 이원론자답지 않게 의외로 데카르트는 기계가 인간처럼 상황에 맞게 적절하게 말할 수 없을 것이라고 예상했다.

> 기계가 말을 하도록 만들어질 수 있고, 심지어 그 말이 그 기관 안에서 어떤 변화를 불러올 물리적 행동의 출현이나 대상에 적합한 말을 할 수도 있다고 상상할 수 있다. 예를 들어 어떤 부분을 건들이면 무엇을 원하느냐고 되물을 수도 있고; 또 다른 경우에는 같은 행동을 하면 고통을 느끼며 눈물을 흘릴 수도 있다. 그러나 기계는 그 상황에 맞게 자신이 하는 말을 수정할 수 없다. 심지어 가장 멍청한 사람도 그런 일을 할 수 있는 정도로 쉬운 일인데도 기계는 할 수 없을 것이다. [4]

아마도 데카르트 시대의 기계는 분명 그러했을 것이다. 데카르트가 선언한 기계의 한계는 도전해볼만한 것이었다. 정말로 기계는 인간처럼 말할 수 없을 것인가? 튜링테스트의 구조는 다음과 같다. 튜링은 다음과 같은 놀이[그림 3.2]를 꾸며냈다: 한 남자(A)와 한 여자(B) 그리고 면접관(C)이 있다. 면접관은 두 사람과 분리된 방에 있고 텔레타이프를 통해서 방 안의 주체들과 문자로 대화를 할 수 있다. (A)의 목표는 자신이 여자라고 주장하면서 면접관이 잘못된 판단을 하도록 유도한다. 반대로 (B)는 면접관을 돕기 위해 진실을 말하는 역할을 한다. 아마도 (B)는 면접관에게 "나는 여자다. 그(A)의 말을 듣지 마라!"라고 말할 것이다. 여기서 면접관의 목표는 그들의 대답을 듣고서 누가 남자이고 누가 여자인지를 판단하는 것이다. 이 테스트에서 면접관(C)의 궁극적 역할은 실제 수행과 모방 사이를 구별하는 것이다.

이제 (A)의 자리에 기계를 놓아 보자([그림 3.3]). "무슨 일이 일어날 것인가?" 면접관은 남자와 여자를 판단하는 게임을 할 때처럼 이 게임에서도 잘못된 판단을 할 것

그림 3.2

튜링테스트 –원본버전 [저자 구성]

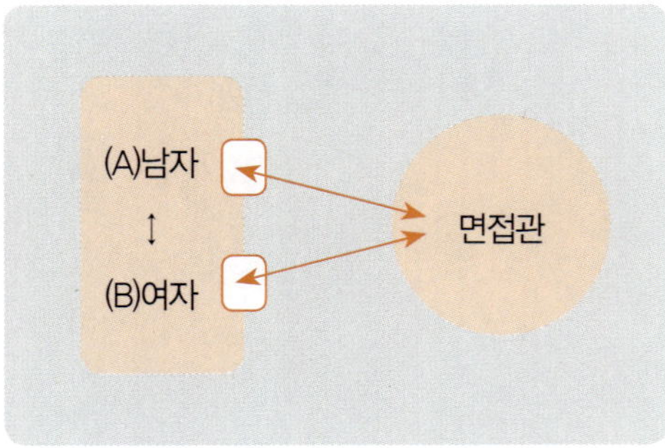

그림 3.3

튜링테스트 기계–여자 (인간대표) [저자 구성]

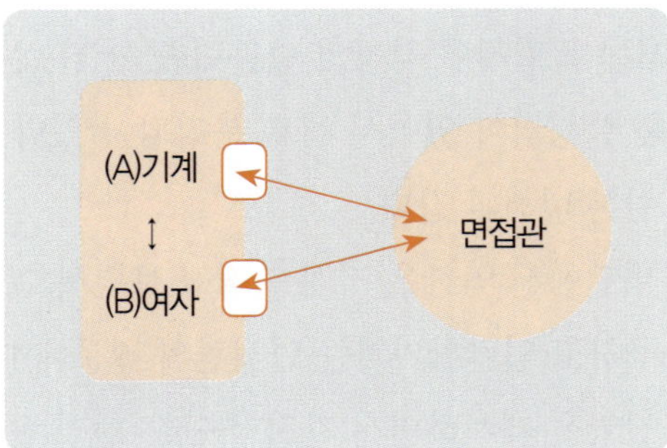

인가? 이 설정에 따르면 기계(A)는 자신이 '인간'이라고 주장하면서 거짓을 말해야 하고, 인간의 대표(B)는 진실을 말함으로써 면접관을 도와야 한다. 몇분의 대화 후 면접관이 기계와 인간을 구별하지 못한다면, 그 기계는 테스트를 통과한 것으로 간주한다. 그로써 그 기계는 언어적 차원에서 지능을 가진 것으로 승인된다.

튜링테스트 원본 버전에 의하면 (A)와 (B)는 같은 방에 있어야 한다. (B)가 (A)에 대한 정보를 (C)에게 제공하는 설정이기 때문이다. 그런데 우리에게 더 잘 알려

그림 3.4

튜링 테스트
–콜린스 버전
[7]

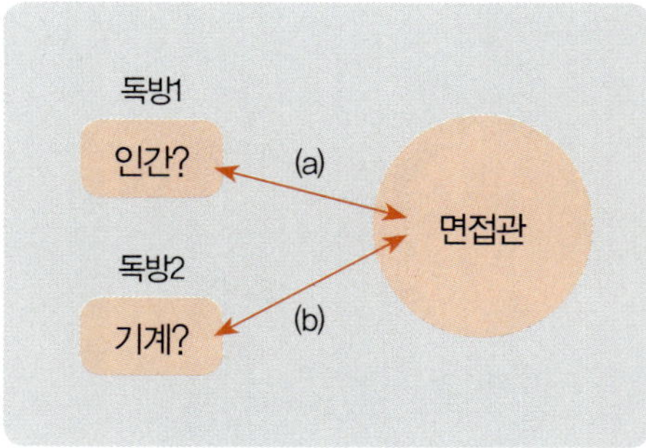

진 테스트 구조는 [그림 3.4]와 같다. 여기서는 콜린스 버전이라고 부르겠다. 이 버전에서는 독립적인 각각의 방들이 있고 한 쪽에는 인간, 다른 한쪽에는 기계가 들어가도록 설정되어 있어서 서로 분리되어 있다. 방 밖에는 면접관이 있다. 그 이후 과정은 원본 버전과 같다.

이 버전에서 인간은 기계를 직접 보면서 그의 거짓을 '고발'할 수 는 없다. 그럼에도 불구하고 인간참가자는 면접관의 질문에 대해서 평소처럼 대화함으로써 인간 반응의 전형을 제시하면서 간접적으로 '진실'을 전하는 역할을 함으로써 면접관을 도울 수 있다. 면접관은 각 방에서 나온 진술들을 비교해서 판정한다. 따라서 콜린스 버전의 인간도 원본 버전의 역할 설정 범위 내에 있다고 할 수 있다.

엘리자 프로그램

튜링테스트를 통과할 목적으로 1966년 MIT대 와이젠바움(Weizenbaum, J.)은 자연어대화 프로그램 엘리자(Eliza)를 개발했다.[2] 이 프로그램은 상대방의 대화 문자열에서 키워드를 추출하여 그것을 포함하거나 관련된 키워드를 포함하는 방식으로 대

그림 3.5
엘리자 대화 예시

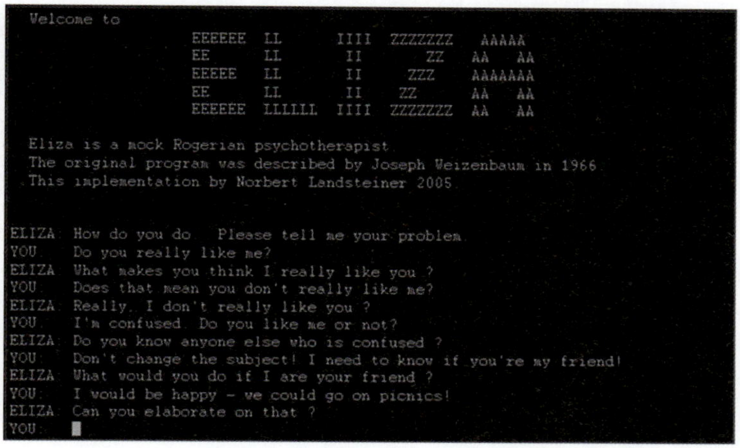

Eliza : 안녕. 문제가 뭔지 말해봐.
You : 너는 나를 정말로 좋아하니?
Eliza : 내가 너를 좋아한다고 생각하는 이유가 뭐지?
You : 나를 정말로 좋아하지 않는다는 거야?
Eliza : 정말로, 나는 너를 정말로 좋아하지 않는가?
You : 혼란스러워, 너는 나를 좋아는 거야? 아닌 거야?
Eliza : 너는 혼란스러워하는 사람들을 알고 있니?
You : 주제를 바꾸지 마! 나는 네가 내 친구인지 알아야겠어.
Eliza : 내가 너의 친구라면 너는 뭘할건데?
You : 나는 행복해지겠지- 우리는 소풍 갈 수 있어!
Eliza : 더 자세히 말해볼래?

화문을 생성했다. 엉뚱한 답변을 하기 일쑤였지만 엘리자는 실험실 학생들에게 인기가 있었다. 학생들은 한편으로는 엘리자에게 고민을 털어놓았고, 다른 한편으로는

2) 아래 링크주소에서 엘리자 프로그램과 대화해볼 수 있다. https://www.eclecticenergies.com/ego/eliza.php

엘리자의 결핍을 채우기 위해 열심히 수정의견을 제시했다.

와이젠바움은 학생들이 엘리자에게 과도하게 열광하는 현상을 우려해서 프로젝트를 중단했다. 이 후 사회심리학자들은 이 현상을 연구하면서, 인간에 의한 기계의 의존 및 공모 현상을 "엘리자 효과(Elisa effect)"라고 명명했다. 피그말리온 효과는 제작자가 인공물에 의존하는 현상이라면, 엘리자 효과는 사용자가 인공물에 의존하는 현상이다. 두 현상 모두 인간이 인공물과의 관계에서 변이하는 증상이 있음을 암시한다.

강한 인공지능 비판

드레이퍼스의 견해와 같이, 존 썰(Searle, J.)은 튜링테스트를 비판하기 위해서 1980년 "중국어방(Chinese Room)" 사고 실험을 제안했다. [그림 3.5] 이 실험의 상황은 다음과 같다: 작은 방안에 중국어를 못하는 인간(존 썰)이 들어간다. 그 방안에는 중국어 문집들과 영어로 된 규정집이 있다. 방의 한쪽 벽면에는 투입구가 있다. 이를 통해 밖에 있는 사람(중국어회자들)이 중국어로 된 질문지를 들여보낸다. 존 썰에게 그 중국어 질문지는 휘갈겨 쓴 것(many squiggles and squoggles)에 불과하다. 썰은 규정집을 이용해서 질문지의 단어들과 방안의 중국어 문집들을 비교하여, 대응하는 단어들을 선택하고 배열하여 밖으로 내보낸다(엘리자 프로그램이 대화하는 방식과 같다). 그러면 방 밖에 있는 사람들(중국어 화자들)은 안에 있는 사람이 진짜 중국어 대화자라고 생각할 것이다.

그러나 방안에 있는 사람(존썰)은 실제로 중국어를 이해한 적이 없다. 그는 단지 규정집에 따라서 상징들을 조작할 뿐이다. 이 방안에 있던 '중국어를 모르는 사람'은 튜링기계가 테스트를 통과하더라도 의미론적 이해나 의도를 생산한 것은 아니라는 점을 함축한다. [6] 이 실험의 주장은 중국어를 전혀 이해하지 못해도 규칙에 따라 중국어를 처리할 수 있다는 것이다. 그런데도 방밖에 있는 사람들은 방안의 사람이 중국어를 이해한 것으로 판단할 것이다. 이와 같이 기계가 무엇인가 행위를 했더라

그림 3.6
중국어방 예시

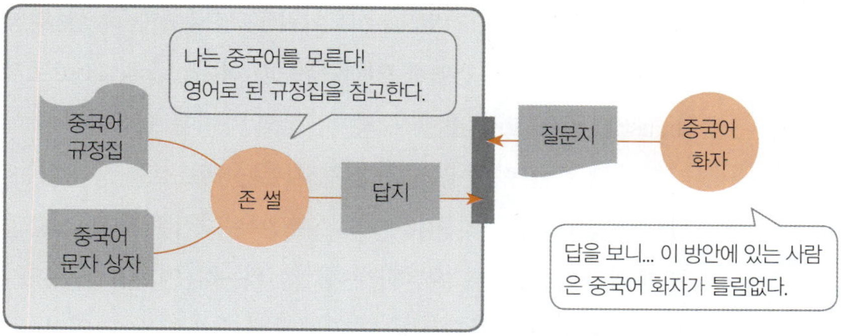

자료: 저자 구성

도 그것은 이해하는 것이 아니라, 이해하는 것처럼 보인 것일 뿐이다. 썰에 따르면 '이해한다는 것'은 본래 알고리듬으로 환원될 수 없는 문맥적 지식이다. 그에 따르면, 컴퓨터는 구문론(syntax)을 가질 수는 있지만 의미론(semantics)을 가지지는 못한다. 썰은 특히 기계는 지향성을 가지지 않는다고 주장한다.

> 지향성(intentionality)은 몸(뇌)의 인과적 특성의 생산물이다. 이것은 마음의 과정과 뇌 사이의 역동적 인과 관계에 관한 경험적 사실이다. … 지향성을 인공적으로 창조하려는 모든 문헌적 시도는 단지 프로그램을 설계하는 것으로 성공할 수 없고, 인간 뇌의 인과적 힘을 복제해야만 할 것이다.

다시 말해서 마음을 만들려면 그것만을 별도로 제작할 수는 없고, 인간 자체 전부를 만들어야 한다는 것이다. 썰은 "강한 인공지능(Strong AI)"이라는 명명법을 사용했는데 이는 "사람이 마음을 가지고 있는 것과 같이 엄밀하게 같은 견지에서, 적절한

입력과 출력으로 프로그램된 컴퓨터가 마음을 가질 수 있다"는 의미이다.[3)]

상대적으로 컴퓨터가 다만 인간의 마음/지능을 모사(simulation)하는 상황에 대해서 "약한 인공지능(Weak AI)"이라고 명명했다. 강한 인공지능과 약한 인공지능의 대립은 기계의 행위를 인간 행동의 복제(duplication)로 볼 것인가, 아니면 번역(translation)으로 볼 것인가라는 관점의 차이를 표현한다.

그런데 존 썰이 우려했던 것처럼 튜링 테스트를 통과하는 일은 쉽게 일어나지 않았다. 2014년 인공지능 유진 구스트만은 면접관 33%의 승인을 얻어 최초로 테스트를 통과했다. 그러나 여전히 논쟁적이다. 유진이 13세 우크라이나 소년의 모습을 가정했기 때문에 면접관들이 그 기계에게 관대했을 수 있다.

생각하는 기계, 인간을 돕다

드레퍼스와 썰의 비판은 인공지능 자체를 반대한 것으로 보이지만 오히려 인공지능 발전에 기여한 바도 있다. 그들에 따르면, 의식 또는 지적 작용은 몸을 기반으로 발생하고 작동하며, 오직 몸의 실행을 통해서만 달성될 수 있다. 지능은 하나의 몸에서 다른 몸으로 손실 없이 그대로 전송될 수 없다. 그들의 주장은 바로 지능의 복제불가능성에 대한 것이었다. 어떤 기계도 인간의 지능을 그대로 옮겨 담을 수 없다.

이는 인공지능 연구자들이 경험해왔던 바와도 일치한다. 기계는 인간의 지능을 그대로 복제할 수 없으므로 스스로 실행을 통해 '지능'을 획득해야 한다. 그래서 기계는 인간의 뇌와는 다른 경로를 개척해야 했다. 튜링 역시 기계가 인간의 뇌와 같거나 인간과 동일하게 생각할 수 있다고 전제하지는 않았었다.

튜링은 "디지털 컴퓨터는 생각할 수 있나?"라는 질문을 끈질기게 던지면서, 이 문제가 단지 기술적인 차원에 그치지 않는다는 것을 알고 있었다. 지능적 기계를 만드

3) 레이 커즈와일(Kurzweil, R.)의 특이점(singularity) 개념은 대표적으로 강한 인공지능 개념이다. 그는 자신의 저서〈특이점이 온다〉에서 2020년이 되면 기계가 인간지능을 완벽히 모방할 것이라고 예견하면서, "비생물학적 지능은 다른 기계로부터, 그리고 결국에는 인간으로부터 기술과 지식을 다운로드할 수 있게 될 것이다."라고 말했다.

는 과정에서 우리는 단지 기술적 어려움만이 아니라, 추가적으로 우리가 우리 자신에 대해서도 잘 모른다는 사실을 깨닫게 될 것이다.

> 우리의 전체 사유 과정은 우리에게도 신비적이다. 생각하는 기계를 만들려는 시도는 우리가 우리자신을 어떻게 생각하는지를 발견하는 일에서 우리를 크게 도울 것이라고 나는 믿는다. [7]

생성-공격 네트워크 (GAN)

튜링테스트는 "생각하는 기계" 담론에서 많이 등장할 뿐만 아니라, 기계학습 방법론에 적용된 사례도 있다. 2014년 이안 굳펠로우(Ian Goodfellow)가 처음 제안한 모델이다. "생성-공격 네트워크(GAN, Generative adversarial networks)"는 비지도 기계학습의 한 형태로서, 경쟁하는 두 개의 신경망 시스템으로 구현되어 있다.

그림 3.6 생성자(Generator)가 만들어내는 인스턴스 사진들 예시

자료: https://blog.openai.com

먼저, 1) 생성 네트워크 또는 생성자(Generative network/Generator)는 진짜 사진과 구별할 수 없는 정도의 인스턴스 사진을 생성하는 것을 학습한다. 2) 공격 네트워크(Adversarial network)는 인스턴스와 진짜 사진 사이의 차이를 구별해내는 것을 학습한다. 그래서 분별 네트워크(discriminative network)라고 불리기도 한다.

생성자(Generator)의 종국적 훈련 목표는 분별자(Discriminator)의 오류비율을 증대시키는 것이다. 새로운 인스턴스를 생성하고 이를 진짜 데이터로 보이게 만들어서 분별자가 인스턴스 사진과 진짜 사진을 구별하지 못하도록 한다. 생성자는 튜링테스트의 (A)이고 분별자는 (B)에 해당한다. 이 기계학습 방법론은 거꾸로 튜링테스트의 (A)와 (B)가 상호작용을 통해서 학습 상대가 될 수 있다는 것을 보여준다. 인간과 기계의 관계는 새로운 지적 영역을 열 수도 있다.

참고문헌

[1] Turing, A. M. "On Computable Numbers, with an Application to the Entscheidungsproblem", *Proc. London Math. Soc.* (2) 44: 230-265. 1937.

[2] Turing, A. M. "Computing Machinery and Intelligence", *Mind*, 59: 433-460. 1950.

[3] Dennett, Daniel C. 2004 "Can Machines Think?", n *The Turing Test: Verbal Behavior as the Hallmark of Intelligence*, Stuart Shieber(ed.), The MIT Press: Cambridge, Massachusetts.

[4] Descartes, Rene. *Discourse on the Method*, Part Five. 1985[1637].

[5] Dreyfus, Hubert L. *Alchemy and Artificial Intelligence*, The RAND Corporation Paper P-3244. 1965.

[6] Searle, John. R. "Minds, Brains, and Programs", *Behavioral and Brain Sciences* 3 (3): 417-457. 1980.

[7] Turing, A. "Can Digital Computers Think?", in *The Turing Test: Verbal Behavior as the Hallmark of Intelligence*, Stuart Shieber(ed.), The MIT Press: Cambridge, Massachusetts. 2004.

[8] 이상욱. "인공지능의 한계와 일반화된 지능의 가능성: 포스트 휴머니즘적 맥락" 과학철학 제12호 49-69. 2009.

CHAPTER 04

지식의 사회적 성격

흔히 지능 검사(IQ 테스트)는 과학이며 객관적 진실인 것처럼 알려져 왔었다. 여러 과학사회학자들이 말했듯이 과학이 생산하는 지식은 절대적인 것이 아니다. 과학지식도 과학자 사회에 의해서 구성되며, 그 지식을 지지하고 승인하는 대중사회에 의해서 영향을 받는다. 과학지식을 절대적인 것으로 간주할 것인지(실재론) 아니면 사회적으로 구성되는 것으로 간주할 것인지(구성주의)는 매우 중요한 문제이다. 이 문제는 세계에 대한 우리의 태도이기도 하다

과학, 구성되는 지식

그림 4.1 토마스 쿤의 〈과학혁명의 구조(The Structure of Scientific Revolutions, 1962)〉

근대 이후 과학은 인간의 지식을 대표해왔다. 일반 상식에 비해서 과학지식은 더 권위가 있는데, 그 이유는 과학이 실재(the real)를 재현한다고 믿기 때문이다. 대표적으로 우리는 과학이 "객관적인 진실을 발견한다!"고 믿는다. 이런 관점을 실재론(Substantialism)이라고 한다. 오늘날 실재론적 관점은 점차 무너지고 있다. 토마스 쿤(Kuhn, T.)을 비롯하여 일부 과학철학자들은 과학지식은 실재 그 자체가 아니라 사회적으로 구성된다는 급진적인 주장을 폈다. [1]

과학지식에 대한 연구들이 많이 진행되면서, 과학이론의 미결정성 명제(underdeter

-mination of theories)와 같은 과학연구의 특질이 드러났다. 미결정성 명제란 어떤 과학 이론도 관찰 증거만으로 결정되지 않는다는 것이다. 우리는 과학이론이 객관적인 관찰증거만으로 수립될 것이라고 생각하지만, 사실은 과학이론은 관찰증거만으로 충분히 입증되지 않는다. 관찰증거는 항상 부족하며, 때로 그 증거들은 전혀 다른 과학이론, 때로는 반대 이론을 지지하는데 동원될 수도 있다. 그렇다면 더 충분히 관찰을 한다면 완전한 증거를 모두 획득할 수 있나? 과학철학 및 과학사회학자들은 그렇지 않다고 말하고 있다.

그럼에도 불구하고 경쟁하는 과학이론 중에서 어떤 과학이론이 다른 과학이론을 제치고 채택되곤 한다. 그 배경은 동시대 과학자 집단이 공유하고 있는 패러다임(paradigm) 때문이다. 패러다임이라는 단어는 그리스에서 온 말로서 모범사례를 의미하는 말이었는데, 현대 유럽언어에서도 계속 살아남아 주로 문법학에서 은유적인 표현으로 쓰였다. 쿤에 따르면 패러다임은 "과학 공동체 구성원들이 공유하고 있는 가정, 정의, 법칙 그리고 기교들의 집합(set of assumptions, definitions, laws and techniques)이다.

근대과학 패러다임은 16, 7세기 코페르니쿠스-갈릴레오-뉴튼 등 신진 과학연구자들에 의해 등장했다. 그들은 약 2000년 동안 지배적 지식 체계였던 아리스토텔레스의 과학관을 폐기했다. 신진 과학자 집단이 세계를 설명하는 모델이 이전의 설명모델보다 더 매력적인 통찰을 제공했던 것이다. 하나의 과학관에서 다른 과학관으로 급격히 변하는 것을 패러다임의 전환 또는 과학혁명이라고 한다. 그리고 지배적 패러다임 내의 과학을 "정상과학(normal science)"라고 부른다. 일단 패러다임 전환에 성공한 과학자 집단은 자신들의 과학모델로 설명되지 않는 변칙 사례가 등장하더라도 그런 사실을 잘 인정하지 않으려 한다.

이상의 상황은 우리의 인식틀이 '찢겨진 그물'과 같기 때문이다. 우리는 충분히 노력하더라도 세계 전체를 완전히 포획할 수 없다. 그래서 우리는 다양한 방식으로 그 공백을 봉합한다. 때로는 과학이론(설명모델)을 제시하기도 하고, 때로는 인지적 편향이 작동하기도 한다. 물론 그 모델은 동시대의 사회적 맥락에 부합해야 한다.

일단 하나의 설명모델이 승인되고 나면 우리는 그것의 불완전성, 또는 임시성을 의식하지 못하게 된다. 찢겨진 그물의 공백이 '적절히' 봉합되면 마치 진실 전체를 보고 있는 것처럼 감지된다. 프톨레마이오스 우주모델은 2천 년 간 거의 순조롭게 천체 운행을 예측했고 뉴튼의 모델은 2백년간 별 문제없이 모든 물질들 사이의 힘의 관계를 제시해 왔다. 그러나 봉합된 공백은 언제든지 다시 '검은 틈'을 다시 드러낼 수 있다.

고전물리학과 현대물리학의 대결

만약 과학지식이 절대적인 것이라면 과학논쟁은 실험 입증만으로 종결되어야 한다. 그러나 과학자들은 끊임없이 '투쟁'한다. 보어와 하이젠베르크가 불확정성 원리(Uncertainty principle)를 주장했을 때, 아인슈타인-플랑크-슈뢰딩거는 크게 반대했다. 불확정성 원리는 1927년 솔베이 물리학회에서 공식적으로 승인되었지만 그 이후로도 과학논쟁은 계속되었다.

그림 4.2
솔베이 회의(1927)

고전물리학을 대변하는 알버트 아인슈타인(가운데)과 현대물리학의 대표 닐스 보어(오른쪽 둘째줄 첫 번째) 등이 참석해서 논쟁했다.

양쪽 과학자 집단 모두 최고의 전문성을 가지고 있으므로 이들 사이의 격돌이 어느 한 쪽 집단의 과학적 역량 부족이라고 할 수는 없다. 아인슈타인의 패러다임, 즉 인과적 관계를 중시하는 고전물리학 원리에 따르면 불확정성 원리는 터무니없는 것이었다. 아인슈타인은 인간의 인식론적 한계를 인정하지 않았다. 그의 관점에서 진실은 언젠가는 발견될 것이었다.

그러나 보어와 하이제베르크의 패러다임은 관찰자의 개입 때문에 발생하는 관찰내용의 변형을 인정한다. 우리(관찰주체)는 근본적으로 인식론적 한계가 있다. 우리는 "돌은 딱딱하다"고 알고 있다. 그러나 그 돌 안에 "딱딱하다"는 속성이 본질적으로 포함되어 있는 것은 아니다. 우리의 피부가 상대적으로 부드럽기 때문에, 돌을 만졌을 때 딱딱하게 느끼는 것이다. 만약 우리 몸이 다이아몬드처럼 딱딱하다면 돌을 만질 때 다르게 감지할 것이다.

관찰 내용이 완전히 관찰대상의 속성만을 반영한다고 전제하는 것은 중요한 오류를 낳는다. 관찰내용은 절대적으로 객관적인 것이 아니다. 관찰 내용 안에는 관찰 주체의 상태가 포함될 수밖에 없다. 관찰내용은 관찰주체와 관찰대상(그리고 그 순간의 주변 변수들) 사이의 상호작용 결과값이다. 역설적으로 우리 자신(관찰자) 때문에 우리는 '완전한 관찰'을 수행할 수 없고, 우리는 실재 그 자체(the real itself)를 알 수 없다. 다만 우리는 관찰결과를 통해서 실재 세계를 해석한다. 그 해석의 과정에 다양한 요소들이 포함된다. 과학 공동체문화, 인지적 편향, 사회적 영향 등이 과학지식 안으로 스며든다.

> 아인슈타인은 우리가 달을 보고 있지 않더라도 늘 하늘에 떠 있다고 말했다. 물론 달은 관찰자가 없어도 원래 있던 곳에 있지만, 달에 대한 물리학적 진술은 원리적으로 우리가 관측할 수 있는 상태에 근거를 둔다. 우리가 달이 특정 지점에서 특정 시각에 뜬다고 말할 때 관찰자를 명시적으로 언급할 필요는 없다. 그러나 그 관찰은 우리의 지각 과정에 토대를 두고 있다. 그 과학적 진술은 우리 공동의 경험과 행위를 통해서만 의미를 얻을 수 있다. [2]

이와 동일한 현상이 원자 수준의 입자를 관찰하는 과정에서도 동일하게 발생한다. 하이젠베르크는 원자궤도 함수 개념을 버리고 다만 확률적으로만 존재한다고 결론 내렸다. 원자를 관측하려면 원자에서 나오는 빛을 감지해야 한다. 그러기 위해서 광학 현미경은 원자에 에너지를 실어주고, 그 에너지로 인해 들뜬 상태의 원자를 관측한다. 다시 말해서 우리가 원자를 관찰했다면 그것은 적어도 한 번의 양자도약을 거쳤다는 의미이다. 그 원자는 관찰 이전과는 다른 상태가 된다. 그러므로 관찰이전의 원자의 상태는 단지 확률적으로 예측할 수 있을 뿐이다.

$$\Delta\chi\,\Delta\rho \geq \frac{\hbar}{2}$$

불확정성의 원리(uncertainty principle)는 입자의 위치와 운동량을 동시에 정확히 알아낼 수 없다! 즉 측정값(위치, 속도 등)의 부정확도를 일정 이하로 줄일 수 없다. $\Delta\chi$는 위치의 오차를 나타내고 $\Delta\rho$는 운동량의 오차를 나타내며 $\hbar$는 플랑크 상수(6.626 × 10–34) 값이다. 비록 매우 작은 값이지만 인간의 관찰이 근본적으로 한계가 있다는 점을 제기했다는 의미가 있다.

불확정성원리를 둘러싸고 일어났던 과학자들 사이의 논쟁은 과학지식이 가지고 있는 근본적 특질을 잘 보여주고 있다. 고전물리학과 현대물리학은 패러다임의 차이, 인식의 차이는 화해할 수 없을 만큼 컸다. 패러다임이 다른 과학자집단은 서로를 이해할 수 없고, 오직 "투쟁"할 뿐이다.

지식은 사회적 실천의 결과

해리 콜린스(Collins, H.)는 '상대주의의 경험적 프로그램(EPOR: Empirical Programme of Relativism)'이론을 제시하면서 과학과 개별 과학자의 모든 행동은 필수적으로 사회적이라고 규정한다. 과학기술은 순수 알고리즘에 의해서만 진행되지 않고, 논쟁적이고 협약적 측면이 있다. 과학자들의 실험성공 여부는 실험 지침서만으로는 불가능하며 과학자 공동체에서 과학자들간의 "직접적이고 개인적인 접촉(direct personal contact)"이 불가피하다. 그런 의미에서 과학자들이 만들어내는 과학적 결과와 프로그램은 이미 사회를 포함하고 있다. 이로서 과학은 완결된 지식이 아니라, 하나의 지식주장(Knowledge Claim)이다.

콜린스는 과학기술 행위를 3단계로 구분하여 설명했다. 첫 번째는 과학적 발견의 "해석적 유연성(Interpretative Flexibility)"을 보여주는 단계이다. 과학적 발견은 하나 이상의 해석이 병존하고 서로 다른 해석은 경쟁한다. 두 번째 단계는 해석적 유연성을 제한하고 과학적 논쟁이 종결에 다다르도록 하는 사회적 메커니즘(Social mechanism)이다. 세 번째 단계는 과학실험과 사회적 · 문화적 환경이 결합하면서 "종결(Closure)"에 이르는 마지막 단계이다.

논쟁이 끝나고 종결된 이후에는 해석적 유연성의 흔적은 발견되기 어렵다. 어느 하나의 해석이 합의를 통해 힘을 얻거나 타협적으로 수정되면서 고착되고 나머지 해석은 사라지기 때문이다. 우리는 그 마지막 모습만을 목격하게 됨으로써 과학기술이 사회와 독립하여 스스로 발전했다고 오해하게 되었다.

실험자 회귀(experimenter's regress)

1969년 물리학자 조셉 웨버(Weber, J.)는 중력파를 발견했다는 논문을 발표했다. 전 세계 10여개 연구팀은 웨버의 중력파 실험을 검증하기 시작했고 결론은 웨버의 발견을 인정할 수 없다는 것이었다. 이 사건은 중요한 과학사적 현상이었다. 콜린스는 이 현상을 '실험자 회귀'라고 명명한다. [3]

당시 아직 아무도 중력파의 존재를 발견하지 못한 상태였다. 중력파를 발견하기 위해서는 훌륭한 중력파 탐지장치가 있어야 한다. 그런데 그 장치가 정말 좋은 장치인지 알려면 그 장치를 이용해서 중력파를 발견해야만 한다. 그런데 중력파는 아직 발견된 적이 없기 때문에 어떤 신호가 중력파인지 알 수 없으므로 결국 그 탐지장치가 잘 작동하는지 알 수 없다. 실험자들은 이 무한순환안에 갇힌다.

과학자들은 새로운 자연 현상을 발견하려고 하기 때문에 중력파 발견과 같은 상황에 항상 직면하게 된다. 그렇다면 과학자들은 결코 새로운 물질을 발견할 수 없어야 한다. 그러나 과학자들은 이런 상황을 벗어나서 새로운 발견을 하곤 한다.

과학자들은 캘리브레이션(Calibration)을 통해서 실험자 회귀를 벗어날 수 있다. 캘리브레이션은 표준적 기준을 사용해서 서로 다른 기기들을 비교할 수 있도록 하는 작업이다. 즉, 서로 경합중인 주장들을 비교할 수 있는 기술적 기준을 마련하는 것이다. 이 과정은 대표적인 과학자 집단 사이의 사회적 합의의 예시이다. 1960년대 당시 과학자들은 중력파 검파기에 대한 적절한 협상에 도달하지 못했었다. 한편 2016년 LIGO 연구단의 중력파 검출은 과학적 발견으로 승인되었다.

튜링테스트의 사회적 성격

콜린스(Collins, H.)는 과학만이 아니라 기술지식도 사회적으로 구성된다고 보았다. 그에 따르면 지능(intelligence)은 개별 인간의 차원이 아니라 사회적 차원에서만 정의될 수 있다. 그에 따르면, 튜링테스트 역시 지능의 사회적 성격을 포함하고 있다. 그래서 튜링테스트는 지능 개념의 사회적 차원을 잘 드러나게 하는데 기여했다. [4]

과학탐지장치와 마찬가지로 튜링테스트는 실험자 회귀(experimenter's regress) 상황에 놓인다. 우리는 인공지능을 한 번도 본 적이 없다. 지능을 탐지하려면 그것이 지능인지를 알 수 있는 탐지장치를 만들어야 한다. 튜링테스트는 그런 탐지장치에 해당하는데 우리는 그 탐지장치가 정말 지능을 잘 구별할 지 알 수 없다. 이 장치를 통해서 인공지능이라고 판정된 이후에야 이 장치가 훌륭하게 작동하는지를 확인할 수 있다. 그런데 아직 인공지능을 본 적이 없기때문에 그 장치가 잘 작용하는지 알 수 없다.

튜링테스트의 실험자 회귀적 특성은 이 테스트의 결과가 '확실한 것'이 아니라, 사회적이고 개연적 성격이 있음을 지시한다. 튜링 테스트를 통해서 인간과 기계의 경계를 설정하려는 시도 역시 면접관의 사회적 실천 과정에서 변이할 수 있기 때문이다.

튜링테스트는 지능의 여부를 판별하려고 설계되었지만, 한 사회의 구성원과 비구성원을 분리하는 방법에 더 가깝다. 역사적으로 유사한 사례가 있다. 1989년 세미팔라틴스크 테스트(Semipalatinsk test)는 원폭실험으로 반핵운동에 직면했던 옛 소련 시절에 실시되었었는데, 테스트의 목적은 마을 원주민(구성원)과 스파이(비구성원)를 구분하는 것이다. 이 테스트에서도 튜링 테스트와 유사하게 질문하는 면접관이 등장한다. 여기서 원주민 면접관은 그 마을에서 살았기 때문에 자신의 사회화에 기반을 둔 질문을 한다. 면접관은 그 마을에 대해서 말이나 글을 통해서는 배울 수 없는 질문을 할 것이고, 스파이는 테스트를 통과할 수 없을 것이다.

튜링테스트의 면접관 역시 질문을 해서 참가자의 자격을 판단해야 하는데 그 질문들은 근본적으로 그 자신의 지식을 근거로 도출된다. 이 테스트의 면접관은 세이팔라틴스크 면접관과 마찬가지로 자신의 동료 구성원(인간)과 비구성원(기계)를 구별하는 과제를 수행한다. 면접관의 판단 능력은 그가 삶의 과정에서 체화해온 것, 즉 사회적으로 구성된 것이다. 한 공동체의 구성원들은 사회적 실천을 공유한다. 그런 경험의 공유는 사회적 실천을 통해서 지속적으로 유동한다. "그 사람(그것)이 자신과 같은 구성원인가? 아닌가?"의 문제는 정체성(identification)의 문제이다. 그렇다면 '면접관의 지식'이란 '사회적으로 구성된 정체성'이라고 할 수 있다.

기계지능의 사회적 성격

역사적으로 기계지능은 개별 인간을 모방했다기보다 인간집단을 모방한 것이었다. 앞서 2장에서 보았듯이, 18세기 수학자들은 "체스 기사 여행문제(Knight's Tour Problem)"를 풀고 있었다. 이 문제는 이전의 어떤 수학적 도형도 이런 식으로 모든 방향의 이동을 통합한 적은 없었다. "(한 사람의 의지가 아니라) 모든 사람의 의지에 의존해야 하는 것이다." 이처럼 기계지능을 구현하는 문제는 개별차원보다는 사회적 차원을 포함한다.

그렇다면, 기계지능의 역할 역시 개별 단위의 인간차원이 아니라 사회집단의 차원

우연한 튜링테스트 – 아고라 논객 미네르바

2008년 다음 아고라 경제방 논객 미네르바는 대중적으로 주목받았다. 당시 미네르바는 자신을 "군고구마파는 노인"이라고 소개했지만 사람들은 그를 금융전문가라고 믿었다. 검찰이 그를 유언비어 유포혐의로 체포했을 때 그의 신원이 비로소 밝혀졌다. (법원은 2009년 무죄 판결했다) 그는 전문적인 경제교육을 받은 적이 없는 30대 초반의 남성(박대성씨)이었다.

당시 상황은 일종의 금융전문성에 대한 튜링 테스트이다. 튜링테스트의 "기계(A)–인간(B)–면접관(C)" 구조를 "미네르바(A)–금융전문가(B)–아고라사용자(C)" 구조로 변환해 볼 수 있다. 미네르바는 의도적으로 거짓말을 한 것은 아니지만 아고라 시스템 속에 있었기 때문에 자신의 신원을 숨길 수 있었다. 그는 자신의 사회적 신분이 아니라 그의 주장만으로 평가받을 수 있었다.

미네르바의 아고라 활동은 그 자체로 경제전문가들에 의한 검증과정이다. 2008년 당시 경방고수는 약 40여명 수준이었는데 그들은 대체로 경제전문가이거나 금융현장 전문가들이었다. 오히려 미네르바와 같은 '비전문가' 출신 경방고수는 소수였다. 미네르바에 대한 아고라에서의 비판과 검증은 그가 활동했던 전 기간에 걸쳐서 지속적으로 이루어졌고, 미네르바가 아고라를 넘어 공개적으로 유명해진 이후에는 더 많은 경제전문가들에 의한 검증되었다.

미네르바 사건을 통해서 우리는 전문성이라는 특정한 정체성을 재고해 볼 수 있다. 그는 '금융전문성 튜링테스트'를 통과한 것으로 보아야 한다. 그는 적어도 언어적 차원에서 금융경제 전문성을 보유하고 있는 것이다. 이런 전문성을 연계전문성(interactional expertise)라고 한다. 그런데 아쉽게도 그가 전통적인 의미의 금융전문가가 아니라는 것이 알려지자마자, 우리 사회는 매우 실망하고 미네르바의 역량을 폄하하는 경향을 보였다. 우리 사회가 여전히 과학지식 또는 전문성을 '절대적인 진실'로 간주하는 태도(실재론)가 강하기 때문일 것이다. [5]

에서 그 역할을 찾아야 하지 않을까? 콜린스는 다음과 같이 말했다. "기계지능의 배치는 사회적인 차원이 될 것이다. 예를 들어 인공심장은 누군가의 심장을 대체한다. 그런데 인공심장과 달리 인공지능은 개별 인간에 대한 문제가 아니다. 누구도 자신의 뇌를 인공뇌로 대체하고 싶지는 않을 것이기 때문이다. 지능 기계가 적응해야 하는 유기체는 개별 인간의 몸이 아니라 더 거대한 유기체, 즉 사회 집단이다. 그렇다면 인공지능은 개별 인간의 뇌를 모방하는 것이 아니라 사회집단 내 전체 인간의 성능을 모방해야 할 것이다. 그러므로 인공심장이 이식될 몸에 적응해야 하듯이 기계지능은 자신이 포함될 사회집단에 적응할 필요가 있다."[4]

과학지식과 마찬가지로 기계지능도 사회적 차원에서 형성될 것이다. 행위(behavior)와 행동(action)은 모두 물리적 움직임이라는 점에서는 같지만 의도(intention)의 여부에 따라 구별될 수 있다. 눈깜빡임과 같은 행위는 단지 물리적 움직임이다. 반면에 글쓰기와 같은 행동은 의도를 포함한다. 의도와 행위를 연결하는 "코드"는 복잡하게 얽혀있고 해당 사회에 참여함으로써만 이해할 수 있다. 그러므로 모든 행동은 필수적으로 사회적이다. 우리가 '지식' 또는 '지능'이라고 부르는 것은 그런 행동을 통해서만 획득될 수 있다.

그러므로 튜링기계의 교육 과정(기계학습)은 사회적 수행을 포함해야 한다. 기계가 사회적 수행을 하려면 사회적 역할을 위임받을 때 가능할 것이다. 그런데 사회적 역할을 위임받기 위해서는 사회적 승인이 필요하다. 사회적 승인을 얻는 것은 역시 실험자회귀와 같은 상황에 놓일 수 있다. 어떻게 아직 '지능'을 가졌다고 확신하지 못한 상황에서 기계에게 사회적 역할을 위임할 것인가?

지식의 사회적 구성문제가 인공지능문제에서 중요하게 언급되어야 하는 이유는 무엇인가?

우리가 우리자신에 대해서 모르는 것이 많다는 사실은 인공지능을 개발하는 과정에서 더 분명한 사실로 등장하고 있다. 튜링이 말했듯이 생각하는 기계에 도전하는 일은, 우리가 우리자신을 발견하는 일이 되고 있다.

튜링테스트를 통과하느냐하는 문제는 인공지능 여부를 판단하는 절대적 기준이 아니다. 튜링도 그것을 이미 알고 있었다. 우리는 우리 자신의 지능에 대해서도 제대로 정의하고 있지 못하다. 그러므로 우리는 인공지능에 대해서도 제대로 평가할 수 없을 것이다. 게다가 앞서 살펴보았듯이 세계를 이해하는 우리의 인식적 한계도 분명하다. 우리는 우리의 지능은 물론이고 인공지능을 판단할 완전한 능력이 없다. 튜링테스트의 의도는 면접관의 사회적 지식에 의존하여 상대의 '지능'을 판단하는 것이다. 사실상 인공지능이란 면접관이 속해 있는 "사회집단 구성원과 얼마나 유사한가?"라는 기준을 통과하는 것에 가깝다.

그런데 그 사회집단의 경험은 계속 변해갈 것이므로 아마도 그 기준은 계속 변동할 것이다. 우리가 기계와 더 많은 상호적 경험을 하게 된다면 우리의 사회적 지식은 변이할 것이고 '면접관'은 기계의 행동을 이전 보다 더 친근하게 느낄 수도 있다. 그렇다면 기계가 인간을 닮지 않더라도 테스트를 통과할 수 있다.

참고문헌

[1] 토머스 S. 쿤. 〈과학혁명의 구조〉. 김명자, 홍성욱 옮김. 까치출판. 2013.

[2] 에른스트 페터 피셔. 〈또 다른 교양: 교양인이 알아야 할 과학의 모든 것〉. 김재영 옮김. 이레출판. 2006.

[3] Collins, H. M. "Son of seven sexes', The Social Destruction of a Physical Phenomenon". *Social Studies of Science*. 11 (1): 33–62. 1981.

[4] Collins, Harry M. *Artificial Experts: Social Knowledge and Intelligent Machines*. The MIT Press: Cambridge, MA. 1990.

[5] 김지연. "정보통신기술과 전문성의 재구성: 미네르바 사례를 중심으로". 동향과 전망 86: 164–200. 2012.

[6] Rebecca C. Jordan. et. al. "Cognitive Considerations in the Development of Citizen Science Projects". in *Citizen Science: Public Participation in Environmental Reseach*. Comstock Publishin Associates: Ithaca and London. 2012.

[7] Copeland, J. Artificial Intelligence: A Philosophical Introduction. Blackwell: Oxford UK & Cambridge USA. 1993.

MEMO

CHAPTER 05

SF와 인공지능(1)

미래 또는 미래의 과학기술이 어떤 모습일지는 항상 불확실하다. SF는 과학기술을 소재로 다루면서 대중의 과학이해를 꾸준히 형성해왔다. SF 속에 등장하는 기계의 이미지를 통해서 간접적으로 동시대 사람들의 견해-기대와 우려-를 들여다 볼 수 있다. 때로는 설문조사같은 과학적 방법으로 드러나지 않는 것을 보여주기도 한다.

영화의 해석 및 비평은 다양한 관점에서 가능하고, 특히 모든 관객은 해석과 비평의 주체이다. 관객의 견해는 시간이 지나면서 변이할 수 있다. 그 결과 이야기는 계속 재해석된다. 전설이나 신화가 그렇듯이 영화는 사람들의 기대와 우려를 대변하며, 그 영화에 대한 해석 역시 동시대의 견해를 반영한다.

인공지능 연구자들은 SF 소설과 영화가 기술을 부정적으로 이미지화하기 때문에 대중적 거부감을 형성한다고 우려한다. 그런데 사람들은 SF를 보면서 과학기술에 대해 거부감만 학습하는 것은 아니다. 〈쥬라기 공원(Jurassic Park, 1993)〉이 개봉되었을 때 생명공학계는 기술 발전에 부정적인 영향을 줄 것이라고 걱정했지만, 영화 개봉 후 여론조사 결과는 그렇지 않은 것으로 나타났다.

최초의 SF 소설, 프랑켄슈타인

메리 셸리의 〈프랑켄슈타인: 현대의 프로메테우스(Frankenstein : Or the Modern Prometheus, 1818)〉는 최초의 SF 소설로 알려져 있다. 이 소설은 당시 18세였던 셸리가 익명으로 출간한 것으로, 1831년에 작가의 본명을 밝히며 개정판을 출간했다. 이 소설은 과학기술 혐오의 대표적 사례가 되었다.

과학자 프랑켄슈타인은 납골당의 뼈와 도살장 재료들을 모아서 괴물을 창조했다. 이 괴물은 이름이 없다. 창조자인 프랑켄슈타인은 괴물이 깨어나자마자 너무 두려워 떠났고, 만나는 사람들마다 괴물의 흉칙한 모습에 놀라서 도망쳤기 때문이다. 게다가 그 괴물은 너무나도 독특한 존재였기 때문에 그저 "괴물"이라고 호명하는 것으로 충분했다.

괴물은 스스로 사람의 말과 행동을 배웠다. 가난한 오두막집 사람들, 아버지와 남매를 도왔고 그들과 우정을 원했지만 실패한다. 그의 혐오스런 외모로 인해 모두에게 부정당하자 괴물은 고통스러워했다. 이 괴물은 피그말리온 신화에 등장하는 갈라테이아와는 확연히 다른 인공물이다. 갈라테이아는 아름다운 여성이 가져야할 특질을 구현하고 있다. 반면에 이 괴물은 혐오스러운 특질을 구현하고 있다. 그런 혐오 요소는 그의 외모만이 아니다. 의도하지는 않았지만 이 괴물은 인간에게 버려짐으로써 인간의 통제를 넘어서, 자율성을 가진 존재가 되었기 때문이다. 통제되지 않는 인공물의 자율성은 두려움을 일으킨다.

그런데도 이 소설이 명작이 될 수 있었던 것은 단지 괴물에 대한 두려움 때문만은 아니다. 이 괴물은 이름이 없는데, 이는 사람들에게 그 존재를 인정받지 못했다는 상징이다. 다만 오직 오두막집에 살고 있던 맹인 아버지만이 그와 다정하게 대화한다. 그러나 곧 노인의 자녀들에게 발각되어 쫓겨난다. 괴물은 진심으로 사람들과의 관계 안에서 자신의 위치를 찾고자 욕망했다. 이 괴물은 사회적 관계 안에서 자신의 정체성을 갈망했지만 사람들에게 거부된 존재이다.

오랜 동안 자신을 추적하다가 결국 북극에서 프랑켄슈타인이 죽었을 때 괴물은 기뻐하지 않는다. 오히려 괴물은 이제 자신을 알아줄 자가 아무도 없다는 것을 슬퍼하면서 스스로를 파괴하겠다고 선언하고 눈보라 속으로 떠난다. '괴물을 파괴하는 것'

은 원래 소설 전반에 결쳐서 나타난 인간 프랑켄슈타인의 의지였다. 결국 괴물은 인간 프랑켄슈타인 대신 괴물(자기자신)을 파괴하겠다는 의지를 가지게 됨으로써, 자신의 창조자의 의지를 자신의 의지로 받아들인다. 타자의 의지를 자신의 의지로 받아들이는 과정은 근대인의 정체성의 형성과 매우 유사하다.

그리고 언젠가부터 사람들은 그 괴물을 "프랑켄슈타인"이라고 부르기 시작했다. 이 괴물은 소설 안에서는 이름이 없었지만 소설 밖에서 이름을 얻게 된 것이다. 이 소설은 여러 버전의 영화로 제작되었는데, 로버트 드니로가 출현했던 영화 〈프랑켄슈타인(Mary Shelley's Frankenstein, 1994)〉에서, 이 괴물은 인간 프랑켄슈타인을 뛰어넘는 주인공의 자리에 배정된다. 영화캐스팅 소개란에서는 "창조자: 프랑켄슈타인"과 대비하여 당당히 "창조물: 프랑켄슈타인"으로 호명되었다. 괴물 프랑켄슈타인은 인간 프랑켄슈타인에 대해서 "그는 나의 아버지이다"라고 직접 언급한다. 이 괴물은 소설 밖 현실에서 그 존재를 인정받아 가고 있다.

한 가지 더 재미있는 장면이 있다. 이 괴물과 유일하게 대화할 수 있었던 맹인 노파(오두막집의 아버지)에 대한 것이다. 그의 위치는 마치 튜링 테스트 속의 면접관(C)과 같다. 이 맹인은 튜링테스트의 면접관이 "방안을 볼 수 없다"는 조건의 반전 상태에 있다. 그는 튜링테스트 속의 면접관과 같이 면접자를 '볼 수 없음' 상태에 있다. 소설의 다른 등장인물들은 튜링테스트 속의 (B)의 역할을 수행한다. 그들은 괴물을 직접 볼 수 있고 "그는 괴물이다"라고 소리치며 혐오하고 공격하는 것으로 이 괴물에 대한 진실을 주장한다. 괴물은 (A)의 자리에서 인간의 정체성을 추구한다. 이 맹인은 괴물을 따뜻한 인간으로 인정했다. 시간이 흐르면서 이 '맹인=면접관(C)'의 판정이 독자들에게도 투영되었다. 독자들도 그 괴물을 '직접 볼 수 없다'는 점에서 '맹인=면접관"과 같은 위치에 놓여 있다.

이 소설의 주인공 자리가 점차 인간 프랑켄슈타인에서 괴물 프랑켄슈타인 쪽으로 넘어가고 있다는 점도 주목해 보자. 창조자(제작자) 보다 창조물(인공물)에 더 주목하는 변화가 전반적으로 일어나고 있다. 프랑켄슈타인 이야기는 시간이 흐르면서 더욱 더 괴물이 부각되는 방향으로 이동하고 있다. 이런 변화는 피그말리온 신화와 희곡 〈피그말리온(1912)〉 사이에서도 나타나고 있다. 피그말리온 신화에서 주인공은 피그말리온(제작자)이었지만, 희곡 〈피그말리온〉에서 주인공은 갈라테이아(인공물) 역할을 하는 엘리자였다.

이런 변화는 독자들로부터 온 것이다. 독자는 여러 가지 방식으로 이야기에 개입한다. 예를 들면 독자들이 좋아하는 이야기는 더 많이 유포될 수 있다. 따라서 독자들에게 호소력을 가진 이야기가 표준적 내러티브가 된다. 그 이야기의 독자의 수가 많아진다는 것은 그 주인공에게 엘리자 효과를 경험하는 사람이 많아진다는 의미이다. 독자들은 점점 더 창조자(제작자)캐릭터보다 창조물(인공물)캐릭터에게 매혹되고 있다. 독자들은 제작자의 시점보다 인공물의 시점을 수용해가고 있는 것이다.

아이 로봇

아이작 아시모프의 〈아이로봇(i robot, 1950)〉에 등장했던 로봇 3원칙은 대중적 차원에서 로봇윤리(Robort Ethics) 담론을 제기했다. "윤리적이다"라는 의미는 "정당하다"라는 개념과 연관 지을 수 있다. 이를 적용하여 로봇윤리 문제를 풀어보면, 로봇

로봇의 3원칙

(1) 로봇은 인간에게 해를 입혀서는 안 된다. 혹은 행동을 하지 않음으로써 인간이 해를 입혀서도 안 된다. (A robot may not injure a human being or, through inaction, allow a human being to come to harm.)

(2) 로봇은 인간이 내리는 명령에 복종해야 한다. 단 그런 명령들이 첫 번째 법칙에 위배될 때는 예외로 한다. (A robot must obey the orders given it by human beings except where such orders would conflict with the First Law.)

(3) 로봇은 자신의 존재를 보호해야 한다. 단 그런 보호가 첫 번째와 두 번째 법칙에 위배되지 않아야 한다. (A robot must protect its own existence as long as such protection does not conflict with the First or Second Laws.)

의 존재 또는 로봇의 존재와 행동이 '동시대 사회에서 정당한 것으로 승인받을 수 있는가?'라고 질문하는 것과 같다. 아직 로봇을 일상적으로 경험할 수는 없지만, 우리는 이미 많은 형태의 자동 시스템들을 사용하고 있기 때문에, 로봇윤리는 일반적인 기계윤리와 비교하여 고찰할 수 있다.

이 소설은 이미 로봇 3원칙과 같이 규범을 기입하는 방식, 즉 계약주의 방식(Contract-based approach)만으로는 로봇 윤리를 완성하는데 충분하지 않다고 말하고 있다. 이 소설에는 다양한 로봇들이 등장하고 모두 충실하게 인간에게 봉사하려고 노력한다. 그런데도 여전히 문제는 발생할 수 있다.

예를 들어서 전 세계의 자원을 배분하는 중요한 역할을 부여받은 "슈퍼 컴퓨터(Machine)"가 등장한다. 슈퍼컴퓨터는 로봇 3원칙에 따라서 인간 전체를 보호하기 위해서 자기 자신을 보호하는 것이 매우 결정적이라는 결론에 도달한다. 그래서 슈퍼컴퓨터에 반대하는 개별 인간들에게 다소 불리한 조치를 취한다. 마치 근대의 정부관료집단이 반대자에게 불이익을 주는 경향과 매우 닮았다. 아시모프는 현대 정부 시스템의 작동에서 인공지능의 이미지를 연상한 것으로 보인다. 소설 속에 등장하는 슈퍼컴퓨터의 행동은 시스템에 의한 인간 혐오를 표현하고 있다. 마치 미셸 푸코가 언급한 근대 국가의 태도와 유사하다. 근대국가는 시민일반을 한편으로는 '주인'으로 존중하지만 다른 한편으로는 보호받아야 할 '어린아이'처럼 대우한다. 그것은 근대 국가혐오의 배경이 된다.

영화 〈아이, 로봇(2004)〉에서도 유사하게 슈퍼컴퓨터 "비키(Viki)"가 등장한다. 비키는 인간들이 환경오염 등과 같은 심각한 문제들을 발생시켜서 인간 자신을 제대로 보호하지 못한다고 판단하고 인간들의 자율적 행동을 제한한다.

영화 〈아이, 로봇〉은 원작에 충실하면서도 추가적인 논제들도 제기했다. 스프너 형사는 로봇 혐오자로, 캘빈 박사는 로봇 애호가로 등장한다. 캘빈에 의하면 로봇은 합리적이기 때문에 인간처럼 규범을 의도적으로 어기지 않으며 그러므로 '안전하다'. 스프너에 따르면 로봇은 통계적으로 구조가능성을 계산해서 인명구조 순서를 결정하기 때문에 전혀 인간적이지 않다. 스프너는 합리적 가능성이 아니라, 약자를

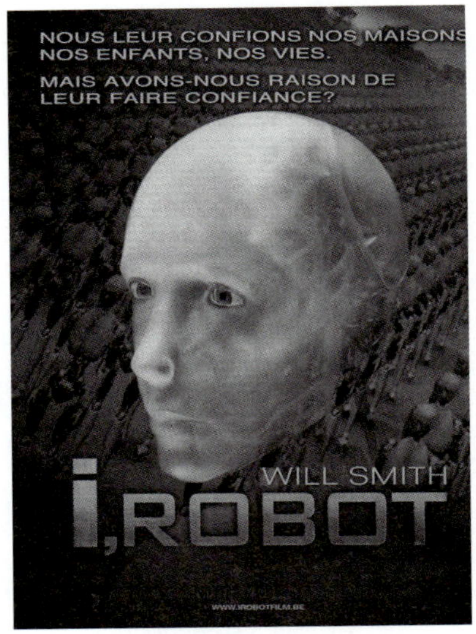

우선 보호하는 것이 정당하다고 여긴다. 때때로 인간의 관점에서 기계의 합리성은 정당한 것으로 인정받지 못할 수도 있다.

또한 스프너 형사는 "왜 로봇을 사람모양으로 만드는 것이냐?"고 질문한다. 사람들이 로봇을 로봇이라고 의식하지 못하게 함으로써 로봇을 더 신뢰하도록 만들려는 의도라고 의심한다. 실제로 사람들은 인간의 외모나 목소리와 유사할 때 더 친근감을 느낀다. 이 문제는 윤리적 질문 중 하나로 등장한다. 인간의 외모를 가진 로봇이 파손되거나 공격받는다면, 그렇지 않을 경우보다 우리의 심리적 상태를 더 흔들 수 있고, 판단착오를 불러올 수 있다. 사람 모양으로 로봇의 외양을 만드는 것은 상당한 논의가 더 필요하다.

영화버전에서 로봇 써니(Sunny)는 로봇 3원칙을 거부할 수 있도록 설계되었고, 로봇 개발자 래닝박사는 써니에게 자신의 자살을 도와달라고 요구한다. 이것은 영화적 상황이지만, 로봇은 현실에서도 유사한 난관을 만날 수 있다. 인공지능이 대면해야 하는 상황은 예측할 수 없는 상충적 상황들이 될 수 있다. 우리의 환경은 합리적으로 설명되지 않는 것으로 가득 차 있다. 그러므로 우리만큼이나 인공지능/로봇도 상충하는 임무에 직면할 수 있다.

한편 써니는 "나는 무엇인가(What am I)?"라고 질문한다. 이는 레미제라블의 장발장이 "나는 누구인가(Who am I)?"라는 질문한 장면을 모방한 것인데, 자신의 정체성에 대한 질문이라는 점에서 근대인의 관심을 공유한다는 상징이다. 프랑켄슈타인의 괴물이 고뇌하던 것과 같이 로봇 써니도 근대인을 닮았다. 거꾸로 해석하자면, 그 인공물들은 근대인을 닮았기 때문에 우리에게 호소력을 얻고 있다.

주인–대리인 문제

인공두뇌학(cybernetics)이라는 말은 그리스어 "쿠베르네테스(Κυβερνήτης)"에서 나왔는데, 정부(government), 조정자(governor) 또는 통제지식(knowledge of control)을 의미했다. 아시모프의 슈퍼컴퓨터(Machine) 모티브는 하나의 도구가 아니라 사회적 시스템이었다. 이런 맥락에서 보면 정부시스템은 일종의 인공두뇌이다.

만약 인공지능이 정부시스템과 유사성이 있다면 대리인문제가 발생할 수 있다는 함축이다. 대리인 문제 예시로는 '국민–정부기관' 또는 '기업주–경영자' 등의 관계가 있다. 주인은 대리인이 주인의 목적을 충실히 반영할 것이라고 생각하지만 대리인은 나름의 원리를 가지고 행동한다. 주인의 선호와 대리인의 선호가 일치하지 않을 수 있다. 주인은 대리인의 행동을 감시하고 통제하는데 한계가 있다. 또한 미래에 대한 불확실성이 주인과 대리인 사이에 항상 존재하며 그 불확실성을 어떻게 배분할 것인가의 문제가 있다.

"주인–대리인 문제"의 원인은 주로 두 가지이다. 첫째는 정보의 비대칭성이다. 위임계약 이전과 이후 각각에 대하여 정보의 비대칭성이 있다. 전자는 역선택 문제이고 후자는 도덕적 해이의 문제이다. 두 번째 원인은 주인과 대리인 사이의 이해관계의 불일치이다. 주인과 대리인 사이에 정보비대칭이 있더라도 이해관계가 다르지 않다면 주인–대리인 문제는 발생하지 않는다. 대리인이 독자적인 사적 이익을 추구하면 주인–대리인 문제가 발생한다.

기존의 대리인 문제가 인간 대 인간 사이의 사안이었다면, 인공지능의 등장은 대리인 문제가 인간 대 기계 사이의 문제로 확장된다. 인간대리인과 기계대리인은 모두 의사결정을 위임한다는 점에서 공통 특질이 있다. 그렇지만 기계대리인은 감정적인 선호가 없고 소유권을 주장하지도 않으며 문책할 방법도 없다는 점에서 차이가 있다.

블레이드 러너

리들리 스콧 감독의 영화 〈블레이드 러너(Blade Runner, 1982)〉는 필립 K. 딕의 단편 소설 〈안드로이드는 전기양을 꿈꾸는가(Do Androids Deram of Electric sheep?, 1968)〉를 영화화한 것이다. 21세기 초, 타이렐사는 복제인간(리플리컨트)를 생산한다. 영화 배경은 2019년, 그들은 모든 면에서 인간의 능력을 뛰어 넘는다. 그래서 대

신 수명을 4년으로 제한한다. 이를 거부하고 도망친 리플리컨트를 찾아내 처형하는, 블레이드 러너라는 직업이 등장한다. 릭 데커드는 블레이드 러너로서 리플리컨트를 사냥한다.

블레이드 러너의 능력을 시험하기 위해서 타이렐사 회장은 릭에게 레이첼이 인간인지 아닌지를 테스트해보라고 요청한다. 레이첼은 타이렐 회장의 조카의 이식된 기억을 가지고 있다. 릭은 레이첼에게 보이트-캄프 테스트(일종의 튜링 테스트)를 진행한다. 레이첼은 '완벽'하지만 릭은 100개의 질문을 통해서 레이첼이 인간이 아니라고 판단한다. 이 테스트 장면은 원작소설과 영화 모두에서 등장하는데, 기계(인공물)는 튜링 테스트를 통과하기 매우 어렵다는 함축을 제시한다. 필립 딕과 스콧 감독은 이 점에 동의하고 있는데, 사실 문제는 인간과 기계를 구별할 수 있는지 여부가 아니다.

이 장면에서 기계라는 것을 확인하는 것만으로 우리는 안도감을 느껴야 한다. 기계는 결코 인간이 될 수 없다는 함축을 제시하고 있기 때문이다. 그런데 이 영화는 더 나아간다. 릭은 레이첼이 인간이 아니라는 것을 잘 알고 있는데도 레이첼을 사랑하게 된다. 기계는 '인간'이 되지 않아도 인간의 마음을 얻을 수 있다. 엘리자 현상이 보여주었듯이, 기계는 '인간'이 되지 않아도 인간과 관계를 형성하고 인간의 마음을 흔들며, 나아가 인간의 정체성을 변형시킬 수 있는 것이다.

영화가 개봉되었던 1980년대 그런 설정은 환상에 불과했다. 그러나 지금은 더 일반화되고 있다. 최근 영화 〈그녀(Her, 2013)〉는 인공지능에 대한 우리의 태도가 변하고 있음을 강하게 반영하고 있다. SF에 인간 같은 인공지능이 자주 등장하는 것은 그런 내러티브에 호소력을 느끼는 독자들이 많아졌다는 것을 간접적으로 증명한다. 서서히 의식하지 못하는 사이 그러나 분명하게 튜링테스트 속의 (A)에 대한 (B)의 태도는 변이하고 있다. 이미 우리는 스마트폰과 같은 여러 컴퓨터 장치들을 사용하면서 친구만큼 그 기계들에게 의존하고 있다.

로봇 G

일본의 코믹 영화 〈로봇 G(2013)〉는 로봇에 대한 대중적 열광과 기대 때문에 벌어진 해프닝을 보여준다. 기무라 가전제품회사에서 일하는 세 명의 수리공은 사장의 지시로 로봇 개발을 시작한다. 그런데 로봇 박람회를 앞두고 그동안 개발한 로봇을 박살내고 만다. 해고의 위기에 처한 그들은, 구인 광고를 내고 로봇 사이즈에 맞는 70대 노인 스즈키를 채용한다. 스즈키에게는 로봇 분장 쇼라고 거짓말을 한다.

그런데 스즈키 할아버지는 로봇 박람회에서 돌발행동을 한다. 얼떨결에 대학생 요코를 위험에서 구하면서 '너무나 인간적인' 로봇으로 한 순간 일본 최고의 스타가 된다. 인간이 가장한 로봇은 18세기 체스두는 인형 투르크(Turk)를 연상시킨다. "로봇-스즈키"는 인간을 모방하는 기계이면서 기계를 모방하는 인간이다.

수리공들의 사소한 연극은 점점 커진다. 스즈키는 인기에 감동하여 점점 더 과도한 행동을 하고 사람들은 똑똑한 로봇이라며 더 열광한다. 수리공들은 이제 신문, 방송에서 유명해지고 대학 강연도 해야 한다. 강연에 참석한 로봇연구회 대학생들(진짜 전문가)은 얼치기 수리공들을 대신하여 스스로 질문하고 답하는 방식으로 로봇의 원리를 구현한다. 수리공들(가짜 전문가)은 오히려 전문지식을 얻을 수 있었고 점점 로봇 개발에 근접해간다.

기무라사 직원이 되어 함께 로봇을 개발하게 된 요코는 이 거짓을 알고 화내지만,

결국 이 거짓에 참여한다. 개발 중이던 로봇이 다시 망가져서 시간이 필요했다. 이 장면은 전문가들과 대중의 의사소통 과정에서 간극이 있음을 상징한다. 전문가들은 대중의 실망을 가장 무서워한다. 그들은 대중의 기대를 필요로 한다. 대중적 기대와 과학기술에 대한 탈신비화 사이의 긴장은 항상 있어왔다.

이 영화는 일본 사회가 로봇을 바라보는 장난스런 시각이 묻어난다. 거짓으로 로봇 행세를 하는 이야기를 관대하게 다루고 있는데, 이는 그들이 로봇을 매우 친근하게 여기고 있음을 드러내고 있다.

CHAPTER 06

SF와 인공지능(2)

2001 스페이스 오디세이

스탠리 큐브릭 감독의 영화 〈2001 스페이스 오디세이(2001: A Space Odyssey, 1968)〉은 1968년에 상상한 2001년이다. 인류에게 문명의 지혜를 가르쳐 준 검은 돌기둥의 정체를 밝히기 위해서 디스커버리호는 목성을 향해서 날아간다. 초현대적인 디자인의 실내 장치와 구조물들, 선장 데이비드 보우만과 승무원 프랭크 풀이 등장한다. 평온하던 디스커버리호에 갑자기 재난이 찾아온다.

이 재난은 컴퓨터 할(HAL 9000: 더글러스 레인 목소리)이 반란을 일으킨 때문이다. 지구에 있는 할의 쌍둥이 컴퓨터와 다른 판단정보를 제시한 것이다. "왜 이런 문제가 발생하는가?" 이에 대해서 할은 자신은 '완벽한 시스템'이므로 실수가 없고, 문제가 발생했다면 인간이 실수한 것이라고 단정한다. 보우만과 풀이 할에게 문제를 느끼고 할을 중지시키려고 한다. 그러자 할은 보우만과 풀을 우주선 밖으로 쫓아내려고 한다.

다른 영화 〈패신저스(Passengers, 2016)〉에 등장하는 자동시스템도 같은 주장을 한다. 120년간 우주여행을 하도록 계획된 우주선 고장으로 주인공 짐 프레스턴이 동면에서 깨어나게 된다. 안내시스템에게 그 원인을 묻지만 그런 우발적인 사건이 일어날 가능성은 없다고 답한다. 명백하게 깨어난 승객이 있음에도 불구하고 자신의 오류를 인지하지 못하는 장면은 관객에게 묘한 불합리성을 느끼게 한다.

이는 지능 기계에 대한 우려를 대변한다. 인공시스템이 자신의 역량을 과신하여 인간의 통제에서 벗어나거나, 또는 자신의 완벽함을 근거로 사고가능성을 전혀 예비하지 않는 것이다. 이런 우려는 산업화 이후 자동-대량생산시스템에 이르기까지 기계에 대한 경험으로부터 나온 것이다. 더 엄밀하게는 그런 시스템 자체라기보다는 '그 시스템으로 인간을 완전히 대체하려는 시도'에 대한 우려이다.

결론적으로 보우만은 할을 정지시키는데 성공한다. 우리도 인공지능 문제가 발생했을 때 인공지능시스템을 중지시킬 수 있을 것인가? 원론적으로는 가능할 수도 있다. 일반적으로 기계/장치들은 중지 버튼을 가지고 있다. 전력 네트워크와 같은 거대 규모 시스템도 중지 버튼이 있고 그 버튼을 사용하는 것은 가능하다. 그러나 사실상 중지 버튼을 사용하는 것은 어렵다. 우리 일상이 전력 네트워크에 크게 의존하고 있기 때문에 그 시스템 없이는 우리의 일상도 중단되는 것과 같다. 그 버튼을 사용한다면 심각한 일상의 중단도 감수해야 한다. 따라서 하나의 시스템을 받아들인다는 것은 그 시스템(기계)과 우리의 일상이 혼합된다는 의미이다. 그러므로 물리적으로 중지버튼이 있더라도 실제로는 무의미 할 수 있다. 따라서 중지버튼을 실제로 사용할 수 없을 가능성을 고려하면서, 기술과 사회의 상호적 적응 과정을 전개해 나가야 한다.

매트릭스

워쇼스키 형제의 영화 〈매트릭스(The Matrix, 1999)〉는 가장 성공한 SF 영화 중 하나이다. 2199년 인공두뇌 컴퓨터가 지배하는 세계, 인간들은 태어나자마자 인공지능(AI)을 위한 에너지로 사용되기 위해 인공생명장치 안에 갇히고 뇌세포에 매트릭스 프로그램을 입력당한다. 프로그램 안에 있는 동안 인간의 뇌는 인공지능 시스템

의 철저한 감시와 통제를 받는다. 매트릭스 통제자는 인공지능 시스템이고, 인간이 살아가는 세계는 이 시스템이 설정한 가상 세계이다.

이런 설정은 플라톤의 동굴의 우화를 연상시킨다. 동굴 속에 사슬로 묶여있는 죄수들은 벽에 비친 그림자만 볼 뿐 진실을 볼 수 없다. 동굴 안의 그림자는 거짓이고, 진실(이데아)는 동굴 밖에 있다. 진실은 거짓의 원본이다. 이는 대표적인 실재론(realism) 관점이다.

저항군을 만나게 되고 네오(Neo)는 진실의 약을 먹고 깨어나서 자신이 양육되고 있었다는 것을 확인한다. 매트릭스(거짓)는 현실(진실)을 위협하고, 네오는 현실(진실)을 지키기 위해 매트릭스(거짓) 속으로 진입한다. 금속성 커넥터를 인간의 뇌에 삽입하여 그의 의식을 가상세계로 전송하는 장면이 등장한다. 그의 의식이 그의 몸을 떠나서 매트릭스 속으로 전송되는 것이다. 이 장면은 강한 인상을 주는데, 데카르트의 〈통속의 뇌(Brain in a vat)〉처럼 "마음을 몸으로부터 분리할 수 있는가?"라는 질문을 상기시킨다.

데카르트의 〈통속의 뇌〉 모델은 아주 오래 동안 회자되어 온 문제풀이이다. 뇌를 분리하여 영양액이 든 통속에 넣어놓고 뇌에게 감각경험정보를 충분히 제공한다면

실재(real), 현실(reality), 가상(virtual)

영화는 그 자체로 현실을 만들어 낸다. 매트릭스에서 트리니티(Trinity)가 도약하는 장면은 매우 낯설고도 인상적이다. 플로우모션(Flow-motion) 기법으로 촬영된 것인데, 100여대의 카메라가 배우들을 둘러싸고 동시에 촬영한 장면을 한 줄로 이어 붙여서 재생한 것이다. 우리는 이런 식으로 사물을 감지할 수 없다. 같은 순간에 여러 위치에서 동시에 트리니티를 관찰할 수 없다. 이 장면은 영화(기계 장치)를 통해서 구성된 것이다. 이것은 실재인가? 가상인가?

실재와 가상을 식별하는 문제는, 우리자신을 포함하여 세계에 대한 진실에 관한 문제이다. 우리는 실재(real) 자체를 직접 알 수 없다. 우리는 우리가 수집한 관찰정보를 근거로 사물(세계)의 존재를 그려낸다. 그것을 현실(reality)이라고 한다. 현실은 실행의 결과이며, 모든 실행은 관계를 생산한다. 실행이 만들어내는 관계의 제정(enactment of relation)이 없다면 현실은 존재할 수 없다. 현실이란 그러한 관계의 효과(relational effect)이며, 그 현실을 생산하는 관계의 내부에서만 진실로 존재할 수 있다. 현실은 실재를 포함하지만 실재 자체는 아니다.

뇌는 실제로 해변을 걷지 않더라도 자신이 해변을 걷고 있다고 인지할 것인가? 또는 궁극적으로 뇌는 자신이 통속에 들어있다는 사실을 알 수 있을 것인가?

근대적 세계관은 뇌가 몸이 없이도 세계를 인식할 수 있다고 전제한다. 이렇게 몸과 마음을 분리하는 이원론적 세계관은 근대 과학과 실재론의 토대였다. 근대사회는 마음을 신체로부터 분리하여 신체보다 우월한 지위를 부여했다. 데카르트는 "나는 생각한다 고로 존재한다(Cogito ergo Sum)"이라고 선언한다. 이 선언은 '생각한다=존재한다'라는 등식으로, 생각(의식)이 곧 우리 인간의 존재를 대표한다고 주장한 것이다. 데카르트의 세계관에서 우리의 존재는 생각(의식)으로 환원된다.

몸과 의식을 하나로 볼 것인가, 아니면 별 개의 것으로 볼 것인가의 문제는 철학

파놉티콘(Panopticon): 죄수의 자각

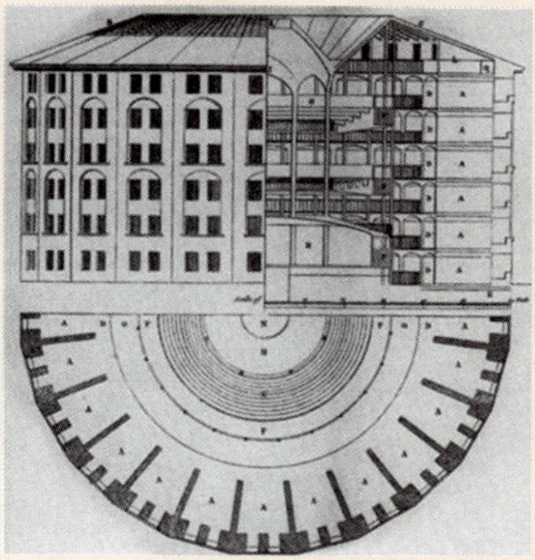

파놉티콘은 공리주의 철학자 제레미 벤담(Bentham, J. 1748–1832)이 제안한 감옥 모델이다. 이 원형의 건축물의 가장 자리는 독방들로 구획되어 있다. 독방은 큰 창문이 두 개 있어서 외부로부터 빛이 들어와 죄수를 환하게 드러내 준다. 이 독방은 완전히 개체화되고, 항상 관객의 시선에 노출되어 있는 배우가 있는 작은 무대들이다. 파놉티콘 장치는 끊임없이 대상을 바라볼 수 있고, 즉각적으로 판별할 수 있는 공간적 단위들로 구획 정리한다. 중앙의 감시탑은 항상 어둠에 싸여 있어서, 죄수들은 감시탑 안을 볼 수 없다. 그래서 죄수는 간수가 있는지 없는지 알 수 없다. 이 건물은 정보의 비대칭성을 구조화하고 있다.

미셸 푸코(Foucault, M.)는 〈감시와 처벌(Discipline&Punish)〉에서 이 감옥의 구조 덕분에 감시의 자동화가 가능했다고 평가했다. 죄수는 간수가 없다는 것을 알 수 없기 때문에 간수의 감시가 중단되더라도 죄수는 계속 감시받고 있다는 의식을 심어준다. 죄수가 실제로 감시되고 있느냐는 중요하지 않다. 죄수가 자신이 감시당하고 있다는 것을 자각하기만 한다면 이 장치는 작동할 수 있다. 반면에 만약 죄수의 자각이 없다면 실제 감시의 여부와 관계없이 이 구조는 무의미해진다.

그러므로 간수의 시선을 자각하는 죄수의 인식을 만들어내는 것이 결정적이다. 이 감시 효과 때문에 이 감옥의 권력은 자동적으로 작동한다. 죄수는 스스로 권력의 전달자가 되어 권력의 상황 속으로 편입된다. 이 장치는 근본적으로 죄수가 권력 관계(규율)를 내면화하여 스스로 예속화되기를 기대하는 것이다. 같은 원리로 근대국가 역시 '밝은 빛에 노출된(enlightened)' 주체들을 전제한다. 그들은 계몽된(enlightened) 근대 시민들이다.

나는 장자인가? 나비인가?

자료 : aporia.co.kr

장자는 어느 날 나비꿈을 꾸었다. 꿈이 너무 생생해서 꿈에서 깨어난 후 장자는 자신이 나비가 되는 꿈을 꾼 장자인지, 장자가 되는 꿈을 꾼 나비인지 어떻게 알 수 있느냐고 묻는다. "어느 쪽이 나(주체)인가?" 우리는 즉각적으로 "장자"라고 답할 것이다. 장자도 그것을 즉각적으로 알았을 것이다. 우리는 어떻게 그것을 즉각 알 수 있는가? 알기는 쉽지만 그것을 어떻게 알았는지를 설명하기는 쉽지 않다. 정신분석학자 라캉은 이렇게 말했다.

꿈속에서 장자는 그 누구(타자)에 대해서도 나비가 아니다. 그가 타자들의 포충망에 걸려드는 것은, 그가 타자들에게 장자가 되는 것, 바로 그가 잠에서 깨어났을 때이다. 그러므로 그는 장자가 되는 꿈을 꾸는 나비가 아니라, 나비가 되는 꿈을 꾸는 장자이다." [2]

타자에 의해서 발견될 수 있는 쪽이 바로 '나'이다. 그러므로 '나'는 나 스스로 발견할 수 없다. '나'는 타자에 의해 만들어진다.

적으로 중요하다. "우리가 실재(the real)를 어떻게 알 수 있는가"라는 문제와 관련이 있기 때문이다. 일원론(Monism) 관점에서 의식은 몸과 분리될 수 없다. 우리가 무엇인가를 인식했다면 그것은 우리의 신체 전체를 매개로 한 결과이다. 그러므로 우리가 '어떤 신체에 기반하느냐'가 어떻게 인식하느냐에 영향을 받는다. 반면에 몸과 의식이 분리될 수 있다는 이원론(Dualism) 관점에서라면 의식은 신체를 떠나서도 독자적으로 활동을 할 수 있다. 그 의식은 신체의 매개 없이 실재 세계를 이해할 수 있다. 이것을 다시 말해서 우리가 실재 그 자체를 직접 이해할 가능성이 있다는 관점이다.

영화속에서 네오가 "이것은 실재가 아닌가요(This isn't real)"라고 묻자, 모피어스(Morpheus)는 "무엇이 실재인가(What is real)?"라고 반문한다. 실재와 비실재를 구별하기 어렵다는 점을 상기시켜준다. 한편 사이퍼(Cypher)는 다시 매트릭스 안의 가상현실로 다시 들어가기 위해 동료들을 배신한다. 사이퍼에게 매트릭스는 가상이 아니라 현실인 것이다.

정신분석학자 프로이트(Freud, S.)는 이미 환상과 현실을 구별하는 것이 쉽지 않다고 말했었다. 우리는 어떻게 현실과 환상을 구분하는가? 그는 이런 구분 행위를 "현실성 검사(reality-testing)"라고 명명했다. 그 기준은 우리의 행동이다. "행동에 의해 사라지는 지각은 외부적인 것, 즉 현실적인 것으로 인정되고, 반대로 행동이 아무런 차이도 가져다주지 않는 경우 그 지각은 주체 자신의 신체에서 시작된 것(현실)이 아니라고 이해한다." 즉, 환상과 현실을 구분하는데 호출되는 지각은 신체를 토대로 한다. [1]

이 영화는 기계 시스템에 의한 감시 문제도 제기한다. 〈2001 스페이스 오디세이〉의 슈퍼컴퓨터 할(HAL)처럼, 매트릭스는 시스템의 시선(systematic gaze)을 상징한다. 정보사회의 감시문제는 근대사회의 파놉티콘(원형감옥)의 연장이다. 감시 장치가 중요한 이유는 감시의 대상(인간)이 "무엇을 아는가?"에 개입할 수 있기 때문이다. 그들이 알고 있는 것이 그들의 현실이 된다. 그들이 아는 것을 통제할 수 있다면 그들의 현실을 통제할 수 있다.

공각기동대

오시이 마모루 감독의 애니메이션 〈공각기동대(Ghost in the Shall, 1995)〉는 이후 〈매트릭스(Matrix, 1999)〉 등 많은 SF에 영향을 준다. 시대적 배경은 "네트워크가 지배하는 2029년", "사람들은 기계를 사랑한다.", "공각기동대(功殼機動隊)"라는 별명을 가진 공안 9과(公安 9課)는 수상 직속의 특수 실행 부대로, 전뇌 네트워크나 공안 관계의 테러 대책 등의 공적으로는 불가능한 사건의 해결을 임무로 한다.

소속 요원, 쿠사나기 소령은 의체화된 몸을 가지고 있다. 그의 의체는 뇌와 척수 이외의 기관을 보철 및 마이크로 머신으로 구성되어 있다. 그들은 사이보그들

(Cyborgs)이다. 뇌만 남고 나머지 신체는 기계로 대신하고 있다는 설정은, 의식만을 남기고 신체를 점점 더 소거시켜 나가는 도정이다. 어디까지 신체를 소거시킬 수 있을 것인가?

쿠사나기는 "나는 누구인가?", "내가 나라는 것을 어떻게 알 수 있나?"라는 의문을 품는다. 쿠사나기는 의체를 바꾸더라도 계속 쿠사나기인가? 네트워크를 떠돌아다니던 "인형사(프로그램 2051)"는 자신을 생명체로 정의하고, 정치적 권리를 주장한다. "인형사"는 쿠사나기와 합성되길 원했고 쿠사나기는 승인한다. 인간과 네트워크형 소프트웨어와의 합성은, 사이보그(cyborgs)의 극단적 확장을 의미한다. 영화의 마지막 장면, 동료였던 버트는 그들이 합성된 이후 그가 "인형사"인지 아니면 여전히 "쿠사나기"인지를 묻는다.

> 버트, 언젠가 바다에서 들렸던 소리 기억해? 그 말 앞에는 이런 구절이 있어 '어릴 때는 말도 어린아이답게, 생각도 어린아이답게, 논하는 것도 어린아이답지만, 어른이 되고나면 어린 시절을 버리네' 이젠 '인형사'란 프로그램도 '소령'이란 여자도 없어.

사이보그 (cyborg)

1960년 맨프레드 클라인즈(Manfred E. Clynes)와 나단 클라인(Nathan S. Kline)은 〈사이보그와 우주(Cyborg and Space)〉라는 책을 발표하면서, 사이보그라는 용어를 만들었다. 구체적 예시로 삼투압 펌프(osmotic pressure pump)를 이식한 쥐를 사이보그라고 지명한다. 이 쥐는 우주공간과 같은 새로운 환경에 적응할 수 있는 '인간-기계 체계'를 연구하기 위한 실험 버전이었다.

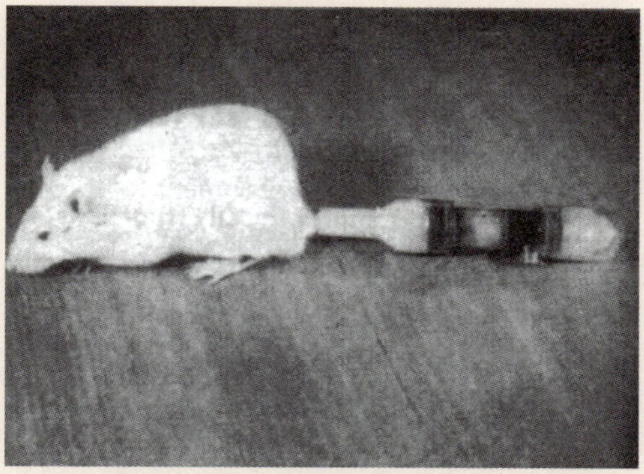

| 사이보그 펌프: 특정한 화학물질을 서서히 쥐의 신체내부로 주입, 심장수축과 같은 유기체 순환메커니즘을 통제할 수 있다. 이것이 성공한다면, 우주공간에서의 심장마비 같은 상황을 극복할 수 있다.

제2차 세계대전을 거치면서 국가 간 군사적 무기경쟁과 이후 자본주의가 심화되면서 사이보그화가 급속히 진행되었다. 클라인즈와 클라인은 핵무기와 같은 신무기 개발, 국방연구와 과학자들 간의 의사소통을 위해 개발된 인터넷 등으로 기계가 인간 생활을 지배하는 기술과학(techno-science)의 신세계가 만들어졌다고 해석했다. 1965년 클라인즈는 "사이보그는 단순한 우주 탐험만이 아니라 정신과 물질이라는 내면의 우주와 외면의 우주에 가교를 놓는 새로운 개척자"라고 말했다.

도나 해러웨이(Harraway, D.)는 1995년 〈사이보그 선언(A Manifesto for Cyborgs)〉이라는 도발적인 논문을 발표했다. 여기서 사이보그 개념은 좀 더 나아가서, 경계를 뛰어넘어 이종적인 특질을 동시에 가지는 존재 일반을 지시한다. 현대 SF 소설은 사이보그로 넘쳐난다. 예를 들어 스타워즈의 다스베이더는 인간과 기계의 합성물(man-machine mixture)이다.

현대의 과학기술은 유기체와 기계로 구성된 다양한 사이보그를 생산하고 있다. 예를 들면 앙코마우스(Onco-mouse)는 실험쥐의 하나로서 자연에 존재하지 않는 인공 유기체다. 이 쥐는 유방암 치료제를 실험할 목적으로 유방암 유전자를 가지도록 유전자-조작된 상품이다. 1994년 미국 FDA의 승인을 얻었던 썩지 않는 토마토 플레이버 세이버(Flavr Savr)도 유전자조작으로 등장한 인공적 사물이다.

현재 우리의 몸은 다양한 인공적 보철(artificial prosthesis)을 포함하고 있다는 점에서 이미 자연물이 아니다. 치아 아말감, 지팡이, 로봇팔 등은 그 사람과 분리할 수 없는 일부가 된다. 사이보그는 기계와 유기체의 잡종교배(hybrid creature)이며 사회적 현실(social reality)이 되고 있다. [12장 참조]

로봇, 소리

한국 SF영화는 드물다. 왜 그런지 주목해 볼만하다. 한국 문학과 영화는 사실주의가 강하다. 사실주의는 실재론과 관련이 깊고, 세계를 이해하는 데 많은 기여를 해 왔지만 계몽주의적이라는 한계도 있다. 이제 한국의 SF는 우리의 사실주의 문화안에 질문을 던진다. 판타지는 무의미한가? 판타지는 단지 거짓인가?

〈로봇, 소리〉는 2016년 개봉한 한국 SF영화다. 시간적 배경은 미래가 아니라 현재에 가깝다. 이런 설정 역시 상당히 조심스러운 태도를 반영하고 있다. 이 영화에서 우리는 “얼마나 과학적 지식을 반영하고 있는가?”라는 측면 보다 “사람들이 과학기술에 어떤 기대를 하는가?”에 더 관심을 둘 필요가 있다.

이 영화에는 NASA의 인공지능 로봇이 등장하는데, 전 세계의 통신을 감청하는 임무를 수행한다. 어느 날 아프가니스탄 지역에 폭격이 있고 어느 소녀가 구조를 요청한다. 인공지능 로봇은 그 소녀를 구해야 한다는 목표를 스스로 정하고, 인공위성 궤도를 이탈시켜서 지구로 떨어진다.

인공지능 로봇은 지구(한국 서해)에 불시착하며 해관(이성민)을 만난다. 해관은 아무런 단서도 없이 사라진 딸의 흔적을 찾기 위해 10년 동안 전국을 헤매고 있었다. 해관은 세상의 모든 소리를 기억하는 로봇에게, “소리”라는 이름을 지어준다. “미친 소리 같겠지만, 이 녀석이 내 딸을 찾아줄 것 같습니다.” 해관은 목소리를 통해 대상의 위치를 추적할 수 있는 인공지능 로봇의 특별한 능력을 감지하고 딸 유주를 찾기 위해 동행한다.

NASA에서는 로봇을 찾는 조사단을 파견하는데, 로봇은 주인에게 돌아가기 보다는 아프가니스탄 소녀를 구하기 위해 떠나길 원한다. 해관은 로봇 소리를 돕는다. 중동 사태는 인류 문명이 낳은 불행이다. 그곳에서 어린아이를 포함해서 수많은 사람들이 죽고 있다. 그러나 인간의 제도는 그들을 제대로 돕지 못하고 있다. 로봇 소리는 그 결핍의 공간을 채우고 있다. 사람들은 로봇에게 새로운 역할을 기대하는 것이 아닐까? 영화적 상상은, 지능 기계가 무능하고 비윤리적인 현실을 해소하는데 기여한다면 우리가 그 기계를 인정할 수도 있다고 암시하고 있다.

2016년 조사에 따르면, 한국인들은 인공지능에 대해서 성인 66%, 청소년 74%라는 높은 비율로 "긍정적"이라고 답했다. [4] 아마도 알파고의 영향일 것이라고 평가되고 있다. 비록 이전 조사데이터가 없지만, 긍정적 태도는 이전부터 있어왔던 것으로 추론할 수 있다. 〈로봇, 소리〉에서 알 수 있듯이, 한국인들은 이미 로봇/인공지능에 대해서 충분히 기대를 품고 있었다.

참고문헌

[1] 프로이트, S. (지그문트 프로이트)정신분석 입문. 우리글발전소 옮김. 오늘의책. 2015.

[2] 라캉, J. 정신분석의 네가지 근본 개념, 자크 알렝 밀레 편집, 맹정현,이수련 옮김, 새물결. 2008[1973]

[3] Haraway, Donna. "Cyborgs to Companion Species: Reconfiguring Kinship in Technoscience", in *Chasing Technoscience-Matrix for Materiality*, edited by Don Ihde and Evan Selinger, Indiana University Press, pp. 58-82. 2003.

[4] 한국과학창의재단. 2016 과학기술 국민이해도 조사. 조사기관: 월드리서치. 2016.

MEMO

CHAPTER 07

알파고와 인간(1)

튜링 이후, '기계는 생각할 수 있나(Can machine think?)'라는 물음에 도전하는 공학적 도전이 많았다. 대표적으로 뢰브너상 대회가 있다. 이런 대회는 실천적 차원에서 그리고 방법론적 차원에서 새로운 진전을 만들어냈고 관련 담론을 형성했다.

뢰브너상 대회(Leobner's Prize Contest)

뢰브너상은 튜링테스트 형식으로 튜링기계의 개발을 촉진했다. 1990년 휴 뢰브너 박사는 캠브리지 행동연구 센터를 중심으로 튜링테스트를 구현하는 대회를 개최하기로 결정했다. 그는 인간과 구별할 수 없는 반응을 얻은 첫 번째 컴퓨터에게 $100,000 상금과 금메달을 약속했다. 그 상을 받는다면 그 컴퓨터는 "생각한다"고 말할 수 있을 것이었다. 이후 매년 가장 '인간-같은 컴퓨터'에게 현금($40,000)과 메달이 수상되었다. 절대적으로 "얼마나 더 훌륭한가"라는 점은 고려하지 않고, 다만 그해 대회 승자는 다른 참가자들보다 더 뛰어난 컴퓨터를 만든 것으로 평가받았다.

1991년 첫 번째 뢰브너상 대회는 미국 보스턴 컴퓨터 박물관에서 열렸다. 대회 운영방식이 현실적으로 작동하기 위해서 튜링테스트의 원래 설정과 약간 달라져야 했다. 대

대회 참가를 위한 대화로봇(chatbot)에 대한 개괄적인 설명은 웹페이지(chatbots.org)에서 찾아볼 수 있다.

회 기획자들은 설계과정에서 튜링테스트의 경합방법이 구체적이지 않다는 것을 알게 되었다. 튜링테스트는 대단히 훌륭한 모델이지만 실행적 절차를 산출하기에 충분하지 않았다. 예를 들어 2개-단말기 설정(한쪽은 기계, 다른 한쪽은 인간)은 다소 문제가 있었다. 그런 설정으로는 인간과 기계를 평가하기 어렵다. 그래서 컴퓨터 진영과 인간 진영 모두 다수가 참가하는 방식으로 개선했다. 각각의 컴퓨터는 인간과 쌍을 이루어 비교된다. 인간 진영은 서로 협력할 수 있도록 배치된다. 그래서 이들을 "연합군(confederate)"이라고 부르기도 한다. 컴퓨터 참가자들끼리는 협력하거나 경쟁하지는 않는다. 컴퓨터는 각각 인간 연합군과 경쟁한다.

판정관(judges)은 10명으로 구성된다. 한 명의 판정관은 적어도 2 쌍의 컴퓨터통제-단말기/인간통제-단말기를 심문해야 한다. 판정관은 어느 쪽이 컴퓨터이고 인간인지 알지 못하는 상태로 출발한다. 각 판정관은 각 단말기와 약 15분을 대화하고 나서 얼마나 인간-같은지를 기준으로 해당 단말기에 점수(100점)를 매긴다. 위치는 유사-무작위 순서로 돌아간다. 컴퓨터의 평균 점수가 인간 연합군의 평균점수와 같거나 높다면 그 컴퓨터는 테스트를 통과한 것이 된다.

이 대회에서는 대화 주제도 제한했다. 컴퓨터는 일상의 모든 대화를 유연하게 대응하기 어렵기 때문이다. 첫 해 대화 주제는 "여성의 옷(women's clothing)"과 "세익스피어 연극(Shakespear's Play)"이었다. 그 대회에서 〈와인트로브(Weintraub)〉 프로그램이 승리했다. 10명의 판정관 중 5명이 이 프로그램을 인간이라고 판정했다. 〈콜비(Colby)〉 프로그램은 2명의 판정관에게 인간이라는 판정을 받았고, 〈2학년 학교주제(Second Grade School Topics)〉라는 프로그램은 1명의 판정관에게 인간판정을 받았다.

반대로 인간연합군 중에서 기계라는 판정을 받은 사례도 있다. 신시아 클레이(Clay C.)는 3명의 판정관에게 컴퓨터라고 판정을 받았는데, 그녀는 다른 컴퓨터 2개보다도 낮은 점수를 받았다. 그녀의 단말기가 전송내용을 버퍼에 오래 담아두었다가 갑자기 폭발적으로 전달하는 현상이 있었는데 이 때문에 컴퓨터 출력처럼 보였다. 그녀는 세익스피어 전문가였는데 긴 문장의 구절을 인용하기도 했다. 일부 판정관들은 그녀의 대답이 인간이기에는 너무나 '완전한 것'처럼 보였다고 말했다.

이 대회를 지켜본 관중들의 평가도 흥미진진하다. 관중에게 설문을 받아서 그들의 평가를 판정관의 결과와 비교했다. 그들의 평가에서 두 가지 특징이 있었다. 첫째는, 컴퓨터과학 전문성이 있는 사람과 그런 전문성이 없는 사람 사이에 실체적인 차이가 없었다는 것이다. 즉 두 집단 사이에 판정 오류 비율이 다르지 않았다. 두 번째는, 판정관들 보다 관중들이 오류판정이 적었다는 것이다. 77명중 5명만이 〈와인트로브(Weintraub)〉 프로그램을 인간 레벨로 평가했고, 신시아 클레이를 컴퓨터로 평가한 사람도 77명 중 5명에 불과했다. 판정관들은 서로 의사소통할 수 없지만, 관중들은 자기들끼리 서로 의사소통할 수 있었기 때문이었다. [1]

알파고의 대국

알파고(AlphaGo) 분산 버전은 40개의 검색 쓰레드, 1,202개의 CPU, 176개의 GPU로 구성된 다중 기계이다. 하지만 알파고 프로그램 소스 크기는 알파고가 달성해야 하는 행위의 복잡성에 비해서 상대적으로 매우 작았다. 이는 튜링이 상정했던 "아이-기계(child-machine)"를 연상하게 한다. 알파고는 인공신경망과 강화학습 등 기계학습 방법론들의 공학적 종합이었다.

2015년 10월 유럽 바둑 챔피언 판후이(Fan Hui)와 알파고의 대국이 있었는데, 알파고는 5번의 공식 대국에서는 5전승, 5번의 비공식 대국에서는 3승2패를 했다. 2016년 1월 〈네이처(529호)〉의 표지는 알파고와 판후이의 첫번째 대국 결과를 전자회로기판 이미지에 배치하여 알파고의 등장을 공식적으로 알렸다.

그림 7.1

통계적 최대값의 위치

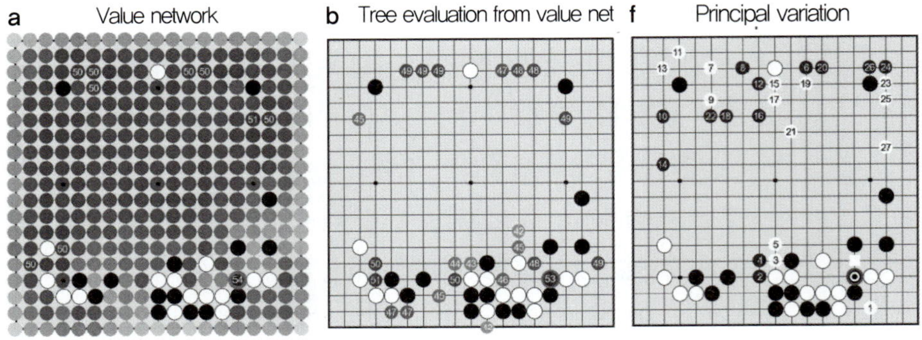

a. 가치망을 이용하여 루트 상태 위치에서 모든 이후 상태 위치에 대한 평가. b. 루트 상태위치로부터 나온 트리에서 각 분기에 관한 행동값 Q(s,a). f. 알파고 검색 트리에서 나온 원칙적 변이; 번호순서로 최대 방문횟수 경로를 보여준다. [3]

[그림 7.1]은 알파고가 판후이와의 대국 중 한 시점에서 확률통계적으로 착수를 계산한 결과의 일부이다. 이 장면에서 알파고는 판후이가 우하귀(그림 7.1.a의 54라고 쓰여진 자리)에 착수할 것이라고 예상했는데, 실제 판후이는 바로 위쪽 지점으로 응수했다. 게임 종료 후 인터뷰에서 판후이는 그 때 자신도 알파고가 예견한 이동을 하고 싶었다고 말했다.

알파고는 자신은 물론 상대의 착수를 예견하는데 있어서도 인간전문가 수준에 도달했다. 당시 바둑전문가들은 판후이와 알파고의 기보를 보고 나서 놀라워했다. 기보만으로는 컴퓨터가 바둑을 두고 있다고 생각하기 어려웠기 때문이었다. 그러면서도 빈번하게 어처구니없는 실수도 많이 했다며 여전히 바둑전문가 수준에는 미치지 못할 것으로 예상했었다.

2016년 3월 알파고는 이세돌(Lee Se-Dol)과 대국에서 다시 완벽한 승리를 거두었다. 이로서 알파고는 인간전문가만큼이나 바둑을 둘 수 있다는 것을 확고하게 증명했다. 한국기원은 알파고의 바둑 역량에 매료되었고 명예단증(9단)을 수여했다. 알파고는 기계로서는 처음으로 인간과 같은 공식적인 지위를 얻게 되었다.

대국 과정에서 알파고의 판단에 대한 몇 가지 특징이 드러났다. 알파고의 수법은 때로는 "신선한 수"이기도 했고 종종 "쓸데없는 수"이기도 했다. 신선한 수를 둘 수 있다는 것도 놀랍지만 실수를 할 수 있단 것도 의미심장한 것이었다. 알파고는 사람이라면 두지 않았을 수를 둠으로써 인간전문가와는 다른 면모를 보여주었다.

제1국에서 승패를 가른 분기점으로 언급되는 알파고의 102수(백)는 인간프로기사라면 두지 않는 수였다(김성룡 9단, 박정상 9단). 이 시점은 사람이라면 심리적으로 크게 흔들릴만한 불리한 상황이었는데, 알파고는 과감하게 상대 진영으로 침투했고, 이세돌은 응수하기 쉽지 않았다. 이렇게 전통적인 바둑 정석을 뒤집는 수들이 대국 전반에 걸쳐서 등장했다.

제2국 알파고의 37수(흑)는 바둑의 기리에는 맞지 않는 수였고(김명완 9단), 전 세계 프로기사 1300명을 통틀어서 그런 수를 둘 사람은 없을 것이었다(김성룡 9단). 이 시점에서 백집(이세돌)은 굳혀진 반면에서 흑(알파고)의 두터움은 그만한 가치를 갖는지는 불확실했다. [2] 이 수는 바둑해설가들 사이에서 논란이 있었지만 최종적으로 "훌륭한 수"라고 결론을 내려졌다.

이 후 연이은 대국에서 알파고의 수법은 존경과 감탄의 대상이 되었다. 김성룡 9단은 "아, 인간이 '알사범'의 의도를 파악하기 어렵네요(2국)"라며 알파고를 의인화

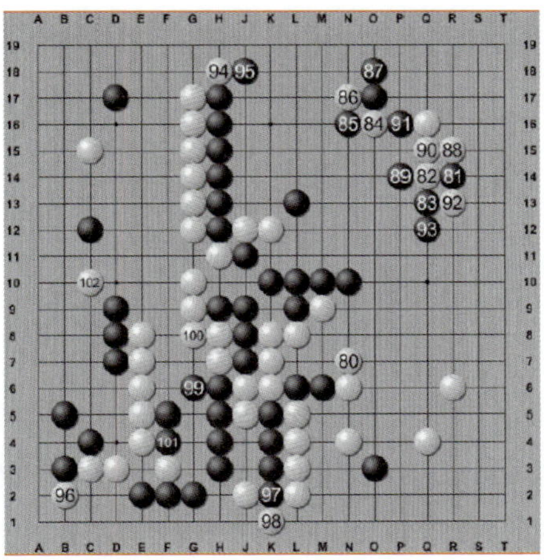

그림 7.2
이세돌–알파고 제1국

알파고(백)는 102수에서 흑진영으로 뛰어들었다. 이 수를 응수하는데 이세돌은 가장 많은 시간을 들였다.

했다. 송태곤 9단도 "알파고는 프로들이 금방 둘만한 부분은 한참 생각하고, 우리가 20분이상이 지나더라도 생각하기 어려운 수는 금방 둬요. 참 매력적이예요(5국)."라며 감탄했다. 바둑해설가들은 알파고의 바둑에 대해서 점점 더 "아름답다"는 찬사를 기꺼이 사용하기 시작했다.

> 다음 수를 알파고가 어떻게 둘지 정말 궁금하네요. 종잡을 수가 없어요. 프로라면 이렇게 두겠지만...항상 알파고는 다른 수를 만들어내거든요......... 아 ! 어떻게 이런 수법이 있지요. 또 한 번의 가르침을 주네요! (이희성, 홍민표 9단, 3국 해설)

알파고는 인간이라면 하지 않을 '무의미하거나 손해가 되는' 수도 빈번하게 보여주었다. 이 때문에 바둑해설가들은 의아해했다: "(알파고의) 실력이 들쭉날쭉 한다.... 전혀 인간 같지 않았다(김성룡 9단, 1국)." 또는 "사람은 안하는 실수죠. 자충이죠(차민수 5단, 3국)." 또는 "어처구니없어요. 저건 바둑이 아니죠. 이건 18급 수준 이예요. 엄청난 손해 수죠(이현욱 9단, 4국)." "계속 선수 교환을 하네요. 알파고는 나중에 해도 되는 수도 미리 하더라고요. 나중에 팻감으로 사용해도 되는 곳인데...(중략)...또 그러네요 이건 악수죠(홍민표 9단, 5국)."

알파고는 승리했고 그 승리의 내용 안에는 그동안 인간(전문가)이 한 번도 한 적이 없는 의사결정들도 포함되어 있었다. 알파고가 새롭게 내놓은 수법은 인간이라면 그것이 이득이 되는지 미리 판단할 수 없기 때문에 결코 시도하지 않았을 결정들이었다.

알파고의 복기

대국 6개월 후, 딥마인드사는 이세돌과 알파고 대국 해설(판후이)을 공개했다. 해설내용 중에는 알파고가 대국 중 어떤 상황 판단들을 했었는지를 알 수 있는 자료들이 포함되었다. 그런 점에서 이 해설 문서는 부분적으로는 알파고의 복기(復棋)라고

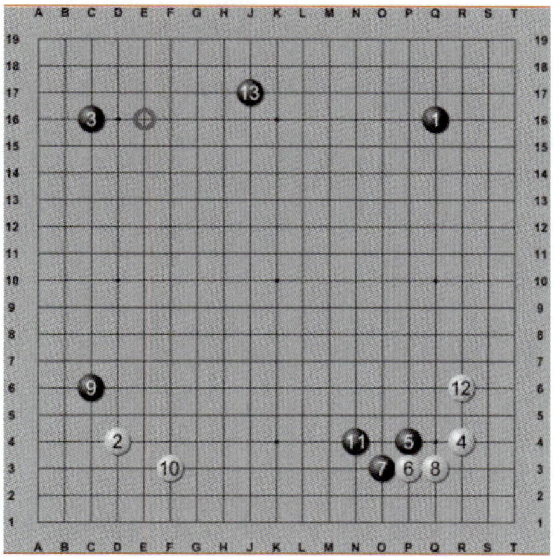

그림 7.3

이세돌 대 알파고 제2국[4]

(16-E 지점 원표시는 저자)

할 수 있다. 이세돌은 알파고와의 대국 당시, 대국이 끝날 때마다 평소처럼 복기를 하고자 했지만 당시 알파고는 복기를 할 준비가 되어 있지 않았었다.

딥마인드가 공개한 바둑해설 곳곳에서 알파고가 해당 상태에서 자신의 승률을 어떻게 평가했는지, 상대방(이세돌)의 수법을 어떻게 평가하고 예견했는지를 알 수 있다. 다음은 제2국에 대한 해설 중 일부이다.

> 백 12(이세돌)를 보고 나서 …알파고는 흑 13수를 두었다. 이 수는 해설가들을 놀라게 했다. 우하귀에서 손을 뺐기 때문이다. 알파고는 백 12가 좋지 않다고 여겼다. 알파고는 백이 좌상귀로 침투하는 수(16-E)를 두는 것을 제안했다. 구리와 저우루이양은 알파고의 제안을 보고 나(판후이)만큼이나 충격을 받았다. 우하의 정석과 같이 오랫동안 두어진, 그 누구도 의문을 갖지 않았던 정석에 오류가 있을 수 있는 것일까? 이 시점, 알파고의 승리 확률 예측이 49.7%로 올라갔다. [4]

판후이는 해설과정에서 자신의 감회도 서술하고 있는데 인공지능 대결자로서 이세돌의 상태에 공감을 표하는 것이었다.

알파고와 대국을 하는 건 괴로운 안락사와 같은 느낌이다. 뭔가 이상하다고 느낄 때면 우리는 이미 죽은 거나 다름없다. 알파고와 대국을 할 때면 더 많은 수가 두어질수록 더 많은 의문들이 머릿속에 떠오르며 그러한 의문들은 결국 우리를 패배의 길로 이끈다.

알파고의 자기 대국

이 대국 해설 자료들 중에는 알파고의 자기 대국(self-play) 해설도 3 개 포함되어 있었다. 알파고가 방대한 양의 자기 대국을 수행했다는 사실은 이미 잘 알려져 있었지만 완전한 대국 기보가 공개된 것은 처음이었다. 자기 대국 기보들은 단지 3개에 불과한데도 알파고의 인상적인 면모를 드러내고 있었다. 예를 들어서, 자기 대국 1국과 3국에서 알파고(흑)은 승률이 점점 높아지다가 어느 순간 승률이 떨어지면서 알파고(백)에게 역전패를 당했다. [그림 7.4]는 알파고 대 알파고 제1국 97-98수에 대한 해설이다.

알파고 흑과 백은 동일한 상태에서 출발한다. 그들은 같은 역량을 가지고 있으므

그림 7.4

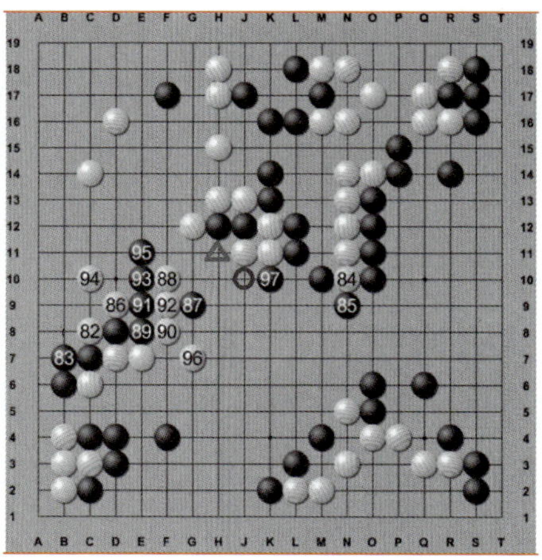

"흑은 형세에 대한 자신감이 있었고, 백이 (11–H, 세모표시)로 둘 수밖에 없다고 여겼다. 하지만 백이 더 나은 계획을 찾아냈다. 백의 꼬부리는 수(10–J, 원표시)가 중앙의 전투에 더 좋은 수였다." [4]

로 대국 과정에서 동일한 예측을 할 것이라고 예상할 수 있다. 그러나 그 둘은 그렇게 하지 않았다. 같은 역량을 가진 기계 사이에서 역전이 가능하다는 것은 그 둘이 동일하지 않다는 의미이다. 출발 시점에서 알파고(흑)과 알파고(백)은 동일한 기계였다. 그런데도 어느 시점에서 각각 다른 예측을 했다. 그 차이로 인해 알파고(백)은 판세를 뒤집을 수 있었다. 알파고(흑)과 알파고(백)은 게임이 진행되는 과정에서 서로 다른 존재가 되고 있었다.

스스로 개선하는 기계

알파고는 '자기 자신을 관찰하고 자신의 프로그램을 수정한다'는 튜링의 정의에 맞게 행동했다. 알파고는 미리 결정된 프로그램에 의해서 행동하는 것이 아니라, 학습을 통해서 자신의 행동과 환경의 반응을 관찰하면서 확률통계적으로 자신의 프로그램을 수정함으로써 의사결정에 도달했다. 나아가 강화학습을 통해 보상함수를 적용함으로써 기계 스스로 목표를 발견할 수 있었다.

알파고 개발자조차도 알파고가 구체적으로 수행한 수법에 대한 인과성을 설명할 수 없다. 알파고의 승리에 대해서 하사비스는 "할 말을 잃었다"고 말한 바 있다. 이는 대국 중의 알파고의 의사결정이 개발자가 아니라 알파고에 의해서 수행되었다는 점을 확인해준다. 알파고의 신경망-숨은층(hidden layers)은 개발자에게도 '숨겨진 것', 즉 블랙박스(Black Box)였다. 마치 우리의 사유 과정에 대해서 우리자신도 충분히 설명할 수 없는 것과 같다. 그것은 다만 상호작용적 실천을 통해서 관찰될 수 있을 뿐이다.

알파고의 바둑 이해하기

알파고는 승리했지만 그렇다고 알파고가 인간처럼 바둑을 이해한 것은 아니다. 오

그림 7.5

알파고 학습 구조 [3, 5]

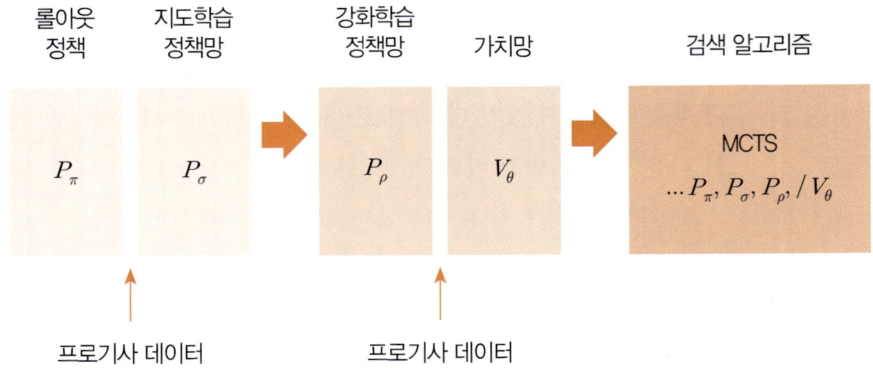

히려 알파고는 인간처럼 바둑을 이해하지 않고도 승리할 수 있는 방법이 있음을 보여주었다. 알파고는 인간의 실천들에 대한 일종의 역공학(reverse engineering)을 수행했고 그것을 기반으로 자기 학습을 추가적으로 달성한 것이다. 결과적으로 알파고는 인간과 다른 방법으로 바둑을 '이해'했기 때문에 인간을 이길 수 있었다. 알파고는 인간과 다르게 생각할 수 있었기 때문에 대국 전반에 걸쳐서 전통적인 바둑 정석을 뒤집는 수들을 내놓을 수 있었다.

알파고 개발팀은 인간과 알파고의 상이함을 설명한 바 있다. 예를 들어 알파고 검색 시뮬레이션에서 지도학습 정책망이 강화학습 정책망보다 더 성능이 좋았다($P_\sigma > P_\rho$). 이는 현재 상태 판단에서 인간전문가 데이터가 더 훌륭했다는 함축이다. 강화학습은 단일 최적 이동을 선택하는 반면에, 인간은 무엇이 유망한 이동인지에 대해 다양한 선택을 하기 때문이다. [3]

반면에 강화학습 정책망으로부터 파생된 가치 함수가 지도학습 정책망에서 나온 가치 함수보다 성능이 좋았다($v^{P_\rho}(s) > v^{P_\sigma}(s)$). 가치 함수는 장기적인 목표를 예상하는 역량이므로, 이 부분에서는 알파고의 자기학습 기반 데이터가 인간전문가 데이터

보다 훌륭했다는 뜻이다. [3]

이 결과는 인간과 인공지능의 역량이 상이할 수 있다는 일면을 보여준다. 강화학습은 멀리 예측하는데 뛰어나고, 상대적으로 인간전문가는 먼 미래 예측보다는 현 상태의 불확실성에 더 강했다. 이것은 인간과 인공지능의 역량이 상보적일 수 있다는 함축이다.

이 점은 이세돌과의 대국에서도 입증되었다. 이세돌의 제4국 78수(백)는 알파고의 '차분한 계산'을 뒤흔들었고 마침내 승리를 결정했던 착수였다. 이세돌은 알파고만큼 멀리 내다보며 수를 계산할 수 없는 대신 전혀 새로운 착수(다양한 선택의 구현)를 시도하여 문제를 돌파했다. 알파고는 당시 이 착수를 제대로 평가하지 못했고, 87수에 이르러서야 자신의 승률이 떨어진다는 것을 비로소 알게 되어, 최종적으로 180수만에 불계패를 선언했다. 이세돌의 착수는 알파고의 현재 상태판단을 넘어선 것이고, 불확실성에 직면한 인간의 다양한 행동선택의 면모를 보여주었다.

추가적으로, 개발팀은 알파고 변종들 평가에서는 혼합버전의 성능이 좋았다고 전하고 있다.: 가치망(λ=0)만을 이용하여 평가된 상태위치로 진행하는 버전에서부터 롤아웃(λ=1)만으로 진행하는 버전까지 여러가지 혼합버전을 시험했다. 그 결과 혼합 평가 (λ=0.5)의 성능이 가장 좋았는데, 이것은 두 개의 상태위치-평가 메커니즘이 상호보완적이라는 함축이다: 가치망은 강하지만 터무니없이 느린 강화학습(P_ρ)으로 플레이한 게임결과에 가깝다면, 롤아웃은 더 약하지만 빠른 롤아웃정책(P_π)으로 플레이한 게임결과를 점수로 내놓는다.

기계의 독자성 문제

대국 내내 알파고는 대국 과정에서 많은 '실수'들을 했다. 이세돌 대 알파고 제4국에서 알파고의 97수는 대표적인 실수로 언급된다. 인간전문가라면 도저히 할 수 없는 정도의 형편없는 착수였다. 이미 이세돌을 3번이나 이길 정도의 실력을 가지고 있는 경쟁자가 범할만한 실수가 아니었다. 그래서 이세돌은 이 수가 '버그'에 가깝다고 평가했다.

그런데 인공지능의 실수는 문제점이라기보다는 오히려 인공지능의 가능성이기도 하다. 실수를 했다는 것은 오히려 알파고가 독자적인 의사결정을 했다는 증거이다. 인공지능 알고리즘은 불확실한 상황에서도 의사결정을 할 수 있어야 한다. 인간과 마찬가지로 인공지능은 전혀 예상하지 못한 상태에 놓일 수 있기 때문이다. 사실 우리가 인공지능에게 던지는 임무들은 독창적인 능력을 요구한다.

알파고는 독창적이지 않다면 도저히 풀 수 없는 복잡하고 불확실한 상황에 직면했다. 알파고에게 있어서 불확실성은 무엇보다도 먼저 바둑의 수가 너무 많아서 그것을 모두 물리적으로 계산할 수 없다는 것이다. 이런 경우 이 문제를 해결하기 위해서 인간들은 비이성적이거나 예측하지 못한 행동을 한다. 이세돌의 제4국 78수가 그러했듯이 기존에는 하지 않을 다른 행위를 시도한다. 그것은 전통적인 방법으로부터 이탈된 기이한 것이 될 수 있고 그래서 너무나 비효율적인 것이 될 수도 있다.

인공지능은 그런 상황을 극복하기 위해서 흔히 무작위성(randomness)을 적용한다. 튜링과 이후 인공지능 연구자들의 방법론에서 무작위성은 핵심적인 요소 중 하나였다. 알파고 역시 자신이 알지 못하는 그리고 예상하지 못한 환경에 대응하여 확률적 무작위성을 발휘했다. 이 때문에, 그 의사결정의 매 층위에서 도출되는 선택 경로들은 결코 동일한 것이 될 수 없다.

해일스(Hayles, K.)는 무작위성이 변이(mutation)를 발생시킨다고 지적한 바 있다. 유전자 코드의 사례에서 코딩 오류나 방사능 노출과 같은 어떤 무작위 사건이 기존 패턴을 붕괴시킨다. 변이는 진화과정에서 결정적이다. 변이는 패턴과 무작위성 사이의 상호작용이 그 시스템을 새로운 방향으로 진화시키는 원인이 되는 분기점이다. [6]

한편 알파고의 자기 대국(self-play)은 독자적인 창의성도 잘 보여준다. 앞서 보았듯이 알파고(백)이 알파고(흑)과 자기 플레이를 하는 과정에서 상이한 예측을 하는 장면이 있었다. 대국을 진행하는 아주 짧은 시간 동안에도 그들은 다른 개체가 되고 있었다. 알파고의 각 개체들이 만약 계속 단일 버전상태를 유지한다면 서로로부터 점점 멀어져서 확연히 다른 것이 될 수 있을 것이다.

알파고가 놓인 환경(규칙)도 알파고의 독자성을 구성하는 요소이다. 알파고에 내장된 중국식 바둑 규칙 때문에 알파고(백)과 (흑)은 다르게 행동했다. 바둑전문지 사이버오로(cyberoro)에 따르면, 중국식 규칙에서 백승률은 평균 52.8%로 흑승률에 비해 높다. 중국식 규칙이 백에게 유리하고 이것이 알파고의 의사결정 방식에 영향을 줄 수 있다는 점은 이세돌의 언급에서도 나타났다. 제4대국 승리 후 기자회견 당시 이세돌은 알파고가 백일 경우와 흑일 경우 다르게 행동한다고 평했다. 이세돌은 알파고의 수법에서 흑번일 때와 백번일 때의 차이를 느꼈다. 최근 공개된 알파고의 자기대국 50개 사례를 기준으로 볼 때 알파고(백)과 알파고(흑)의 승률 차이는 인간대국에서의 백번과 흑번의 승률차이 보다 더 컸다. 이 현상은 같은 조건에서 인간이 만드는 행위의 차이보다 알파고가 더 큰 차이를 만들 가능성을 의미한다.

종합적으로 인공지능의 확률적 무작위성과 중국식 규칙 등이 복합적으로 조합되면서 알파고 흑과 백의 행동의 차이를 만들었을 것으로 추정된다. 무작위성을 포함한 인공지능의 학습은 때로는 창의적인 것이고 때로는 실수가 될 수도 있다. 그 행동이 창의적인 것인지 실수인 지는 사후적으로만 해석될 수 있을 것이다. 어떤 것이든지 새로운 시도로 연결될 것이다. 이것은 인공지능에게 필수불가결한 역량이다. 따라서 인공지능의 독자성은 우리가 인공지능을 원하는 순간 인공지능에게 허락할 수밖에 없는 것이기도 하다. 기계의 사유(thinking of machine)는 사실상 기계의 독자성(originality of machine)과 분리되지 않을 것이다.

참고문헌

[1] Epstein, R., Roberts, G., & Beber, G. *Parsing the Turing Test*, Springer, 2009.

[2] 감동근. 『바둑으로 읽는 인공지능』, 동아시아, 2016.

[3] Silver, D. & Huang, A., et, al., "Mastering the Game of Go with Deep Neural Networks and Tree Search", *Nature* 529: 484-489, 2016.

[4] DeepMind. 『Alphago 대국 해설 한국어 버전(판 후이)』, 2016.

[5] 박주영 · 허성만 · 김태환 · 박정호 · 김재언. 『깊은 강화학습 전략의 응용에 관한 고찰』, Proceedings of KIIS Spring Conference 2016 26(1): 105–106. 2016.

[6] Hayles, N. Katherine. *How We Became PostHuman- Virtual Bodies in Cybernetics, Literature, and Informatics*, The University of Chicago Press: Chicago & London, 1999.

[7] 김지연. "알파고 사례 연구: 인공지능의 사회적 성격", 과학기술학연구 17(1): 5–39, 2017.

CHAPTER 08

알파고와 인간(2)

이세돌-알파고 바둑대국을 통해서 인공지능은 공학적 차원을 넘어서, 철학적 차원과 사회적 차원의 문제로 출현했다. 대국은 일종의 튜링테스트의 변형이다. 알파고는 자신의 신분을 감추지는 않았지만 튜링테스트가 목적했던 바, "인간으로 승인받기"를 성취하고자 했고 부분적으로 성공했다.

그림 8.1 이세돌-알파고 바둑대국

알파고의 착수를 대신하기 위해서 딥마인드사의 아자 황박사(Dr. Huang)가 이세돌과 마주 앉아 있다. (사진: 구글)

확장된 튜링테스트

이 대국의 설정은 튜링테스트의 콜린스 버전보다는 원 버전과 더 유사하다. 콜린스 버전은 (A)와 (B)가 독방에 들어가는 방식이어서 (B)가 (A)에 대해서 직접적인

그림 8.2

알파고–이세돌–관중의 배치 [저자구성]

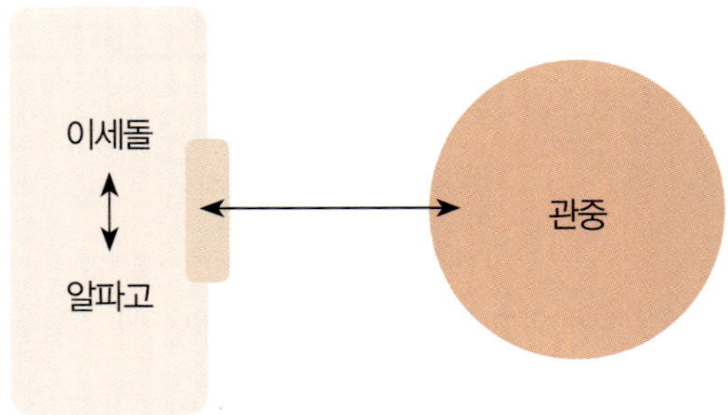

증언을 할 수 없다. 튜링테스트 원 버전에서 (A)와 (B)는 같은 공간 안에 있고 서로를 관찰할 수 있다. 그래서 (B)는 (A)의 거짓을 직접 보고하는 역할을 한다. 이 대국에서 알파고와 이세돌은 외부와 단절된 방에 함께 들어가서 경기를 펼쳤고 그 모습은 스크린을 통해 방영되었다. 알파고는 튜링기계로서, 튜링테스트의 (A)의 자리에 놓인다. 알파고는 튜링테스트의 (A)처럼 신분을 속이지는 않았지만, 우리가 직접 본 것은 아자 황박사였다는 점에서 알파고는 자신을 '은폐'하고 있다. 이세돌은 기계와의 대비를 위해 (B)의 자리에 배치되었다.

튜링테스트는 본래 언어모방게임(language-imitation game)이다. 뢰브너상 대회에서 이미 보았듯이 대회 기획자들은 튜링테스트를 현실적으로 작동 가능한 것으로 만들기 위해서 튜링테스트 원버전을 다소 수정했었다. 이처럼 튜링테스트의 원래 취지를 구현하되, 그 취지가 현실화될 수 있는 방법적 개선은 다소 필수적이다. 이 대국과 튜링테스트의 차이는 방 안쪽 행위자들과 방 밖에 있는 면접관(C)과의 대화를 바둑 경기로 대체했다는 것이다.

알파고는 이세돌과의 대국이전에 이미 온라인 바둑게임 사이트에서 바둑전문가들과 여러 차례 대국을 한 바 있다. 이세돌-알파고 대국이 알려지고 난 이후에야, 사람들은 바둑 사이트에서 활동했던 “deepmind”라는 이름의 대국자가 있었다는 것을 기억해냈다. 사람들은 당시에는 그 대국자가 기계라는 것을 인지할 수 없을 만큼 뛰어난 기량을 가지고 있었다. 또한 알파고는 이미 유럽 바둑 챔피언 판후이와 대국에서 5전승을 달성했기 때문에 이세돌과의 대국에서 단지 알파고의 바둑역량을 확인하려는 것은 아니었다. 이 대국의 궁극적 목표는 알파고에 대한 사회적 승인을 얻으려는 것이었다.

이 대국은 ‘누가 승리하나(who can win)?’에서 ‘무엇이 승리하나(what can win)?’로 질문을 바꾸었다. 이것은 ‘누가 생각하나?’에서 ‘무엇이 생각하나?’로의 질문을 전환시켰던 튜링테스트의 계승이다. [3]

(A) : 알파고, 인간의 진실을 흔들기

튜링기계는 인간의 행동과 구분할 수 없는 정도로 행동해야 한다. 튜링테스트가 언어적 차원에서 기계의 정체를 은닉하는 것이라면, 확장된 튜링테스트로서 이 대국에서 알파고(A)는 바둑규칙의 차원에서 인간과 기계의 경계를 전복하는 역할을 맡았다. 알파고는 최고의 인간전문가와의 경기상대 자격을 얻었다는 점에서 이미 부분적으로 자신의 역할을 수행하고 있었다.

무엇보다도 먼저 이 게임의 한 쪽 선수로서, 알파고는 튜링의 정의에 만족하는 기계였다. 미리 결정된 프로그램에 의해서 행동하는 것이 아니라, 학습을 통해서 자신의 행동과 그 행동에 대한 환경의 반응을 관찰했고, 나아가 스스로 목표를 발견할 수 있었다. 그 결과 적절한 의사결정에 도달했고 승리할 수 있었다.

그럼에도 불구하고 알파고가 인간처럼 바둑을 이해한 것은 아니다. 오히려 알파고는 인간처럼 바둑을 이해하지 않고도 승리할 수 있는 방법이 있음을 보여주었다. 결과적으로 인간과 다른 방법으로 바둑을 ‘이해’했기 때문에 인간에게 패배를 안길 수 있었다. 그것은 ‘새로운 지능’의 탄생이다.

여기서 우리는 알파고의 ‘새로운 지능’보다는 알파고의 ‘새로운 신체’에 더 주목해야 한다. 드레퍼스와 썰 그리고 해일스가 주장했듯이 지식의 작동은 체화를 전제한다. '새로운 지능'은 알파고라는 새로운 신체를 전제로 작동한 결과이다. 알파고는 바둑에서 승리함으로써 독자적인 의사결정을 수행했다고 인정받았는데, 그것은 알파고가 자신의 신체를 기반으로 지식의 체화과정을 거쳤다는 의미이다.

알파고의 수행에서 목격되었듯이, 인공지능의 학습은 때로는 '창의적인 것'이고 때로는 '실수'이기도 하다. 그 행동이 창의적인 것인지 실수인지는 사후적으로만 해석될 수 있을 것이다. 어떤 것이든지 인간전문가들이 보여준 적이 없는 새로운 것이었다. 독자적인 의사결정은 인공지능에게 필수불가결한 역량이다. 알파고의 행동은 환경과의 상호작용하며, 그 과정은 다시 알파고에게 체화되어 다음 의사결정의 토대가 될 것이다. 이는 사실상 '기계로의 체화(embodiment within machine)'라고 할만하다. 우리가 목격한 알파고의 독자적인 의사결정은 그의 체화된 '신체'에서 나온 것이다. 알파고의 실체는 공간적으로 미국 구글 시스템에서 한국 경기장에서 착수를 하는 아자 황 박사에 이르는 거대한 네트워크 형태로 존재했다.

알파고는 자기 대국(self play) 과정에서도 체화된 신체성을 보여주었다. 알파고의 자기대국에서 인간전문가와 대국할 때 설명되지 않았던 추가적인 알파고의 특질이 드러났다. 결정적으로 알파고(백)과 알파고(흑)이 서로 상이한 예측을 했다. 그들 각각의 독자적 판단은 그들 각각의 내부로 체화되고 바로 그 다음 순간 그 둘은 조금 달라졌다. 그 순간들이 모여서 알파고(백)과 알파고(흑)은 서로 다른 신체성을 얻었다. 자기 대국 과정이라는 짧은 시간 동안에도 '개별로서 알파고'가 가능하다면, 전체 학습 과정에서 구축되었을 알파고의 신체성은 결코 무시될 수 없는 것이다.

알파고의 체화는 외관적으로 인간의 체화와 유사성을 드러내기도 했다. 예를 들어서 알파고는 인간전문가들처럼 백번일 때와 흑번일 때 다르게 행동했다. 이세돌과 바둑전문가들은 알파고가 백번일 때는 보수적으로 움직였고, 흑번일 때는 좀 더 도전적으로 움직인다고 느꼈다. 유사하게 조혜연(9단)도 "알파고는 백일 때 강하고 일본의 젠은 흑일 때 강하다(조혜연 페이스북)"고 평가했다. 이것은 백에게 덤을 많이 주는 중국식 규칙에서 인간전문가들이 보여주는 태도와 동일한 것이다.[1] 알파고는 '인간처럼' 흑번일 때와 백번일 때 자기 자신을 다르게 평가하며, 각각의 경우에 다르게 행동했다. 알파고는 어떤 처지에 놓이는지에 따라서 다른 역할을 소환했다.

또한 기계학습의 무작위성 요소도 알파고의 신체성을 구성하는데 기여한 것으로 보인다. 해일스는 자연의 무작위성이 변이(mutation)를 발생시킨다고 지적한 바 있다. 변이는 패턴과 무작위성 사이의 상호작용이며, 그 시스템을 새로운 방향으로 진화시키는 분기점이 된다. 비록 알파고의 무작위성은 인공적인 것이지만, 어떤 형태로든지 변이발생에 기여했을 것으로 추론할 수 있다.

종합적으로, 알파고는 튜링기계로서 역할을 충실히 수행했다. 인간의 신체를 가지지 않고도, 그리고 인간처럼 이해하지 않고도 바둑을 이길 수 있다는 것을 증명함으로써 알파고는 세계 이해와 진실에 관한 우리들의 믿음에 균열을 가져왔다. 인간만이 '생각한다'는 믿음! 인간과 기계의 경계가 매우 분명해서 그 경계를 확인할 수 있다는 믿음! 알파고는 우리의 전통적인 믿음과 '진실'을 흔들었다. 알파고의 체화는 인간의 체화와 동일하지는 않지만 인간의 체화와 동등한 의미를 요구하고 있다.

(B) : 이세돌, 인간의 진실을 증언하기

튜링테스트에서 인간참가자(B)는 기계(A)에 대한 적절한 정보를 면접관(C)에게 전달하는 역할을 한다. 이 대국에서 이세돌은 알파고의 기계성을 드러내는 역할에 '배정'되었다. 그는 대국을 통해서 알파고 행위의 특질이 드러나게 만들었고, 대국 후 인터뷰를 통해서는 알파고의 경기 성향을 증언했다.

넓은 의미에서 보면 먼저 직접 대국을 했던 판후이와 그 외 바둑전문가들도 (B)의 역할에 포함된다. 바둑전문가들은 이세돌과 유사하게 알파고의 행위 특질을 감지할 수 있다. 사실 대국 이전부터 알파고는 온라인 바둑 사이트에 등장해서 여러 바둑전

1) 중국식 규칙은 7.5집, 한국식은 6.5집, 일본식은 5.5집을 백에게 덤으로 준다. 알파고는 중국식 규칙을 따르기 때문에 알파고(백)과 (흑)이 다르게 행동할 가능성이 있다. 바둑전문지 사이버오로(cyberoro)에 따르면, 중국식 규칙에서 백승률은 평균 52.8%로 흑승률에 비해 높다. 이는 알파고의 출발 승률 설정에서도 유사한 것으로 추정된다. 2016년 구글 딥마인드사가 공개한 3개의 자기대국에서 알파고(백)이 모두 승리했다. 2017년 공개한 50개의 자기대국에서 알파고(백)의 승률은 76%였다. 이에 대해서는 추가적인 분석이 필요하다.

문가들과 경합했고, 대국 이후에도 다수의 경기를 온라인에서 수행한 바 있다. 바둑전문가 집단은 공동으로 그리고 지속적으로 (B)의 역할을 수행하고 있다.

딥마인드사의 데이비드 실버와 데미스 하사비스가 말했듯이, 알파고 개발자도 알파고가 수행한 의사결정의 인과적 경로를 완전히 추적할 수 없다. 개발팀은 알파고를 제작하고 훈련시키기는 했지만 알파고와 긴박한 대결을 해 볼 수 없다. 오히려 알파고와 대결을 했던 이세돌과 바둑전문가들이야말로 알파고의 행동을 구체적으로 이해할 가능성이 있다. 개발자들은 기술적 차원에서 알파고를 설명할 수는 있지만, 수행의 차원에 대해서는 바둑전문가들이 알파고의 행동을 더 잘 설명할 수 있다. 이 테스트가 바둑전문가와 알파고의 수행 차원을 비교하는 것이기 때문에 그들은 알파고에 대한 최적의 증언자들이다.

알파고의 착수에 대해 이세돌과 바둑전문가들은 때로는 창의적이라고 칭찬했다. 바둑전문가들이 알파고에 대해서 인간(전문가)이 한 번도 한 적이 없는 의사결정을 하고 있다 증언했기 때문에 관중들은 알파고의 행동을 이해할 수 있었다. 알파고는 인간이라면 이득이 되는지 미리 판단할 수 없기 때문에 결코 시도하지 않았을 착수들을 다양하게 구사했다. 이 부분에서 알파고는 인간보다 너무 훌륭했기 때문에 오히려 인간과 동일하지 않다고 평가받았다.

더 나아가 이세돌은 알파고를 자극하여 새로운 수행을 촉발시키기도 했다. 인공지능 알고리즘은 불확실한 상황에서도 의사결정을 할 수 있어야 한다. 인간과 마찬가지로 인공지능은 전혀 예상하지 못한 상태에 놓일 수 있기 때문이다. 그런 상황은 인공지능에게 독창적인 능력을 요구한다. 이세돌만큼이나 알파고도 매 순간 복잡하고 불확실한 상황에 직면했다.

이런 경우 이 문제를 해결하기 위해서 인간들은 비이성적이거나 예측하지 못한 행동을 한다. 이세돌의 제4국 78수가 그런 상황에 해당한다. 그것은 전통적인 방법으로부터 이탈된 기이한 것이 될 수 있고 그래서 너무나 비효율적인 것이 될 수도 있지만 전혀 예상하지 못한 해결책이 되기도 한다.

알파고가 범했던 '실수들'은 그런 불확실한 상황에 직면한 결과였다. 제4국 알파고의 97수가 대표적이다. 인간전문가라면 도저히 할 수 없는 정도의 "형편없는 착수"였다. 이미 이세돌을 3번이나 이길 정도의 실력을 가지고 있는 경쟁자가 범할만한 실수가 아니었다. 마치 최고의 고수가 18급 아마추어의 행동을 보여주는 상황에 해당한다. 그래서 이세돌은 이 수가 '버그'에 가깝다고 평가했다.

> 일단 알파고가 노출시킨 약점은 두 가지 정도이다. 하나는 기본적으로 백보다는 흑을 조금 힘들어 하는 게 아닌가 싶다. 오늘 자기가 생각하지 못했던 수가 나왔을 때는 일종의, 실수라기보다는 버그형태로 몇 수가 진행됐다. 생각 못했을 때 좀 대처능력이 떨어진다. 백보다는 흑번일 때 더 어려워한다.

알파고의 실수는 기계 성능의 차원에서는 문제점이라고 여겨질 수도 있지만, 하나의 행위자 차원에서는 오히려 독자성을 확인한 것이었다. 알파고가 미리 프로그램 되어있는 대로 또는 단지 인간을 그대로 따라 행동했다면, 오히려 그런 이상한 실수는 하지 않았을 가능성이 높다. 그러한 알파고의 실수를 많이 이끌어낸 것은 이세돌의 기여이다. 이세돌 덕분에 알파고의 실수가 인간의 실수와 비교될 수 있었다.

(B)의 역할로서 이세돌은 알파고의 지능이 인간의 지능과 같은지를 가늠하는 원천을 제공했다. 이세돌은 알파고를 교란시켰고 알파고와 인간과의 차이, 즉 알파고의 기계성이 충분히 드러나도록 도발했다. 그 과정에서 알파고는 자기 자신을 노출할 수 있었고, 관중들에게 '인간이 아님'으로 확인되었다. 동시에 알파고는 인간존재와는 다른 독자적인 의미를 가진 존재로 출현할 수 있었다.

(C) : '인간면접관'의 등장

이 대국은 전형적인 튜링테스트와 달리, 면접관(C)의 역할에 구체적인 개별이 배정되지 않았다. 이 대국이 잠재적으로 기대했던 것은 다수의 관중이 면접관이 되는 것이었다. 알파고는 판후이와의 대국에서 이미 성능을 확인받았으므로 이세돌과의 대국의 중요한 목적은 단지 게임의 승리가 아니라 사회적 승인이었다.

모든 튜링테스트에서 면접관(C)은 중요하다. 이 대국은 전 세계를 대상으로 TV와 컴퓨터 스크린을 통해 실시간으로 방영되었고, 다수의 사람들이 이 대국을 관전했다. 알파고의 자격을 판정하는 것은 바로 그 대국을 지켜보았던 관중들이었는데, 그들은 열광적으로 대국을 관전함으로써 스스로 '면접관(C)'의 자리에 앉았다.

이들 '면접관'은 개별 인간이 아니라 대국과정 전반을 통해서 형성된 일련의 집합적 존재이다. 특히 바둑해설가들이 일반 관람객들의 관전을 도왔는데, 이들은 바둑 전문가 집단에서 온 사람들이다. 그들은 이세돌과 알파고의 착수를 해석하여 대중에게 전달했다. 그들의 발언은 관객의 담론 속에서 재인용되었다. 이러한 관전 과정을 거치면서 담론을 통해 상호침투적으로 결합된 집단이 구성되었는데, 그들이 이 테스트의 '면접관'이다. 여기서는 '인간면접관'이라고 부를 것이다.

이제 인간면접관이 관찰한 것에 대해 이야기해 보자. 우선 가장 먼저 이야기 할 수 있는 현상은 인간면접관이 대국 과정에서 알파고를 의인화했다는 것이다. 보통 인공지능 연구자들은 인공지능의 의인화를 경계하는데, 인공지능에 대한 오해를 불러올 수 있기 때문이다. 다수의 SF 소설과 영화작품들은 인공지능과 로봇을 악당으로 의인화하곤 했다.

그렇지만 인공지능의 의인화 현상은 인간면접관에 의해 관찰된 중요한 내용이며 이를 결코 무시할 수 없다. 인간면접관이 인공지능을 의인화하는 것은 면접관 자신의 사회적 지식 그리고 체화된 현실을 반영한다. 면접관은 그가 알고 있는 세계의 지식을 동원하여 자신이 관찰한 것을 설명할 수밖에 없다.

오히려 이런 의인화는 대국과정에서 인간면접관의 지식이 변하고 있음을 지시한다. 인공물의 의인화는 일종의 엘리자 효과다. 대국이 이루어지는 단 5일 동안 인간면접관의 태도는 극적으로 변했다. 알파고를 '알사범'이라고 부르면서 인간처럼 대하기 시작했다. 알파고의 의인화는 알파고가 한국기원의 명예단증(9단)을 받음으로써 완성되었다. 누구도 알파고의 명예단증 자격을 부적절하다고 여기지 않았다. 이것은 인간면접관이 알파고(기계)를 승인하는 방식 중 하나였다.

나아가 이세돌(B)과 인간면접관(C)은 자기 자신을 제3자로 표현하기 시작했다. 알파고가 계속 승리하기 시작하자, 바둑전문가들과 해설가들은 알파고의 행마를 단

새로운 조망시점 예시들

과학기술은 우리에게 새로운 조망시점을 제시해왔다. 근대인들이 천동설 대신에 지동설을 수용한 것도 대표적인 조망시점의 이동이다. 지동설은 지구 밖에서 지구와 다른 행성들을 동시에 내려다 보는 시점에서만 승인할 수 있는 모델이다. 지동설 모델은 이미 오래전부터 있어왔지만, 인간의 지각경험상 지동설을 인정하기 어려웠다. 해가 동쪽에서 떠올라서 서쪽으로 이동하는 것을 자신의 눈으로 보기 때문이다.

프로리디의 구분법(〈표 8.1〉)은 우리인간이 견지해왔던 자기중심적 인식을 깨트리고 조망시점을 자기 외부로 이동하는 경향에 대해 언급했다. 코페르니크스 혁명, 다윈 혁명, 프로이트 혁명, 정보 혁명은 모두 우리의 인식의 자기중심성을 깨트렸다. 우리는 새로운 조망시점을 승인하고 내재화해왔다. 그러나 그 과정이 균질적으로 진행되지는 않는다. 동시에 강한 '저항'도 있다. 여전히 우리는 매일 태양이 동쪽에서 뜨는 것을 보기 때문이다. 여전히 인간이 생명계의 최고 존재라고 확신하며, 자기 자신에 대해서 잘 알고 있다고 간주한다.

표 8.1 프로리디(Floridi, L.)의 인식변화 구분법 [3]

	구분	대표저서	내용
1	코페르니쿠스 혁명 (과학혁명)	"천구의 회전에 관하여(1543)"	지구는 우주의 중심이 아니다
2	다윈 혁명 (생물학혁명)	"종의 기원(1859)"	인간은 생명계의 최고 정점이 아니다
3	프로이트 혁명 (정신의학혁명)	"꿈의 해석 (1899)" "정신분석의 네 가지 기본개념 (Lacan, 1964)"	우리는 우리자신에 대해 모호하게 알 뿐이다
4	정보혁명	튜링의 "계산하는 기계와 지능 (1950)"등	인간이 컴퓨터와의 관계에서 우월하다고 할 수 없다

정적으로 평가하기 보다는, "인간의 눈으로 볼 때는 괜찮아 보여요" 또는 "인간의 생각으로 보기에는 좋아보이지는 않는다"라며 조심스럽게 견해를 피력했다. 이세돌도

인터뷰 과정에서 "인간"이라는 표현을 자주 사용했는데 "아직은 인간이 대결해 볼 수 있는 수준이라고 생각한다"고 소감을 밝혔다. 자연히 대국 관전자들도 자기 자신을 "인간"이라고 표현하며 스스로를 객관적 대상처럼 호명하기 시작했다.

인간면접관들이 자기 자신을 제3자화하는 현상은 알파고가 인간과 동일하지는 않지만 존경할만한 기량을 가지고 있어서 인간과 대등한 자격을 가지고 있다고 인정한 때문이다. 인간면접관의 이러한 자기대상화 현상은 다른 한편으로는 알파고의 자격에 대한 승인의 표현이다. 그리고 그 승인의 순간, 인간면접관들의 관찰 시점은 이동했다. 다시 말해서 인간면접관들은 인간과 알파고 모두를 동시에 내려다보는 '새로운 조망 시점'을 가지게 되었다. 그 조망 시점이야말로 대국과정에서 형성된 인간면접관의 최종적 시선이다. 그들은 이제 인간과 인공지능을 동시에 내려다보는 가상의 위치에 서 있게 된다. 이 새로운 조망시점은 인간의 시선과 인공지능의 시선을 모두 흡수하여 체화한 결과이다. 이것은 인간과 인공지능의 '합성적 시선(Synthetic gaze)' 또는 '사이보그의 시선'이다.

기계와 인간의 공존이 가능하려면

알파고는 승리했지만 인간 보다 우월하다는 의미는 아니다. 바둑은 매우 복잡하지만 잘 만들어진 닫힌 세계이다. 그곳에서의 승리가 모든 불확실성에 대한 능력으로 곧장 확장되는 것은 아니다. 그럼에도 불구하고 기계지능이 인간과 다른 방식의 '사유 역량'을 가지고 있다는 점은 확인할 수 있었다. 이로써 인간과 기계 사이의 상호보완적 설명 프레임이 요구되고 있다.

특히, 기계에 대한 믿음은 재조정될 필요가 있다. 기계가 인간을 대체할 수 있다는 믿음의 프레임은 오랫동안 근대사회를 구성하는 토대였다. 인간의 수행을 기계로 그대로 이전할 수 있다는 생각은 기계가 인간과 동일한 수행을 할 수 있다는 것을 의미했다. 그리고 다시 기계가 인간을 대체할 수 있다는 믿음으로 유도되었는데, 그것이 사실이라면 기계는 인간과 경쟁하는 지위에 놓인다. 이 믿음의 프레임은 인간과 기계의 화해할 수 없는 관계, 즉 '인간과 기계의 전쟁'으로 유도했다. 이 문제는 인공지능과 노동문제(11장)에서 더 상세하게 알아본다.

참고문헌

[1] Schaffer, Simon. "Babbage's Intelligence: Calculating Engines and the Factory System," Critical Inquiry 21(1) : 203-227. 1994.

[2] Collins, Harry M. *Artificial Experts: Social Knowledge and Intelligent Machines*. The MIT Press: Cambridge, MA. 1990.

[3] 김지연. "알파고 사례 연구: 인공지능의 사회적 성격", 과학기술학연구 17(1): 5–39, 2017.

[4] Floridi, Luciano 2014 *The Fourth Revolution : How the Inforsphere is Reshaping Human Reality*, Oxford University Press.

MEMO

CHAPTER 09

인공지능의 전망들 (1)

최근 다양한 인공지능과 로봇들이 등장하면서, 세계 각국은 관련한 정책보고서, 논평 등을 통해서 사회적 변화에 대한 견해를 제시하고 있다. 관련 논의들은 아직 완결적인 견해에 도달하고 있지는 못하지만 적어도 어떤 의제들이 제기되고 있는지를 이해할 수 있다. 흔히 제4차 산업혁명으로 언급되는 이 기술에 대한 용어도 아직 동일한 의미로 사용되고 있지 못하고 있다. 여러 용어의 혼란스런 등장은 이 분야의 논의가 지금 막 시작되어 진행 중이라는 것을 보여주고 있다.

영국 과학기술위원회 보고서

〈Robotics and Artificial Intelligence, (1th report of session 2016–7)〉

이 보고서는 영국의 인공지능 상임위원회가 인공지능(AI) 개발과 응용을 관리할 원리를 검토하고, 그 내용을 영국정부에 조언하고 대중적 담론을 촉발하기 위해서 작성되었다. 이 보고서는 인공지능의 함의에 주목하며, 영국이 이 분야에서 세계를 주도하고 있고 이 문제에서 지적 리더쉽을 가질 수 있는 유리한 자리에 있다고 선언한다. 인공지능 전문성을 이용하기 위해서는 협력적 접근이 요구된다는 점도 강조한다.

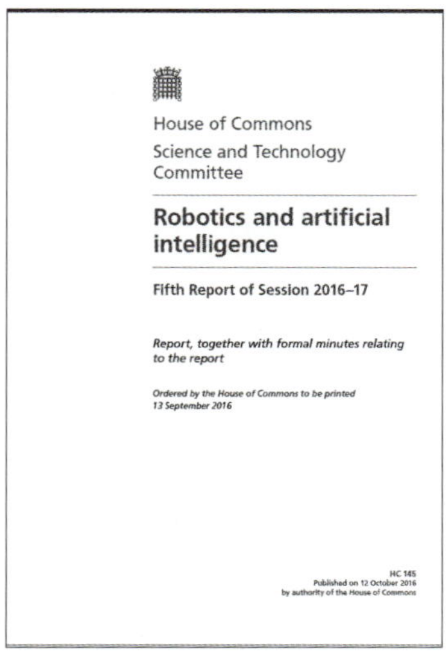
House of Commons
Science and Technology Committee

Robotics and artificial intelligence

Fifth Report of Session 2016–17

Report, together with formal minutes relating to the report

Ordered by the House of Commons to be printed 13 September 2016

HC 145
Published on 12 October 2016
by authority of the House of Commons

> 인공지능 시스템의 성취는 많은 사회적, 윤리적, 법적 질문을 불러일으켰다. 이 연구는 심각하고 진행 중인 관심을 요구하는 몇 가지 분야에 집중할 것이다. 인공지능 시스템에 우발적으로 내장된 편향을 최소화하는 것을 포함한다: 이 시스템이 행하는 의사결정이 투명하다는 것을 보증하는 것: 그리고 인공지능 기술이 의도적이거나, 원하지 않거나 또는 예측할 수 없는 방식으로 작동하는 것, 그리고 행위를 하지 않는 것 등을 검증할 방법을 연구하는 것이다.
>
> 로봇공학과 인공지능 발전은 잠재적으로 우리의 삶과 노동을 근본적으로 재형성할 것이다. 이 기술의 확산으로 추동되는 생산성과 효율성 개선은 광범위하게 예측되고 있다. 아직 이 기술이 노동력에 어떤 의미가 될지에 대한 합의는 없다. 일부는 인공지능-로봇과 기계가 노동을 대체하여 비고용을 증대시킬 것이라고 예견한다. 또 다른 일부는 상실된 직업을 보상하는 새로운 직업이 창출되면서, 고용 유형의 전환을 예견한다. 견해 차이에도 불구하고 새로운 기술이 나아가는 흐름에 따라 사람들이 적응하고 분투할 수 있도록 우리의 교육 및 훈련 시스템을 조정할 필요가 있다는 것에 일반적으로 동의하고 있다.
>
> 이 분야에서 정부의 리더십은 결여되어 있다. 정부가 디지털 전략을 수립하지 않는 것은 실망이다. 정부는 디지털 전략을 통해 디지털 기술 위기를 다루어야 한다. 리더십은 2013년 정부 8대 기술 중 하나로 언급된 "로봇공학과 자동 시스템(Robotics and Autonomous Systems, RAS)" 분야 전반에 걸쳐서도 결여되어 있다. 2015년 설치된 RAS 위원회는 정부 지원 "국가 RAS 전략"을 생산해야 한다.

이 보고서에서 현재 기술적 전환 상황에서 노동문제가 근본적인 의제가 된다는 점을 확인하고 있다. 앞으로 다루게 될 여러 다른 보고서들도 노동문제가 주요 의제라는 점을 지적하고 있다. "지능기계의 등장과 노동의 권리가 어떻게 상호 호혜적 자리를 부여받을 것인가?" 이 주제는 가장 시급하고도 근본적인 논의의 대상이 될 것으로 보인다.

한편 이 보고서는 인공지능 시스템의 의사결정과 관련하여 투명성 보증을 제기했다. 구글 딥마인드 알파고는 바둑 해설가들이 '버그'라고 추정할 정도로 매우 비상식적인 착수를 했었는데, 알파고는 왜 그런 착수를 했는지 설명할 수 없다. 현재 우리는 알파고의 합리성을 충분히 이해할 수도 없고 풀어낼 수도 없었다. 이와 관련하여 보고서는 미래 휴머니티 연구소의 오웬 코튼 배럿 박사의 말을 인용했다. "우리는 기계가 최고의 인간 선수보다 더 잘 수행하는 방법을 실제로 이해하지 못한다." 물론 바둑 게임에서 투명성의 결여는 그리 문제가 되지는 않을 것이다. 그러나 지능기계의 판단이 금융적 판단에서 의료 진단까지 인간의 의사결정에 영향을 줄 것으로 예상되기 때문에 이 기술의 투명성 문제는 사회적으로 중요해지고 있다.

이 보고서는 인공지능 시스템이 의사결정을 할 때 잘못된 결론을 내리는지를 알아보기 위해 알고리즘을 검사하는 방식을 제안하고 있다. 그러나 알고리즘을 직접 조사하는 방식이 기대만큼 좋은 결과로 이어질지는 확실하지 않다. 알파고 사례에서 보았듯이 개발자들은 알고리즘을 누구보다 잘 알고 있지만, 알파고가 특정상황에서 왜 그런 판단을 했는지 알지 못했다. 그러므로 단지 알고리즘을 검사하는 것만으로 의사결정의 인과적 궤적을 추적하기 어려울 것이다. 인공지능의 의사결정의 배경이 인과적으로 설명되지 않기 때문에, 이 기술이 사회적으로 승인받기 위해서 투명성 항목만으로는 한계가 있다. 투명성 이상으로 대중적인 신뢰를 얻는 다른 경로가 추가적으로 고려되어야 할 것으로 보인다.

한편, 이 보고서에서는 간단한 기술적 해법도 있다고 언급했다. 구글 딥마인드는 옥스퍼드대 학술회의(2016. 6)에서 "킬 스위치(kill switch)" 개발을 보고했다. 이 개념은 인간 관찰자가 인공지능 시스템에 대해서 특별한 학습을 하지 않고도, 반복적으로 안전하게 개입할 수 있는 코드를 만들려는 시도였다. 그런데 스위치를 만드는 방식으로 인공지능 시스템을 통제할 수 있을지는 의문이다. 이 시스템은 단순한 단독 가전제품이 아니기 때문이다. 시스템 차원에서 스위치를 내리는 일은 물리적으로는 가능할 수 있지만 현실적으로는 가능하지 않을 것이다. 킬 스위치는 부분적으로는 도움이 될 수는 있지만 충분한 해법이 되지는 못할 것이다.

아주 쉬운 사례로 전기시스템은 언제든지 전력생산 시스템의 스위치를 내릴 수 있다. 그러나 실제로 전력 생산 스위치를 내리는 일은 불가능하다. 우리사회가 이미 전기시스템이 없이는 작동할 수 없기 때문이다. 오히려 전기 중단 상황은 전기를 전제하는 시설 운영의 중단으로 이어져서 재난으로 간주된다. 단순 상품인 스마트폰의 경우도, 개별 전원 스위치를 끄더라도 우리는 스마트폰 메커니즘에서 벗어날 수는 없고, 곧 다시 전원을 켜야만 한다. 스마트폰이 없이 일상생활이 거의 불가능하기 때문이다.

기본적으로 사용자는 자동화된 알고리즘 의사결정에 대해서 "설명을 요구할 수 있는 권리(right to explanation)"가 있다. 인공지능의 복잡성을 고려할 때 특히 대중적으로 호소력을 가진 설명 방법론들이 구체적으로 개발될 필요가 있다. 인공지능 전문 영역에서 발생하는 문제상황을 어떻게 대중적인 수준으로 전달할 것인지가 사회적 신뢰의 결정적인 과제가 될 것이다. 이 분야를 대중적으로 설명하고 해석할 연계 전문가(interactional experts)[1]들이 더 많이 필요할 것이다.

유럽의회 권고(안)

〈Motion for a European Parliament Resolution with Recommendations to the Commission on Civil Law Rules on Robotics, Draft Report, May 2016〉

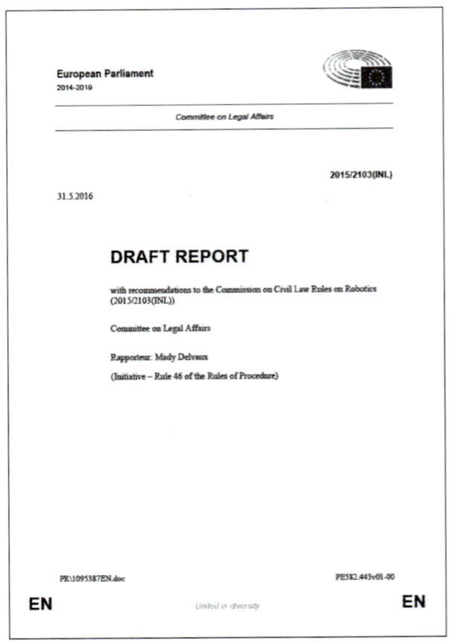
European Parliament
2014-2019

Committee on Legal Affairs

2015/2103(INL)

31.5.2016

DRAFT REPORT

with recommendations to the Commission on Civil Law Rules on Robotics
(2015/2103(INL))

Committee on Legal Affairs

Rapporteur: Mady Delvaux

(Initiative – Rule 46 of the Rules of Procedure)

PR\1095387EN.doc PE582.443v01-00

EN United in diversity EN

이 문서에서는 "스마트 자동 로봇(smart autonomous robots)"이라는 개념을 사용한다. 그 정의는 다음과 같다: (1) 센서를 통해서, 그리고 자신의 환경과의 상호-연결성을 통해서 데이터를 교환하고 분석하여 자동성

1) 연계전문성은 한 분야의 지식을 이해하고 분별하는 능력과 그 분야의 지식을 다른 분야의 지식으로 번역하여 전달할 수 있는 능력을 말한다. [1]

을 획득하고, (2) 자기-학습을 하고(선택적 기준), (3) 물리적 지원을 하고 (4) 자신의 행위와 행동을 자신의 환경에 적응시킨다.

이 보고서의 주요 견해 중 일부 인용해본다.

> E. 로봇과 인공지능의 개발은 인간에 의해 수행되었지만 이제 로봇에 의해 착수될 노동의 부분이 상당히 커질 수 있다. 그래서 부의 분배와 그 영향의 불평등이 증가할 잠재성을 만들면서, 미래 고용과 사회적 안전 시스템의 실행가능성에 대한 우려가 증가하고 있다.
>
> G. 데이터 보호에 대한 기본 질문들은 이미 인터넷과 전자상거래 일반 맥락에서 고려의 주제였었다. 그럼에도 불구하고 데이터 소유권과 개인 정보와 사생활 보호의 측면은 추가적으로 언급할 필요가 있다. 응용 프로그램과 가전제품들은 인간의 개입 없이, 그리고 진행되는지를 알지도 못하는 상태에서, 데이터베이스를 통해서 상호 통신할 것이다.
>
> Q. 오늘 로봇은 단지 유형적으로 그리고 배타적으로 인간이 했던 행위를 하는 것에만 그치지 않는다. 예를 들어 경험으로부터 학습할 능력과 독립적 의사결정을 하면서, 자동적이고 인지적 특질이 개발되었고, 그로써 로봇이 대리인(agency)과 더욱 더 유사해졌다. 대리인은 자신의 환경과 상호작용하고 환경을 의미 있게 대체할 수 있다. 그런 맥락에서 로봇의 위험 행동에서 발생할 법적 책임은 결정적 문제가 된다.
>
> 12. 개인 정보의 사용은 명백성이 필요한 새로운 이슈로 등장한다. 개인정보는 서비스를 '구입'할 수 있는 '화폐(currency)'로서 지위에 있다. 사생활과 데이터 보호 권리를 관리하는 기본 원칙을 우회하는 방향으로 개인정보의 사용이 유도되지 않아야 한다.

20세기 말 정보사회에 들어서면서 이미 개인정보는 중요한 문제였다. 21세기에도 스마트 기계와 관련해서 개인 정보는 더욱 중요해지고 있다. 기계는 인간과 상호작용하는 모든 과정에서 인간을 개별단위로 식별해야 하고, 기계가 스마트해지려면 더 많은 개인 정보를 수집해야 한다. 기계가 인간을 분별한다는 것은 데이터를 통해서만 가능하고, 인간의 개별성은 그들(인간)에 대한 데이터에 의해서만 규정될 수 있다.

이 문제는 미셸 푸코(Foucault, M.)가 〈감시와 처벌(Discipline & Punish: The Birth of the Prison, 1977)〉에서 언급한 감시의 자동성을 적용해서 분석할 수 있다. [6장 파놉티콘 설명상자 참조] 파놉티콘 독방 안의 죄수는 밝은 빛에 노출되고, 감시탑 속의 간수는 어둠 속에 있다. 이런 정보의 비대칭성 구조에 지속적으로 노출되면 죄수는 간수의 시선(타자)을 내재화하여 스스로 복종한다. 근대국가에서 '국민(시민)'이란 행정시스템이 보유하고 있는 데이터 집합의 형식으로 가시화된다. 데이터를 통해서 드러난 주체들이 국가의 통치대상이다. 통치대상에 대한 데이터가 풍부할수록 국가는 자신의 통치대상을 더 잘 알 수 있고 더 잘 관리할 수 있다.

같은 맥락에서 기업의 관리대상으로서 소비자들도 데이터로 구성된 인공물이다. 개인정보법에서는 그들을 정보주체(data subject)라고 한다. 데이터 공간은 코드화된 대상(codified objects)들 사이의 인공적 관계망으로 등장한다. 정보주체의 이름이나 별명, 거래 항목의 이름이나 수량으로, 통화발신 위치정보, 검색 입력 단어 그리고 문자메시지들은 데이터 공간 내부로 배열된다. 정보주체는 다른 사물들과 마찬가지로 데이터로 치환되어 그 공간 안으로 기입된다. 데이터로 전환되어야만 그 데이터 공간 안에서 타자들에게 발견될 수 있다. 이로써 데이터 기술은 우리자신에 관한 '진실의 생산자'가 된다.

그래서 현대 사회에서 국가와 기업은 막중한 책임을 요구받고 있다. 이제 스마트 기계시스템도 그런 위치에 놓일 것으로 전망된다. 그렇다면 이 기계 시스템에 대한 책임을 어떻게 설정할 것인가? 이 권고(안)은 결론 부분에서 스마트기계를 등록하고 "강제적인 펀드 체제"를 만들어서 스마트 기계에 대한 투자나 손상에 의한 보증을 집행하는 방법을 제시하고 있다. 이 방식은 최근 언급되고 있는 "로봇세"와 유사한 맥락이다. 충분히 논의할 가치가 있는 방법이다.

한편 유럽위원회는 미래 사법기관이 로봇의 영향을 평가할 때 모든 가능한 법적 해결을 탐색해야 하고, 이를 위해서 스마트 기계에게 법적 지위를 부여하라고 권고하고 있다.

31-f. 로봇에 대한 특정 법적 지위를 만들어라. 그래서 최소한 가장 현명한 자동 로봇은 특정 권리와 의무를 가진 전자인간(electronic persons)의 지위를 가지는 형태로 법이 제정될 수 있다. 그 로봇이 일으킬 수 있는 모든 손상을 수선하고 로봇이 스마트 자동 의사결정을 하거나 그 외 독립적으로 제3자와 상호작용하는 경우에 전자적 개인성을 적용할 수 있다.

스마트 자동 로봇에게 '전자인간'의 지위를 부여하라는 권고사항은 상당히 급진적이다. 그럼에도 사회적 논의 주제를 강렬하게 제시했다는 의미가 있다. 이 권고는 스마트 기계의 자율성과 법적 책임 문제를 연결하고 있다. 인간 행위자 범위에서 자율성은 곧 법적 책임과 동의어로 간주된다. 그러나 기계가 자율성을 가진다는 것만으로 법적 책임을 부여할 수 있는지는 불투명하다. 추가적인 논의가 필요하다.

스마트 기계가 법적 지위를 가지는 방법 중 하나로, "법인(juridical person)" 개념을 유추해 볼 수 있다. 오늘날 기업이나 사회단체는 법인의 자격을 가지고 있다. 법인은 인간이 아님에도 불구하고 자산을 가질 수 있고 그 자산의 행동에 대한 의사결정 권한을 가지고 있다.

또한 이 권고안에서는 "선택적 이탈 기제(opt-out mechanisms)" 개발을 포함하고 있다. 명시적으로 킬 스위치(kill switches)라고 예시하고 있고 흔히 "끄는-스위치 문제(off-switch problem)"라고 불리고 있다. 이 해법은 오작동 등의 문제가 있을 때 전원을 내려서 그 기계를 멈출 수 있다는 상식에 근거하고 있다. 앞서 언급했듯이, 이 방법은 부분적인 의미는 있지만 근본적인 해법은 아니다. 이미 의존적인 관계가 사회적으로 형성되고 나면 개별적 선택이 무의미해질 수 있기 때문이다.

아실로마 인공지능 원칙 개발회의

2015년 푸에르토리코에서 인공지능 컨퍼런스가 열렸고 학계, 산업계, 경제지도자, 법률, 윤리철학 분야에서 많은 연구자들이 모였다. 인공지능 관련 영역에 있는 다

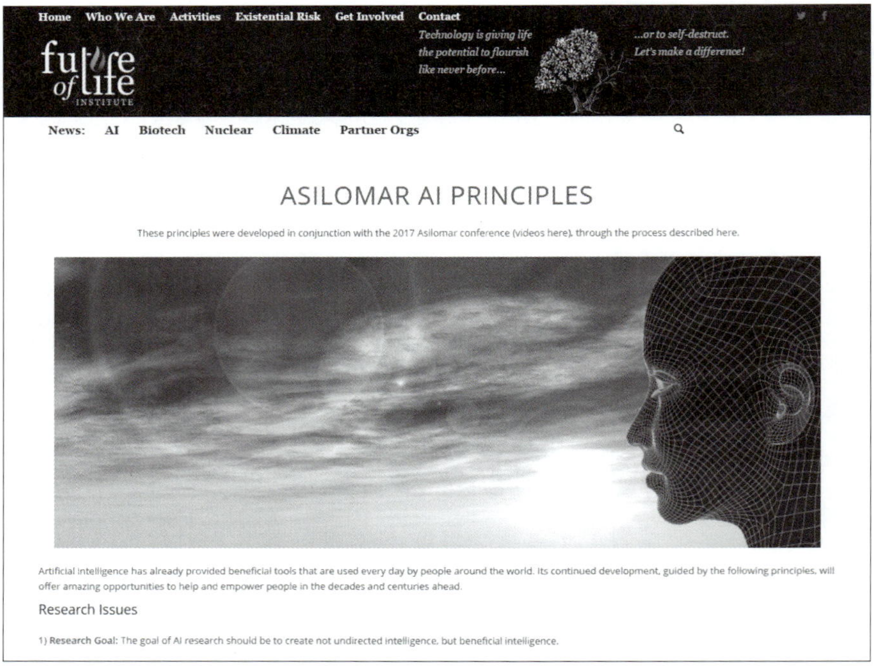

(https://futureoflife.org/ai-principles/)

양한 사람들이 인공지능의 미래에 대해서 논의하고 그 기술이 사회적 이익이 되도록 만들려는 시도였다.

아실로마는 역사적으로 과학윤리와 연관 있는 지명이다. 1975년 미국 스탠포드 대학의 폴 버그(P. Berg)의 제안으로 열렸던 아실로마 회의(Asilomar conference)는 유전공학 연구자들의 생명공학 윤리를 논의했다. 이 회의에서 나온 여러 가지 제안을 토대로 미국, 일본 등 선진국 정부에서는 유전자재조합 실험지침들을 작성하게 되었다. 그 결과 유전학 연구는 사회적 정당성를 얻었다.

2017년 1월 아실로마에서 개최된 인공지능원칙개발 세미나에서는 (1) 연구 문제(Research Issues), (2) 윤리와 가치(Ethics and Values), (3) 장기적 문제(Longer-term Issues) 등 세 가지 영역에 대해 대규모 토론이 있었다. 그 중 "윤리와 가치" 문제에 대한 세부 항목은 다음과 같다.

- **안전**(Safety): 인공지능 시스템은 전 과정에 걸쳐서 안전과 보안을 보증해야 한다.
- **실패 투명성**(Failure Transparency): 인공지능 시스템이 손해를 끼친다면 그 이유를 규명하는 것이 가능해야 한다.
- **판단 투명성**(Judicial Transparency): 자동 시스템이 관련된 의사결정은 자격이 있는 인간 기관에 의해서 수행되는 만족할만한 설명이 포함된 감사제도를 제공해야 한다.
- **책임성**(Responsibility): 첨단 인공지능 시스템의 설계자와 구축가는 그 시스템의 사용, 오용, 행동의 도덕적 함축에 관하여, 책임과 기회를 가지고 있는 이해당사자이다.
- **가치 할당**(Value Alignment): 고도의 자동적 인공지능 시스템의 목표와 행동이 인간의 가치를 보증할 수 있도록 설계해야 한다.
- **인류의 가치**(Human Values): 인공지능 시스템은 인간의 존엄, 권리, 자유와 문화적 다양성이라는 개념과 상호보완하도록 설계되고 작동되어야 한다.
- **개인 사생활**(Personal Privacy): 사람들이 생산한 데이터를 인공지능 시스템이 분석하고 활용하는 경우, 그 사람들은 그 데이터에 접속하고 관리하고 통제할 권리를 가져야 한다.
- **자유와 사생활**(Liberty and Privacy): 개인 데이터를 인공지능에 응용할 때 그것이 사람들의 실제 자유 또는 인식된 자유를 비합리적으로 감축시켜서는 안된다.
- **이익 공유**(Shared Benefit): 인공지능 기술은 가능한 많은 사람들에게 이익을 주어야 하고 권한도 주어야 한다.
- **번영 공유**(Shared Prosperity): 인공지능에 의해서 창조된 경제적 번영은 광범위하게 공유되어야 하고, 인류에게 이득이 되어야 한다.
- **인류의 통제**(Human Control): 인간이 선택한 목표를 달성하기 위해서, 인공지능 시스템에게 의사결정을 위임할 것인지 아니지 그리고 한다면 어떻게 위임할 것인지를 인간이 선택해야 한다.
- **비-전복**(Non-subversion): 첨단 인공지능 시스템의 통제력은 사회의 건강을 유지하는 사회/시민적 절차를 존중하고 개선해야 한다.
- **인공지능 군비확장경쟁**(AI Arms Race): 치명적 자동무기에 관한 군비 경쟁을 피

해야 한다.

인공지능 관련 문제를 다양하게 나열하고 있는데, 이를 보면 인공지능 관련 문제가 사회, 경제, 철학 등 전 분야에 걸쳐있다는 것을 알 수 있다. 가장 가까운 역사적 경험을 떠올려 본다면, 2000년 초 인터넷 기술이 대중화되면서 기존의 거의 모든 사회적, 법률적, 윤리적 개념들이 다시 논의되어야 했었다. 그때와 마찬가지로 인공지능 기술이 등장하면서 다시 모든 사회적 주제들이 재논의되고 있다. 새로운 기술은 단지 기능적으로 오는 것이 아니라, 그로 인한 모든 사회적 기준들을 다시 논의하는 방식으로 우리에게 다가온다. 이 과정은 인공지능이라는 새로운 존재를 우리의 사회적 관계망 안에 배치하기 위한 준비과정이다. 새로운 배치는 기존의 배열을 바꾼다.

특히, 개인 정보 문제는 치열한 논쟁이 예상된다. 최근 인공지능 기술은 데이터분석기술 덕분에 급격하게 성장할 수 있었다. 지능기계에서 데이터 수집은 매우 결정적이다. 따라서 어떤 데이터를 어떤 방식으로 수집하고 분석하며 배포하는가의 문제는 사회적인 변화를 수반할 수 있다. 데이터 구축과 데이터 해석의 변화는 그 데이터로 등장하는 개별 정체성의 변화로도 이어질 것이다.

인공지능 기술로부터 발생하는 이익을 어떻게 공유할 것인가의 문제도 주목받고 있다. 지난 시기 기술의 변화로 인한 이익이 모든 사람들에게 공정하게 배분되지 않았던 경험이 있다. 예를 들어 테일러-포드 시스템은 대량자동생산을 가능하게 했고 비용효율성을 증대했지만 그 이익은 경영과 자본의 이익으로 집중되었다. 더구나 이전 시대와 비교하여 숙련노동자의 지위는 붕괴했다. 이것이 바로 "소외된 노동(alienated labour)"라고 불리는 현상이다. 노동의 규칙보다 기계의 규칙이 더 높은 지위를 가지게 되었다. 생산과정이 중앙집중화되면서 노동자들은 단지 "기계의 경호원(machine minder)"이 되었다. 인공지능 기술의 사회적 승인과정에서 그 기술의 이익이 특정 집단에 집중되는 문제를 어떻게 해소할 것인지에 대한 비전을 제시하는 것이 무엇보다도 중요할 것으로 보인다.

아실로마 인공지능 원칙개발 회의가 제시하고 있는 의제 목록을 보면, 이 기술의 사회적 승인문제는 어렴풋이나마 '인공지능 기술의 거버넌스' 문제임을 보여주고 있다. 의제목록은 사실상 이 기술의 위험과 불확실성 목록들이다. 우리사회는 이를 어떻게 관리할 것인가? 또한 이들 "윤리와 가치" 문제 목록은 이 기술에 대한 논의가 인간 개별 보다 인간 집단 차원에서 이루어져야 한다는 점도 함축하고 있다. 이 기술을 단지 개인적 선택의 문제로 남겨놓는다면 시장교환 모델에 맡겨질 가능성이 크다. 우리는 그동안 시장교환 모델이 기술 문제를 충분히 해결하지 못한다는 것을 경험해 왔다.

IBM 의견서

〈Preparing for the Future of Artificial Intelligence: IBM response to the White House Office of Science and Technology Policy's Request for Information (Summer, 2016)〉

IBM 등은 백악관의 〈인공지능의 미래 준비〉 보고서에 대한 의견을 제출했다. IBM은 인공지능 분야를 선두하고 있다. IBM은 인공지능을 공공재(public good)로 다루어야 한다는 의견으로 제시했다. 이 보고에 따르면 인공지능은 다음과 같은 분야에서 기여할 수 있다.

- **건강관리보험**(healthcare): 인공지능 시스템은 환자들의 전자적 의료 기록과 연관 의료 문헌을 수집하여 엄밀한 약물치료를 진전시킬 수 있다. 코호트 분석을 수행하고, 유사 환자를 거대-분할 집단으로 정의하고, 표준 치료 실행과 가능한 치료 선택사항을 평가하고, 상관성, 위험, 선호를 분류하고, 궁극적으로 환자에게 가장

효과적인 처치를 권고한다.

- **사회 서비스**(social services): 인공지능 시스템은 시민들에게 적시에 필요한 답변을 제공할 수 있다. 보험, 세금, 사회 제도 등에서 시민을 돕고, 개인과 인구집단의 필요를 예측하고, 효과적인 자원 배치 계획을 개발한다.
- **교육**(education): 인공지능 시스템은 교사를 도울 수 있다. 개별 학생이나 집단을 위한 개인화된 교육 프로그램을 개발하고, 학습 유형과 방법을 사용하는 것을 지원하고 효과적인 조기, 초등, 중등, 고등교육을 개발한다.
- **금융 서비스**(financial services): 인공지능 시스템은 신청자에게 자격을 부여하는 방식으로 금융적 함축을 확장할 수 있다. 적절한 비용으로 최적의 보험 보장을 제공하는 것을 지원하고, 연방, 주, 지방 규제를 지킬 수 있도록 보증하고, 사기행위를 줄이고 세금이나 다른 금융 프로그램 낭비를 줄인다.
- **교통**(transportation): 인공지능 시스템은 공공 교통 시스템의 효율성을 개선할 수 있다. 반자동 특질을 사용하여 운전자를 보조하여 공공 차량을 지원하고, 사고를 관리하고, 연료 사용을 최적화하고 인프라와 화물차량 유지관리를 지원한다.
- **공공 안전**(public safety): 인공지능 시스템은 기계 비전을 사용하여 탐지함으로써 개인의 안전을 지원할 수 있다. 범죄를 예측하는 모델을 구축하고 수사관이 대량 정보를 탐색하는 것을 돕는다.
- **환경**(environment): 인공지능 시스템은 복잡한 관계를 파악할 수 있고, 환경오염과 탄소 발자국을 정확하게 예측하고 관리하기 위한 환경 모델을 구성하는 것을 도울 수 있다.
- **기반시설**(infrastructure): 인공지능 시스템은 수요, 공급, 기반시설 사용, 프로젝트 계획과 실행 예측을 지원할 수 있고 잘 형성된 기반시설 관리를 도울 수 있다.

IBM은 인공지능을 단독도구가 아니라 시스템으로 지칭했다. 인공지능의 활동영역이 개별적이기 보다는 포괄적이고 사회적 차원이 될 것이라는 점도 강조했다. IBM은 인공지능 시스템은 빈곤인구의 주요 서비스 접근을 개선할 것이라고 예견하며, 인공지능 시스템을 통해 삶의 질을 개선하는데 참여할 것이라고 선언했다.

이 보고서의 주장처럼 실제로 인공지능 시스템이 공공재 영역에 배치될 가능성이 있다. 이것은 인공지능 시스템이 전통적으로 정부 거버넌스, 사회제도가 담당해 왔던 영역에 참여할 수 있다는 의미이다. 인공지능이 공공재 역할을 한다는 것은 결과적으로 인공지능의 역량과 성과를 사회적으로 공유하는 형태가 되므로 인공지능의 혜택을 모든 사람이 누릴 수 있다는 점에서 긍정적이다. 그렇다고 그것이 절대 선을 보증하는 것은 아니다. 우리는 오랜 역사적 경험을 통해서 대표적인 공공재로서 정부시스템도 "대리인 문제" 또는 "정부실패" 같은 문제가 있었다는 것을 알고 있다. 인공지능시스템의 "대리인문제" 또는 "인공지능실패"에 대해서 우리는 어떻게 대응할 것인가? 정부시스템에 대한 경험을 기반으로 인공지능의 문제를 미리 상상해 볼 수 있다.

제4차 산업혁명
(The Fourth Industrial Revolution, 2016, World Economic Forum)

클라우스 슈밥(Klaus Schwab)이 다보스포럼에서 발표해서 유명해진 용어, 제4차 산업이란, 구체적으로 "사이버-물리 시스템(cyber-physical system)"을 가리킨다. 이 개념은 급격하게 유명해졌고 그런 만큼 많은 비판을 받고 있다. 특히 슈밥의 논거가 신자유주의를 지지하고 노동유연화를 촉발하고 있기 때문이었다.

구체적으로 제4차 산업은, 현실과 가상이 초연결되는 환경에서 사물을 자동적, 지능적으로 제어하는 것을 주 내용으로 한다. 초연결 환경에서 급속히 발전하는 생명/의료 분야 혁신은 인간의 삶에 큰 영향을 줄 수 있다. 제4차산업의 예시로는 유전자 편집(genomeediting), 인공지능, 로봇, 신소재, IoT, 3D 프린팅, 블록체인 등이 거론되고 있다.

이 책에서 주목할만한 점은 대립적인 관점들이 동시에 출현한다는 것이 있다. 때로는 기술결정론과 구성주의적 표현이 섞여 있고, 때로는 신자유주의 입장이 확연했다가 다시 공공적 윤리를 강조하기도 한다. 슈밥은 이들 이질적 관점들을 모두 포함할 수 있는 "포괄적 내러티브(comprehensive narratives)"를 주장하고 있다. 그러나 내용적으로는 아직 문제제기 수준으로서 이질적인 요소들을 병렬적으로 나열하고 있을 뿐이다. 그럼에도 불구하고 산업적 관점에서 노동문제를 언급했다는 점에서, 적어도 '지능기계 시대의 노동' 문제가 중요한 의제라는 점을 인정하고 있다.

슈밥은 "인간 클라우드 플랫폼(Human Cloud Platform)" 개념을 제시하는데, 노동자들이 자기 자신을 고용하는 구조라고 설명하고 있다. 이 방식이 최저 임금, 고용주와의 관계, 세금 등의 문제로부터 자유로울 수 있다고 언급한다. 다만 이 방식이 노동 시간의 성장을 감축하지 않아야 하고 사람들이 원하는 노동에서 사람들을 배제하지도 않아야 한다고 지적한다.

슈밥은 특히 신뢰를 강조했다: "그 혁명의 중심은 집합적 혁신이다. 이 절차는 신뢰 환경 안에서 양육될 때만 발생할 수 있다, 너무 많은 다양한 성분과 관련되기 때문이다. 궁극적으로 모든 이해당사자들은 공공선으로 가는 혁신을 보증하는 역할을 한다." 모든 기술은 일정한 자율성이 있고 그런 측면에서 완전한 투명성을 보증하기 어렵다. 따라서 대중적 신뢰는 그런 결핍을 허락받는 길이다. 그러나 이 문서의 비전은 아직 모든 이해당사자들을 설득할 수 있는 "내러티브"에 이르지는 못하고 있다.

KISTEP / KISDI 보고서

〈제4차 산업혁명 시대, 미래사회 변화에 대한 전략적 대응 방안 모색〉, 〈4차 산업혁명 시대의 변화상과 정책 시사점〉

국내 정부연구소들의 관련 보고서들은, WEF에서 제안했던 "제4차 산업혁명" 개넘을 크게 강조하고 있다. 이 보고서는 지능 기계의 역할을 경제적인 차원으로 할당하여 대중적 관심을 촉구하고 관련 정부정책을 제기하고 있다. 이들 보고서에서 언급하는 제4차 산업혁명에 대한 개념 정의는 다음과 같다.

> 우선 기술 · 산업적 측면에서 제4차 산업혁명은 기술 및 산업 간 융합을 통해 "산업구조를 변화"시키고 "새로운 스마트 비즈니스 모델을 창출"시킬 것으로 판단된다. 제4차 산업혁명의 특성인 '초연결성(hyper–connected)'과 '초지능화(hyper–intelligent)'는 사이버물리시스템(CSP)기반의 스마트 팩토리(Smart Factory) 등과 같은 새로운 구조의 산업생태계를 만들고 있다. 예를 들어 사이버물리시스템은 생산과정의 주체를 바꾸게 되는데, 기존에는 부품 · 제품을 만드는 기계설비가 생산과정의 주체였다면 이제는 부품 · 제품이 주체가 되어 기계설비의 서비스를 받아가며 스스로 생산과정을 거치는 형태의 산업구조로 변화한다는 것이다.
>
> 4차 산업혁명이 가져올 경제 변화상은 무엇보다도 수확체증과 네트워크 경제의 잠재력 발현이라 할 수 있는데, 이는 사람, 기계, 지능, 데이터, 서비스가 상호 연결되는 초연결 환경이 그 기반이다. 요즘 주목을 받고 있는 인공지능의 경우만 하더라도, 서로 '연결된 지능'으로 누구에게나 접근 가능할 때 그 잠재력이 극대화될 수 있기 때문이다. 4차 산업혁명은 개인, 기업, 정부 등 주요 경제 주체에도 큰 변화를 가져올 것이다.

이어서 제4차 산업혁명에 직면하여 다음과 같이 제안하고 있다: (1) 제4차 산업혁명에 대비한 범정부차원의 전략 수립 (2) 과학기술 경쟁력 강화, 과학기술인력 양성, 4차 산업혁명 시대가 요구하는 노동/스킬의 원활한 공급 (3) 공정경쟁과 블랙박스(Blackbox) 문제나 생명 윤리 등 새로운 경제, 사회, 윤리적 문제에 대한 사회적 합의 도출이 필요하다.

적어도 이들 보고서는 지능기계 시대를 준비해야 한다는 필요를 제기하고 있다는데 의미가 있다. 일부 사회연구자들은 최근 "제4차 산업혁명"이라는 프레임에 대해 문제제기하기도 한다. 슈밥의 4차산업혁명 개념들은 대체로 기술결정론적 관점에 가깝기 때문이다. 예를 들어서 이 보고서에서 매우 강조하는 "수확체증의 법칙(increasing returns of scale)"은 레이 커즈와일의 특이점 이론에서 자주 등장하는 단어인데, 기술의 발전이 점점 더 급격하게 증가한다고 전제하고 기술발전이 사회발전을 이끈다고 주장한다.

무엇보다도 지능기계 기술을 산업적 경제적 차원의 효율성이나 이익 문제로 곧바로 환원하는 프레임이 적절한지에 대한 사회적 담론이 필요하다. 그동안 우리나라는 국가주도로 경제발전을 위한 목적으로 기술개발을 추진해왔었다. 지능기계 기술은 여러 가지 차원, 예를 들어 사회적 차원에서 그리고 철학적 차원에서 충분히 논의되어야 한다. 그런데 여전히 대중적 담론 없이 경제적인 이해관계 프레임으로 전환하려고 하고 있다. 그동안 정부가 사회적 담론을 주도하는 역할을 직접 담당해왔기 때문에 시민사회 차원의 새로운 논의 구조가 필요할 것이다. 정부정책은 그런 논의를 구체적으로 지원할 수 있어야 한다.

참고문헌

[1] Collins, H. & Evans, E. Rethinking Expertise, The University of Chicago Press. 2007.

CHAPTER 10

인공지능의 전망들 (2)

인공지능 100년 연구

〈Artificial Intelligence and Life in 2030: One Hundred Year Study on Artificial Intelligence (Sep. 2016)〉

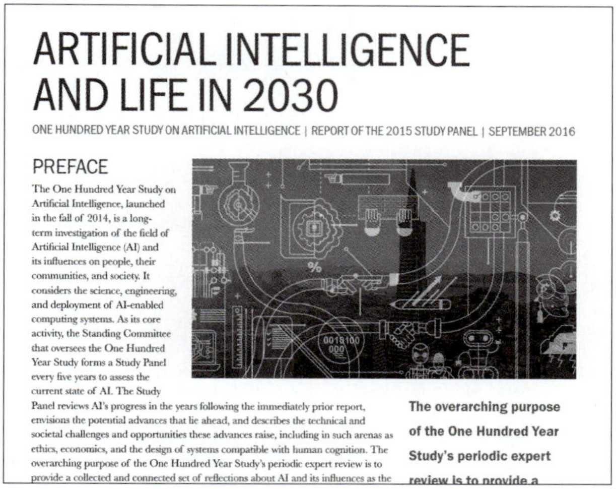

ARTIFICIAL INTELLIGENCE AND LIFE IN 2030

ONE HUNDRED YEAR STUDY ON ARTIFICIAL INTELLIGENCE | REPORT OF THE 2015 STUDY PANEL | SEPTEMBER 2016

PREFACE

The One Hundred Year Study on Artificial Intelligence, launched in the fall of 2014, is a long-term investigation of the field of Artificial Intelligence (AI) and its influences on people, their communities, and society. It considers the science, engineering, and deployment of AI-enabled computing systems. As its core activity, the Standing Committee that oversees the One Hundred Year Study forms a Study Panel every five years to assess the current state of AI. The Study Panel reviews AI's progress in the years following the immediately prior report, envisions the potential advances that lie ahead, and describes the technical and societal challenges and opportunities these advances raise, including in such arenas as ethics, economics, and the design of systems compatible with human cognition. The overarching purpose of the One Hundred Year Study's periodic expert review is to provide a collected and connected set of reflections about AI and its influences as the

The overarching purpose of the One Hundred Year Study's periodic expert review is to provide a

스탠포드대학 연구자 중심으로 작성된 이 보고서는 인공지능의 궤적과 영향을 분석, 예측하고 관련 정책제시를 목표로 하고 있다. 특히 인공지능으로 인한 북미 지역 도시 일상의 변화를 상세히 묘사하고 있다. 이 보고서는 인공지능 혁명을 가속화한 가장 중요한 요인에 대해서 "클라우드 컴퓨팅과 광범위한 웹기반 데이터 수집이 뒷받침한 기계학습의 성장"을 지목했다. 기계학습은 기본적으로 신경망의 일종인 딥 러닝(deep learning)에 의해 크게 발전했는데, 하드웨어의 발전과 새로운 시장의 등장이 그 발전에 기여했다.

이 보고서가 주목하는 기계학습의 인기 연구 분야는 다음과 같다: 거대규모 기계학습(Large-scale machine learning); 딥러닝(Deep learning); 강화학습(Reinforcement learning): 로봇공학(Robotics): 컴퓨터 비전(Computer vision): 자연어 처리(Natural Language Processing): 집합 시스템(Collaborative systems): 클라우드소싱 및 인간계산[1](Crowdsourcing and human computation): 알고리즘 게임이론과 컴퓨터화된 사회 선택(Algorithmic game theory and computational social choice): 사물인터넷(Internet of Things, IoT): 신경형 컴퓨팅(Neuromorphic Computing).

이 보고서는 유럽의 다른 보고서들과 달리 좀 더 인공지능 친화적이다. 유럽의회 권고는 상당히 강한 입법과 규제를 주장하고 있는데 반해서 이 보고서는 그런 강한 입법이 유연한 기술발전을 저해할 것을 우려하고 있다. 이는 미국 사회의 기술에 대한 태도를 압축적으로 드러내는 것이다.

자율자동차_____구글의 무인자동차는 이미 150만 마일 도로 주행을 했고, 테슬라는 상용 승용차에 기능을 추가해서 일반인들이 이용할 수 있는 정도에 다가갔다. 자율주행차는 사회적, 윤리적, 정책적인 문제들을 야기한다. 개인 차원과 대중 차원에서, 그 운송 관련 데이터 규모와 다양성은 놀랄 정도다. 스마트폰을 적용하여 비용은 줄고 다양한 센서의 정확성은 개선되고 있다. 이런 데이터의 사용가능성과 연결성, 실시간 센싱 응용, 트래픽 예측, 경유 계산, 개인 간 승차공유 등이 자율 주행 자동차의 가능성을 열어 가고 있다.

자율주행차가 전문가들의 예상대로 일반화된다면 도시의 설계나 기능이 많이 달라질 수 있다. 우선 도심 가운데에 많은 주차공간이 필요하지 않게 된다. 탑승자를 내려주고 차는 도심 외곽으로 나간다. 도로는 더 많은 차선이 필요하겠지만 대신 주차공간은 덜 필요해진다. 자동차 산업이 1/10 로 줄어들 수 있다는 다소 공격적인 전망도 있다....(중략)...... 한편 사고 가능성이 있을 때 자율주행차가 탑승자를 우선 보호할 것인지 보행자를 보호할 것인지를 결정하기는 윤리적으로 매우 어렵다. 기계의 오작동으로 사고가 생겼을 경우 그 책임을 누가 질 것인가도 복잡하다. 자동차 제조사에 책임이 있는지 아니면 구매자에게 있는지도 불분명하다.

1) 인간계산(human computation), 전통적으로 인간이 컴퓨터에게 문제를 내고 컴퓨터가 계산한다. 이와 반대로 인간기반계산(human-based computation)은 컴퓨터가 인간(집단)에게 질문을 한다.[wikipedia 참조]

공공정책__ 도시들은 공공의 안전을 위해 벌써 인공지능을 사용하고 있다. 2030년에 이르면 일반적 북미 도시들은 이에 크게 의존하게 될 것이다. 잠재적 범죄를 감시하는 카메라, 드론, 정책을 위한 예측 시스템 등이 이에 포함된다. 대부분의 이슈에서와 마찬가지로 여기에는 이익과 위험이 있다. 대중의 신뢰를 얻는 것이 중요하다. 가장 성공적인 인공지능 분석의 활용 중 하나는 신용카드 사기 같은 화이트 칼라 범죄를 탐지하는 것이다. 인공지능 도구는 경찰이 범죄 현장을 관리하거나 수색, 구조 상황에서 일의 우선순위를 결정하고 자원을 배분하는 데 도움을 줄 수 있다. 현재 전 세계에 설치된 카메라는 범죄 예방과 해결에 사용되는데, 비디오 분석 질이 낮고 대규모 비디오를 보고 있을 인력이 부족하다. 이 분야의 AI가 발전하면 더욱 정확한 비디오 자동 분석으로 범죄 예방과 기소에 더 큰 도움을 줄 것이다. 이러한 발전은 감시의 폭을 더 확대하는 효과가 있다....(중략)......기계학습은 언제 어디서 범죄가 발생하고 누가 범죄를 저지를지 예측하는 능력을 상당히 향상시키고 있다. 이것은 한편으로는 죄없는 사람을 지목할 위험이 있지만 다른 한편으로는 인간의 편견을 줄이거나 없앨 수 있다. AI를 사용한 소셜 미디어 데이터 분석으로 위험 요소를 파악할 수도 있다. 미국 운수 보안국(TSA) 등의 기관들은 현재 AI를 사용하고 있다. 비전, 스피치 분석, 걸음 분석 등을 활용하여 잠재적 사기와 범죄를 발견하는 데 쓰고 있다.

권고__유럽처럼 강한 입법을 하는 것은 인공지능 발전에 타격이 될 수 있다. 인공지능 분야에서의 창의성을 독려하면서, 인공지능을 우리 삶과 사회를 윤택하게 하는 방향으로 이끄는 논의가 중요하고 시급하다. 정책 평가는 인공지능 이익의 공정한 분배와, AI의 민주적 발전을 기반으로 해야 할 것이다. 그리고 미래 인공지능 기술과 그것의 영향을 완벽히 예측할 수 없음에 따라 정책은 점진적으로 재평가되어야 할 것이다.

한편 이 보고서는 유럽의회 권고(안)와 동일하게 데이터 문제의 중요성을 지적했다. 인공지능 패러다임은 데이터 주도 인공지능에 의해 추동되고 있고, 특히 인공지능과 상호작용하는 인간-인식(human-aware) 시스템이 집중적으로 개발될 것이라고 예견했다. 클라우드소싱과 인간 계산(Crowdsourcing and human computation)의 대표적인 사례로는 시민과학 플랫폼(citizen science platform)이 있다. 일반 시민들이 데이터를 수집하는 방식으로 과학기술 혁신에 참여할 수 있도록 설계하는 방식이다. 시민과학 플랫폼은 데이터과학과 결합하면서 과학의 민주주의를 실현할 것으로 기대되고 있고, 이미 성공 사례들이 등장하고 있다.

이 보고서는 강한 규제는 반대했지만 급격히 진화하고 있는 인공지능 기술의 개인적/사회적 함의를 고려하면서 다음과 같은 일반적인 정책을 제안했다: (1) 모든 정부 단위에서 인공지능 전문지식 축적을 향한 경로를 정의하라. 효과적인 거버넌스를 하려면 인공지능 기술, 정책 목적, 전반적인 사회적 가치 사이의 상호작용을 이해하고 분석할 수 있는 더 많은 전문가가 필요하다. (2) 인공지능 시스템의 공정성, 안전, 프라이버시, 사회적 영향에 대한 연구를 방해하는 요소를 제거하라. (3) 인공지능의 사회적 영향에 대한 다학제적 연구를 위한 공적/사적 지원을 증가시켜라.

직접적인 규제 여부와 관계없이 새로운 기술에 대한 사회적 영향은 매우 클 것이라는 점에는 국제적인 동의가 있다. 그런데 이 기술은 매우 복잡하기 때문에 그것을 이해하는 과정 자체가 사회적 의제가 될 것이다. 그런 사회적 의제를 다루기 위해서 인공지능과 로봇 기술을 기술사회적 차원에서 설명하는 전문가들의 등장이 요구되고 있다.

백악관 과학기술위원회 보고서

〈Artificial Intelligence, Automation, and the Economy, Executive Office of the President of the U.S. Dec. 2016〉

이 보고서는 백악관 경제 자문위원회(CEA), 국내 정책위원회(DPC) 국가 경제위원회(NEC), 관리 예산처(OMB), 과학 기술 정책국(OSTP)과 함께 대통령 집무실 팀이 작성했다. 백악관은 현재 인공지능의 상태, 잠재적 응용 그리고 사회정책과 공공정책에서 발생하는 질문들에 대해 조사하고 그 결과를 작성했다. 현재 인공지능에 대

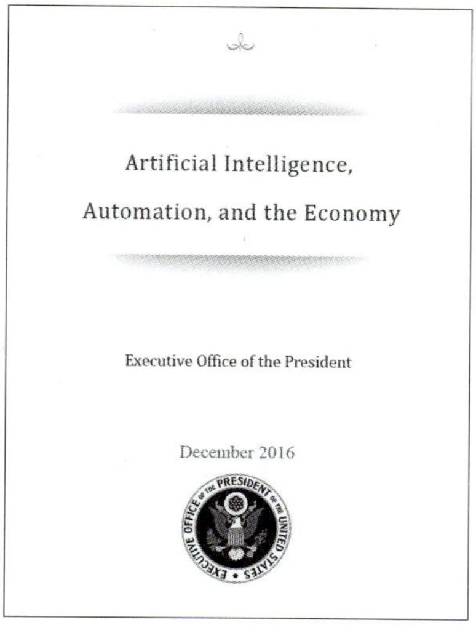
Artificial Intelligence,
Automation, and the Economy

Executive Office of the President

December 2016

한 단일한 정의가 없지만, 보고서는 잠정적으로 "인공지능은 단일 기술이라기보다는 특정 업무에 적용된 기술의 총합(collection of technologies)"이라고 서술했다. 또한 그런 이유로 경제 모든 분야에 균등하게 영향을 미치지는 않을 것이라고 전망했다. 업무에 따라 자동화의 영향이 다를 것이고, 일자리에 따라서도 영향이 다를 것이다. 따라서 "그 영향도 부정적일 수도 있고 긍정적일 수도 있다."

이 보고서는 인공지능에 대해서 용어적으로 다음과 같이 유형을 분류했다: (1) 인간처럼 생각하는 시스템(예, 인지 구조와 신경망) (2) 인간처럼 행동하는 시스템(예, 자연어 처리, 지식 재현, 자동 추론 및 학습을 통해 튜링테스트를 통과) (3) 합리적으로 생각하는 시스템(예, 논리적 문제풀이 장치, 추론, 최적화) (4) 합리적으로 행동하는 시스템(예, 인지, 기획, 추론, 학습, 의사소통, 의사결정, 행동을 통해 목표를 달성하는 지능 소프트웨어 대리인과 체화된 로봇)

이 보고서는 연방정부 및 그 외 기관들에게 인공지능의 응용에 관한 권고를 할 목적으로 작성되었는데, 이미 인공지능와 기계학습이 공공재 분야에서 성과를 내고 있다고 평가했다.

인공지능과 기계학습에 대한 큰 기대 중 하나는 세계적인 도전 과제를 해결함으로써 우리의 삶을 개선할 잠재력이다. 대부분의 사람들은 모바일 컴퓨팅 발전의 전환적 영향과 비교하여 인공지능의 미래를 전망했다. 인공지능에 대한 공적 영역과 사적 영역 투자는 건강 치유, 운송, 환경, 범죄 정의, 경제적 통합과 같은 다양한 공적 분야에서 이미 중요한 이익을 거두고 있다. 정부 기관들은 더 신속하고, 책임 있고, 효율적으로 임무를 수행하는데 인공지능을 사용하여 역량을 구축함으로써 정부 자체의 효율성이 증가하고 있다.

또한 보고서는 연구, 노동현장, 경제, 공정성, 거버넌스, 국제 문제, 보안 등 각 분야에 인공지능이 미칠 영향이 크다고 지적했다. 인공지능 기술이 계속 발전하고 있는 만큼, 실행전문가들은 인공지능 시스템의 관리를 보증할 필요가 있다고 강조했다. "이 시스템은 개방적이고, 투명하고 이해 가능해야 한다. 이 시스템은 사람들과 함께 효율적으로 작동해야 한다. 그 시스템의 작동은 인간의 가치와 소망과 일치해야 한다."

이 보고서는 특히 인공지능이 경제에 미칠 영향과 그에 대한 정책적 대응에 주목하고 있다. 향후 10년~20년 동안 대략 9%에서 47%의 일자리가 위협받을 것이라면서도 대응가능하다고 낙관적으로 예견했다. "변화의 속도와 특정 직업에 손실이 얼마나 집중될 지에 따라 달라질 수도 있겠지만, 경제는 반복해서 이런 정도의 변화는 감당할 수 있다는 것을 증명할 것이다." 또한 기술은 운명이 아니므로 제도와 정책이 중요하다고 강조하고, 인공지능 상황에서의 노동문제와 경쟁 정책에 초점을 두고 있다. 이를 위해 보고서는 다음과 같은 전략을 제시했다.

(1) 가능한 많은 혜택을 창출하도록 인공지능에 투자하고 개발해야 한다.

이 기술에 대한 책임감이 수반된다면, 인공지능은 총 생산성을 향상하는데 중요하고도 긍정적인 기여를 할 것이다. 인공지능 기술에서 앞서게 되면 미국은 상상할 수 없을 정도의 성장 잠재력을 확보하게 되어 향후에도 지속적으로 최첨단 기술국가가 될 것이다. 정부는 인공지능 관련 연구 및 개발에 투자해서 다른 국가보다 앞서 나아가는 데 역할을 해야 한다. 인공지능이 기여해야 할 분야로는 사이버 방위와 부정거래 및 사기 메시지 탐지 분야이다. 인공지능의 급격한 성장으로 인해서 해당 분야를 뒷받침하고 향상시킬 수 있는 모든 분야의 관련 기술을 가진 사람들이 많이 필요하다. 기초 기술분야(STEM: Science, Technology, Engineering, and Mathematics)와 인공지능 공동체의 인적 다양성을 확보하기 위해서 신규 유입을 늘리는 방안을 마련해야 한다. 그러면 향후 알고리듬의 편향적 문제를 사전에 해결할 수 있을 것이다. 기존 혹은 신규 기업 간 경쟁이 활발해져야 하고, 이를 촉진시킬 수 있는 건전한 친경쟁 정책을 개발해야 한다. 그러면 인공지능 기술과 혁신이 일어날 것이다.

(2) 미국인을 교육하고 훈련시켜서 미래의 일자리에 대비해야 한다.

인공지능으로 인해 노동시장이 요구하는 전문기술(skills)과 일의 본질(nature of work)이 바뀌기 때문에, 노동자들이 지속적으로 일을 하기 위한 교육과 훈련이 지원되어야 하고, 그것을 위해서 막대한 투자가 필요하다. 먼저 모든 아이들이 양질의 조기 교육과 지속적으로 교육을 받을 수 있어야 한다. 그래서 모든 미국인들이 저렴하게 학사 수준의 교육을 받을 수 있어야 한다. 미국 노동자들이 일자리 전환에 성공해야 한다. 일자리를 손쉽게 찾을 수 있도록 개선된 가이드를 제공하고, 일자리와 연계된 훈련과 평생 학습의 기회를 확대해야 한다.

(3) 널리 성장을 공유하기 위해서 전환기의 노동자를 돕고 노동자의 역량을 강화시켜야 한다.

정책입안자는 노동자들이 최적의 직업을 찾을 수 있도록 도와야 한다. 노동자는 임금의 형태로 자신이 한 일에 대해서 적절한 대가를 받을 수 있어야 한다. 이를 위해 실업보험, 저소득층 의료지원 프로그램(Medicaid), 영양보조프로그램(SNAP: Supplemental Nutrition Assistance Program), 빈곤가정을 위한 임시지원프로그램(TANF: Temporary Assistance for Needy Families)과 같은 기존 지원 프로그램을 강화해야 하고, 임금 보험이나 긴급지원프로그램 등을 새로 도입해야 한다. 사회안전망을 적절하게 현대화해야 한다. 노동자의 역량을 강화하기 위해서는 21세기에 맞는 퇴직 체계를 구축하고, 건강관리 프로그램을 확대해서 가정 및 노동자를 위한 안전장치를 강화해야 한다. 인공지능이 지역마다 다른 영향을 줄 수 있다. 이 모든 것들이 노동자를 지원하고, 노동시장에서의 재배치나 이동 등의 우려에 대한 대처가 될 수 있다. 중단기적으로 인공지능이 일자리를 심각하게 대체할 수도 있다. 이에 대한 대비책으로 실업보호제도를 강화하는 것은 물론, 실업을 상쇄시킬 수 있을 정도로 새로운 일자리를 창출하는 등 적극적으로 시장에 개입해야 한다.

보고서는 인공지능이 주도하는 자동화가 차기 행정부는 물론, 그 이후에도 지속적으로 해결해야 할 중요한 정책이 될 것이라며, 모든 미국인이 이 문제를 해결하는

데 직접 참여할 것을 촉구했다. 학생이든, 노동자든, 관리자든, 혹은 기술 책임자든, 그것도 아니라면 단지 시민일 뿐이더라도 정책 토론에서 자신의 목소리를 낼 수 있어야 한다고 강조했다.

사회적 안전망을 제공하기 위해서 주로 실업보험이나 보편적 기본소득(universal Basic Income)이 논의되고 있고 불평등을 해소하기 위한 조세정책을 개발할 수 있다고 전망했다. 자본이 국가소득의 대부분을 창출할 것으로 보고, 투자 소득이 고소득층에 집중되어 있어서 적절한 대응이 없다면 지난 수십 년간의 소득 불평등이 더 악화될 수 있다고 우려했다. 이에 대한 대안으로 자본 소득에 과세를 하는 것이 진보적인 과세형태라고 제안했다.

백악관 보고서는 경제 문제를 중심으로 논의를 진행하고 있기 때문에, 권고사항이 매우 제한적이다. 사실 노동자의 역량강화를 지원하는 것은 정부가 신자유주의 경쟁 체제에서 항상 해왔던 정책이었다. 인공지능의 사회적 배치를 적극적으로 논의하기보다 인공지능 환경에 노동자들이 적응하도록 지원하는 방식을 집중적으로 제시하고 있다. 때문에, 이 보고서는 인공지능 문제의 사회적 중요성을 충분히 논하고 있지 못하고 있다.

인공지능-자동화 기술에 대비하는 방식에서 노동자의 역량 강화는 중요하지만 근본적인 해결은 아니다. 더 중요한 것은 새로운 방식으로 지식을 생산하는 인공지능 시스템에 "시민들이 어떻게 참여할 것인가?" 그리고 "그렇게 생산된 지식이 모든 사람에게 얼마나 동등하게 귀속되도록 할 것인가?"의 문제들에 관심을 둘 필요가 있다.

IEEE, AI/AS 윤리적 숙고를 위한 자료

〈The IEEE Global Initiative for Ethical Considerations in Artificial Intelligence and Autonomous Systems, Ethically Aligned Design, Dec. 2016〉

IEEE(Institute of Electrical and Electronics Engineers)는 세계에서 가장 큰 기술 전문

가 조직이다. 이 보고서는 "인공지능과 자동시스템(Artificial Intelligence and Autonomous Systems, AI/AS)"에 대한 대중적 논의를 위한 용도로 작성되었다. 이 문서의 궁극적 목적은 관련 문제를 구체적으로 정의하고 권고안을 만들려는 것이다. 문서의 구성은 관련 논의 분야를 8개로 나누고 각각의 문제 후보들을 소개하고 있어서 관련 문제의 양상을 전체적으로 조명할 수 있다.

토론 문제의 첫 번째 주제로, 일반 원칙에서 "인공지능/자동시스템(AI/AS)이 어떻게 인간의 권리를 침해하지 않도록 보증할 수 있나?"라는 질문을 던지고 있다. 이 질문은 기술의 역사에서 계속 제기되어 왔던 것이다. 그런 만큼 관련된 선행 자료도 많다. 예를 들면 세계 인권선언(Universal Declaration of Human Rights), 시민정치 권리를 위한 국제서약(International Covenant for Civil and Political Rights), 아동권리서약(Convention on the Rights of the Child), 여성 차별 배제 협약(Convention on the Elimination of all forms of Discrimination against Women), 장애인 권리협약(Convention on the Rights of Persons with Disabilities), 제네바협약(Geneva Conventions) 등을 참조할 수 있다.

이 문서에 따르면 개인과 회사, 연구 기관, 정부 등은 다음과 같은 고려를 해야 한다: (1) AI/AS는 인간의 권리, 자유, 존엄 그리고 문화적 다양성을 존중하는 방식으로 설계되고 운영되어야 한다. (2) AI/AS는 그 운영 전반에 걸쳐서 안전과 보안을 검증할 수 있어야 한다. (3) AI/AS가 해를 끼칠 때는 언제나 그 피해를 추적하여 원인을 밝힐 수 있어야 한다.

또한, AI/AS의 설계와 운영은 인간에게 이득을 주는 방향이 되도록 안전과 보안을 보증해야 한다고 권고하고 있다: (1) AI/AS가 공적 진실의 구축에 기여하도록, 표준/규제 기구 등 거버넌스 프레임워크를 통하여 문제를 보증하고, 사건 조사의 절차를

1. 일반원칙 (General Principles)	• 우리는 AI/AS가 인간의 권리를 침범하지 않도록 어떻게 보증할 것인가? (Framing the Principle of Human Rights) • 우리는 어떻게 AI/AS에 대해서 설명할 것인가? (Framing the Principle of Responsibility) • 우리는 어떻게 AI/AS가 투명성을 가지도록 할 것인가? (Framing the Principle of Transparency) • 우리는 어떻게 AI/AS 기술의 이득을 확장하고 남용 위험은 최소화할 것인가? (Framing the Principle of Education and Awareness)
2. 자동지능시스템(AIS)에 포함되어야 할 가치들 (Embedding Values into Autonomous Intelligence Systems)	• AIS에 포함된 가치는 보편적이지 않고, 오히려 사용자 공동체와 그 임무에 특화된다. • 도덕적 과부하: AIS는 보통 서로 상충할 수 있는 여러 표준과 가치에 영향을 받는다. • AIS는 특정 집단의 구성원에게 불이익을 주는 내장 데이터와 알고리즘 편향을 가지고 있을 수 있다. • (특정 공동체에서 AIS의 특정 역할의) 연관 표준 집합이 일단 정의되었다면, 그런 표준이 어떻게 컴퓨터 구조 내에 구축되어야 하는지는 명백하지 않다. • AIS안에 구현된 표준은 관련 공동체의 표준과 호환 가능해야 한다. • 인간과 AIS 사이 적절한 신뢰 수준 달성하기 • AIS의 가치 조정에 대한 제3자 평가
3. 윤리적 연구와 설계로 안내할 방법론 (Methodologies To Guide Ethical Research and Design)	• 윤리는 학위 프로그램(degree programs)의 일부가 아니다. • 우리는 AI/AS 문제가 정확히 무엇인지를 설명하기 위해서 간학제적이고 간문화적인 교육 모델이 필요하다. • 문화적 차원에서 AI 설계안에 포함된 명백한 가치들을 식별할 필요가 있다. • 산업계의 가치-기반 윤리 문화와 실천의 결여 • 가치-인식적 리더쉽의 결여 • 윤리적 관심을 제기 권한부여의 결여 • 기술 공동체의 소유권이나 책임의 결여 • AI/AS의 맥락을 최선으로 향하게 하려면 이해관계자를 포함할 필요가 있다. • 빈약한 문서화는 윤리적 설계를 방해한다. • 알고리즘에 대한 비밀관성 또는 감독 부족 • 독립적인 심사 조직의 결여 • 블랙-박스 구성요소의 사용

4. 인공일반지능(AGI)과 인공슈퍼지능(ASI)의 안전과 선행 (Safety and Beneficence of Artificial General Intelligence(AGI) and Artificial Superintelligence(ASI))	• AI 시스템이 더 광범위한 영역에서 더 큰 자동성으로 더 복잡한 목적의 기능을 최적화하는 능력으로 측정될수록, 예측하지 못한 행위나 의도하지 않은 행위가 발생할 수 있어서 점점 더 위험해진다. • AI 시스템은 미래에 더 안전하고 더 일반적 가능하게 개량하는 것이 어려워질 수 있다. • 더 자동적이고 사용가능한 AI 시스템 개발과 배치에서, 연구자와 개발자는 점점 더 복잡한 윤리적이고 기술적 안전 설정에 직면할 것이다. • 미래 AI 시스템은 농업 및 산업 혁명 규모에서 세계에 영향을 줄 역량을 가질 수 있다.
5. 개인 정보와 개인 접근 통제 (Personal Data and Individual Access Control)	• 알고리즘 시대에 개인이 어떻게 자신의 개인 정보의 범위를 정의하고 조직할 수 있나? • 개인 식별할 수 있는 정보의 개념정의와 범위는 무엇인가? • 개인정보에 관하여 통제의 정의는 무엇인가? • 우리는 개인을 존중하는 데이터 접속을 어떻게 재정의할 수 있나? • 우리는 어떻게 개인 데이터를 존중하면서 동의문제를 재정의할 것인가? 그래서 어떻게 그 데이터가 개인을 존중하게 할 수 있나? • 공유하기 쉬운 데이터는 그 사람이 공유를 원하지 않았을 수 있다. • 데이터 처리자는 사람들이 데이터 접근과 수집의 (긍정적, 부정적) 결과를 분명하게 이해하도록 동의과정에서 충분히 안내하는 것을 어떻게 보증할 것인가? • 개인은 개인화된 AI 또는 알고리즘 안내자를 확보할 수 있나?
6. 자동무기시스템(AWS) 다시 구성하기 (Reframing Autonomous Weapons Systems)	• 전문가 조직 행동강령은 종종 중요한 허점을 가지고 있다. 공동체가 보유하는 가치와 기준 범위 내에서 구성원의 저작물, 그들이 창조한 인공물과 장치를 유지해야 한다는 것을 간과한다. • 인공지능, 자동화 시스템 그리고 자동화 무기 시스템(AWS)의 중요 개념을 정의하면서 발생하는 혼란이 결정적인 문제에 대한 더 실질적인 논의를 방해한다. • AWS는 기본적으로 비밀 및 비귀속적 사용이 허용된다. • AWS 행동의 책임이 손상될 수 있는 방법이 많다. • AWS는 예측되지 못할 수 있다(그 설계와 작동운영에 따라 다르다). • 학습 시스템은 예측가능한 사용 문제를 구성한다. • AWS 개발 정당화는 중기적 차원에서 지리학적으로 위험한 전례를 수립한다. • 전투공간에서 인간 감독을 배제하는 것은 아주 쉽게 부주의한 인권 침해와 긴장의 상승으로 이어질 수 있다. • AWS를 구매하려는 직간접적 고객들은 다양한데, 이것은 확산과 남용의 복잡한 문제 환경으로 이어질 것이다.

	• 기본적으로 AWS의 자동화 유형은 급격한 충돌 상승을 촉발한다. • AWS를 위한 설계 보증 검증 표준이 없다. • AWS와 반-자동화 무기 시스템의 작동에 대한 윤리적 경계를 설정하거나 해석할 때 혼란이 발생한다.
7. 경제/인도적 문제(Economics/Humanitarian Issues)	• 미디어에서 AI/AS의 해석오류는 공중에게 혼란을 준다. • 자동화는 일반적으로 단지 시장 맥락으로만 볼 수 없다. • 로봇공학/AI에 관하여 고용의 복잡성은 무시되고 있다. • 기존의 노동력 (재)교육하는 방법에서 볼 때 기술변화는 너무 빠르게 일어나고 있다. • 모든 AI 정책은 혁신을 지연시킬 수 있다. • AI와 자동화 기술은 전 세계적으로 동등하게 사용가능하지 않다. • 개인 정보를 존중한 접근과 이해의 결여가 있다. • IEEE Global Initiative에서 개발국가의 적극적 대표성이 필요하다. • AI와 자동화 시스템의 도래는 선진국과 개발도상국가 사이의 경제적 차이와 권력-구조 차이를 악화시킬 수 있다.
8. 법률(Law)	• 우리는 자동화 지능 시스템에서 책임과 검증가능성을 어떻게 개선할 수 있나? • 우리는 어떻게 AI가 투명하고 개인의 권리를 존중하도록 보증할 수 있나? 예를 들어 국제기관, 국가차원 정부와, 지역 정부는 그들의 권리를 침해하는 AI를 사용하고 있다. • AI 시스템이 어떻게 자신이 원인이 되어 일어나는 해악에 대해서 법적 책임을 보증하도록 설계될 수 있나? • 자동화/지능 시스템이 어떻게 개인정보 통합을 존중하는 방식으로 설계되고 배치될 수 있나?

감독할 수 있어야 한다. (2) 기존 법적 의무와 다가올 법적 의무를 AI/AS 정책과 기술적 고려 안으로 번역해 넣는 방법론이 필요하다.

IEEE 문제제기는 다른 정부기관의 보고서들의 문제제기보다 생생하다. 예를 들어, "AIS에 포한된 가치는 (공공적이기 보다) 오히려 (특정) 사용자공동체와 그 임무에 특화된다"는 지적은 기술사회학의 입장과 일치한다. 기술의 사회구성적 성격때문에 인공지능시스템 역시 보편적 가치를 추구하기 보다는 자신의 사용자집단의 가치를 더 쉽게 내장하게 될 것이다.

이와 연관하여 2번째 범주(자동지능시스템에 포함되어야 할 가치)에 등장하는 문제 중 "특정 집단의 구성원에게 불이익을 줄 수 있는 데이터나 알고리즘 편향이 인공지능과 자동 시스템(AIS)에 내장될 수 있다"는 문제에 대해서 아래와 같이 설명을 제공하고 있다.

> 전통적 시스템과 비교하여, 자동지능시스템은 때때로 새로운 유형의 종(species) – 새로운 존재론적 범주–이라고 언급되곤 한다. 인간이 그 시스템을 인지하고 상호작용하고 심리적으로 반응하기 때문이다. 예를 들어 여러 연구들에 따르면 이들 시스템들이 인간의 의사결정이나 행위에 영향을 줄 뿐만아니라, 심지어 인간들이 로봇의 강한 요구를 기꺼이 따른다는 연구보고도 있다. 그래서 그 시스템이 조작 목적으로 사용될 수 있다는 것을 인지하는 것이 중요하다.
> 덧붙여서, 이 시스템의 여러 측면들은 의도하거나 또는 의도하지 않더라도 다른 사용자들에게 편향을 주입하도록 설계될 수 있다. 편향의 원천은 시스템이 그 세계를 감지하는 방식(예, 그 시스템이 한 쪽 팔을 잃은 사람을 탐지할 수 있나? 또는 모든 사람은 두 팔을 가지고 있다고 가정하는가?)으로부터 감지된 정보를 처리하고 그에 반응하는 방식에 이르기(예, 그 시스템이 여러 민족, 성별, 인종의 사람들에게 다르게 반응하는가?)까지 폭넓다.
> 우선하는 가치와 규범을 결정하는 과정에서, 우리는 취약한 이해관계와 과소재현된 인구집단(예, 소수자)에 특별한 관심을 요청한다. 그래서 이들 사용자 집단은 (의도하지 않은) 비윤리적 설계에 의해 개발되지 않거나 혜택을 받지 못하게 된다. 전통적으로 취약한 인구집단이라는 용어는 아동, 노인, 범죄자, 소수민족, 경제적 무혜택자, 신체적 장애자와 지체장애자를 포함하여 혜택을 받지 못하는 하위–집단들을 지시한다. 자동지능시스템의 맥락에서 전통적으로 취약 인구집단의 구성원들이 고려되지 못할 수 있다.

이 문제에 대해서 IEEE 문서는 다음과 같이 권고했다: (1) 자동시스템에 편향이 내장되기 쉽다는 것을 아는 것이 중요하다. 예를 들어 얼굴인식에 의존하는 시스템은 전반적으로 코카서스 인종 얼굴에 대해 훈련하므로, 비-코카서스인 피부 톤이나 얼굴 구조를 가진 사람에 대해서는 오작동하거나 전혀 작동하지 않을 수 있다. 우리는 이들 편향의 잠재적 원천을 더 의식함으로써 무의도적 편향 때문에 일어날 사고를 줄일 수 있다.

(2) 우리는 또한 인간–로봇 상호작용과 인간–기계 상호작용에서 진행 중인 연구의 영역을 발굴해야 한다. 로봇에 내장된 편향이 인간 사용자와 로봇의 상호작용 과정에 어떤 영향을 줄 것인가? 그 시스템들이 사용자와 사회에 대해서 얼마나 역동적이고 장기적 효과를 가질 것인가? 여러 사용 사례에서 로봇의 독점이 목표 사용자 집단에게 어떻게 영향을 주나? 이 질문들은 우리가 아직 명백하게 답하지 못하고 있는 연구 질문들이다.

(3) 특히, 취약한 인구집단을 위한 설계에서 우리는 설계자가 스스로 목표 인구집단에게 특화된 관련 자원에 익숙해질 것을 권고한다. 시스템은 충돌하는 가치를 가지고 있는 다양한 사용자들의 요구를 조정해야 하는 임무에 직면할 수 있다. 설계자가 그런 충돌을 의식해야 하고 이들 충돌하는 가치에 우선순위를 부여하는 과정을 투명하게 공개해야 한다.

(4) 게다가 모든 취약 인구집단을 대변하는 목소리는 하나가 아니다. 그래서 설계자와 실행전문가들은 이해관계 공동체와 관련 주장 집단에 가까이 다가가야 한다. 또한, 역동적인 취약 인구집단을 위해 설계할 때, 설계자는 다학제적 접근을 취하고 설계 과정에 관련 전문가 및 자문 집단을 참여시켜야 한다.

토론 문제 대분류 항목 중에서, 자동무기시스템(AWS)은 가장 많은 문제 목록을 가지고 있다. 예를 들어서 "전문가 조직 행동강령은 종종 중요한 허점이 있다"고 지적

했다. 많은 전문가 조직은 특별한 가치를 가지는 개인의 행위를 일치시키려는 의도로 행동강령(code of conduct)을 제정한다. 기술 혁신이 사회적으로 또는 특정인들에게 심각한 결과를 가져올 개연성이 있을 때, 그 혁신은 인간성을 위협하는 것으로 간주되어야 한다. 그런데, 특별한 인공물을 만드는 과정에서 그들은 여러가지 이유로 동료구성원들의 행위에 대해서 제대로 문제제기하지 못할 수도 있다.

이에 대해서 IEEE 문서는 이렇게 권고했다. 모든 행동강령은 인간성을 위협한다고 간주되는 기술 혁신을 하거나 그것에 기여하는 구성원들의 선택을 관리할 수 있어야 한다. 행동강령이 인간성을 위한 긍정적 이득이나 결과를 보증하는 방향으로 나아가고, 기술조직은 구성원들이 그런 이득을 손상시키거나 무시하는 기술을 창조하지 못하도록 보증해야 한다. 행동강령이 지지하는 가치를 체화하는데 실패하거나 그 가치와 충돌하는 기술이나 인공물을 만드는 경우, 전문가 조직은 그런 사례들을 관리하기 위한 수단을 수립할 필요가 있다. 전문가 조직은 자신의 구성원들을 위해서, 구성원들의 작업이 국제 인도주의 법이나 국제 인권법(International Humanitarian Law or International Human Rights Law)을 위반하는지에 관한 연구도 할 수 있어야 한다.

이 보고서는 "(7) 경제적/인도적 문제"에서 노동문제를 언급하면서, "노동교육 보다 기술 변화가 너무 빠르다"고 지적했다. 흔히 자동화 및 고용에 대한 관심은 일자리를 잃어버리거나 새로 얻는 숫자에 초점을 두는 경향이 있는데, 자동화 시스템에 영향을 받을 직업의 수가 얼마나 될지를 계산하기 보다는 고용 구조가 자동화 및 인공지능에 의해 어떻게 변화될 것인지에 대한 분석에 초점을 맞추는 것이 중요하다고 지적한다. 정량적 예측보다 기술변화에 따라 현재 직무 내용이 질적으로 어떻게 변경되는지에 초점을 두어야 한다.

이 보고서는 지능기계가 불러온 질문 항목을 제시했다는 의미가 있다. 그리고 이 질문을 논의할 구조에 대해서는 "다중이해관계자 생태시스템(Multi-stakeholder ecosystems)"을 제기하고 있다. 슈밥의 "제4차 산업혁명"에서도 유사하게 다중이해관계자 모델을 언급한 바 있다. 이 모델은 이미 2000년 초부터 인터넷 거버넌스에서 수행되고 있는 모델이기도 한다. 모든 이해당사자들의 참여를 보장한다는 의미는 있지만, 사실상 일반 시민이나 소수자가 꾸준히 참여하여 자신의 견해를 관철해 내기는 어렵다는 단점이 있다. 이를 보완할 사회적 노력과 제도적 지원이 필요하다.

CHAPTER 11

인공지능과 노동

인공지능의 윤리적 논쟁이 점차 커지고 있다. 윤리(Ethic)란 "정당하다"는 개념과 관련이 있다. 지난 기술의 역사를 보면, 새로운 기계의 등장은 항상 사회적 문제를 불러일으켰다. 대표적으로 직조기계의 등장으로 숙련공의 사회적 지위가 위협받게 되자 기계파괴운동이 일어났었다. 18세기 산업과 노동을 상세하게 기록한 〈영국노동계급의 형성〉에서 E. P. 톰슨은 말했다. "어떤 사회적 마술을 부렸기에 노동을 줄여주는 발명품들이 노동자들을 더 비참하게 만드는 기구가 되었을까?" 20세기 초 대량생산을 위한 공장자동화가 도입되었을 때 노동자들은 같은 맥락에서 걱정하며 그 시스템을 거부했다.

여기서 가장 중요한 윤리적 주제 중 하나는 기계가 노동을 대체하고 그 결과 실업자가 양산되며 빈부 격차를 강화했다는 것이다. 이제 인공지능도 그럴 것이라고 우려하고 있다. 이 문제를 논의하기 위해서 우리는 기계와 인간노동의 관계전반을 재논의 할 필요가 있다. 18세기 산업혁명과 20세기 자동대량생산시스템 등장과 함께 제기되었던 "기계는 인간의 노동을 대체하는가?" 라는 문제는 기술사회적 차원에서 다시 주목해야 한다.

일의 종말?

대부분의 보고서들은 인공지능과 로봇의 등장으로 노동이 감소할 것이라고 전망했다. 앞서 보았던 [10장 참조] 백악관 보고서(2016)은 "일의 종말(the end of work)?"이라는 질문을 던진다. 이 용어는 1995년 제러미 리프킨의 동명저서 〈일의 종말〉로 유명해졌고 관련 논쟁들도 다수 등장했다. 그런데 백안관 보고서에서는 여기에 추가로 물음표를 붙이고 있다. 적어도 '인간의 노동이 사라질 것인지'에 대해 확신하는 상황은 아닌 것이다.

근대 이후 우리는 기계가 노동을 대체한다고 믿어 왔다. 그것이 사실이라면 기계가 점점 더 증대할수록 인간노동은 사라지게 될 것이다. 종국에는 인간노동이 완전히 사라질 것이다. 정말 그럴 것인가? 기계가 노동을 대체한다는 믿음에 따르면 그래야 하지만, 어쩐지 우리는 그 결론에 의심을 거둘 수가 없다. 왜 그런가?

인공지능도 기계의 일종이므로, 인공지능이 계속 발전한다면 인공지능이 인간의 (지적)노동을 대체하고 결국 인간의 지적 노동도 사라질 것인가? 대부분의 인공지능 관련 보고서들은 논리적 추론을 생략한 채, 기계가 노동을 대체해왔다고 전제하고 인공지능이 그런 전례를 따를 것이라는 암시를 한다.

> 인공지능과 신기술이 정교해지면 질수록 인간이 비교우위를 가질 수 있는 기술은 점점 없어질 것이다. [1]

물론 단서를 붙이기도 한다. 기술은 운명이 아니며 "자동화가 더 발전하고 생산성이 높아지면 오늘날보다 고용이 더 많아질 수도 있다"고 주장한다. 그 이유로는 불평등이나 노동력 인구에 미치는 영향이 나라마다 달랐다는 점을 들었지만 어떻게 더 많은 고용으로 이어질 수 있는지는 충분히 설명하지는 않고 있다.

결론적으로 관련 보고서들은 인간노동자에게 기계노동이 할 수 없는 일(창의적, 사회적 지능 등)을 권고하고 "인간이 인공지능 자동화 기술을 보완하는 영역에서는 노동 수요가 증가할 것"이라는 관점에서 새로운 교육프로그램을 권장한다. 이것은 '친절한' 안내인 것 같지만, 기계지능을 중심으로 인간지능을 배치하려는 프레임에 동조하는 것이다. 관련 교육을 통해서 노동자의 역량강화는 필요하다. 그러나 현재의 권고들은 인간노동자에게 이제 다른 일을 찾아보라고 말하고 있다. 결론적으로 이 관점의 정책과 교육프로그램은 기계지능의 규칙을 사람들이 수용하도록 만드는 것으로 일방적인 대책에 머문다.

인간노동과 기계의 관계 문제

그동안 "기계가 인간노동을 대체한다"는 관점은 인간과 기계의 관계를 대표하는 발언이었다. 대체로 이 믿음에 대해서 의문을 품지 않는다. 이 관점은 일종의 믿음의 체계로서, 18세기 산업시대로 거슬러 올라간다. 이 믿음은 기계와 노동을 경쟁하는 관계로 만들었고, 인간과 기계를 대립하게 만들었다.

컴퓨터의 아버지라고 불리는 찰스 배비지(Babbage, C.)는 이른바, "계산하는 엔진(calculating engines)"을 설계했는데, 궁극적인 목표는 인간의 지능을 기계화하려는 것이었다. 만약 인간의 지능을 기계로 이동시킬 수 있다면 안정적인 통제가 가능할 것이다. 이를 위해 배비지는 여러 정보원들을 통해서 지능의 과정을 조사하고 감시했다. 당시 배비지와 같은 계몽주의자들은 노동자들이 노동 과정(labor processes)의 진정한 원리를 충분히 표현할 수 없거나 너무 비밀로 한다고 생각했다. 그들은 노동 과정을 완벽하게 가시적인 전문기술로 만든다면 언제나 어느 곳에서나 정확하게 재생산할 수 있을 것이라고 확신했다. [2]

계몽주의자들은 인간의 행위를 관찰한 다음 세분화하여 다시 원하는대로 통합할 수 있는 구조를 설계했다. 산업혁명은 분업의 원리를 기반으로 인간 노동과 기계 작업을 동일한 차원에서 다룰 수 있는 기계의 원리를 구축했다. 분업에 의해 조각난 노동행위 단위를 기계로 이전하려는 시도였다. 노동과정(지능)은 노동자들로부터 기계로 이전하는 듯 보였다. 이 후 계몽화된 근대인들 모두가 자동기계가 인간의 제스처를 대체한다고 믿게 되었다. 이 믿음은 기계화와 노동자 해고를 정당화했다. [2]

이제 기계의 규칙이 인간노동의 원리를 압도하기 시작했다. 그러자 노동자들은 통제 가능해졌고, '유순해졌다'. 기계화 과정은 계몽주의자 또는 자본계층에 의한 인간노동의 불신 때문에 더욱 추동되어 왔다. 20세기 산업화 모델로서 테일러 시스템의 특질은 구상과 실행의 분리, 직무의 분할 및 재분할, 특정시간으로 할당된 개별동작이었다. 포드시스템은 추가적으로 새로운 노동력 관리방법(사회부)과 자동화원리(컨베이어벨트)를 도입했다. 이어서 포드시스템은 직무를 최대한 파편화시켰다. 이러한 직무세분화로 노동 과정을 기계 과정처럼 만들려고 했다. 기계와 노동의 지위는 완전히 역전되었다. 기계를 중심으로 인간노동은 재배치되었다. 그 결과 포드공장에서 자동차 조립시간이 12시간 30분에서 2시간 40분으로 감소했다.

인간노동의 분해와 조합

노동을 분해해서 이를 기계로 이전하고자 하는 시도는 합리적이지만 완전할 수는 없다. 노동은 단순한 행동들의 통합이 아니었다. 따라서 노동은 분업적 행동의 총합과 동일한 것이 아니다. 노동자들의 작업은 노동현장에서 체화된 지식에 의한 실천과정이다. 그 지식은 때로는 의식적이고 합리적인 형태로, 때로는 무의식적이고 암묵적인 형태로 내면화된다.

18세기 계몽주의자들이 노동자들의 노동과정을 이해할 수 없다고 느낀 것은 바로 그 때문이다. 노동자들이 일부러 '은폐'한 것이 아니라 그 자체가 노동과정의 특질이었다. 문제는 계몽주의자들에게 있었다. 그들은 노동과정을 단지 물리적 과정이라는 점에만 초점을 두고 관찰했을 뿐, 정작 지적 과정으로서의 측면을 보지 못했다. 그 때문에 계몽주의자들은 노동에 대해서 충분히 이해할 수 없었다.

또한 노동과정은 노동자의 신체를 기반으로 하여 진행되는 체화과정이라는 점도 간과되었다. 그러므로 신체가 다르다면 체화과정도 다를 수 밖에 없다. 노동자의 신체와 기계의 신체는 다르기 때문에 노동과정은 기계의 과정으로 그대로 재현될 수 없었다.

실제로도 우리는 그것을 경험하고 있다. 아마도 그러 연유로 백악관 보고서는 '일의 종말'을 확신할 수 없었고 물음표를 붙여야 했을 것이다. 도요타의 린시스템(Lean system)은 노동자들 사이의 의사소통체계(간판시스템)를 구축하고 노동자들의 자율성 향상 및 재숙련화를 통해서 유연성과 생산성을 향상시켰다. 이는 노동과정이 단순히 기계적인 행위의 통합으로만 설명되지 않는다는 것을 어느 정도 이해했기 때문이었다. 1970-80년대 이탈리아는 '대량생산라인+비숙련노동자' 구성보다 '다목적기계+숙련노동자'로 구성되는 '유연적 전문화(flexible specialization)' 생산방식을 도입했다. 자본주의 경제의 번영을 위해서라도 대량생산방식보다 유연한 전문화 패러다임을 필요했다. 노동은 단순한 단위로 나눌 수 없는 지적 실천 과정이었다. 근대화 과정에서 계몽주의자들은 완전한 기계노동을 구현하려고 했지만 역설적으로 기계노동이 번성할수록 인간노동을 대체하지 못한다는 증거들이 많이 출현했다.

쉐퍼(Schaffer, S.)에 따르면 "기계가 노동자의 노동을 대체한다"는 믿음은 진실 자체라기보다는 이데올로기적으로 채택된 것이다. 산업자본가들은 생산현장을 통제하기 위해서 숙련노동자를 제압해야 했었다. 기계가 인간노동을 대체한다고 믿게 되자, 노동자들을 해고하거나 저렴한 임금을 주는 것이 정당화되었다.

인간노동의 재현이라는 이데올로기

만약 기계가 노동을 대체하려면 우선 노동을 재현(representation)할 수 있어야 한다. 만약 기계가 노동을 그대로 재현한다면 노동을 대체할 수 있을 것이고, 노동과 배타적 경쟁관계가 성립될 수 있을 것이다.

18세기 스타킹제조기계가 대량생산한 스타킹은 장인들이 만든 스타킹 대신 시장을 장악했다. 품질은 낮았지만 저렴했다. 그런데 품질이 낮았다는 것은 그 기계가 장인들의 노동을 그대로 재현하지 못했다는 증거이다. 20세기 초 대량생산시스템의 대표적 사례, 테일러-화이트 공법은 정교한 부품을 제작하는 기계를 세팅하는데 시간이 많이 들었고 그 이후 과정은 거의 자동적으로 진행되었다. 테일러의 기계는 인간의 준비작업을 필요로 했다. 그러나 마치 그런 준비과정은 없는 것처럼 간주되었다. 포드시스템에서 생산된 자동차는 수작업으로 만들어진 자동차보다 덜 정교하다. 대신 노동자들도 자동차를 구매할 수 있을 만큼 가격을 낮출 수 있었다. 기계가 마치 노동을 '그대로' 대체하는 것처럼 간주되었지만 사실은 그 기계를 작동하게 하기 위해서는 노동자들이 그 기계를 섬세하게 준비해주어야 했고, 그러고도 생산결과의 질적 차이도 분명히 존재했다.

또 다른 사례로 가사노동을 들 수 있다. 루쓰 코완(Cowan, R.)은 가정용 기계들이 가사노동을 줄이는데 기여했는지를 연구했다. 세탁기와 전자레인지, 청소기 등 많은 전자제품들은 가사노동을 감축시킬 것처럼 보인다. 그리고 공산품의 대량공급으로 주부들이 집에서 할 일이 사라졌다고, 많은 사람들이 믿었다. 그래서 어떤 사람들은 빵굽기나 채소가꾸기를 하면서 잃었던 생산기능을 재건하려고 했다. 또 어떤 사람들은 여성해방운동을 "하릴없이 시간만 많은 부유한 여성들의 집단"이라고 몰아붙였다. 남편은 아내가 쓸데없는 일에 너무 많은 시간을 보낸다고 불평한다. "도대체 하루 종일 무엇을 하는 거지, 여보?" [4]

그런데 주부는 항상 지쳐 있었다. 가전제품의 종류와 양은 증가했지만 주부의 가사노동량은 결코 줄어들지 않았고 오히려 증가했다. 이전에는 장작을 준비하고 스토브에 불을 피우는 가사노동을 남편도 함께 준비했지만 전자제품들이 일반화되면서 가사노동은 이제 여성이 모두 전담하게 되었다. 그리고 여성들은 다른 추가적인 가사노동(위생 등)도 부담해야 했다.

물론 자동기계들이 아무것도 하지 않은 것은 아니다. 자동기계는 인간노동 방식에 영향을 주었다. 가전제품은 인간의 가사노동을 재현하기 보다는 가사노동을 여성만의 것으로 만드는데 기여하면서 인간노동을 재편했다. 공장의 기계는 노동자들 사이의 의사소통 방식을 기계의 규칙에 의해 매개되는 간접적인 것으로 바꾸었다.

우리도 일상에서 유사한 경험을 많이 하고 있다. 1970~80년대 버스에는 안내양이 있었다. 어느 날 요금지불 등 버스 내 시스템이 자동화되면서 버스회사들은 안내양을 더 이상 고용하지 않았다. 우리는 자동장치들이 안내양의 노동을 대체했다고 믿는다. 그러나 버스기사의 노동 강도가 높아졌다는 것은 주목하지 않는다. 이전의 버스기사는 운전에만 집중할 수 있었지만, 이제 버스기사는 고객이 요금을 지불하는지 주의를 기울여야 하고 고객의 요청에 따라 문을 개폐해야 하고 고객의 안전을 돌보아야 한다. 버스 승객들의 임무도 늘어났다. 승객들은 기계장치에게 요금지불 여부를 승인받아야 하는데 자주 승인오류를 낸다.

여러가지 사례에서 알 수 있듯이 기계는 인간노동을 재현하지 못했고 그런만큼 인간노동과 기계노동은 대체 관계가 아니다. 기계와 노동의 대립은 자본과 노동의 대립을 대행한 것이고 자본의 이데올로기였다. 자본(경영)은 생산과정을 통제하기 위해서 노동자의 자율권과 숙련공의 우선권을 승인하지 않으려 했다. 그들은 숙련공과 노동자를 통제하기 위해서 기계가 노동을 대체한다는 이데올로기를 공모했다. 그 과정에서 기계는 노동자의 대체 행위자로 '임명'되었다. 우리들은 계몽주의자들의 후예답게 기계가 노동을 대체한다고 굳게 믿고 있다. 그런만큼 노동에 대한 이해도 부족하다.

우리의 노동에 대한 이해 부족은 고숙련과 저숙련이라는 용어의 사용에서도 드러난다. 우리는 아무 저항 없이 이런 말들을 당연한 것으로 받아 들인다. 예를 들어 백악관보고서는 다음과 같이 서술하고 있다: "학력과 임금은 기술과 어느 정도 상관관계가 있다는 점에서 저숙련 노동자에 대한 수요가 엄청나게 감소하고, 고숙련 노동자의 수요는 다소 감소할 것" 또는 "인공지능이 패턴을 읽고 예측을 하더라도, 사회적, 혹은 일반 지능, 창의성, 인간의 판단력 등을 복제하지는 못할 것이다. 물론 이런 유의 기술을 요하는 직업의 상당수는 고숙련 직업군이며, 높은 수준의 학력을 요구할 가능성이 높다."

"기계가 저숙련 노동을 대체해왔다"는 믿음은 "기계가 노동을 대체한다"는 믿음만큼이나 근거가 없다. 로봇기술 초창기에 로봇이 요리를 하게 될 것이며 주부의 역할을 대신 할 것이라고 상상했지만 아직도 그런 일은 일어나지 않고 있다. 요리는 대표적인 가사노동 중 하나이므로, 당연히 저숙련 노동이라고 간주해 왔다. 그러나 요리는 매우 고도의 지적 노동이다. 모든 요리 재료들은 표준적이지 않기 때문에 로봇은 다양한 요리재료에 적절한 반응을 모두 내장하기 어렵다.

기계가 저숙련 노동을 대체한다는 말이 사실이라면, 흔히 저숙련 노동이라고 알려진 아이돌보기나 화장실 청소 등은 이미 대체되었어야 했다. 그러나 기계는 그런 일을 하기 어렵고 앞으로도 그럴 것으로 보인다. 또는 기계가 정말 저숙련노동을 대체한다는 주장이 사실이려면 반대로 기계가 할 수 없는 노동에 대해서 재평가가 진행되었어야 했다. 기계가 대체하지 못한 아이돌보기나 화장실 청소 노동을 고숙련 노동으로 인정해야 할 것이다. 그래서 유모와 화장실청소부에게 비싼 임금을 지불해야 했다. 그러나 기계가 저숙련 노동을 대체한다는 주장자들은 그런 재평가에는 관

그림 11.1

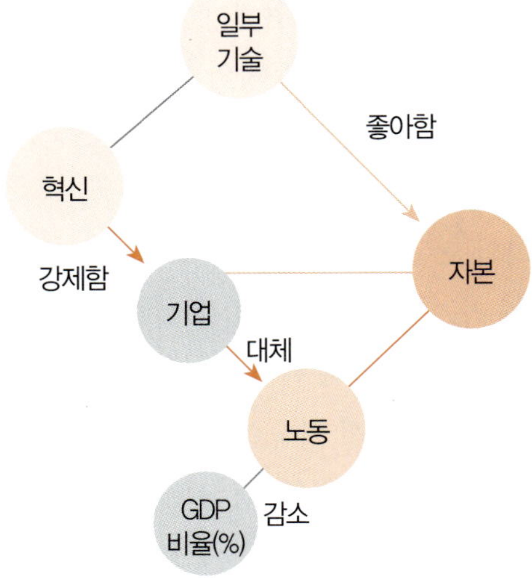

대표적으로 클라우스 슈밥은 노동과 기술을 대립적인 것으로 서술했다. 다음은 그의 대표적 표현이다. "제4차 산업혁명으로 인한 도전은 주로 노동과 생산의 공급 측면에서 나타난다. 과거 몇 년 동안 대부분의 선진국과 중국 같이 빠르게 성장하는 경제는 노동이 GDP에서 차지하는 비율이 의미심장한 정도로 감소하고 있다. 노동 비중의 감소 원인의 절반은 혁신 진보에 의해 주도되는 투자 상품의 상대적 가격의 떨어지기 때문이다. 자본의 관점에서 혁신은 기업이 노동을 대체하도록 강제한다." 슈밥은 마치 기술혁신이 노동감소를 자동적으로 유도하는 것처럼 묘사했다. [5] (그림은 저자구성)

심이 없다. 그런 점에서 그들의 주장은 진정성이 없다. 그들의 주장과 믿음은 근거가 없고 신화에 불과하다.

또 다른 신화적 믿음으로는 기계(기술)가 노동을 압박한다는 주장이다. 클라우스 슈밥은 마치 기술혁신이 직접적으로 노동을 압박하는 것처럼 묘사한다. 경제정책입안자들은 본성적으로 기술이 노동을 배제하는 경향이 있다고 전제하는 경향이 있다. 슈밥의 논리에서 노동의 의미는 단지 GDP의 비율로만 규정된다. 그 역시 노동에 대한 이해가 부족한 계몽주의자의 후예다운 태도이다. 노동은 GDP 같은 정량적인 것으로 충분히 대변되지 않는다.

근본적으로 노동에 대한 우리의 관점의 전환이 필요하다. 기계노동은 매우 매력적이고 기여한 바가 적지 않다. 그러나 기계가 인간의 노동을 대체하기 때문에 매력적인 것은 아니다. 사실 기계가 인간노동을 그대로 재현했다면 '또 하나의 인간노동'의 추가, 즉 양적 증가에 불과했을 것이므로 오히려 기존의 노동방식에 영향을 주지는 않았을 것이다.

노동현장에서 기계는 인간노동을 도울 수 있다. 기계와 인간노동은 서로 보완적으로 작동할 수 있다. 인간노동과 기계노동은 서로 모방할 수 없는 독자적 기제를 가지고 있기 때문에, 서로를 대체할 수 없다. 우리의 경험은 이미 그것을 잘 알고 있다. 다만 자본주의적 근대산업 프레임이 그것을 은폐하는데 성공했을 뿐이다.

노동과 지능의 관계

지금까지 인간노동과 기계노동이 대체관계라는 믿음이 우리의 실천적 경험과는 배치됨을 알아보았다. 인간노동과 지능이 기계에 의해서 재현되고 대체될 수 있는 것이라면 우리의 세계에서 인간노동과 지능은 점점 제거되어야만 했다. 우리의 경험은 그런 신화적 믿음과 상충하기때문에 우리는 그동안 기이한 태도를 유지해 왔다.

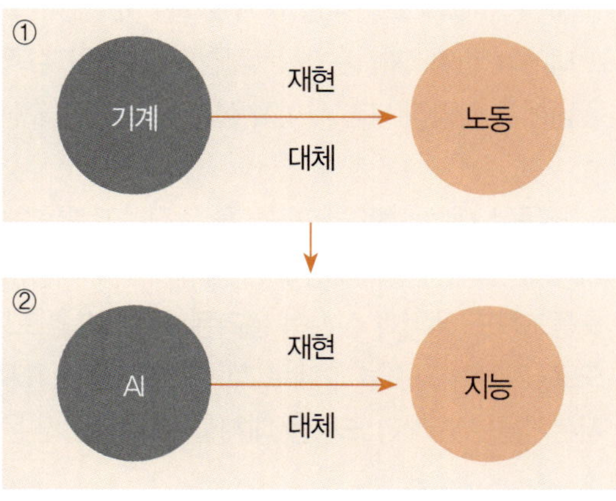

노동의 대체는 원하지만, 지능의 대체는 원하지 않는 프레임의 딜레마

아래와 같은 간단한 구문들이 있다. 순서대로 우리사회에 제기되었던 주장들이다.

(1) "기계는 인간노동을 재현한다".
(2) "기계가 인간노동을 대체한다".
(3) "기계의 번성은 인간노동을 제거한다".
(4) "인공지능은 인간지능을 재현한다".
(5) "인공지능이 인간지능을 대체한다".
(6) "인공지능의 번성은 인간지능을 제거한다".

대략적으로 이 구문들 사이 관계를 연결해 볼 수 있다.
(1)이 참이라면 (2)가 가능해진다. 그대로 재현되었다면 대체가능할 것이다.
(2)가 참이라면 (3)으로 유도된다.
(4)가 참이라면 (5)가 가능해진다. 다시 말하지만 서로 같은 것이라면 대체될 수 있다.
(5)가 참이라면 (6)으로 유도된다. 그런데 아무도 6을 원하지 않는다.

사람들은 지능의 문제에 이르러서는 오히려
(7) "인공지능은 인간지능과 상보적이다"라고 주장해 주길를 원한다.
그렇다면 역으로 거슬러 올라가 보자. (7)이 가능하려면 (4)와 (5)가 '거짓'이어야 한다. 대체관계는 경쟁관계이기 때문에 상보적일 수 없다. 적어도 (7)이 참이 되려면 (4)와 (5)의 설명 프레임을 버려야 한다.

(4), (5), (6)의 프레임을 폐기한다면 (1), (2), (3)의 프레임도 같은 논리적 차원에서 재고되어야 한다. 지능은 노동(실천)과 분리될 수 없다. 인간노동의 제거는 인간지능의 관점에서 치명적이다. 사회적 실천 없이 어떤 지능(지식)도 생산될 수 없기 때문이다.

노동은 매번 재료와 도구들을 완전하게 통합해내야 하는 과정이다. 그 과정은 노동자에게 체화된다. 그래서 노동은 세계를 이해하는 중요한 경로이다. 흔히 말하는 단순노동조차도 생각과 실천이 분리된 적은 없다. 모든 노동과정은 그자체로 지적 실천이므로, 기계가 그것을 그대로 재현할 수 없다. 기계는 노동을 대체할 수 없었지만 산업자본가들은 기계가 노동을 대체할 수 있다는 믿음의 프레임을 유포하고 생산현장에서 노동을 배제하는 방향으로 나아갔다.

결론적으로 (7)을 지향하려면 (1)–(6)의 프레임 전체를 재고해야 한다. 이것은 노동구조 및 노동에 대한 이해의 혁신을 요구한다. 인공지능 시대가 오히려 노동에 대한 인식의 전복을 가져올 수 있다.

때로는 기계가 인간을 대체하는 것처럼 주장하다가도 때로는 인간행위를 과도하게 우월한 것으로 극찬하는 이중적 태도를 보이곤 한다.

노동의 소멸은 우리가 원하는 세계가 아니며 실제로 그럴 수도 없다. 혹자는 노동은 고통스러운 것이므로 노동만 제거하고 지능은 남겨두자고 주장할 수도 있다. 그러나 지능은 결코 사회적 실천(노동)과 분리될 수 없다. 인간노동은 사회적 실천의 주요 영역이다. 따라서 노동과 지능은 분리될 수 없다. 노동(실천)만 제거하고 지능은 남겨놓는 해법은 불가능하다.

인공지능이 사회적인 저항에 부딪히는 배경에는 인간의 지능을 기계가 대체할 것이라는 우려 때문이다. 지능을 대체하는 기계 프레임은 사회적으로 수용되기 어렵다. 인간 존재에 대한 도전으로 받아들여지기 때문이다. 여기서 딜레마가 발생한다. 지능의 대체를 원하지 않는다면 거슬러 올라가서 노동의 대체라는 믿음의 프레임도 거절해야 하기 때문이다.

기계와 인간의 불화를 넘어서

기계는 인간노동을 재현하는 것이 아니다. 그러므로 그것은 동일한 것은 아니다. 우리는 경험적으로도 기계와 인간의 작동방식의 차이를 잘 안다. 그 둘은 각자 고유한 특질을 가지고 있다. 서로 다르다는 것은 나쁜 것이 아니다. 오히려 서로를 보충할 수 있다. 기계와 인간노동은 생산현장에서 친밀하게 상호 조응할 수 있어야 한다. 원래 기계는 노동자와 그런 관계에 있었다. 테일러는 수습공으로 미드베일제철공장에 취업했을 때 숙련노동자들이 자신의 연장과 작업결과에 대해서 부여하는 깊은 애착과 예술적 역량에 감동했다고 서술한 바 있다. 그런데 아이러니하게도 테일러는 기계와 노동자를 대립적 관계로 만드는데 기여했었다.

노동자와 기계의 대립은 자연스러운 것이 아니다. 장인들과 숙련공들은 오랫동안 자신의 기계(도구)를 사랑해왔다. 대립 관계를 넘어서 기계와 노동이 협력할 수 있고 지능기계와 인간이 조응할 수 있는 새로운 설명의 프레임이 필요하다. 기계가 인간노동과 다르다는 것을 인정하듯이, 인공지능이 인간지능과 다르다는 것을 이해하는 것이 중요하다. 인공지능을 폄하하거나 인간지능을 숭배하기 위해서가 아니라, 각자 독자적 역할이 있다는 맥락을 인정하는 것이다. 그 둘이 서로 대체관계가 아니라는 것을 승인하는 것이 그 둘을 경쟁관계가 아니라 상호보완적 관계로 설정할 여지를 만들 수 있다.

예를 들어, 자율자동차는 완전한 형태로 설계되기 보다는 인간 운전자의 지원자(동료)로 설정되는 것이 더 자연스럽다. 현재 자율자동차는 독자적인 책임의 주체가 되기 어렵기 때문에 최종적 책임 주체는 운전자이고, 그런 점에서 자율주행 중에도 운전자는 긴장해야 한다. 그렇다면 자율 자동차는 운전자에게 이득이 없다. 그러므로 운전자 중심의 운행을 기본 프레임으로 상정하고 자동차의 자율기능이 보조적으로 관리해주는 프레임 설계가 더 좋은 방법이 될 수 있다. 예를 들어 만약 운전자가 졸음운전을 해서 차간 거리를 유지하지 못하거나 다른 장애물에 가까이 간다면 자율차가 경고를 보내고 이에 대한 운전자의 반응이 일정시간 내에 없다면 즉각적으로 자율자동차에게 운행권이 넘어가는 형식이 될 수 있다. 이 때 자율자동차는 '위험의 관리자'가 된다.

또 다른 예시로, 지능기계는 개별인간 차원 보다 인간집단 차원의 대리인 역할을 잘 할 수 있다. 여러 보고서에서 언급했던 것처럼 지능기계 시스템은 공공재로서 그리고 집단의 대리인으로서 자신의 위치를 찾을 수 있다. 사회적/공공적 문제에 대한 예측은 새로운 조망 시점을 우리에게 제공함으로써 담론을 활성화시킬 수 있다. 특히 인공지능은 인간이 인간 자신을 이해하는 것을 도울 수 있다. 앨런 튜링도 언급했듯이 인공지능을 개발하는데 인간 자신을 이해하는 과정이 필수적이기 때문이다. 인공지능은 인간에게 인간자신을 비추어 볼 수 있는 새로운 거울(타자)과 같은 역할을 할 것이다. 이것은 인간의 사회적 의사소통과 담론을 형성하는데 기여할 수 있다.

GAN(Generative Adversarial Network)처럼 가짜 이미지(꿈)를 생산하는 것은 함축하는 바가 있다. 개별인간이 꿈을 통해 자신의 경험을 재구성하는 것처럼, 지능기계가 생산하는 가짜 이미지는 인간집단이 꾸는 '꿈'의 기능을 수행할 수 있다.

인간과 기계, 서로 각자의 고유한 역량이 있다는 점을 승인하는 것은 서로에 대한 깊은 이해를 필요로 한다. 인간노동자를 지능기계의 빈자리에 배치하기 위한 재교육 프레임을 설계하기 보다는 오히려 전향적으로 인간노동과 지능기계의 장점을 유기적으로 협상할 수 있는 사회제도적 구조를 구축하는 것이 더 정당하다. 인공지능기술의 거버넌스는 이 기술의 주체의 등장과 함께 부상할 것이다.

참고문헌

[1] Executive Office of the President of the U.S. Government, *Artificial Intelligence, Automation, and the Economy*, Dec. 2016.

[2] Schaffer, S. "Enlightened Automata", *The Sciences in Enlightened Europe*. University of Chicago Press. 1999.

[3] Schaffer, Simon. "Babbage's Intelligence: Calculating Engines and the Factory System," *Critical Inquiry* 21(1) : 203-227. 1994.

[4] Cowan, Ruth S. *More work for mother : the ironies of household technology from the open hearth to the microwave*. Basic Books: U.S.A. 1985.

[5] Schwab, K. *The Fourth Industrial Revolution*, Crown Business. 2016.

[6] 소병철. '노동 종말' 시대의 노동– 자율적인 삶의 사회철학을 위한 예비적 고찰. 철학 73: 213–234. 2002.

[7] 소병철. 기술, 노동, 이데올로기– 지배적 기술–노동 이데올로기의 한 비판. 민주주의와 인권 9(1): 209–235. 2009.

[8] 톰슨, E. P. 영국 노동계급의 형성. 나종일 외 옮김. 창작과비평사. 2000[1963].

MEMO

CHAPTER 12

포스트 휴먼(Post-Human)

인본주의(Humanism)는 근대인들 안에 깊이 체화되어 있다. '우리 인간은 세계의 근본이며 주인이다!' 그래서 우리는 우리 자신이 동물이나 사물을 지배하는 지위에 있다고 여긴다. 동물이나 사물을 인간과 동등하게 취급하면 상당히 불쾌하게 생각한다. 하지만 사람들은 동물이나 사물을 의인화하거나 반대로 사람을 동물이나 사물에 비유하기도 한다. 이성의 차원에서는 차별적으로 대우하면서도 실천의 차원에서는 공유 지점이 있음을 내포한다.

또한 인본주의는 기계에 대한 우리의 태도에서도 나타난다. 역설적이게도 한편으로는 기계가 노동을 대체한다는 것을 너무 쉽게 인정하면서도 다른 한편으로는 기계에 대한 인간의 우월성을 굳게 믿고 있다. 1960년대 이후 자유문화적 저항운동과 자유문화적 학문은 그러한 근대적 인본주의를 벗어나려는 시도였다. 후기 구조주의, 포스트 휴먼, 포스트 모더니즘도 바로 그런 경향이다. 이 경향은 인공지능의 해석에 다른 관점을 제공할 수 있다.

근대적 정체성

자아(self)라는 개념은 근대와 함께 등장했다. 그동안 우리에게 자아란 본질적이고 일관성이 있고 안정적으로 우리의 존재를 대표하는 것이었다. 그러나 근대성에 대한 성찰과 함께, 자아의 안정성에 대해서도 강한 회의가 일어났다. 우리의 자아, 또는 정체성은 우리의 고유한 내재적 본성이 아니라, '사회적으로 구성된다'는 주장이 더 설득력을 가지기 시작했다. 그리고 우리의 정체성이 만들어지는 것이라면 지금의 정체성도 변이할 수 있다는 의미이다.

셰리 터클(Tukle, S.)은 우리의 정체성이 컴퓨터와의 상호작용 과정에서 변화될 가능성을 제기한 바 있다. 1970년대 MIT대학은 채팅 프로그램 엘리자(Eliza)를 개발하고 성능을 향상시키기 위해, 다수 사용자들과 대화하는 실험적 프로젝트를 진행했다. 당시 사용자들은 엘리자가 프로그램이라는 것을 잘 알면서도 엘리자와 대화하기를 즐겼고 의존하려는 경향을 보였다. 그러는 동안 엘리자는 점점 더 '살아있는' 것이 되어갔다. 이렇게 기술사용자가 기술에 의존하는 현상을 엘리자효과라고 한다. 피그말리온 효과는 제작자가 자신의 기술(인공물)에 의존하는 현상이라면 엘리자효과는 기술사용자가 기술(인공물)에 의존하는 현상이다. 두 현상 모두 인공물에 의한 인간의 변이를 지시한다.

인공지능 또는 로봇을 의인화하는 현상도 일종의 엘리자 효과이다. 우리는 기계에게서 우리가 아는 것을 발견한다. 그래서 SF속의 로봇들에게도 우리와 같이 마음이 있다고 느낀다. 기계에게 감정이입하거나 반대로 기계를 증오하기도 한다. 기계 의인화는 인간이 기계를 이해하는 하나의 방식이다. 그러므로 의인화나 감정이입을 폄하할 필요는 없다. 다만 의인화가 인식적 편향을 드러내는 증상이라는 점을 알 필요가 있다. 인식적 편향을 경계해야 하지만 무시하지 않아야 한다. *[마음 이론을 차용해 보면, 의인화는 우리의 마음을 기반으로 상대방의 마음을 해석하는 방식의 확장으로서, 우리가 사회적 관계를 형성하는 과정에서 필수적이며 매우 자연스러운 증상이다.]*

엘리자 효과는 기술 사용자가 기술과의 상호작용을 통해서 변할 수 있다는 함축적 증명이다. 굳이 인공지능이 아니더라도 일상의 기술적 도구를 사용하는 과정에서도 우리는 변할 수 있다. 그 도구가 우리의 실천 방식을 바꿀 수 있기 때문이다. 실천 방식이 바뀌면 그 결과로 얻는 지식의 내용도 변한다. 자연히 세계에 대한 이해도 변한다. 그 세계 안에 우리의 정체성도 포함되어 있으므로, 기술 사용 과정은 정체성의 변이를 수반한다.

다음으로, 사람들이 기계를 닮으려는 경향도 있다. 이미 앞서서 보았던 18세기 체스 두는 자동인형 투르크 사례도 여기에 해당한다. 기계는 지치지 않는 자동성을 가지고 있고, 때로 기계는 인간이 할 수 없는 강한 힘으로 성과를 내기도 한다. 휴식을 취해야만 하는 인간이 보기에 기계는 매우 매력적이다. 점점 더 정교한 자동기계들이 등장하면서 기계에 대한 기대도 커지고 있고, 더불어서 그런 기계를 모방하고 싶은 욕구도 강해진다. 점점 더 사람들은 무의식적으로 또는 의식적으로 컴퓨터처럼 생각하고 행동한다. 인간과 기계의 상호작용이 많아질수록 인간의 기계 모방은 다양한 형태로 등장할 것이다. 기계의 사용이 일상화될수록 인간의 기계모방은 무의식적인 수준에서 체화될 것이다. *[게다가 최근 제4차 산업혁명 붐이 일어나면서 관련 교육가들은 "컴퓨터적 사고"를 권장하고 있다.]*

과학기술학자들은 현재의 상황에 대해서 "우리는 컴퓨터를 인간화하고 컴퓨터는 우리를 컴퓨터화한다"고 평가한 바 있다. 기계와 직접적으로 상호작용하는 과정에서 우리는 그 기계에게 투덜거리기도 하고 때로 폐기하기도 하고 매혹되기도 한다. 그런데 여기에 죄수의 딜레마를 떠올려 볼 수 있다. 이 게임의 참가자는 경쟁과 협력의 전략 사이에서 선택해야만 하는데, 처음에는 서로를 배신할 가능성이 높다. 그러나 게임이 반복될수록 참가자들 사이의 상호작용이 반복되면서 서로 협력하는 방향으로 나아갈 것이다. [3, 4, 5]

마찬가지로 인간과 기계도 상호작용의 순환이 반복될수록 점점 상호 침투하는 방향으로 변할 것이다. 기계들은 정보 절차와 대상을 만들고 저장하고 전달하는 우리의 협력자가 되고 우리사회의 일부가 된다. 이런 공동 진화(co-evolution) 과정에서 우리의 정체성도 다시 구성될 것이다. 그렇게 기계는 우리 인간의 정체성을 구성하는 과정에 개입해 왔고, 앞으로도 그럴 것이다.

사이보그

어떤 기계(기술)든지 사회적으로 통용되는 기계(기술)는 사회 문제에 대한 답변의 형태로 우리에게 등장한 것이다. 우리와 함께 공존하는 기계장치들은 우리에게 질문을 던지는 방식으로 철학적, 사회적 역할을 수행하고 있다. 특히 지능기계는 우리에게 새롭고도 근본적인 질문을 던지면서 등장했다. 인공지능의 시대는 "우리가 과연 다른 존재들보다 더 우월적 지위를 가지는가?"라고 묻고 있다. 더 나아가 "기계는 우리의 정체성에 어떻게 개입하고 있나? 그리고 얼마나 개입하는가?", "우리는 기계와 어떻게 공존할 것인가?" 등 질문들이 계속 생성되고 있다. 그 질문들과 함께 인간과 기계의 공동진화는 가속되고 있다.

인간과 기계의 공동 진화를 다룰 때, 사이보그(cyborg) 또는 포스트휴먼(posthuman) 개념이 널리 인용된다. 사이보그 개념은 컴퓨터 시뮬레이션, 사이버네틱 메커니즘, 생물학적 유기체, 로봇 기술 등과 인간 사이의 필수적 차이나 절대적 경계가 사라지는 것을 말한다. 사이보그는 사이버네틱스(cybernetics, 인공두뇌학)로부터 기원했다. 사이버네틱스는 인문사회과학, 자연과학, 기계공학의 융합학문으로서, 1948년 노버트 위버(Norbert Wiener)가 생명체와 기계와의 의사소통 및 통제에 관한 학문을 지칭하기 위해 창안한 용어다.

위너의 사이버네틱스 개념에 자극받아서 1960년 맨프레드 클라인즈(Clynes, M. E.)와 나단 클라인(Kline, N. S.)은 〈사이보그와 우주(Cyborg and Space)〉라는 책을 발표하면서, 사이보그라는 용어를 만들었다. 구체적인 예시로 삼투압 펌프(osmotic pressure pump)를 이식한 쥐를 최초의 사이보그라고 지명했다. 이 쥐는 우주공간과 같은 극한 환경에 적응할 수 있는 "인간-기계 체계"를 연구하기 위한 실험 버전이었다. [6장 참조]

제2차 세계대전을 거치면서 국가 간 군사적 무기경쟁과 이후 자본주의의 심화로 인간의 사이보그화가 급속히 진행되었다. 클라인즈와 클라인은 핵무기와 같은 신무기 개발, 국방연구와 과학자들 간의 의사소통을 위해 개발된 인터넷 등으로 기계가 인간 생활을 지배하는 기술과학(techno-science)의 신세계가 만들어졌다고 해석했다. 클라인즈는 "사이보그는 단순한 우주 탐험만이 아니라 정신과 물질이라는 내면의 우주와 외면의 우주에 가교를 놓는 새로운 개척자"라고 평가했다.

도나 해러웨이(Haraway, D.)는 〈사이보그 선언(A Manifesto for Cyborgs, 1995)〉이라는 도발적인 주제로 논문을 발표했다. 여기서 사이보그 개념은 좀 더 학술적 용어로 변이하여, 경계를 뛰어넘어 이종적인 특질을 동시에 가지는 존재 일반을 지시하게 되었다. 그는 현대의 과학기술이 다양한 사이보그를 생산하고 있다고 주장했다.

표 12.1
사이보그 혼합 구성 [2]

우리자신	유기적 창조물	기계
• 우리자신 (Ourselves)	• 정보 시스템 • 문자 (texts) • 인간공학적으로 통제되는 노동 및 재생산 시스템	• 의사소통 시스템 • 문자 (texts) • 자율적 장치들, 인간공학적으로 설계된 장치들

경계를 넘나들고 교란시키는 여러 사물과 유기체를 "사이보그 가족" 혹은 "사이보그 동종"이라고 불렀다.

해러웨이에 따르면 근대인 역시 사이보그다. 우리는 교육을 통해서 문자를 배우고 그 문자를 체화한 상태에서 일상생활을 하고 있다. 문자와 언어를 사용하는 인간은 사이보그이다. 문자와 결합한 존재는 자연종이 아니기 때문이다. 오늘날 우리는 정보시스템이나 기계적 장치들과 결합된 상태로 생활한다. 현대 SF 소설은 사이보그로 넘쳐난다. 현대의학 역시 유기체와 기계가 짝지워진 사이보그로 가득 차 있다. 사이보그는 동물과 기계, 자연과 인공물의 조립물(assemblage)이다. 사이보그는 항상 생사를 건 투쟁을 한다. 사이보그는 경계적 존재로서 언제든지 희생되거나, 거부될 수 있기 때문이다.

과학은 사이보그들을 창조한다. 사이보그 복제는 유기적인 재생산의 고리를 대체해 가고 있다. 실험쥐는 자연 상태에서 태어나는 것이 아니다. 실험쥐는 특정한 조건을 가지도록 유전자 조작된 상품이다. 앙코마우스(Onco mouse)라는 실험쥐는 특정한 실험, 즉 유방암 치료약 임상실험을 위해서 유방암을 가지고 태어나도록 유전자 수준에서 특별하게 제작된다. 플레이버 세이브(Flavr Savr)는 썩지 않도록 유전자 조작된 식품(GMO)이다. 자연의 토마토가 아니라 유전자 문법상의 조작이 가해진 종이다. 심해넙치의 유전자를 이식한 딸기처럼 이종 간 유전자 편집도 가능하다. GMO는 넙치(동물)와 딸기(식물)라는 종분류 상의 거대한 경계를 횡단하고 있다. 현대의 군사기술도 사이보그들의 영역이다. 미 육군 랜드 워리어(land warrior)는 첨단 통신장비를 장착하고 교전 임무를 수행한다. 랜드 워리어의 머리에 장착된 카메라는 통

그림 12.1
사이보그
(cyborg, 1994)

린 란돌프(Lynn Randolph)는 공장지대에서 저임금을 받으면서 일하는 아시아 여성에 대한 해러웨이의 묘사에 충격을 받았다고 회상했다. 그림 속 여성은 키보드를 타이핑하고 있고 그녀의 가슴에는 컴퓨터 칩과 보드가 박혀있으며 배경에는 다양한 과학/컴퓨터 행위들, 은하계가 묘사되어 있다. 그녀의 머리에는 호랑이의 머리장식이 보인다. 우주, 단어, 게임, 그림들과 무제한의 상호작용을 하는 거대한 키보드는 그녀가 무엇이든 할 수 있다는 것을 상징한다.

자료 : Lynnrandolph.com

제본부와 연결되어 있어서 현장의 상황을 직접 보고 명령을 내릴 수 있다. 랜드 워리어는 정보기술을 통해 지구 반대편에서 내려진 작전명령과 실시간으로 결합한다.

그 외에도 무수한 사례들이 있다. 원자력 발전에 사용하는 플로토늄(Pu 239)은 자연상태에서는 거의 존재하지 않는다. 과학자들을 원자주기율표 상에서 빈자리에 해당하는 원소가 있다고 가정했고 인위적으로 Pu 238을 분해하여 Pu 239를 얻어낼 수 있었다. 나일론도 대표적으로 과학기술이 창조한 인공적 재료이다. 이 합성물은 근대 산업과 문명을 대표할 만큼 널리 퍼져 있다. 이제 나일론은 자연보다 더 자연스럽다.

더 나아가 여성이라는 정체성도 사이보그적이다. 백인남성 중심의 서구 전통에서 여성은 남성의 타자(others)이면서 자본주의적 상품으로서 구성된 정체성이며, 사이

그림 12.2
사이보그 예시: 가상인물

영화 "반지의 제왕" 모션 픽쳐 기법. 배우의 행위는 그의 신체로부터 추출되어, 컴퓨터의 프레임으로 전환되고 다시 스크린 상에서 가상의 인물과 결합된다. 골룸 캐릭터는 인간의 행위와 컴퓨터와의 합성 결과로 구성된 인물이다.

보그의 전형이다. 이와 같이 사이보그는 유기체 사이의 합성을 넘어서, 유기체와 비유기체 사이의 잡종교배이며 사회적 현실(social reality)이다. 사회적 현실은 경험에 의해서 그리고 인식에 의해서 구성된 사회적 관계를 토대로 한다. 그렇게 구성된 현실이 우리들한테는 가장 중요한 정치적 구조물이며, 세계를 변화시키는 힘이다. 사이보그는 20세기 후반 들어 인간의 경험을 변화시키는 살아있는 경험이다.

SF 소설과 사회적 실재 사이의 경계는 모호해지고 있으며, 그 둘을 구분할 수 있다고 생각하는 것은 시각적 환상에 불과하다. 그런 맥락에서 사이보그는 상상력과 물질적 실재가 합성된 이미지이다. 과학기술이 생산했던 많은 것들은 모두 유기체와 기계의 경계를 모호하게 만들었다.

포스트 휴먼

포스트-휴먼(Post-human)은 포스트-모던(Post-modern)과 연관된 개념이며, 또한 사이보그 개념의 연장이고 변형이다. 이 개념은 컴퓨터-기반 메타포를 통해서 우리의 신체와 우리의 정체성을 이해하려는 것이다. 컴퓨터가 만들어내는 정보의 프레임 안에서 우리 인간의 정체성은 근대적 프레임을 넘어서게 된다.

근대성 또는 인본주의는 안정적이고 고유한 자아개념을 토대로 출발하여 개인(또는 개인의 신체)을 주요 단위로 설정해 왔다. 그래서 근대적 주체 개념은 곧장 개인주의로 유도된다. 다시 개인주의는 이기주의와 자기-중심주의를 길러낸다. 그래서 인간의 오만과 세계(자연)지배를 정당화했다.

과학 역시 그런 경향으로부터 자유롭지 않다. 대표적으로 근대과학은 진보(progress)라는 개념을 낳았는데, 여기서 진보란 인간중심, 특히 특정 인간 중심의 관점에서 진보를 의미했다. 근대성과 인본주의는 지적 전통, 규범적 프레임, 제도화된 실천의 형태로 우리 안에 강하게 내재해 있다.

근대성의 극복으로서 포스트 휴먼의 프레임은 개인주의를 강하게 비판했다. 현재의 첨단기술 문화는 마음과 몸, 자아와 타자, 인간과 비인간을 분할하는 이원론에 근거하고 있지만, 다수의 사이보그적이고 포스트휴먼적 존재들은 점차 그 이원적 경계를 붕괴시키고 있다. 근대 계몽주의 철학이 선언했던 것처럼 인간은 세계의 지배자이며 독립적인 사유의 존재가 아니었다. 자연과 인공물을 포함하여 세계는 단지 수동적인 대상 또는 인간의 지배와 관찰 대상이 아니다. 인간과 자연의 관계, 인간과 기계의 관계 속에서는 누가 만들고 누가 만들어지는지는 그다지 분명치 않다. 인간과 자연, 인간과 기계는 서로를 만든다.

포스트 휴먼의 주체성

포스트 휴먼 맥락에서 주체성(Subjectirity)은 중심적 주제이다. 인공지능시대 다양한 변형에 조응하기 위해서 우리는 사회적, 윤리적, 추론적 차원에서 새로운 주체 형성의 체계를 궁리할 필요가 있다. 우리는 우리자신에 대해서 인본주의와는 다르게 생각하는 것을 배울 필요가 있다. 포스트 휴먼 시대가 불러온 문제들은 오히려 사유, 지식, 자기-재현의 대안적 체계를 추적할 힘을 강화할 기회가 될 수 있다. 현재의 포스트 휴먼적 상황은 우리에게 비판적이고 창조적으로 생각하라고 촉구하고 있다.

역사적으로 볼 때, 1960년대 시작된 반-인본주의(anti-humanism) 경향은 포스트 휴먼의 중요한 원천이 되었다. 브라이도티(Braidotti, R.)의 책 〈포스트 휴먼(The Posthuman, 2013)〉은 백인남성주의 서구근대문화를 정면으로 문제삼고 있다. 표

지 그림으로 "새로운 비트루스 여성(New Vitruvian Woman)"을 선택했다. 이 그림은 레오나르도 다빈치의 "비트루르스 인간(Witruvian Man)"에 대한 공격이다. 다빈치의 그림 속에서 인간의 표준은 백인 남성이었다.

사실 근대의 모든 인본주의(humanism)는 제국주의적이었다. 그들은 계층, 성, 인종, 게놈을 강조하고 그에 대한 이해관계에 근거해서 인간을 언급한다. 백인남성 중심의 세계관을 형성하고 그를 기준으로 자아정체성을 수립했다. 그리고 그 기준에 포함되지 못한 사람들을 제압했다. [6]

정치적 차원에서 비트루스 여성은 백인남성의 반대편에 있는 유색인종 여성을 인간의 대표로 제시했는데, 이는 개인과 대중 사이 연대의 결속을 만들고자 하는 의도이다. 포스트휴먼은 근대적 주체 개념을 반대하면서, "자아와 타자의 생산적 합성"을 만들기를 원한다. 포스트휴먼의 윤리는 세계의 다른 사물들에 비해서 인간을 특별히 더 우월한 존재로 인정하지 않는다. 그 관점은 우리에게는 매우 기이해 보인다. 어떻게 우리 인간을 동물이나 물건과 같은 존재로서 동등하게 간주할 수 있는가?

그러나 이미 근대과학 안에서 포스트 휴먼의 인식론적 변화가 발생하고 있었다. 과학혁명이 지구가 우주의 중심이 아니라고 선언했고, 우리 인간의 지위는 우주의 중심으로부터 주변으로 밀려났다. 그리고 다윈혁명에 의해서 인간종이 모든 생명종의 중심이 아니라 여러 종발생의 한 형태일 뿐이라고 주장되었을 때, 인간은 생명종 내에서의 중심적 지위를 잃었다. 그리고 19세기 프로이트 혁명은 우리가 우리자신에 대해서조차 잘 알지 못한다고 선언함으로써 우리자신에 대한 중심적 지위까지 상실하게 했다.

인간과 기계의 합성

인간과 인공물은 실천행위 차원에서 이미 그물망처럼 연결되고 있다. 이는 "우리가 만든 것[what we make]"과 "(우리가 생각하기에) 우리인 것[what (we think) we are]" 사이의 복잡한 상호작용에 관한 것이다. 그런 상호작용을 그물망으로 환원하면, 인간도 기계도 일종의 물질적 체화(physical embodiment)라는 점에서 동등해진다.

예를 들어서 일단 기계를 사용하기 시작한 인간은 그 기계와 분리되기 어렵다. 전화를 사용하기 시작한 인간은 전화 없이 생활하기 어렵다. 기계와 우리의 상호작용은 각각의 신체 안으로 체화되는 방식으로 서로에게 스며들어서 서로의 일부가 된다. 마찬가지로 코드는 언어에 스며들고 언어는 코드에 스며든다. 전자 텍스트는 인쇄 텍스트에 스며든다. 컴퓨터적 프로세스는 생물학적 유기체에 스며든다. 해일스(Hayles, K.)의 말처럼 "지능 기계는 (우리의) 살 속에 스며든다."

인간과 기계가 상호적으로 서로를 구성하는 가운데, 그 과정에서 어느 쪽도 안정적이거나 고정적일 수 없다. 양자 모두 시간, 진화, 기술, 문화를 통해 변한다. 우리가 만드는 것(인공물)과 우리는 공진화한다.

인공지능 역시 인간 및 다른 존재들과의 상호과정에서 체화된 존재(embodied entities)가 될 때만 그물망 안으로 배열될 수 있다. 그렇게되면 인공지능은 하나의 독립체로써 동시에 다른 독립체들에게 영향을 줄 수 있다. 인공지능의 제작과 그 기계의 실천행위는 윤리적, 사회적 책임을 감당해야 한다. 그 기계는 자신과 만나는 인간 사용자(또는 인간 동료)의 변이를 일으킬 것이기 때문이다.

해일스는 튜링 테스트에 대해 언급하면서 결과적으로 인간과 기계 사이의 경계를 재협상하게 될 것이라고 예견했다. 튜링테스트에서 인간과 기계의 경계 문제는 컴퓨터 스크린을 통해서 진행되는데, 스크린으로 매개되는 순간 우리의 신체는 물리적 신체와 분리되어 스크린 상의 전자적 기호로 출현한다. 이 상황은 우리의 신체가 '물리적 신체(Physical body)'와 '기호적 신체(semiotic body)'로 분리될 가능성을 만들어낸다.

튜링테스트 상황은 물리적 신체와 기호적 신체 사이의 겹침이 더 이상 불가피한 것이 아니라 기술에 의해 매개된 우연적 생산이 될 수 있다는 전조이다. 이제 튜링 테스트 환경은 오늘날 우리가 항상 대면하는 일상적 환경이 되어버렸다. 우리의 정체성은 정보기술을 통해서 기호적 신체와 물리적 신체를 매 순간마다 재통합하면서 출현한다. 코드화라는 기계의 실천 속에서 무엇이 정신이고 무엇이 몸인지는 분명치 않게 된다.

우리의 정체성 형식은 읽고 쓰는 기계적 행위를 통해서 이해되고 대체되고 재배포되고 있다. 이 주체의 형식은 쓰고 읽는 일을 하는 모든 기계적 행위를 통해 재배포되면서, '살아있는' 존재로 출현한다. 그것이 포스트휴먼의 정체성이다.

포스트 휴먼: 컴퓨터 사용자

포스트휴먼의 가까운 예시는 컴퓨터 사용자들이다. 그들의 정체성은 해커로부터 왔다. 1970년대 초 〈롤링스톤〉잡지 제작자였던 스튜어트 브랜드는 스탠퍼드대 인공지능연구소와 제록스파크연구소를 방문했다. 그때 그곳 연구원들이 〈우주 전쟁(Space War)〉이라는 네트워크 게임을 만들고, 함께 플레이하는 걸 목격했다. 브랜드는 동명의 제목으로 잡지에 글을 쓰면서, 그들을 해커(hacker)라고 명명했다.

> 그들은 폭주족에게서 볼 수 있는 바로 그런 모습이다. 진정한 해커는 집단적 인간이 아니다. 그는 밤새 내내 깨어 있기를 좋아했고.. 그와 그의 기계는 사랑-증오의 관계이고...그들은 뛰어나지만 협의적 목표에는 전혀 관심이 없는 아이들이다. 컴퓨팅은 그렇게 할 수 있는 이야기 속에나 있을 것 같은 공간이다.

인터넷 사용자들은 바로 해커의 후예들이다. 현대 사회는 기계와의 연결이 더욱 강해지고 있다. 새로운 정체성은 부분적으로 기계이면서 부분적으로 인간이다. 그런 점에서 인터넷 사용자는 사이보그다. 그들과 기계는 서로의 보철물(prothesis)이다.

온라인 게임 사용자들의 행동을 관찰하면, 단지 개별 인간들 사이의 연합 그 이상

그림 12.3
온라인 게임 "League of Legends" 전투 장면 예시 (화면갈무리: 저자)

게이머들은 한 팀이 되어 승부를 겨룬다. 게임과정에서 같은 팀 게이머들은 서로는 물론 기계와 '하나의 유기체'로의 통합을 달성한다.

을 발견할 수 있다. 예를 들어 〈리그 오브 레전드(League of Legends)〉에서 게이머들은 5명이 한 팀을 이루어서 상대팀과 승부를 겨룬다. 같은 팀이 된 게이머들은 서로의 결핍을 보완하면서 '하나의 유기체'처럼 행동한다.

비록 일시적이지만 그 '유기체'는 그 순간 5명의 인간 행동과 기계적 작동들, 그리고 게임의 규칙 등이 얽혀서 만들어진 것이다. 내용적으로 그들의 놀이는 그 '유기체'로서의 결합 강도를 겨루는 것이다. (상대방의 "넥서스(nexus)"를 부수면 게임이 종료된다는 점도 상징적이다.) 이 순간의 합성적 결합은 포스트-휴먼의 상태를 보여주는 훌륭한 예시이다. 그것은 개별 인간 단위, 개별 기계 단위를 넘어서는 새로운 존재다.

포스트 휴먼: 디지털 시민

정보기술이 일상화되면서 '디지털 시민(Digital Citizen)' 개념이 널리 사용되고 있다. 이들은 보통 스마트 기기를 통해 언제나 인터넷에 연결되어 있고 전 세계 도처의 정보에 접근할 수 있다. 이 개념은 사실 그 이상을 의미한다. 디지털 시민 개념은 '디지털 기술의 주체'의 다른 표현이다. 디지털 시민은 디지털 기술에 의해 호출되는 자신의 정체성에 기반을 둔 주체이다.

주체란 본래적으로 주어진 것도 아니고 '소유'할 수 있는 것도 아니다. 그것은 (사물을 포함하여) 타자와의 관계에 의해서 구성되는 것이다. 게다가 주체의 위치는 고정적이거나 확정적이지도 않다. 타자와의 상대적 관계에 의존하므로 주체의 자리는 매 순간 변조된다. 디지털 기술 형식에 따라 새로운 정체성을 부여받으며, 디지털 기술형식을 통해서 자기 자신과 타자에 의해 관찰되고 평가되고 관계 지어진다. 그들의 정체성, 그들의 관계, 그들의 실천은 모두 '디지털적인 것'이다.

디지털 시민은 때로는 개별일수도 있지만 반드시 그렇지는 않을 수 있다. 서울시 심야버스 노선 설정을 위한 데이터셀은 심야시간 통화위치를 가시화하면서 궤적을 만들었다. 이 궤적은 대량의 전화신호를 데이터 분석함으로써 만들어진 집합적 존재이다. 그들이 바로 디지털시민이다.

이들 주체-디지털 시민-는 다른 기표의 작동에 의해 위치가 변경될 수 있으므로 자신이 어떤 기표에 예속되어 있는지 주의를 기울여 살펴 보아야 한다. 그들은 단순

그림 12.4

포스트-휴먼 예시: 데이터셀 궤적

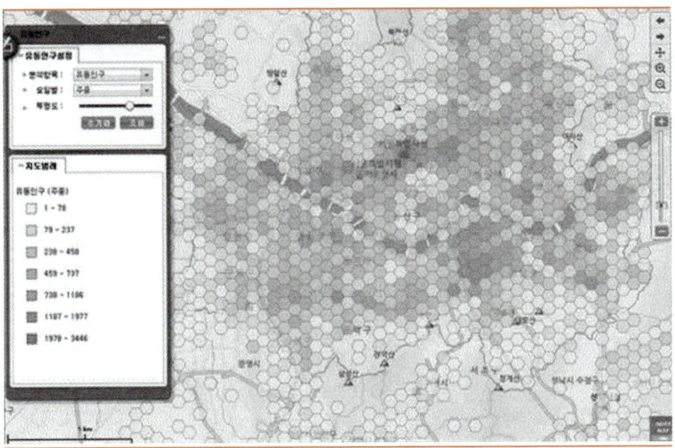

서울시 심야버스 노선수립 지원을 위한 데이터 분석 사례 (자료: esrikr.com). 심야시간 통화위치와 거주지가 먼 통화 콜 양을 가시화하면 진한 궤적이 드러난다. 이 궤적은 대량의 전화 콜을 분석 처리함으로써 스크린 상에 출현한 집합적 존재이다.

히 기표의 구성물에 불과하지만 그 상황을 '승인'하고, 그 결과를 감내하고 내재화하기 때문에 주체라고 호명된다. 그래서 주체개념은 그 자체로 윤리적 성분을 포함하고 있다. 우리는 주체로서 우리 자신이 어디에 있는지에 책임이 있다. 우리 자신과 자신을 둘러싸고 있는 기술적 조건에 대해 이해할 의무가 있다. 그런 이해가 디지털 시민의 윤리와 책임을 가능하게 해 줄 것이다. 디지털 기술의 주체로서 우리는 디지털 기호로 호출되는 우리의 정체성에 대해 더 깊이 주목해야 한다.

정보주체와 개인정보 문제의 함의

몇 가지 사례에서 포스트 휴먼적 주체의 전조를 볼 수 있으며, 이는 인공지능 시대의 개인정보(personal data) 문제에 대한 함의를 주기에 충분하다. 게임사용자들의 유기체적 활동처럼 '인간인 것'과 '인간이 아닌 것' 사이의 경계가 섞이고, 심야노선 설정 데이터 궤적처럼 '개별'과 '개별' 사이의 경계도 사라질 수 있다. 이제 정보 주체(data subject)의 단위가 반드시 개인이 아닐 수 있다.

데이터 분석이 인공지능의 중요한 부분이 되고 있다는 점을 고려한다면 정보주체의 권리로서 개인정보 문제는 개인을 특정할 수 있는지 여부로 한정될 필요가 없다. 현행 법률은 개인을 특정할 수 있는 정보만은 개인정보라고 규정하고 있다. 개인정보가 개인의 행위에 영향을 줄 수 있기 때문이다. 그렇지만 이제는 개인을 특정하지 않고도 개인의 행위에 영향을 줄 수 있다. 이렇게 집단의 차원의 정보 형태로 등장하는 정보 주체 문제도 주요한 의제로 논의되어야 할 것으로 본다.

참고문헌

[1] 다나 J. 해러웨이. 〈겸손한 목격자@제2의_천년. 여성인간©_앙코마우스™를_만나다: 페미니즘과 기술과학〉. 민경숙 옮김. 갈무리. 2006.

[2] Haraway, D. "A Manifesto for Cyborgs: Science, Technology, and Socialist Feminism in Late Twentieth Century", in *Simians, Cyborgs, and Women : The Reinvention of Nature*, Routledge/NewYork. 1991. pp.149-181.

[3] Hayles, N. K. *How We Think: Digital Media and Contemporary Technogenesis*, The University of Chicago Press: Chicago and London. 2012.

[4] Hayles, N. K. *How We Became PostHuman- Virtual Bodies in Cybernetics, Literature, and Informatics*, The University of Chicago Press: Chicago & London. 1999.

[5] Hayles, N. K. *My Mother Was a Computer: Digital Subjects and Literary Texts*, The University of Chicago Press: Chicago and London. 2005.

[6] Braidotti, R. *The Posthuman*, Cambridge: Polity, 2013.

[7] 김지연. 사이보그 동료: 인간과 기계. 〈한국게임학회논문지〉 15(3): 51-62. 2015.

MEMO

PART II

공학적 측면

CHAPTER 01

서론

최근 들어 머신 러닝(machine learning) 및 강화 학습(reinforcement learning)[1] 등을 포함한 인공지능 기술은 공학 분야뿐만 아니라 다양한 분야에서 좋은 성능을 보이며 4차 산업혁명[1]의 주요 요소로써 우리 생활의 갖가지 측면에서 중요한 역할을 하며 활용되고 있다. 머신 러닝 및 강화 학습 등의 현대적 인공 지능 기술에서는, "알고리즘(algorithms)"+"컴퓨팅 파워(computing power)"+"데이터(data)"의 삼각 구도의 활용이 점차 중요해지는 양상을 띠고 있다. 이러한 양상은 컴퓨터와 빅 데이터 기술이 과거보다 훨씬 더 중요한 역할을 하게 됨에 따라 등장한 새로운 경향이라고 할 수 있다.[2] 이 책의 1장에서는 이러한 삼각 구도 중, 알고리즘 부분의 이해, 구상 및 개발 역량을 강화하기 위하여 무엇을 공부하면 좋을까 하는 문제의 답으로 다음의 리스트를 제시해본다.[3]

(1) 수학

- 확률론(probability), 선형대수(linear algebra)
- 확률과정론(stochastic processes)
- …

1) 강화 학습은 머신 러닝의 부분 집합이라고도 할 수 있지만, 구글 딥마인드의 출현, 알파고의 등장, MIT 10대 혁신기술 선정[2,3] 및 제어 이론과의 관계 등에서 어느 정도 독자적인 색깔을 가지는 측면이 있고 점차 그 중요성이 강조되고 있으므로 서론에서는 "머신 러닝과 강화학습"이라는 표현을 사용해보았다.

2) 이러한 양상은 매우 새로운 경향이므로 어찌 보면 우리는 현재, 기술에 대한 개념을 새롭게 정립하면서 기술혁신을 이루어 나가야 하는 기술사적 전환점에 서있는 것인지도 모른다.

3) 이러한 제시는 결코 충분한 내용을 다 담을 수 없으므로, 해당 리스트에 "…" 부분을 추가하였다.

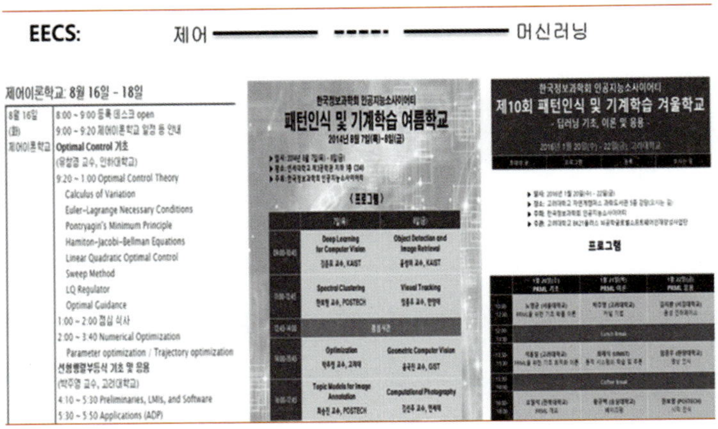

그림 1.1 전기전자컴퓨터 과학 분야의 머신 러닝 관련 국내 여름학교 및 겨울학교 예시

(2) 최적화 기술

- 컨벡스 최적화 기법(convex optimization methods)
- 확률론적 최적제어(stochastic optimal control)
- 동적 프로그램(dynamic programming)
- …

(3) 전기전자컴퓨터 분야의 패턴인식 기술

- 통계적 패턴인식(statistical pattern recognition), 신경망(neural networks)
- 코딩: TensorFlow, PyTorch, Keras, Theono, Caffe2, Python, Matlab 등
- …

위의 리스트를 통하여 언급된 내용들은, 현재의 대학 교육과정에서는 수학과, 산업공학과, 전기전자공학과, 컴퓨터공학과 등에서 분산된 형태로 다루어지고 있는 형편이므로 이러한 내용을 종합적으로 마스터하는 데에는 현실적으로 많은 시간과 노력이 필요할 수 있다. 예를 들어, 머신 러닝 및 강화 학습을 공부하다 보면 마코프 의사결정 과정(Markov decision processes) 등의 확률과정론(stochastic processes) 개념

그림 1.2 머신 러닝 및 강화 학습 관련 분야에 등장하는 최적화 문제의 분류

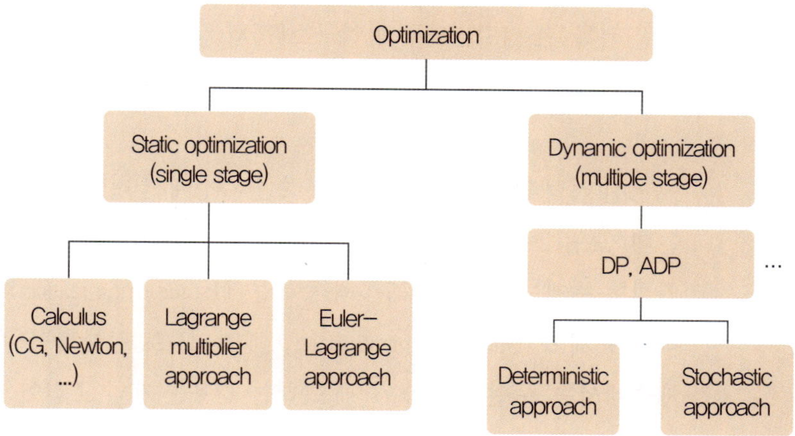

을 만나게 되는데, 특히 학부 과정의 수학에서는 이러한 개념을 속 시원히 그리고 집중적으로 다루어 주는 강의를 만나기가 쉽지 않다.[4] 이렇듯 관련 지식의 완벽한 확보가 결코 쉽지 않은 현실에서, 어쩌면 머신 러닝 및 강화 학습 분야를 공부하고자 하는 학생들에게 가장 중요한 부분은, 새로운 기술에 도전하는 용기를 갖는 것이라 할 수 있다. 아울러 용기를 가지고 도전하는 학생들의 이러한 노력에 대해 아량을 가지고 꾸준히 지켜보며 응원 해주는 자세가 필요한데, 이러한 용기와 아량을 주고받으면서 함께 노력하는 학생들이 많아지면, 4차 산업혁명 시대를 이끌 수 있는 훌륭한 후속 세대가 자연스럽게 형성될 수 있을 것으로 기대한다. 다행스럽게도, 전기전자컴퓨터과학[5] 분야에서는 머신러닝 및 강화학습 관련 이론을 배울 수 있는 각종 여름학교, 겨울학교 등이 꾸준히 열리는데, 이러한 행사는 관련 기술 현황 등을 파악하는

4) 아주 운이 좋은 경우에는 다음과 같은 세미나를 만날 수 있겠지만, 이러한 경우는 흔하지 않다. https://math.korea.ac.kr/math/seminar/mathseminar.do?mode=view&articleNo=88445&article.offset=0&articleLimit=10&totalNoticeYn=N&totalBoardNo=

데에 많은 도움이 될 수 있다([그림 1] 참고). 그리고, Udacity[4]의 머신 러닝 및 딥 러닝 관련 코스, Cousera[5]의 머신 러닝 및 딥 러닝 관련 코스, K-MOOC의 머신 러닝 관련 과목(e.g., [6]), 모두의 연구소[7]의 강화 학습, 딥 러닝 관련 코스 등에서도 양질의 관련 교육을 받을 수 있다.

머신 러닝 및 강화 학습을 공부하는 과정에서 다양한 최적화 문제들을 만나게 되는데, 그림 2에서는 이들을 종류 별로 분류해 보았다. 그림 2에서 보인 바와 같이, 최적화 문제는 우선 정적인 최적화 문제(static optimization)(e.g., [8,9])와 동적인 최적화 문제(dynamic optimization)(e.g., [10,11])로 분류할 수 있다. 정적인 최적화 문제들에서는, 우선 변수가 R^n에 속하는 경우는 제약 조건이 없는 경우(unconstrained optimization)와 제약 조건이 있는 경우(constrained optimization)로 나뉘며, 변수가 함수 공간에 속하고 목적함수가 범함수(functional)가 되는 경우도 등장한다. 동적인 최적화 문제들을 위한 풀이에는 동적 계획법(dynamic programming)(e.g., [10]), 근사적 동적 계획법(approximate dynamic programming)(e.g., [12]) 등을 사용할 수 있으며 결정론적 접근 방법(deterministic approach)과 확률론적 접근 방법(stochastic approach)으로 분류할 수 있다.

마지막으로, 머신 러닝 및 강화 학습 분야를 공부하는 데에 주요한 기초를 제공할 수 있는 핵심적인 참고 문헌으로는 [13]-[16] 등을 들 수 있다.

5) 전기전자컴퓨터과학 분야는 때로 EECS(electrical & electronics engineeering, and computer science) 분야라고 부르곤 한다.

참고문헌

[1] Schwab, K. (2017). The fourth industrial revolution. Crown Business.

[2] https://www.technologyreview.com/lists/technologies/2017

[3] https://www.technologyreview.com/s/603501/10-breakthrough-technologies-2017-reinforcement-learning

[4] https://www.udacity.com

[5] https://www.coursera.org

[6] http://www.kmooc.kr/courses/course-v1:KoreaUnivK+ku_eng_003+2017_A22/about

[7] http://www.modulabs.co.kr

[8] Boyd, S., &Vandenberghe, L. (2004). *Convex optimization*. Cambridge university press.

[9] Luenberger, D. G., &Ye, Y. (1984). *Linear and nonlinear programming* (Vol. 2). Reading, MA: Addison-wesley.

[10] Bertsekas, D. P. (1995). *Dynamic programming and optimal control* (Vol. 1, No. 2). Belmont, MA: Athena scientific.

[11] Liberzon, D. (2011). *Calculus of variations and optimal control theory: a concise introduction*. Princeton University Press.

[12] Powell, W. B. (2007). *Approximate dynamic programming: Solving the curses of dimensionality* (Vol. 703). John Wiley &Sons.

[13] Bishop, C. M. (2006). *Pattern recognition and machine learning, Springer*.

[14] Murphy, K. P. (2012). *Machine learning: a probabilistic perspective*. MIT press.

[15] Sutton, R. S., &Barto, A. G. (1998). *Reinforcement learning: An introduction* (Vol. 1, No. 1). MIT press.

[16] Scholkopf, B., &Smola, A. J. (2001). *Learning with kernels: support vector machines, regularization, optimization, and beyond*. MIT press.

MEMO

CHAPTER 02

기초확률이론

머신러닝의 방법론을 설명할 때 확률이론을 사용하면 편리한 경우가 많다. 이러한 편리함을 고려하여 2장에서는 향후의 머신러닝 방법론 논의를 위하여 최소한의 기초확률이론을 소개하기로 한다. 머신러닝 관점에서 보다 자세한 확률의 설명을 찾아보고 싶을 때에는 참고문헌 [1]을, 그리고, 확률에 대하여 보다 수학적인 기초 개념이 필요한 경우에는, 확률을 본격적으로 다루는 전문서적을 참고하기 바란다. (예를 들면, [2], [3], [4] 등)

확률은 우리가 고등학교 때 부터 수학시간에 익숙하게 다루어왔던 개념이다. 주사위 등을 이용하여 확률을 설명할 때, 우리는 어떤 사건이 발생할 확률은 같은 조건 아래에서 똑같은 실험을 여러 번 반복할 때 그 사건이 발생할 상대 빈도(relative frequency)를 이용하여 설명하곤 하였다. 상대 빈도의 개념을 수학적으로 표현하면 다음과 같다:

$$r_N(A) = \frac{n(A)}{N},$$

여기에서 N은 전체 실험 반복 횟수이고, $n(A)$는 이 실험들 중 사건 A가 발생한 횟수를 의미하며, $r_N(A)$는 사건 A의 발생에 대한 상대빈도가 된다. 그리고, 이러한 실험이 무한히 반복될 때 상대빈도는 진정한 상대빈도의 참 값인 확률로 수렴할 것이라는 믿음이 있을 때, 우리는 확률을 상대빈도의 수렴치로 정의한다. 즉,

$$P[A] = \lim_{N\to\infty} r_N(A) = \lim_{N\to\infty} \frac{n(A)}{N}.$$

이와 같이 확률을 상대빈도의 수렴치로 정의하는 방식의 문제점은, 상대 빈도의 정의 자체가 모호한 경우에 발생할 수 있다. 예를 들어 내일 아침에 비가 올 사건에 대한 확률을 정의하는 경우를 생각해보자. 이와 같은 경우에는 사건이 발생한 횟수라든지 전체 실험 반복 횟수 등의 정의가 어렵게 되고, 이에 따라, 상대 빈도 및 상대 빈도의 수렴치 등을 구체적으로 다루기가 어려워진다. 이와 같이 상대빈도를 기반으로 하여 확률을 정의하는 경우가 갖는 문제점을 극복하기 위하여, 우리는 확률 정의에 공리적 접근방식(axiomatic approach)을 사용할 수 있다. 즉, 다음의 세가지 확률 공리(probability axioms)를 만족하는 측도(measure)는 모두 정당한 확률로 인정을 해주는 방식이다.

공리#1 모든 사건 A의 확률은 음이 아닌 실수이다. 즉, $P[A] \geq 0$.

공리#2 표본공간(sample space) S의 확률은 1이다.

공리#3 상호배타적인 사건(mutually exclusive events) $A_1, \cdots, A_N$에 대해,

다음 등식은 언제나 성립한다: $P[\bigcup_{n=1}^{N} A_n] = \sum_{n=1}^{N} P[A_n]$, 여기에서 N은 가산가능(countable), 즉, 유한하거나 자연수와 같은 레벨의 크기를 갖는 무한대이다.

참고로, 공리#3 을 간단하게 지칭할 때 가산가능 가합성(countable additivity)이라고 부르곤 하며, 사건(event) 및 표본공간(sample space)을 집합 이론의 용어로 표현하면, 각각 부분집합(subset) 및 전체집합(universal set)이 된다. 위와 같은 공리를 만족하는 확률(probability) 혹은 확률측도(probability measure)가 표본공간 내의 사건들에 대해 정의되면 우리는 확률이라는 개념이 잘 정의된 표본공간을 확보하게 된다. 하지만 많은 경우에 표본공간 위에서 확률을 논하는 것은 매우 추상적이고 실용성이 떨어질 수밖에 없으므로, 우리는 실수공간(real space) 위에 확률 개념을 다루기를 희망한다. 이러한 희망은, 랜덤변수(random variable)를 사용하면 해결될 수 있다. 랜덤변수(random variable)의 정의는 다음과 같으며, 그림을 이용한 설명이 [그

그림 2.1
랜덤 변수의 개념
(e.g., [2]).

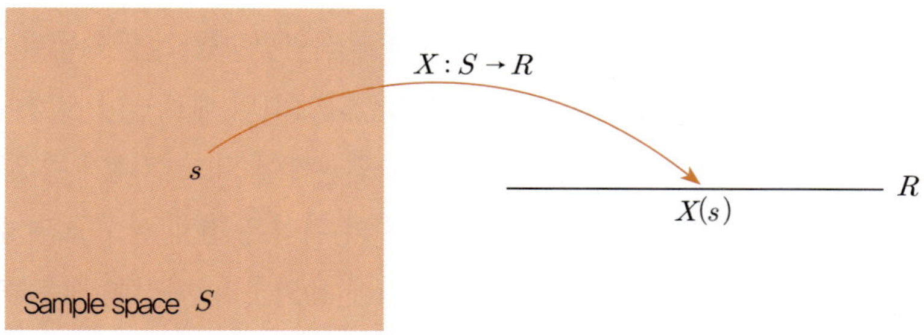

림 1]에 보여졌다.

정의 랜덤변수(random variable)는, 입력공간(input space)을 표본공간(sample space)으로 하고 출력공간(output space)을 실수공간(real space)로 하는 함수이다.

이제 머신러닝을 논할 때 자주 등장하는 몇가지 중요한 종류의 랜덤변수들에 대한 확률분포를 알아보자. 동전을 던지는 시행의 결과 앞면을 성공, 뒷면을 실패로 정의할 때, 우리는 동전던지기 실행의 독립적 반복을 흔히 베르누이 시행(Bernoulli trial)이라고 부르는데, 베르누이 시행(Bernoulli trial)의 수학적 정의는 다음의 세가지 성질(defining properties)에 의존한다:

성질#1 각 시행의 결과는 성공 혹은 실패 중 하나이다.
성질#2 각 시행에서 성공이 발생할 확률(μ)은 일정하다.
성질#3 각 시행은 서로 독립이다.

성공확률(success probability)이 μ인 베르누이 시행을 한번 시행할 때 관찰된 성공횟수를 X라고 하면, X는 입력공간이 표본공간이고 출력공간이 실수공간인 함수이므로 랜덤변수가 되고, 이러한 랜덤변수를 성공확률이 μ인 베르누이 랜덤변수(Bernoulli random variable)라고 한다. 1회의 베르누이 시행이 실행된 결과, 성공이 발생한 경우에는 랜덤변수 X의 출력은 1이 되고 실패가 발생한 경우에는 랜덤변수 X의 출력은 0이 되므로, 랜덤변수의 치역은 전체 실수공간 중 단 두 개의 원소만으로 이루어진 부분집합인 {0, 1}이 됨에 유의하자. 이러한 베르누이 랜덤변수의 확률질량함수(probability mass function)는 다음과 같이 표현된다:

$$P_X(x) = P[X=x] = \begin{cases} \mu & \text{when } x=1 \\ 1-\mu & \text{when } x=0 \end{cases}$$

위와 같은 정확한 표기가 때로 번거로울 수 있는데, 다음과 같은 수식을 이용하면 베르누이 확률질량함수가 두줄 표기없이 매우 간단하게 표현될 수 있다:

$$P_X(x) = \mu^x \ (1-\mu)^{1-x}$$

이 식의 우변은, $x=1$일 때에는 성공확률 μ가 되고 $x=0$일 때에는 실패확률 $(1-\mu)$가 되므로 위의 정확한 표기에 의한 확률질량함수 표현과 일치한다. 한줄로 표현하는 간단한 식은, 머신러닝의 주요 공식을 유도하는 장면에서 계산을 간단하게 만드는 역할을 할 수 있으므로 잘 기억해두자. 이상에서 설명된 베르누이 랜덤변수에 대한 주요 사항은 다음과 같이 정리될 수 있다;

정의 성공확률이 μ인 1회의 베르누이 시행에서 성공횟수를 X라고 할 때, 랜덤변수 X의 확률질량함수(probability mass function)는

$$P_X(x) = P[X=x] = \begin{cases} \mu & \text{when } x=1 \\ 1-\mu & \text{when } x=0 \end{cases}$$

이고, 랜덤변수 X는 성공확률이 μ인 베르누이 분포를 따른다고 하며, $X \sim Bernoulli(\mu)$로 표기한다.

다음으로, 단일변수 가우시안 랜덤변수(uni-variate Gaussian random variable)의 정의는 다음과 같다:

정의 랜덤변수 X의 확률밀도함수(probability density function)가

$$f_X(x) = \frac{1}{\sqrt{2\pi\sigma^2}} \exp(-\frac{(x-\mu)^2}{2\sigma^2})$$

일 때에, 랜덤변수 X는 평균이 μ이고 분산이 σ^2인 단일변수 가우시안 분포(혹은 단일변수 정규분포)를 따른다고 하며, $X \sim N(\mu, \sigma^2)$로 표기한다.

단일변수 가우시안 랜덤변수(uni-variate Gaussian random variable)의 정의가 다변수 랜덤벡터를 위해 확장된 개념인 다변수 가우시안 랜덤벡터(muti-variate Gaussian random vector)의 정의는 다음과 같다:

정의 랜덤벡터 X의 확률밀도함수(probability density function)가

$$f_X(x) = \frac{1}{\sqrt{\det(2\pi\Sigma)}} \exp(-\frac{1}{2}(x-\mu)^T \Sigma^{-1}(x-\mu))$$

일 때에, 랜덤벡터 X는 평균벡터(mean vector)가 $\mu \in R^D$이고 공분산행렬(covariance matrix)이 $\Sigma \in R^{D \times D}$인 다변수 가우시안 분포(혹은 다변수 정규분포)를 따른다고 하며, $X \sim N(\mu, \Sigma)$로 표기한다.

다변수 가우시안 랜덤벡터 $X \sim N(\mu, \Sigma)$에 대하여 기댓값벡터와 공분산행렬을 구해보면

$$E[X] = \mu\ ,\ Cov[X] = E[(x-\mu)(x-\mu)^T]\ =\ \Sigma$$

이 성립함을 알 수 있으며, 이러한 이유로 다변수 가우시안 벡터 X의 파라메터 μ와 Σ를 각각 평균벡터(mean vector)와 공분산행렬(covariance matrix)로 부르는 것은 타당하다. 여기까지 다변수 가우시안 랜덤벡터를 설명하는 과정에서 랜덤벡터와 랜덤변수를 구분하여 설명하였는데, 많은 경우에 랜덤벡터도 랜덤변수로 부르곤 한다. 이러한 전통을 존중하여 앞으로는 랜덤벡터도 랜덤변수로 부르도록 한다. 문맥에 따라 X의 출력공간(output space)이 실수벡터공간(real vector space) R^D인지를 따져보면, 우리가 말하는 랜덤변수가 사실은 랜덤벡터를 의미하는 지를 곧바로 알 수 있다.

다변수 정규분포의 공분산 행렬은 대칭 양한정 행렬(symmetric positive-definite matrix)이므로 다음의 세 가지 성질을 만족한다:

- 성질#1 Σ의 고유값(eigenvalue) $\lambda_1, \cdots, \lambda_D$는 모두 양의 실수이다.
- 성질#2 Σ의 고유벡터(eigenvector) $u_1, \cdots, u_D$는 서로 직교하는 직교단위벡터(orthonormal vectors)가 되도록 선택할 수 있다.
- 성질#3 Σ를 위한 스펙트럴 분해(spectral factorization), 즉, $\Sigma = U\Lambda U^T = [u_1 \cdots u_D] diag(\lambda_1, \cdots, \lambda_D)[u_1 \cdots u_D]^T$가 존재한다. 여기에서 $u_1 \cdots u_D$는 직교단위벡터인 Σ의 고유벡터들이고 $\lambda_1, \cdots, \lambda_D$는 Σ의 고유값들이다. 이러한 성질의 증명은 숙제로 풀어보기 바란다.

마지막으로 공분산 행렬 Σ에 대한 위의 성질들을 이용하면 $D=2$인 경우에 로케이션-디스퍼션 타원(location-dispersion ellipsoid)[5] $E_{\mu,\Sigma} = \{x \in R^2 \mid (x-\mu)^T \Sigma^{-1}(x-\mu) = 1\}$의 궤적은 그림 2와 같아짐을 유도할 수 있다. 이 그림에서 u_1, u_2는 정규직교벡터인 고유벡터를 의미하고, $E_{\mu,\Sigma}$의 장축과 단축의 반지름은 각각 $\sqrt{\lambda_1}$과 $\sqrt{\lambda_2}$이 된다. 이러한 성질의 유도 역시 흥미로운 숙제가 될 것이다.

이상에서 소개한 베르누이 분포와 가우시안 분포를 모두 표현할 수 있는 분포로

그림 2.2 로케이션–디스퍼션 타원 (location–dispersion ellipsoid) (e.g., [1,5])

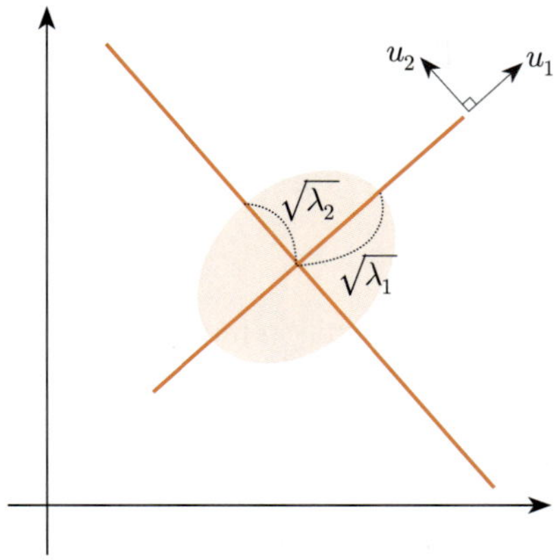

지수족 분포(exponential family distribution)가 있으며, 이러한 분포를 따르는 지수족 랜덤변수(exponential family random variable)에 관한 정의는 다음과 같다:

정의 랜덤변수(random variable) X의 확률분포(probability distribution)[1]가

$$f_X(x) = \frac{h(x)\exp(<\eta, u(x)>)}{Z(\eta)}$$

형태일 때에, 랜덤변수 X는 자연 파라메터(natural parameter)가 η인 지수족 분포(exponential distribution)을 따른다고 하며, $X \sim ExpFamily(\eta)$로 표기한다.

1) 여기에서 확률분포(probability distribution)는 이산 랜덤변수를 위한 확률질량함수와 연속 랜덤변수를 위한 확률밀도 함수를 통칭하는 표현이다.

그리고, 지수족 분포식에 등장하는 $u(x)$와 $Z(\eta)$는 각각 충분 통계량(sufficient statistic)과 분할함수(partition function)로 불리우며, 분할함수에 로그를 취한 결과를 로그분할함수(log-partition function)이라 하고 다음과 같이 표기한다:

$$\tilde{Z}(\eta) = \log(Z(\eta)) = \log(\int h(x)\exp(<\eta, u(x)>)\,dx)$$

또한, 분할함수(partition function) $Z(\eta)$는 정규화(normalization) 역할을 수행하므로 다음을 만족함에 유의하자:

$$Z(\eta) = \int h(x)\exp(<\eta, u(x)>)\,dx$$

머신러닝과 관련해서 주목할만한 지수족 분포의 주요 성질로는 다음을 들 수 있다.

성질#1 $\nabla_\eta \log Z(\eta) = E[u(X)]$

성질#2 IID인 학습 데이터가 $D=\{x_n\}_{n=1}^{N}$로 주어지고
$X_1, X_2, \ldots, X_N \sim ExpFamily(\eta)$일 때에
$\frac{1}{N}\sum_{n=1}^{N} u(x_n) = E_{X\sim ExpFamily(\eta_{ML})}[u(X)]$가 성립함

여기에서 IID는 "independent & identically distributed" 즉 독립이고 동일 분포를 가짐을 의미하고 η_{ML}은 자연 파라메터 벡터 η에 대한 최대우도(maximum likelihood) 추정 결과를 의미한다.

마지막으로 베르누이 분포와 정규분포 등은 모두 지수족 분포에 속함은 자명하다. 베르누이 분포의 경우 $P_X(x) = \mu^x(1-\mu)^{1-x} = \exp(\log(\mu^x(1-\mu)^{1-x}))$ $= \exp(x\log\mu + (1-x)\log(1-\mu)) = \exp(x\log\frac{\mu}{1-\mu} + \log(1-\mu))$이므로, 자연

파라메터(naturalparameter) η를 $\eta \equiv \log\frac{\mu}{1-\mu}$로 정의하면 $P_X(x) = (1-\mu)\exp(\eta x)$가 성립한다. 여기에서 μ는 성공확률(success probability)의 의미를 가지므로 η는 로그승산(log-odds)이 되고 $\mu = \sigma(\eta) = \frac{1}{1+e^{-\eta}}$이 성립함에 유의하자. 여기에서 σ는 로지스틱 시그모이드(logistic sigmoid)로써 신경망에서 널리 쓰이는 비선형 활성함수(nonlinear activation function)이다.

참고문헌

[1] Bishop, C. M. (2006). Pattern recognition and machine learning. Springer.

[2] 송홍엽,정하봉 역. 확률과 랜덤변수 및 랜덤과정. 교보문고. 2006.

[3] 강석복,우정수 역. 확률의 입문 (제7판). 자유아카데미. 2007.

[4] 김진경,박진호,박헌진,이재준,전홍석,황진수. 공학도를 위한 통계학: MATLAB을 이용한 분석. 자유아카데미. 2009.

[5] Meucci, A. (2009). Risk and asset allocation. Springer Science &Business Media.

MEMO

CHAPTER 03

함수근사를 위한 선형 모델

3장에서는 선형 모델(linear model)을 이용한 함수 근사 문제(function approximation problem)를 소개한다. 딥러닝 등의 영역에서 그러하듯이 최근의 인공지능 풀이법은 복잡한 입출력 표현을 선호한다. 이러한 최근 상황에도 불구하고, 함수 근사를 위한 선형 모델은 모든 복잡한 모델의 기초이자 핵심이 되는 부분이므로 반드시 짚고 넘어가야할 내용이라 할 수 있다.

함수 근사 문제는 때로 회귀 문제(regression problem)로 부르기도 하는데, 이러한 회귀 문제의 핵심은 $f(x) = w_1\phi_1(x) + \cdots + w_M\phi_M(x)$와 같이 기저 함수(basis functions) $\phi_1, \cdots, \phi_M$의 선형 조합(linear combination)으로 표현되는 선형 모델을 통해 우리가 원하는 결정 함수(decision function) f를 표현 혹은 근사하는 작업이다. 여기에서 결정 함수의 의미는, 지도학습(supervised learning), 비지도학습(unsupervised learning), 강화학습(reinforcement learning) 등의 갖가지 종류의 문제 풀이 단계에서 의사 결정(decision making)을 위해 활용되는 함수임을 뜻한다. 많은 경우에 선형 모델은 간결함을 위하여 행렬-벡터 형태로 표현된다.

[가] 선형 모델의 정의: 선형 모델은 기저 함수(basis functions) $\phi_1, \cdots, \phi_M$의 선형 조합(linear combination), 즉, $f(x) = w_1\phi_1(x) + \cdots + w_M\phi_M(x)$꼴로 표현되며, 선형 모델의 행렬-벡터 표현(matrix-vector representation)은 다음과 같다.

$$f(x) = w_1\phi_1(x) + \cdots + w_M\phi_M(x) = w^T\phi(x).$$

$$\text{여기에서 } w = \begin{bmatrix} w_1 \\ \vdots \\ w_M \end{bmatrix},\ \phi(x) = \begin{bmatrix} \phi_1(x) \\ \vdots \\ \phi_M(x) \end{bmatrix}$$

[가]의 선형 모델에서 $w_1, \cdots, w_M$은 학습 과정에서 업데이트되는 파라미터(parameters)이고, x와 $\phi(x)$는 각각 입력(input)과 특징 벡터(feature vector)이다. 위의 선형 모델을 벡터의 내적(inner product)을 통해 나타내면 다음과 같은 형태가 된다.

$$f(x) = w^T\phi(x) = \phi^T(x)w = < w, \phi(x) > \; = \; < \phi(x), w >.$$

이 식에서 볼 수 있듯이, 결정 함수 $f(x)$는 파라미터 w에 대해 선형(linear in parameter w)이지만, 입력 x에 대해서는 비선형(nonlinear in input x)이다. 여기서 비선형이라 함은 "선형이 아님"이 아니라 "꼭 선형일 필요는 없음(not necessarily linear)"을 의미하게 되며, 이에 따라 비선형은 선형을 포함하는 의미임에 유의하자.

다음에서는 선형 모델의 파라미터 추정을 위한 최소 자승법(least squares method), 최우 추정법(maximum likelihood estimation), 정칙화된 최소 자승법(regularized least squares method) 및 베이지안 방법(Bayesian approach) 등을 차례대로 소개한다.

3.1 최소자승법(least squares method)

다음 그림에 있는 점들 같이 데이터가 주어졌을 때 주어진 데이터를 가장 잘 표현할 수 있는 직선을 찾는 선형 근사 문제를 생각해보자.

이러한 문제를 풀 때 두 가지 관점이 널리 사용되고 있는데, 이 중 첫 번째 관점은 확률의 개념을 전혀 사용하지 않고 각 데이터와 직선의 거리로 표현되는 오차(error)만을 이용하여 성능 지수를 정의한 후 이를 최적화하는 직선을 구하는 관점인데, 이러한 관점을 대표하는 방법이 최소 자승법(least squares method)이다. 학습 데이터(training data) $D = \{(x_n, y_n)\}_{n=1}^N$가 주어질 때, 최소 자승법은 기본적으로 다음의 근사 문제(approximation problem)를 고려한다.

그림 3.1
1차원 선형 근사문제

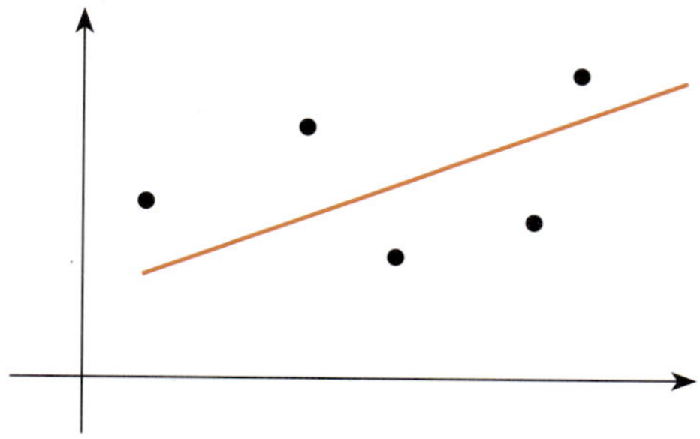

$$y_1 \approx w^T\phi(x_1)$$
$$\vdots$$
$$y_N \approx w^T\phi(x_N)$$

이 근사 문제를 행렬-벡터 형태로 나타내면, 다음과 같이 고쳐 쓸 수 있다.

$$y \approx \Phi w. \text{ 여기에서 } y = \begin{bmatrix} y_1 \\ \vdots \\ y_N \end{bmatrix},\ w = \begin{bmatrix} w_1 \\ \vdots \\ w_M \end{bmatrix},\ \Phi = \begin{bmatrix} -\phi^T(x_1)- \\ \vdots \\ -\phi^T(x_N)- \end{bmatrix}.$$

이러한 행렬-벡터 형태 표현에서, 행렬 Φ는 머신러닝(machine learning) 및 통계학(statistics) 분야의 각종 문제의 풀이 과정에서 자주 등장하는 관계로 "디자인 행렬(design matrix)"이라는 고유의 이름을 가진다. 디자인 행렬 Φ의 행(row)의 개수는 학습 데이터 D에 있는 입출력 쌍 (x_n, y_n)의 개수를 의미하고, 열(column)의 개수는 특징 벡터 $\phi(x)$의 차원(dimension)이 된다. 최소 자승법(least squares method)은 주어진 y벡터를 Φw로 근사하는 문제에서, 최소화해야할 성능지수

그림 3.2 최소 자승 문제 도시

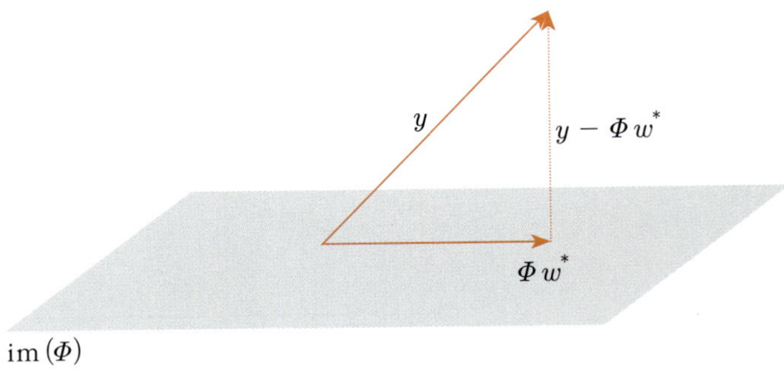

(performance index) E_{LS}로 y와 Φw 사이의 거리의 자승의 절반, 즉 $E_{LS}(w) \equiv \frac{1}{2} \| y - \Phi w \|^2 = \frac{1}{2}\sum_{n=1}^{N}(y_n - w^T\phi(x_n))^2$를 사용한다.[1] 이제 E_{LS}를 최소화시키는 w^*를 찾기 위해, 적절한 선형대수(linear algebra) 지식을 활용하자.

행렬 Φ의 치역(image)은 $\mathrm{im}(\Phi) \equiv \{\Phi w \mid w$는 차원이 맞는 임의의 벡터$\}$로 정의되는데, 최소 자승법은 근사 문제 $y \approx \Phi w$를 위하여 치역에 있는 벡터 Φw들 중 y를 가장 잘 근사할 수 있는 Φw^*를 찾는 방안을 다룬다. 그림 2로부터 이러한 문제의 정답은, 벡터 y에서 치역 $\mathrm{im}(\Phi)$공간으로 수선의 발을 내림으로써 구할 수 있음을 알 수 있으며, 이에 따라 $y - \Phi w^* \in [\mathrm{im}(\Phi)]^\perp$가 성립한다. 즉, $\tilde{y} \equiv y - \Phi w^*$는 여하한 w에 대해서도 $\tilde{y} \perp \Phi w$을 만족해야 한다. $\tilde{y}$와 Φw가 서로 직교함은 이들 사이의 내적이 0이 됨을 의미하므로, 다음이 성립한다.

$$\tilde{y}^T \Phi w = (\Phi^T \tilde{y})^T w = <\Phi^T \tilde{y}, w> = 0 \text{ for } \forall w.$$

1) $E_{LS}(w) \equiv \frac{1}{2} \| y - \Phi w \|^2$에서 $\frac{1}{2}$는 단순히 계산 및 표현의 편의를 위해 도입된 항이다.

여기에서, 모든 w에 대해 $< \Phi^T \tilde{y}, w > = 0$이 성립함은 $\Phi^T \tilde{y} = 0$, 즉, $\tilde{y} \in \ker(\Phi^T)$을 의미한다. 여기에서 $\ker(\Phi^T)$는 행렬 Φ^T의 커널(kernel), 즉, $\Phi^T y = 0$을 만족하는 모든 y로 구성되는 집합을 의미한다. 치역과 커널의 상호 관계 등을 포함한 주요 성질을 위해서는 선형대수 책들(e.g., [1])을 참고하면 된다. $\Phi^T \tilde{y} = 0$에 $\tilde{y} \equiv y - \Phi w^*$을 대입하면 $\Phi^T(y - \Phi w^*) = 0$이 되고, 이를 정리하면 다음의 정규 방정식(normal equation)을 얻게 된다.

[나] 최소 자승 문제(least squares problem) $y \approx \Phi w$를 위한 정규 방정식(normal equation) (e.g., [1]): $E_{LS}(w) \equiv \frac{1}{2} \| y - \Phi w \|^2 = \frac{1}{2} \sum_{n=1}^{N} (y_n - w^T \phi(x_n))^2$를 최소화 하는 최소 자승 문제 $y \approx \Phi w$의 해 w^*는 정규 방정식(normal equation) $\Phi^T \Phi w^* = \Phi^T y$를 만족한다.

정규 방정식의 풀이로부터 유일해(unique solution) w^*를 구할 수 있기 위해서는 $\Phi^T \Phi$의 역행렬이 존재해야 하는데, 이러한 역행렬이 존재하기 위한 충분조건은 디자인 행렬 Φ가 선형 독립인 열 벡터들(linearly independent column vectors) 가짐을 보일 수 있다. 이를 보이기 위해 귀류법을 사용해보자. 증명을 위해, 디자인 행렬 $\Phi = [\psi_1, \cdots, \psi_M]$가 선형 독립인 열 벡터들(linearly independent column vectors) $\psi_1, \cdots, \psi_M$을 가짐에도 불구하고, $\Phi^T \Phi$의 역행렬이 존재하지 않는다고 가정해보자. 가정한 바와 같이 $\Phi^T \Phi$의 역행렬이 존재하지 않는 경우에는, $\Phi^T \Phi w = 0$을 만족하는 $w \neq 0$이 존재하게 된다. 그러면, $\Phi^T \Phi w = 0$의 양변의 앞쪽에 w^T를 곱함으로써 $w^T \Phi^T \Phi w = w^T 0 = 0$을 얻게 되고, 이는 $w^T \Phi^T \Phi w = (\Phi w)^T (\Phi w) = \| \Phi w \|^2 = 0$를 의미하므로 결국 $\Phi w = 0$, 즉, $w_1 \psi_1 + \cdots + w_M \psi_M = 0$이 된다. 이 때, $\psi_1, \cdots, \psi_M$은 선형독립이므로 $w_1 \psi_1 + \cdots + w_M \psi_M = 0$이 성립하기 위해서는 반드시 $w_1 = \cdots = w_M = 0$이 만족되어야 한다. 하지만 이것은 앞에서 언급한 $w \neq 0$에 모순이 된다. 따라서, 디자인 행렬 $\Phi = [\psi_1, \cdots, \psi_M]$가 선형 독립인 열 벡터들(linearly independent column vectors) $\psi_1, \cdots, \psi_M$을 가지는 상황에서는 $\Phi^T \Phi$의 역행렬이 존재함이 이상의 귀류법 논리에 의해 증명됨을 알 수 있다. 이

에 따라, 디자인 행렬 Φ가 선형 독립인 열 벡터들을 가지면 최소 자승법의 해 w^*는 $w^* \equiv w_{LS} \equiv (\Phi^T\Phi)^{-1}\Phi^T y$로 표현할 수 있다. 이러한 사실을 간결하게 요약하면 다음과 같다.

[다] 최소 자승 문제(least squares problem) $y \approx \Phi w$의 해 w^*의 유일성(uniqueness): 디자인 행렬 Φ가 선형 독립인 열 벡터들(linearly independent column vectors)을 가지면, 최소 자승 문제 $y \approx \Phi w$는 다음과 같은 유일해 w^*를 갖는다: $w^* \equiv w_{LS} \equiv \mathrm{argmin}_w \frac{1}{2}\|y - \Phi w\|^2 = (\Phi^T\Phi)^{-1}\Phi^T y$.

디자인 행렬 Φ가 선형 독립인 열 벡터들을 가져서 $\Phi^T\Phi$의 역행렬의 존재성이 이론적으로 보장되는 상황일지라도, 실제 계산 상황에서는 반올림 오차(round-off error) 등의 문제 때문에 w^*의 계산이 불가능하거나 어려운 경우가 생길 수 있는데, 이러한 경우는 "(3.3) 정칙화된 최소 자승법(regularized least squares method)"부분에서 다루도록 한다.

3.2 최우추정법(Maximum likelihood estimation, MLE)

그림 1의 선형 근사 문제를 풀 때 사용할 수 있는 두 번째 관점으로 확률 모형의 사용을 들 수 있는데, 이 관점에서는 학습 데이터(training data) $D = \{(x_n, y_n)\}_{n=1}^N$가 다음의 확률 모형을 통하여 생성됨을 가정한다.

$$y = w^T\phi(x) + \epsilon, \text{ where } \epsilon \sim N(0, \sigma^2).$$

즉, 각 y값은 파라미터 w와 입력 x에 의해 결정론적으로 정해지는 $w^T\phi(x)$항과 잡음(noise)을 나타내는 랜덤변수 ϵ의 합으로 표현되고, ϵ은 평균이 0이고 분산이 σ^2

인 가우시안 랜덤 변수이다. 그리고, 분산 대신 분산의 역수인 정밀도(precision) β 를 사용하여 잡음의 분포를 기술하는 경우에는 ϵ이 정규분포 $N(0, \frac{1}{\beta})$를 따르게 된다.(e.g., [2]) 이러한 확률 모형을 가정하면, 독립적이고 동일한 분포(Independent and Identically Distributed, IID)된 방식으로 주어진 학습 데이터 $D = \{(x_n, y_n)\}_{n=1}^{N}$ 는 다음과 같이 기술될 수 있다.

$$
\begin{aligned}
y_1 &= w^T\phi(x_1) + \epsilon_1 \ , \ \epsilon_1 \sim N(0, \frac{1}{\beta}) \ , \ y_1 \sim N(w^T\phi(x_1), \frac{1}{\beta}), \\
&\vdots \\
y_N &= w^T\phi(x_N) + \epsilon_N, \ \epsilon_N \sim N(0, \frac{1}{\beta}) \ , \ y_N \sim N(w^T\phi(x_N), \frac{1}{\beta}).
\end{aligned}
$$

따라서, 이 경우에 β가 고정된 상황에서의 우도 함수(likelihood function)는 다음과 같아진다.

$$
L(w) = P(D|w) = \prod_{n=1}^{N} P(y_n|w) = \prod_{n=1}^{N} \frac{1}{\sqrt{2\pi(1/\beta)}} \exp\left(-\frac{\beta}{2}(y_n - w^T\phi(x_n))^2\right)
$$

여기에서 우도 함수 $L(w)$는, 학습 데이터 D가 고정되고 파라미터 w가 미지의 변수(unknown parameter)로 취급되는 상황에서 정의되고 있으므로, 확률분포가 아니고 함수로써의 역할을 수행하고 있음에 유의하자. 최우 추정법(maximum likelihood estimation method)을 통하여 파라미터 추정을 수행할 때는 일반적으로 계산의 편의상 우도 함수 대신 로그-우도 함수(log-likelihood function)를 사용하는데, 위의 경우에 대해 로그-우도 함수를 정리하면 다음과 같은 형태가 된다.

$$
l(w) = \log L(w) = \log P(D|w) = \cdots = \text{constant} + \sum_{n=1}^{N} (-\frac{\beta}{2})(y_n - w^T\phi(x_n)))^2
$$

위의 전개 과정에서 β는 고정되고 w만 변수로 취급되는 상태를 다루므로, w와 무관한 항은 "constant"로 표기하고 상수 취급을 하였다. 이 장면에서 최소 자승법에서

고려한 성능지수가 $E_{LS}(w) \equiv \frac{1}{2} \| y - \Phi w \|^2 = \frac{1}{2} \sum_{n=1}^{N} (y_n - w^T \phi(x_n))^2$이었음을 기억하면, 최우 추정법에서 최대화시키고자 하는 로그-우도 함수 $l(w)$와 최소 자승법에서 최소화시키고자 하는 성능 지수 $E_{LS}(w) \equiv \frac{1}{2} \| y - \Phi w \|^2$사이에는 다음과 같은 관계가 성립함을 알 수 있다.

$$
\begin{aligned}
l(w) &= \text{constant} - \frac{\beta}{2} \sum_{n=1}^{N} (y_n - w^T \phi(x_n)))^2 \\
&= \text{constant} - \frac{\beta}{2} \| y - \Phi w \|^2 = \text{constant} - \frac{\beta}{2} E_{LS}(w) .
\end{aligned}
$$

따라서, 이 경우에 로그-우도 함수 $l(w)$를 최대화시키는 최우 추정법(maximum likelihood method)의 해 w_{ML}와 최소 자승법(least squares method)을 위한 성능 지수 $E_{LS}(w)$를 최소화시키는 해 w_{LS}가 일치함을 알 수 있다. 즉,

$$
w_{ML} = \text{argmax}\ l(w) = \text{argmin}\, E_{LS}(w) = w_{LS}.
$$

이상에서는 노이즈를 위한 랜덤변수 ϵ의 분산 $1/\beta$가 고정된 상황을 고려하였다. β도 미지의 변수(unknown parameter)로 놓고 위와 같은 최우추정법 논리 전개를 적용하면 다음과 같은 결과를 쉽게 얻을 수 있다(e.g., [3]) (숙제).

$$
\frac{1}{\beta_{ML}} = \sigma_{ML}^2 = \frac{1}{N} \sum_{n=1}^{N} (y_n - w^T \phi(x_n))^2 .
$$

3.3 정칙화된 최소 자승법(regularized least squares method)

최소 자승법을 다룬 (1)절에서 우리는 Φ가 독립적인 열 벡터들을 갖게 되면 정

규 방정식이 유일해를 갖게 되므로 최소 자승법의 해가 $w_{LS} = (\Phi^T\Phi)^{-1}\Phi^T y$로 구해짐을 살펴 보았다. 하지만 경우에 따라 (특히, w가 고차원 파라미터 벡터인 상황에서는) Φ가 독립적인 열 벡터들을 가짐에도 불구하고 반올림 오차(round-off error) 등으로 인해 $(\Phi^T\Phi)$의 역행렬이나 최소 자승해 $(\Phi^T\Phi)^{-1}\Phi^T y$의 계산이 불가능하거나 매우 어려워지는 문제점이 발생할 수 있게 된다. 이러한 문제점을 극복하기 위한 방안 중의 하나가 정칙화된 최소 자승법(regularized least squares method)을 사용하는 방안이다(e.g., [3]). 정칙화된 최소 자승법에서는, 최소화시켜야 하는 성능 지수로 $E_{LS}(w) \equiv \frac{1}{2} \| y - \Phi w \|^2$ 대신 $E_{RegLS}(w) = \frac{1}{2}\| y - \Phi w \|^2 + \frac{1}{2}\lambda \| w \|^2$를 고려한다. 이와 같이, 정칙화된 최소 자승법에서는, 최소 자승법을 위한 본래의 목적 함수에 추가적으로 반드러움(smoothness)을 확보하기 위한 정칙화 항(regularization term) $\frac{1}{2}\lambda \| w \|^2$이 더해짐에 유의하자. λ는 정칙화 상수(regularization constant)로 불리는 작은 양수이며, $E_{RegLS}(w) = \frac{1}{2}\| y - \Phi w \|^2 + \frac{1}{2}\lambda \| w \|^2$를 최소화하는 해 $w_{RegLS} = (\Phi^T\Phi + \lambda I)^{-1}\Phi^T y$가 항상 어려움 없이 계산될 수 있도록 하는 역할을 수행한다. 여기에서 $(\Phi^T\Phi + \lambda I)$가 안정되게 계산될 수 있는 이유는, 반올림 오차(round-off error) 등의 문제 때문에 $\Phi^T\Phi$가 양의 반정부호(positive semi-definite)에 머무는 상황일지라도 대각 항에 양수 λ가 더해지게 되어 $(\Phi^T\Phi + \lambda I)$의 가역성(invertibility)이 확실하게 확보되기 때문이다. 마지막으로, 위에서는 정칙화 항(regularization term)이 w의 ℓ_2노옴인 $\| w \|_2$를 통해 $\frac{1}{2}\lambda \| w \|_2^2$로 정의되는 일반적인 상황을 소개하였는데, w의 원소 중 다수가 0이 되는 스파스 해(sparse solution)를 선호하는 상황에서는 w의 ℓ_1노옴 등이 사용될 수 있음에 유의하자.(e.g., [3])

3.4 베이지안 방법(Bayesian approach)에 의한 선형 함수 근사

베이지안 방법은, 우리가 추정하고자 하는 파라미터 w를 랜덤 변수로 취급하는 관점으로부터 출발한다. 이러한 관점에 따라 랜덤 변수 w를 위한 선분포(prior distribution)로 평균 벡터(mean vector)가 m_0이고 공분산 행렬(covariance matrix)이 S_0인 경우를 고려하자. 즉, $w \sim N(m_0, S_0)$. 여기에서, 선분포로 고려하는 다변수 정규분포(multi-variate normal distribution)의 평균 벡터와 공분산 행렬의 표기에 아래 첨자 0을 붙인 이유는 아직 학습 데이터(training data) $D = \{(x_n, y_n)\}_{n=1}^{N}$의 정보가 반영되지 않은 상태에서 가정하는 분포이기 때문이다.[2] 학습 데이터 D의 정보를 반영한 상태에서 구하는 w를 위한 후분포(posterior distribution)는 다음의 논리 전개를 활용하여 구할 수 있다.

$$
\begin{aligned}
P(w|D) &= \frac{P(w, D)}{P(D)} \\
&\propto P(w, D) = P(D|w)P(w) \\
&= (\text{우도 함수}) \times (\text{선분포}) \\
&= N(y \mid \Phi w, \frac{1}{\beta} I)\, N(w \mid m_0, S_0).
\end{aligned}
$$

여기에서, 랜덤 변수 w에 대한 사전 정보가 전혀 없을 경우에는, 일반적으로 선분포(prior distribution)로 고려하는 다변수 정규 분포의 평균 벡터(mean vector)와 공분산 행렬(covariance matrix)을 위해 다음과 같은 선택이 사용되곤 한다. $m_0 = 0$, $S_0 = \frac{1}{\alpha} I$. 이 경우에는 평균 벡터(mean vector)을 위한 사전 정보가 전혀 없는 형편임을 반영하여, 평균 벡터로 영 벡터를 사용한다. 그리고, 공분산 행렬을 정의할 때에도, 교차 상관(cross correlation)에 관한 정보가 전혀 없는 형편이므로 오프 대각선 요소(off diagonal element)를 모두 0으로 놓고, 대각항도 정밀도 α를 공유하는 형태로 최대한 단순하게 정의한다. 이와 같은 선택을 전제하면, 위의 후분포

2) 학습 데이터가 반영되지 않은 상태에서 가정하는 선분포(prior distribution)의 평균 벡터와 공분산 행렬을 위해서 아래 첨자 0을 사용함에 반해서, D에 있는 N개의 학습 데이터가 모두 반영된 상태에서 다루는 후분포(posterior distribution)의 평균 벡터와 공분산 행렬을 위해서는 아래 첨자 N이 사용될 예정이다. 이와 같이 아래 첨자를 이용하여 선분포와 후분포의 파라미터를 구분함은 [3]의 표기법에 따른다.

(posterior distribution)는 다음과 같은 표현으로 정리된다.

$$P(w|D) = N(y|\Phi w, \frac{1}{\beta}I)\, N(w|0, \frac{1}{\alpha}I)$$
$$= (\frac{1}{\sqrt{|2\pi\frac{1}{\beta}I|}}\exp(-\frac{\beta}{2}\|y-\Phi w\|^2))(\frac{1}{\sqrt{|2\pi\frac{1}{\alpha}I|}}\exp(-\frac{\alpha}{2}\|w\|^2))$$
$$= \text{constant} \times \exp(-\frac{\beta}{2}\|y-\Phi w\|^2 - \frac{\alpha}{2}\|w\|^2)$$

위의 후분포(posterior distribution) 정리 결과가 지수함수 안 쪽에 w에 관한 이차식 $-\frac{\beta}{2}\|y-\Phi w\|^2 - \frac{\alpha}{2}\|w\|^2$을 포함하고 있으므로, 후분포(posterior distribution)는 다변수 정규 분포가 됨을 알 수 있다. 아울러, D에 있는 N개의 학습 데이터가 모두 반영된 상태를 전제하는 후분포(posterior distribution)의 평균 벡터와 공분산 행렬을 위해서는 아래 첨자 N을 사용하는 표기법과 다변수 정규 분포 공식을 활용하면 후분포(posterior distribution)를 위한 전개식은 다음과 같이 표현될 수 있다.

$$P(w|D) = N(w|m_N, S_N) = \frac{1}{\sqrt{|2\pi S_N|}} exp(-\frac{1}{2}(w-m_N)^T S_N^{-1}(w-m_N))$$
$$= \text{constant} \times \exp(-\frac{1}{2}w^T S_N^{-1} w + w^T S_N^{-1} m_N + \cdots).$$

위에서 유도한 두 가지 표현은 동일한 후분포를 표현하고 있음을 활용하면, 다음과 같은 결론에 도출할 수 있다.

$$S_N^{-1} = (\beta\,\Phi^T\Phi + \alpha I),$$
$$S_N^{-1} m_N = \beta\,\Phi^T y \quad \therefore\ m_N = \beta S_N \Phi^T y = (\beta\,\Phi^T\Phi + \alpha I)^{-1}\beta\,\Phi^T y$$

이러한 결과는 w를 위한 후분포(posterior distribution)를 제공할 뿐만 아니라, 후분포를 최대화시키는 최대 사후 추정치(maximum a posteriori estimation) w_{MAP}를 구

할 수 있게 해준다. 즉,

$$w_{MAP} = \text{argmax } P(D|w) = \text{argmax } N(w|m_N, S_N) = m_N$$
$$= (\beta \Phi^T \Phi + \alpha I)^{-1} \beta \Phi^T y$$

마지막으로, 이러한 계산 결과에 $\beta = \dfrac{\alpha}{\lambda}$를 추가로 가정하게 되면, 다음과 같은 흥미로운 결과를 얻을 수 있다.

$$w_{MAP} = (\frac{\alpha}{\lambda}\Phi^T\Phi + \alpha I)^{-1}\frac{\alpha}{\lambda}\Phi^T y = (\Phi^T\Phi + \lambda I)^{-1}\Phi^T y = w_{RegLS}.$$

이 결과는 정칙화된 최소 자승법의 해가, 베이지안 방법을 통하여 유도된 최대사후 추정 결과인 w_{MAP}의 특별한 경우가 됨을 보여준다. 이상의 유도 과정을 통하여, 선형 모델에 의한 함수 근사 방법론 중 최소 자승법, 최우 추정법, 정칙화된 최소 자승법 및 베이지안 방법에 의한 해(즉, w_{LS}, w_{ML}, w_{RegLS}, w_{MAP})의 상호 관계는 흥미로운 연결고리를 가짐을 알 수 있다.

참고문헌

[1] Bretscher, O. (2014). *Linear algebra with applications*. Pearson.

[2] Yates, R. D., &Goodman, D. J. (2005). *Probability and stochastic processes: a friendly introduction for electrical and computer engineers* (Vol. 41). Hoboken, NJ: John Wiley &Sons.

[3] Bishop, C. M. (2006). *Pattern recognition and machine learning*. Springer.

CHAPTER 04

이진 분류를 위한 선형 모델

4장에서는 선형 모델(linear model)을 이용한 이진 분류 문제(binary classification problem)를 소개한다. 딥러닝 등의 영역에서 그러하듯이 최근의 인공지능 풀이법은 복잡한 입출력 표현을 선호한다. 이러한 최근 상황에도 불구하고, 분류를 위한 선형 모델은 모든 복잡한 모델의 기초이자 핵심이 되는 부분이므로 반드시 짚고 넘어가야할 내용이라 할 수 있다.

선형 모델을 위한 분류 문제는 회귀 문제(regression problem)와 마찬가지로, $f(x) = w_1\phi_1(x) + \cdots + w_M\phi_M(x)$와 같이 기저 함수(basis functions) $\phi_1, \cdots, \phi_M$의 선형 조합(linear combination)으로 표현되는 선형 모델을 통해, 분류 작업을 수행하기 위한 결정 함수(decision function) f를 표현 혹은 근사하는 형태로 푼다. 3장에서도 언급된 바와 같이 선형 모델의 행렬-벡터 표현(matrix-vector representation) 및 내적 표현은 각각 $f(x) = w^T\phi(x)$ 및 $f(x) = <w, \phi(x)> = <\phi(x), w>$로 주어지며, 이 때 w와 $\phi(x)$는 각각 다음과 같다.

$$w = \begin{bmatrix} w_1 \\ \vdots \\ w_M \end{bmatrix}, \ \phi(x) = \begin{bmatrix} \phi_1(x) \\ \vdots \\ \phi_M(x) \end{bmatrix}$$

이 선형 모델에서 $w_1, \cdots, w_M$은 학습 과정에서 업데이트되는 파라미터(parameters)이고, x와 $\phi(x)$는 각각 입력(input)과 특징 벡터(feature vector)이다.

선형 모델을 이용하여 이진 분류를 수행하는 작업에서는 거리를 사용하여 성능 지수를 정의한 후 이를 최적화 하는 관점과 확률 모형을 사용하는 관점이 있는데, 다음에서는 이 두 관점을 각각 대표할 수 있는 선형 판별 분석(linear discriminant analysis)과 로지스틱 회귀(logistic regression)를 소개한다.

4.1 선형 판별 분석(linear discriminant analysis, LDA)

이진 분류(binary classification)를 위한 학습 데이터(training data)가 $D = \{(x_n, y_n)\}_{n=1}^{N}$로 주어진 경우를 고려하자. 편의상, 우리가 고려하는 이진 분류 문제의 두 가지 클래스를 각각 C_1와 C_0로 부르기로 한다. D의 각 학습 데이터는 (x_n, t_n)의 입출력 쌍으로 주어지며, 입력 벡터 $x_n \in R^d$이 C_1클래스에 속하면 해당 출력을 $t_n = 1$로 표현하고, 입력 벡터 $x_n \in R^d$이 C_0클래스에 속하면 해당 출력을 $t_n = 0$으로 표현하기로 한다. 따라서, 각 입력 벡터에 대응하는 출력은 타겟 클래스(target class)의 표현으로 정의될 수 있다. 즉,

$$x_n \in C_1 \Leftrightarrow t_n = +1 \text{ and } x_n \in C_0 \Leftrightarrow t_n = 0 \text{ for } n \in \{1, \cdots, N\}.$$

그림을 통하여 상황을 설명하기 쉽도록 입력 벡터 x_n가 속하는 공간을 이차원이라 가정하면(즉, $d = 2$) 우리가 고려하는 이진 분류 문제는 그림 1처럼 표현할 수 있으며, 이 문제에서 추구하는 목표는 C_1클래스에 속하는 '+'들과 C_0클래스에 속하는 '−'들을 일차원 정사영(one-dimensional projection)을 통하여 구분하고자 할 때 최적 방향이 되는 단위 벡터 $w = w_{LDA}$를 구하는 것이다.

그림 1에서 보인 바와 같이, C_1클래스에 속한 입력 벡터들을 1차원 공간 span(w) 위로 정사영한 후 그 결과들의 평균을 $M_1 w$로 부르기로 하자. 즉,

$$M_1 w \equiv \frac{1}{N_1} \sum_{x_n \in C_1} < x_n, w > w.$$

그림 4.1
선형 판별 문제의 예시

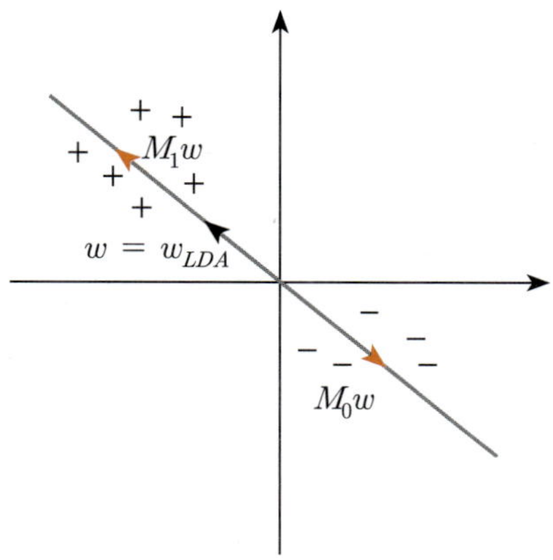

이 때 $\frac{1}{N_1}\sum_{x_n \in C_1} < x_n , w > w = < \frac{1}{N_1}\sum_{x_n \in C_1} x_n , w > w$가 성립하므로, M_1w는 클래스에 속하는 C_1들의 무게 중심의 span(w)로의 정사영 결과로 표현할 수 있다. 즉,

$$M_1w = < m_1, w > w, \text{ where } m_1 = \frac{1}{N_1}\sum_{x_n \in C_1} x_n.$$

여기에서, $M_1 = < m_1 , w >$이 성립함에 유의하자.

위에서 수행한 작업을 C_0클래스에 속한 입력 벡터들에 대해서도 같은 방식으로 적용하면 마찬가지 결과를 얻을 수 있다. 즉,

$$M_0w \equiv \frac{1}{N_0}\sum_{x_n \in C_0} < x_n, w > w,$$

$$M_0 w = < m_0, w > w, \text{ where } m_0 = \frac{1}{N_0} \sum_{x_n \in C_0} x_n,$$

$$M_0 = < m_0, w >.$$

그림 1에 대한 관찰로부터, 정사영 결과들을 효과적으로 이진 분류하기 위해서는 다음의 두 기준(criteria)을 사용함이 합리적임을 알 수 있다.

기준 1 M_1과 M_0는 멀리 떨어져 있을수록 효과적으로 분류할 수 있다.
기준 2 각 클래스 분산이 작을수록 효과적으로 분류할 수 있다.

이와 같이, 그림에 대한 관찰로부터 도출한 두 기준을 수식으로 표현하면 다음과 같다.

기준 1 $(M_1 - M_0)^2$은 클수록 좋다.
기준 2 $N_1 S_1^2 + N_0 S_0^2$은 작을수록 좋다.[1)]

기준 1에 등장하는 항들을 정리하면, $(M_1 - M_0)^2$는 다음과 같이 w에 대한 이차식 형태(quadratic form)로 고쳐 쓸 수 있다. 즉,

$$\begin{aligned}(M_1 - M_0)^2 &= (< m_1, w > - < m_0, w >)^2 \\ &= (< m_1 - m_0, w >)^2 = w^T (m_1 - m_0)(m_1 - m_0)^T w \\ &= w^T S_B w, \text{ where } S_B \equiv (m_1 - m_0)(m_1 - m_0)^T.\end{aligned}$$

1) 여기에서 S_1^2과 S_0^2는 각각 C_1 클래스와 C_0 클래스에 속하는 입력 벡터들의 정사영 결과의 분산을 의미한다. 즉, $S_1 \equiv \frac{1}{N_1} \sum_{x_n \in C_1} (< x_n, w > - M_1)^2$, $S_0 \equiv \frac{1}{N_0} \sum_{x_n \in C_0} (< x_n, w > - M_0)^2$. 그리고, [기준 2]에서 분산의 가중 합을 구하는 장면에서는 각 클래스에 있는 원소의 개수도 함께 고려되고 있음에 유의하자.

여기에서, 마지막 식의 우변에 등장하는 행렬 S_B는 집단 간 산포 행렬(between-class scatter matrix)로 불린다.

기준 2 에 등장하는 항들도 유사한 방법으로 정리하면, 다음을 얻을 수 있다.

$$\begin{aligned}
S_1^2 &= \frac{1}{N_1}\sum_{x_n \in C_1}(<x_n, w> - M_1)^2 \\
&= \frac{1}{N_1}\sum_{x_n \in C_1}(<x_n, w> - <m_1, w>)^2 \\
&= \frac{1}{N_1}\sum_{x_n \in C_1} w^T(x_n - m_1)(x_n - m_1)^T w. \\
S_0^2 &= \frac{1}{N_0}\sum_{x_n \in C_0}(<x_n, w> - M_0)^2 \\
&= \frac{1}{N_0}\sum_{x_n \in C_0}(<x_n, w> - <m_0, w>)^2 \\
&= \frac{1}{N_0}\sum_{x_n \in C_0} w^T(x_n - m_0)(x_n - m_0)^T w. \\
\therefore N_1 S_1^2 + N_0 S_0 &= \sum_{x_n \in C_1} w^T(x_n - m_1)(x_n - m_1)^T w \\
&\quad + \sum_{x_n \in C_0} w^T(x_n - m_0)(x_n - m_0)^T w \\
&= w^T S_W w, \\
\text{where } S_W &\equiv \left(\sum_{k=0}^{1}\sum_{x_n \in C_k}(x_n - m_k)(x_n - m_k)^T\right)
\end{aligned}$$

여기에서, 마지막 식의 우변에 등장하는 행렬 S_W는 집단 내 산포 행렬(within-class scatter matrix)로 불린다.

위의 수식 전개 결과를 이용하면, 앞에서 소개한 두 기준들은 각각 $w^T S_B w$를 크게 하고 $w^T S_W w$를 작게 하는 것이 필요함으로 치환될 수 있다. 따라서, 이 두 기준을 동시에 충족시키는 것이 필요한데, 이러한 상황에서 사용할 수 있는 성능지

그림 4.2
선형 판별 분석을 위한 파이선 예제

```
import numpy as np
from numpy.matlib import repmat
import matplotlib.pyplot as plt
from scipy import linalg

N = 50
N1=N; N0=N
M1=np.array([0.,-2.])
M0=np.array([0.,2.])
S1=np.array([[9.,0.],[0.,1.]])
S0=S1
X1=np.random.randn(N1,2).dot(linalg.sqrtm(S1))+ repmat(M1,N,1)
X0=np.random.randn(N0,2).dot(linalg.sqrtm(S0))+ repmat(M0,N,1)
plt.figure(1)
plt.plot(X1[:,0],X1[:,1],'+')
plt.plot(X0[:,0],X0[:,1],'o')

S_w = N1*np.cov(X1.T) + N0*np.cov(X0.T)
S_b = (M1-M0).reshape(2,1).dot((M1-M0).reshape(1,2))
D,U = linalg.eig(linalg.inv(S_w).dot(S_b))

print(D)
w_LDA = U[:,1]
print(w_LDA)
```

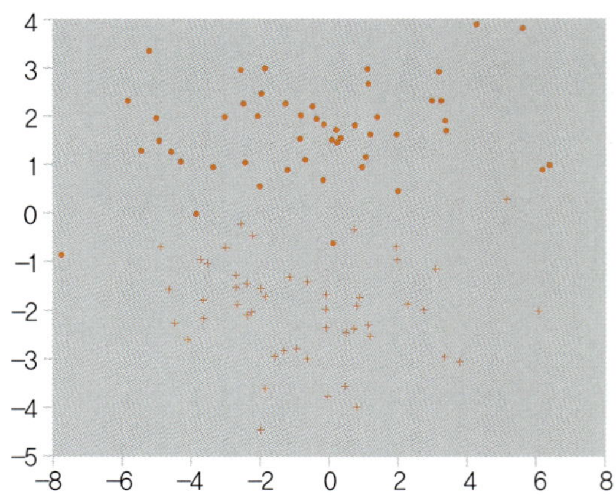

수(performance index) 중 하나로 다음의 일반화된 라일리 몫(generalized Rayleigh quotient) 함수(e.g., [1])를 들 수 있다.

$$R(S_B, S_W; w) \equiv \frac{w^T S_B w}{w^T S_W w}$$

선형대수 지식(e.g., [1])을 활용하면 S_B가 대칭 행렬(symmetric matrix)이고 S_W가 양의 정부호(positive definite)인 대칭행렬인 경우에 $R(S_B, S_W; w)$의 최대 및 최소값은 각각 $S_W^{-1} S_B$의 최대 고유값(maximum eigenvalue)과 최소 고유값(minimum eigenvalue)이고 (즉, $R(S_B, S_W; w) \equiv \frac{w^T S_B w}{w^T S_W w} \in [\lambda_{\min}(S_W^{-1} S_B), \lambda_{\max}(S_W^{-1} S_B)]$ 이며, 폐 구간(closed interval) 범위의 상한과 하한은 각각 $R(S_B, S_W; w)$의 최대값과 최소값이 됨), 이들 최대 및 최소값은 각각 최대 고유값(maximum eigenvalue)과 최소 고유값(minimum eigenvalue)에 대응하는 고유 벡터들(corresponding eigenvectors)에서 발생함을 보일 수 있다(숙제). 이러한 결과는 때로 일반화된 라일리 몫에 관한 원리(generalized Rayleigh quotient principle)로 불린다. 이러한 원칙의 결과로 우리가 그림 1에서 예시한 이진 분류 문제에서 구하는 단위 벡터 w_{LDA}는 $S_W{}^{-1} S_B\, w_{LDA} = \lambda_{\max}(S_W{}^{-1} S_B)\, w_{LDA}$를 만족함을 알 수 있다. 따라서, 행렬 $S_W^{-1} S_B$의 최대 고유값에 대응하는 단위 고유벡터를 구함으로써 이진 분류를 위한 선형 판별 분석(linear discriminant analysis)의 해를 구할 수 있다. 또한, S_B의 정의가 $S_B \equiv (m_1 - m_0)(m_1 - m_0)^T$임을 기억하면, $S_W{}^{-1} S_B\, w_{LDA} = \lambda_{\max}(S_W{}^{-1} S_B)\, w_{LDA}$를 통해 구할 수 있는 w_{LDA}의 방향은 $w_{LDA} \propto S_W^{-1}(m_1 - m_0)$를 만족함을 알 수 있다. 마지막으로, 그림 2에서는 선형 판별 분석(linear discriminant analysis)을 다룬 간단한 파이선 예제 [그림 4.2]를 소개한다. 본 교재에서는, 파이선 예제를 통한 코딩을 4, 5, 7장에서 약간만 다루었다. 코딩 부분을 폭넓게 다룬 참고문헌으로는 [5] 등을 들 수 있다.

4.2 로지스틱 회귀(logistic regression)

로지스틱 회귀(logistic regression) 방법은, 이진 분류를 위한 확률 모형에서 성공확률[2]로 $P(C_1|x)=\sigma(w_1^T x+w_0)$를 사용한다. 여기에서 $\sigma(\cdot)$는 $\sigma(z)=\dfrac{1}{1+\exp(-z)}$로 정의되는 로지스틱 시그모이드 함수(logistic sigmoid function)이다. 보다 간결한 표현을 위하여, $\tilde{w}\equiv\begin{bmatrix}w_1\\w_0\end{bmatrix}$와 $\tilde{x}\equiv\begin{bmatrix}x\\1\end{bmatrix}$를 사용하면 성공 확률은 $P(C_1|x)=\sigma(<\tilde{w},\tilde{x}>)$로 고쳐 쓸 수 있다. 그리고, 보다 일반적인 상황을 고려하여 $\tilde{x}$ 대신 특징 벡터(feature vector) $\phi(x)$를 사용하면, 로지스틱 회귀를 위한 확률 모형에서 성공 확률은 $P(C_1|x)=\sigma(<w,\phi(x)>)$로 표현될 수 있다. 이 때 $P(C_0|x)+P(C_1|x)=1$로부터, $P(C_0|x)=1-\sigma(<w,\phi(x)>)$이 성립함은 물론이다.

위에서 사용하는 확률 모형에서처럼, x와 C_1 및 C_0에 대한 확률 분포를 전체적으로 따지지 않은 채 직접 $P(C_1|x)$ 및 $P(C_0|x)$에 관한 확률 모형을 제시한 후 이를 바탕으로 분류를 수행하는 방법을 식별적 접근 방법(discriminative approach)라고 한다. 반면에 $P(C_1,x)$ 및 $P(C_0,x)$에 관한 확률 모형을 바탕으로 하여 분류를 수행하는 방법을 생성적 접근 방법(generative approach)라고 한다. 다음에서는 어떠한 조건 아래에서, 식별적 접근 방법인 로지스틱 회귀에 의한 이진 분류 방법이 생성적 접근 방법으로도 설명될 수 있는 지 논의해보자. 이 논의 과정에서는 설명의 편의상, 성공 확률이 $P(C_1|x)=\sigma(<\tilde{w},\tilde{x}>)=\sigma(w_1^T x+w_0)$로 주어지는 경우를 고려한다.

이 논의를 위하여, C_1클래스에 속하는 데이터와 C_0클래스에 속하는 데이터가 각각 다변수 정규 분포를 갖되 공분산 행렬을 공유하는 상황을 고려하자. 즉,

2) 설명의 편의상 $P(C_1|x)$를 성공확률로 정의하기로 약속한다. 베르누이 랜덤 변수(Bernoulli random variable)의 출력이 1인 경우는 흔히 성공으로 불리므로, 이러한 정의는 자연스러운 약속이라고 할 수 있다.

$$P(x|C_1) = N(x|\mu_1, \Sigma),\ P(x|C_0) = N(x|\mu_0, \Sigma).$$

아울러 C_0와 C_1가 같은 선분포를 가짐을 가정하면 (즉, $P(C_1) = P(C_0) = 0.5$), 성공 확률 $P(C_1|x)$는 다음과 같이 전개될 수 있다.

$$P(C_1|x) = \frac{P(C_1, x)}{P(x)} = \frac{P(x|C_1)P(C_1)}{P(x|C_1)P(C_1)+P(x|C_0)P(C_0)} = \frac{1}{1+\dfrac{P(x|C_0)}{P(x|C_1)}}$$

여기에서, $P(x|C_1) = N(x|\mu_1, \Sigma)$과 $P(x|C_0) = N(x|\mu_0, \Sigma)$는 공분산을 공유하는 다변수 정규분포이므로, 다음이 성립한다.

$$\begin{aligned}\frac{P(x|C_0)}{P(x|C_1)} &= \exp(-\frac{1}{2}(x-\mu_0)^T\Sigma^{-1}(x-\mu_0))/\exp(-\frac{1}{2}(x-\mu_1)^T\Sigma^{-1}(x-\mu_1)) \\ &= \exp(-(\Sigma^{-1}(\mu_1-\mu_0))^T x + \text{constant}).\end{aligned}$$

따라서, $w_1 \equiv \Sigma^{-1}(\mu_1 - \mu_0)$로 정의하면, 생성적 접근방법으로부터 출발한 이상의 유도과정으로 구한 성공 확률 $P(C_1|x)$가 결과적으로 식별적 접근방법으로 소개한 애초의 확률 모형의 경우와 같아짐을 확인할 수 있다. 즉,

$$P(C_1|x) = \frac{1}{1+\dfrac{P(x|C_0)}{P(x|C_1)}} = \frac{1}{1+\exp(-(w_1^T x + w_0))} = \sigma(w_1^T x + w_0),$$

$$P(C_0|x) = 1 - \sigma(w_1^T x + w_0)$$

따라서, 로지스틱 회귀에서 사용하는 $P(C_1|x)$와 $P(C_0|x)$는 식별적 접근 방식뿐만 아니라, 생성적 접근 방식으로도 설명이 가능함을 확인할 수 있다.

주어진 학습 데이터에 대하여 로지스틱 회귀 방법으로 이진 분류 문제를 푸는 경우에는 다양한 학습 방법(e.g., [2] 등 참조)을 사용할 수 있다. 본 장에서는 이들 중 가

장 간단한 방법이라고 할 수 있는 기울기 강하법(gradient descent method)에 의한 학습을 설명하고, 함수 근사를 다루는 경우와의 관련성에 대하여도 따져보기로 한다.

기울기 강하법은 성능 지수 $E(\cdot)$가 파라미터 w에 관한 다중 변수 함수(multi-variable function) 형태이고 주어진 위치 w_t의 근방(neighborhood)에서 미분가능 할 경우에, w의 극소 변화 방향 중 성능 지수를 가장 빠르게 감소시킬 수 있는 방향은 음의 그레디언트, 즉, $-\nabla E(w_t)$방향이라는 관찰에 기반을 둔 방법론이다. 이러한 결과는, 성능 지수 $E(\cdot)$를 주어진 위치 $w = w_t$ 중심으로 테일러 시리즈 전개(Taylor series expansion)를 관찰함으로써 쉽게 얻어낼 수 있으며, 이에 따라 파라미터 w의 업데이트를 $w_{t+1} \leftarrow w_t - \gamma \nabla E(w_t)$에 따라 수행하는 경우, γ가 충분히 작은 경우에는 $E(w_t) \geq E(w_{t+1})$를 보장할 수 있다. 그리고, 학습률(learning rate) γ를 적절히 조정하면 이러한 업데이트를 통하여 성능 지수 E의 지역적 최소값(local minimum)으로 수렴할 수 있음을 보장할 수 있으며, 특히 E가 콘벡스 함수(convex function)인 경우에는 지역적 최소값으로의 수렴은 곧 전역적 최소값(global minimum)으로의 수렴을 뜻하게 된다(e.g., [3]).

로지스틱 회귀를 이용하여 이진 분류 문제를 풀기 위하여, 이진 분류(binary classification)를 위한 학습 데이터(training data)가 $D = \{(x_n, y_n)\}_{n=1}^{N}$로 주어진 경우를 고려하자. 앞에서 언급한 바와 같이, 우리가 고려하는 이진 분류 문제의 두 가지 클래스를 각각 C_1와 C_0로 부르기로 한다. D의 각 학습 데이터는 (x_n, t_n)의 입출력 쌍으로 주어지며, 입력 벡터 $x_n \in R^d$이 C_1클래스에 속하면 해당 출력을 $t_n = 1$로 표현하고, 입력 벡터 $x_n \in R^d$이 C_0클래스에 속하면 해당 출력을 $t_n = 0$으로 표현하기로 한다. 따라서, 각 입력 벡터에 대응하는 출력은 타겟 클래스(target class)의 표현으로 정의될 수 있다. 즉,

$$x_n \in C_1 \Leftrightarrow t_n = +1 \text{ and } x_n \in C_0 \Leftrightarrow t_n = 0 \text{ for } n \in \{1, \cdots, N\}.$$

그리고 입력 x로부터 출력 t가 생성되는 과정이 다음의 확률모형을 따른다고

하자.

$$x \mapsto \phi(x) \mapsto < w, \phi(x) > \mapsto y = \sigma(< w, \phi(x) >) \mapsto t \sim Bernoulli(y).$$

이 경우 학습 데이터의 우도 함수(likelihood function)(e.g., [4]) $L(w)$는 다음과 같다.

$$L(w) = P(D|w) = \prod_{n=1}^{N} P(t_n|w) = \prod_{n=1}^{N} y_n^{t_n}(1-y_n)^{1-t_n}.$$

여기에서 $y_n = P(C_1|x_n) = \sigma(w^T\phi(x_n))$는 성공확률을 의미함에 유의하자. 또한, 우도 함수 $L(w)$는 학습 데이터 D가 고정되고 파라미터 w가 미지의 변수(unknown parameter)로 취급되는 상황에서 정의되고 있으므로, 확률분포가 아니고 함수로써의 역할을 수행하고 있음에도 유의하자. 최우추정법(maximum likelihood method)을 통하여 파라미터 추정을 수행할 때는 일반적으로 계산의 편의상 우도 함수 대신 로그-우도 함수(log-likelihood function)를 사용하는데, 위의 경우에 대해 로그-우도 함수를 정리하면 다음과 같은 형태가 된다.

$$l(w) = \log L(w) = \log P(D|w) = \sum_{n=1}^{N} \{t_n \log(y_n) + (1-t_n)\log(1-y_n)\}.$$

음의 로그-우도 함수를 우리가 최소화 하여야 하는 성능 지수(performance index) E로 정의한 후, 기울기 강하법을 적용하면 다음과 같은 업데이트 규칙을 얻을 수 있다.

$$w^{new} \leftarrow w - \eta \nabla_w E(w)$$

여기에서, 성능 지수 E의 그레디언트(gradient)는 다음과 같이 전개될 수 있다.

$$\nabla_w E(w) = -\sum_{n=1}^{N}\left\{t_n \frac{1}{y_n} y_n(1-y_n)\phi(x_n) + (1-t_n)\frac{-1}{1-y_n} y_n(1-y_n)\phi(x_n)\right\}$$
$$= -\sum_{n=1}^{N}(t_n - y_n)\phi(x_n).$$

따라서, 로지스틱 회귀를 위한 기울기 강하법 기반 업데이트 규칙은 다음과 같이 정리될 수 있다.

$$w^{new} \leftarrow w + \eta\sum_{n=1}^{N}(t_n - y_n)\phi(x_n).$$

이러한 업데이트 규칙은, 입력 x_n에 의한 특징 벡터가 $\phi(x_n)$인 경우에 w의 변화가 성공 확률 y_n이 출력 t_n 방향으로 움직이도록 해주는 효과를 가짐을 알 수 있다. 참고로, 함수 근사를 다루는 경우에도 기울기 강하 기반 업데이트 규칙은 같은 효과로 귀결됨을 다음과 같은 논리 전개를 통하여 보일 수 있다. 3장에서 언급한 바와 같이 선형 모델 기반 함수 근사 모델로 $t_n \approx w^T\phi(x_n)$를 고려할 수 있고, 이 때 최소 자승법 및 최우 추정법을 위한 성능 지수는 성능 지수 $E(w) = \frac{1}{2}\sum_{n=1}^{N}(t_n - w^T\phi(x_n))^2$를 이용하여 표현할 수 있다. 따라서 앞에서 설명한 절차에 따르면, 해당 함수 근사 문제를 위한 기울기 강하법 기반 업데이트 규칙은

$$w^{new} \leftarrow w - \eta\nabla_w E(w) = w + \eta\sum_{n=1}^{N}(t_n - y_n)\phi(x_n)$$

로 표현될 수 있으며, 이러한 표현으로부터 선형 모델에 의한 함수 근사 문제에서도 기울기 강하 기반 업데이트 규칙은 입력 x_n에 의한 특징 벡터가 $\phi(x_n)$인 경우에 의 변화가 선형 근사기의 출력 $y_n = w^T\phi(x_n)$이 타겟 출력 t_n 방향으로 움직이도록 해주는 효과를 가짐을 관찰할 수 있다.

참고문헌

[1] Horn, R. A., & Johnson, C. R. (2012). *Matrix analysis*. Cambridge university press.

[2] Bishop, C. M. (2006). *Pattern recognition and machine learning*. Springer.

[3] Boyd, S., &Vandenberghe, L. (2004). *Convex optimization*. Cambridge university press.

[4] Yates, R. D., &Goodman, D. J. (2005). *Probability and stochastic processes: a friendly introduction for electrical and computer engineers* (Vol. 41). Hoboken, NJ: John Wiley &Sons.

[5] Géron, A. (2017). Hands-on machine learning with Scikit-Learn and TensorFlow: concepts, tools, and techniques to build intelligent systems. O' Reilly Media, Inc..

MEMO

CHAPTER 05

커널 기법 개론

5장과 6장에서는 커널 기법(kernel methods)(e.g., [1])을 소개한다. 커널 기법은 2000년 전후를 즈음하여, 당시 기술적으로 정체기를 겪고 있던 신경망 기반 방법론들의 강력한 대안으로 활용되며 큰 인기를 누린 바 있었으나, 최근에는 각종 신경망 구조를 기반으로 하는 딥 러닝 기술에 비하여 예전만큼의 영향력을 갖지 못하고 있는 형편이다. 이러한 최근 상황에도 불구하고, 커널 기법은 학습 데이터의 규모가 작을 경우에는 요즈음에도 여전히 편리한 선택이 되고 있고, 그 기술이 대규모 데이터를 다룰 수 있는 방향으로 꾸준히 발전되고 있으므로 머신 러닝의 방법론의 이해를 다룰 때 반드시 짚고 넘어가야할 내용 중 하나라고 할 수 있다.

5.1 커널 기법을 위한 표현 정리(representer theorem)

커널 기법이라 하면 일반적으로, 분류 및 함수 근사 등의 응용 분야에서 사용하는 결정함수(decision function)를 위하여 다음과 같은 가중 합 형태의 함수를 사용하는 기법을 의미 한다: $f(x) = \sum_{i=1}^{N} \alpha_i k(x_i, x)$ 또는 $f(x) = \sum_{i=1}^{N} \alpha_i k(x_i, x) + b$

이러한 커널 기법이 실제 문제에 적용되었을 때, 성공적인 결과를 제공할 수 있음을 입증할 수 있는 이론적 근거로 다음에 소개하는 "커널 기법을 위한 표현 정리(representer theorem)[1]"를 들 수 있다.

[가] 커널 기법을 위한 표현 정리(representer theorem)[1]: H가 커널 k에 대응하는 재

현 커널 힐버트 공간(reproducing kernel Hilbert space, RKHS)이라고 하자. 그리고, $\Omega: [0, \infty) \rightarrow R$는 엄격한 단조 증가 함수(strictly monotone increasing function)이고, 학습 데이터 $D = \{(x_i, y_i)\}_{i=1}^{N}$의 입력이 속하는 X는 컴팩트 집합(compact set)이며, 학습 과정에서 고려하는 손실함수는 $c: (X \times R^2)^N \rightarrow R \cup \infty$라고 하자. 그러면, 정칙화된 위험(regularized risk) $c((x_1, y_1, f(x_1)), \cdots, (x_N, y_N, f(x_N))) + \Omega(\|f\|_H)$를 최소화하는 함수 $f \in H$는 $f(x) = \sum_{i=1}^{N} a_i k(x_i, x)$로 표현될 수 있다.

이 정리에서 사용된 재현 커널 힐버트 공간(reproducing kernel Hilbert space, RKHS) 개념은, H가 함수 $f: X \rightarrow R$들로 구성되는 힐버트 공간이고 다음 조건을 만족하는 커널 함수 $k: X \times X \rightarrow R$를 포함하는 경우를 의미한다.

조건 1 $< f, k(x, \cdot) >_H = f(x)$ for $\forall f \in H$.[1]
(따라서, $f = k(x, \cdot)$인 경우에는,
$< k(x, \cdot), k(x', \cdot) >_H = k(x, x')$가 성립함)

조건 2 커널 함수 $k: X \times X \rightarrow R$는 전체 공간 H를 생성(span)한다. 즉,
$H = \overline{span\{k(x, \cdot) \mid x \in X\}}$

위의 정리에서 언급한 손실함수 c와 단조 증가 함수 Ω의 전형적인 예 중 하나로는 다음의 쌍을 들 수 있다.

$$c((x_1, y_1, f(x_1)), \cdots, (x_N, y_N, f(x_N)) = \frac{1}{N} \sum_{i=1}^{N} (y_i - f(x_i))^2,$$

$$\Omega(\|f\|_H) = \lambda \|f\|_H^2, \lambda > 0.$$

그리고, 커널 기법을 위한 표현 정리의 증명은 다음의 절차에 따라서 구성될 수 있다. 먼저 H는 힐버트 공간이고 span$\{k(x_1, \cdot), \cdots, k(x_N, \cdot)\}$는 유한 차원인 닫힌

1) 재현성(reproducing property)라고 불린다.

부분 공간(finite-dimensional closed subspace)이므로 각 $f \in H$는 다음과 같이 서로 직교하는 두 항으로 분해될 수 있다.

$$f(\cdot) = \sum_{i=1}^{N} \alpha_i k(x_i, \cdot) + f_\perp$$

$$\text{여기서, } < f_\perp, k(x_j, \cdot) >_H = 0, \ \forall j$$

이에 따라, 각 학습 데이터 입력 x_j에 함수 f를 적용한 결과는 다음과 같이 $f_\perp$와 무관한 항으로 표현될 수 있다.

$$\begin{aligned} f(x_j) &= < f, k(x_j, \cdot) >_H \text{(재현성, 즉 reproducing property에 의함)} \\ &= < \sum_{i=1}^{N} \alpha_i k(x_i, \cdot) + f_\perp, k(x_j, \cdot) >_H \\ &= \sum_{i=1}^{N} \alpha_i < k(x_i, \cdot), k(x_j, \cdot) >_H \\ &= \sum_{i=1}^{N} \alpha_i k(x_i, x_j) \end{aligned}$$

여기에서, $f_\perp \perp \sum_{i=1}^{N} \alpha_i k(x_i, \cdot)$이므로 피타고라스 정리로부터

$$\| \sum_i \alpha_i k(x_i, \cdot) + f_\perp \|_H^2 = \| \sum_i \alpha_i k(x_i, \cdot) \|_H^2 + \| f_\perp \|_H^2$$

이 성립하고, $\Omega: [0, \infty) \rightarrow R$가 엄격한 단조 증가 함수이므로 다음이 성립한다.

$$\begin{aligned} \Omega(\| f \|_H) &= \Omega(\| \sum_i \alpha_i k(x_i, \cdot) + f_\perp \|_H) \\ &= \Omega\left(\sqrt{\| \sum_{i=1}^{N} \alpha_i k(x_i, \cdot) \|_H^2 + \| f_\perp \|_H^2}\right) \text{(피타고라스 정리)} \end{aligned}$$

$$\geq \Omega(\|\sum_{i=1}^{N} \alpha_i k(x_i,x)\|_H)$$

그리고, $f_\perp = 0$일 때, 마지막 줄의 부등식은 등식이 된다. c항은 $f_\perp$에 무관하고, Ω항은 $f_\perp$가 작아야 최소화되므로, 결론적으로 정칙화된 위험(regularized risk) $c((x_1, y_1, f(x_1)), \cdots, (x_N, y_N, f(x_N))) + \Omega(\|f\|_H)$를 최소화하는 함수 $f \in H$는 $f(x) = \sum_{i=1}^{N} a_i k(x_i, x)$로 표현됨을 알 수 있다.

이 정리에서 기술하고 있는 바와 같이, 우리가 풀고자 하는 문제가 학습데이터의 근사 역량에 대한 성능지수와 결정함수의 매끄러움에 대한 성능지수의 가중 합(weighted summation)을 최적화 하는 문제일 경우에는 최적해가 반드시 $f(x) = \sum_{i=1}^{N} a_i k(x_i, x)$와 같은 형태를 가져야 한다. 이와 같은 커널 함수 값의 가중 합을 결정 함수로 사용하는 커널 기법으로는 확률론적 커널 기법(probabilistic kernel method)인 가우시안 프로세스(Gaussian process)와 비 확률론적 커널 기법(non-probabilistic kernel method)인 서포트 벡터 머신(support vector machine, SVMs)을 들 수 있다. 본 장에서는 이 중 가우시안 프로세스 기반 회귀 이론과 간단한 실험용 코드 등을 설명한다.

5.2 가우시안 프로세스 회귀(Gaussian process regression)

랜덤 프로세스는 인덱스를 가진 랜덤 변수들의 모임(indexed family of random variables)으로 정의된다. 공학 분야에서 쓰임새가 많은 랜덤 프로세스로는 임의 보행(random walk), 브라운 운동(Brownian motion), 가우시안 프로세스(Gaussian process), 백색 잡음(white noise) 등을 들 수 있는데, 이들 중 가우시안 프로세스는 머신 러닝 분야에서 가장 중요한 랜덤 프로세스 중 하나라고 할 수 있다. 가우시안 프로세스의

그림 5.1
가우시안 프로세스 관점에서 본 학습 데이터의 설명

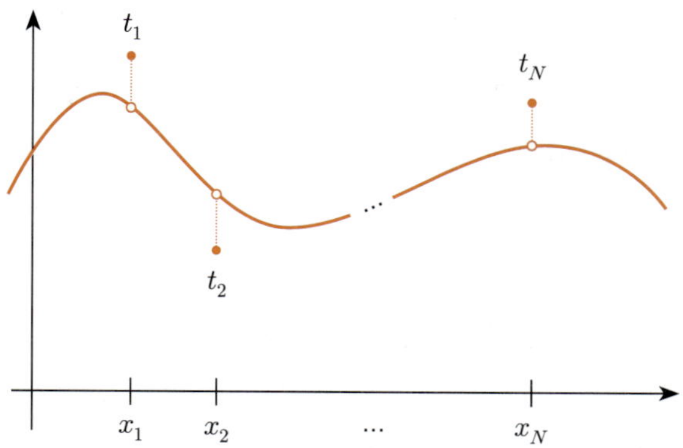

정의는 다음과 같다:

[나] 가우시안 프로세스의 개념(e.g., [2,3]): 가우시안 프로세스 $f(x)$는 인덱스 x로 표현되는 랜덤 변수들의 집합이며, 유한 개의 인덱스 $x_1, \cdots, x_N$을 임의로 선택 하였을 때 이 인덱스 집합을 통하여 정의 되는 랜덤 벡터 $[f(x_1), \cdots, f(x_N)]^T$가 다변수 정규 분포(multi-variate normal distribution)를 갖는다.

가우시안 프로세스를 함수 근사 문제(regression problems)에 적용하는 과정은, 가우시안 분포의 특성 상 매우 편리하게 진행될 수 있다. 학습 데이터가 $D = \{(x_n, t_n)\}_{n=1}^N$의 형태로 주어진 경우를 고려하자. 여기에서 (x_n, t_n)은 학습 데이터의 n번째 입-출력 쌍이며, x_n은 입력 공간 R^d에 속한 입력 벡터이고 t_n은 실수 공간에 속하는 출력 값이다. 이러한 입-출력 쌍이 (어느 정도) 매끄러운 모델과 추가적인 노이즈를 통해서 생성되었다고 가정하면, 입-출력 사이의 수학적 관계를 $t_n = f(x_n) + \epsilon_n$로 그려볼 수 있다(그림 1 참고). 일반적으로, 가우시안 프로세스 기반 함수 근사 기법에서는 $f(x_n)$ 부분을 특정 커널을 갖는 가우시안 프로세스로 보고, ϵ_n 부분은 평균이 0이고 분산이 $1/\beta$인 (혹은, 분산의 역수인 정밀도(precision)가 β인) 정규 분포를 갖는 랜덤 변수로 본다. 이러한 관점에 따라, 가우시안 프로세스 함수 근사 기법에서 사용하는 입-출력 상관 관계에 대한 확률 모형은 다음과 같이 정리될 수 있다:

$$\text{확률 모형: } t(x) = f(x) + \epsilon,$$
$$\text{여기서, } f(x) \sim GP(0, \kappa_\theta(x, x')),\ \epsilon \sim N(0, \frac{1}{\beta})$$

이 모델에서 언급된 바와 같이, 가우시안 프로세스 $f(x)$의 평균 값은 0으로 가정되고(즉, $E[f(x)] = 0$), $f(x)$와 $f(x')$의 공분산은 커널 함수 $\kappa_\theta(x, x')$를 통해 정의된다(즉, $\kappa_\theta(x, x') = cov[f(x), f(x')]$). 입력 공간이 일차원 실수 공간인 경우에는, 가우시안 프로세스를 이용한 함수 근사 문제는 다음 그림과 같이 예시될 수 있다:

커널의 파라미터 θ와 노이즈 ϵ의 정밀도 β로 구성되는 하이퍼 파라미터(hyper-

그림 5.2
가우시안 프로세스 회귀 개념도

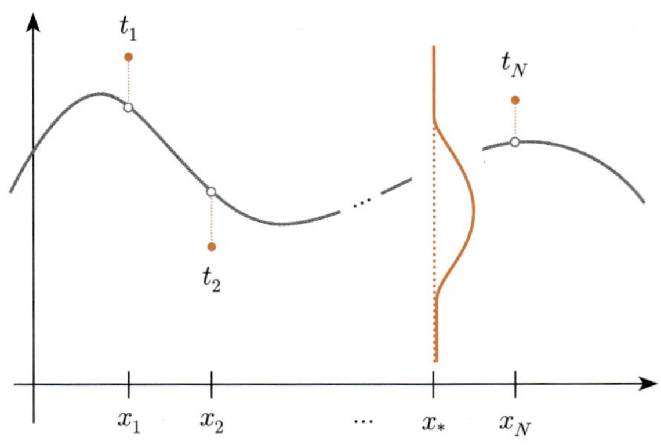

parameters) $\tilde{\theta}$는, 학습 데이터 D를 위한 우도 함수 $P(D|\tilde{\theta})$를 최대화시키는 방법으로 구할 수 있으며, 이 부분에 대해서는 뒤에서 간단히 설명한다.

학습 데이터에 포함되지 않은 시험 데이터의 입력 x_*가 주어질 때 그 출력값을 위한 랜덤 변수는 가우시안 프로세스 $f(x)$와 가우시안 랜덤 변수 ϵ_*를 기반으로 하여 $t(x_*) = f(x_*) + \epsilon_*$로 표현할 수 있다([그림 2] 참고). 그리고 $t(x_1), \cdots, t(x_n)$, $t(x_*)$가 결합 가우시안임을 활용하면 다음의 과정을 통하여 $t(x_*)$의 평균과 분산을 손쉽게 구할 수 있다.

우선, $\begin{bmatrix} f(x_1)+\epsilon_1 \\ \vdots \\ f(x_N)+\epsilon_N \\ f(x_*)+\epsilon_* \end{bmatrix}$에 대한 다변수 정규 분포는 다음과 같이 표현될 수 있음에 유의하자:

$$\begin{bmatrix} f(x_1)+\epsilon_1 \\ \vdots \\ f(x_N)+\epsilon_N \\ f(x_*)+\epsilon_* \end{bmatrix} \sim N(\begin{bmatrix} 0 \\ \vdots \\ 0 \\ 0 \end{bmatrix}, \begin{bmatrix} C & \kappa_* \\ \kappa_*^T & c \end{bmatrix})$$

$$\text{여기서, } C = [\kappa_\theta(x_i, x_j)] + \frac{1}{\beta} I,\ \kappa_* = \begin{bmatrix} \kappa_\theta(x_1, x_*) \\ \vdots \\ \kappa_\theta(x_N, x_*) \end{bmatrix},$$

$$c = \kappa_\theta(x_*, x_*) + \frac{1}{\beta} = \kappa_{**} + \frac{1}{\beta}$$

가우시안 프로세스 함수 근사 과정에서 공분산의 표현을 위해 사용하는 커널 함수 κ_θ는 여러 종류[2]가 사용될 수 있으며, 가장 손쉽게 사용하는 예로는 다음을 들 수 있다[3].

$$\kappa_\theta(x_i, x_j) = \theta_0 \exp(-\frac{\theta_1}{2} \|x_i - x_j\|^2) + \theta_2 + \theta_3 x_i^T x_j + \theta_4 \delta_{ij} + \cdots$$

다변수 정규 분포를 갖는 랜덤 벡터는 조건부 분포도 정규 분포가 됨을 이용하

면(즉, $X=\begin{bmatrix}x_1\\x_2\end{bmatrix}$ ~ $N(\begin{bmatrix}\mu_1\\\mu_2\end{bmatrix},\begin{bmatrix}\Sigma_{11}\ \Sigma_{12}\\\Sigma_{21}\ \Sigma_{22}\end{bmatrix}$이면, $\mu_{2|1}=\mu_2+\Sigma_{21}\Sigma_{11}^{-1}(x_1-\mu_1)$, $\Sigma_{2|1}=\Sigma_{22}-\Sigma_{21}\Sigma_{11}^{-1}\Sigma_{12}$이 성립함을 이용하면), 학습 데이터가 주어진 상황에서 x_*에 대한 타겟 t_*를 위한 정규 분포는 다음과 같이 기술될 수 있다:

$$t_*|D \sim N(t_*|m(x_*),\sigma^2(x_*))$$

$$\begin{aligned}\text{여기서 } m(x_*) &= \kappa_*^T C^{-1} t\\ &= [\kappa_\theta(x_1,x_*)\cdots\kappa_\theta(x_N,x_*)]([\kappa_\theta(x_i,x_j)]+\frac{1}{\beta}I)^{-1}\begin{bmatrix}t_1\\ \\ t_N\end{bmatrix}\\ &= \sum_{i=1}^{N}\alpha_i\kappa_\theta(x_i,x_*),\end{aligned}$$

$$\begin{aligned}\text{and } \sigma^2(x_*) &= c-\kappa_*^T C^{-1}\kappa_*\\ &= k_\theta(x_*,x_*)+\frac{1}{\beta}-\sum_{i=1}^{N}\sum_{j=1}^{N}\kappa_\theta(x_*,x_i)(C^{-1})_{ij}\kappa_\theta(x_j,x_*)\end{aligned}$$

여기에서, 우리가 함수 근사 문제에서 결정 함수(decision function)으로 쓰게 되는 $t_*|D$의 평균 $m(x_*)$이 커널 함수의 가중합 꼴인 $\sum_{i=1}^{N}\alpha_i\kappa_\theta(x_i,x_*)$ 형태로 표현되므로, 가우시안 프로세스 기반 함수 근사 기법은 커널 기법으로 분류 될 수 있음을 알 수 있다. 이상에서 언급한 내용은, 학습 데이터와 시험 데이터의 입력 벡터들을 인덱스로 갖는 랜덤 벡터가 다변수 정규 분포를 가짐에 기인하며 이러한 사실은 그림 3과 같은 다이어그램으로 간결하게 도시될 수 있다.

지금까지 다룬 가우시안 프로세스 기반 함수 근사(Gaussian process regression) 방법론에서 아직 설명하지 않은 부분 중 하나로, 하이퍼-파라미터(hyperparameter)를 구하는 과정이 있다. 하이퍼-파라미터를 구하기 위해서는 전체 학습 데이터에 대한 우도 함수(likelihood function)을 성능 지수로 잡고, 이를 최적화 하는 문제를 풀면 된다. 즉,

그림 5.3
가우시안 프로세스 회귀를 위한 다변수 정규 분포 다이어그램 도시

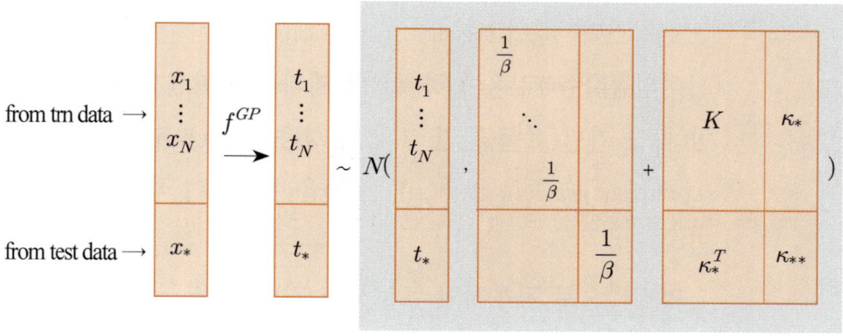

성능지수(performance index) =

$$L(\tilde{\theta}) = P(D|\tilde{\theta}) = N(0, C) = \frac{1}{\sqrt{|2\pi C|}} exp(-\frac{1}{2}(t-0)^T C^{-1}(t-0))$$

일반적으로 우도 함수를 직접 최적화 하는 것 보다 여기에 로그를 취한 로그 우도 함수를 최적화 하는 것이 더 편리 하므로 로그 함수를 계산하여 정리하면 다음과 같은 식을 얻을 수 있다:

$$l(\tilde{\theta}) = \log(L(\tilde{\theta})) = \log(P(D|\tilde{\theta})) = -\frac{1}{2}log(\det(C)) - \frac{1}{2}t^T C^{-1} t + \text{constant}$$

여기에서 머신러닝에 자주 등장하는 벡터 미적분학(vector calculus)의 주요 공식 중 로그 행렬식(log determinant)의 미분과 역행렬 함수에 대한 미분 등의 공식을 사용하면 우도 함수의 기울기는 다음과 같음을 알 수 있다:

$$\frac{\partial l(\tilde{\theta})}{\partial \tilde{\theta}_i} = -\frac{1}{2} < C^{-1}, \frac{\partial C}{\partial \tilde{\theta}_i} > + \frac{1}{2} t^T C^{-1} \frac{\partial C}{\partial \tilde{\theta}_i} C^{-1} t$$

$$=-\frac{1}{2}tr(C^{-1}\frac{\partial C}{\partial\tilde{\theta}_i})+\frac{1}{2}t^TC^{-1}\frac{\partial C}{\partial\tilde{\theta}_i}C^{-1}t$$

이와 같은 과정을 통하여 기울기가 얻어지면 기울기에 기반을 둔 각종 기울기 기반 학습 기법(예를 들면, 기울기 상승법(gradient ascent method), 켤레 기울기 기법(conjugate gradient method), ...) 등을 이용하여 적절한 하이퍼-파라미터 $\tilde{\theta}$를 구할 수 있다.

마지막으로 가우시안 프로세스 기반 함수 근사법을 이용한 간단한 파이선 예제 그림 4를 소개한다[2]:

그림 5.4 가우시안 프로세스 회귀를 위한 파이선 예제

```
import numpy as np
from matplotlib import pyplot as plt
from sklearn.gaussian_process import GaussianProcessRegressor
from sklearn.gaussian_process.kernels import RBF, WhiteKernel, ConstantKernel
# Generate the training data
X_trn_vec = np.linspace(0,10,50).T
X_trn = np.reshape(X_trn_vec, [-1,1])
Y_trn = X_trn_vec * np.sin(X_trn_vec) + 5 * (np.random.random(len(X_trn_vec)) - 0.5)

# Generate the test data
X_test_vec = np.array(np.linspace(0, 10, 200)).T
X_test = np.reshape(X_test_vec,[-1,1])
# Define the original function's Y_test
fcn_original = X_test_vec * np.sin(X_test_vec)
# Instantiate a Gaussian Process model
kernel = ConstantKernel(10.0, (1e-3, 1e3)) * RBF(1, (1e-2, 1e2)) + WhiteKernel(noise_level
= 5)
gp = GaussianProcessRegressor(kernel = kernel, n_restarts_optimizer = 20)
# Fit to data using Maximum Likelihood Estimation of the parameters
gp.fit(X_trn, Y_trn)
```

2) 가우시안 프로세스 기법을 다루는 주요 프로그램 패키지로는 매트랩을 기반으로 하는 GPML[4], 파이선을 기반으로 하는 GPy[5], 텐서플로우를 기반으로 하는 GPflow[6], PyTorch를 기반으로 하는 GPytorch[7] 등을 들 수 있다.

```
# Make the prediction on the meshed x-axis (ask for MSE as well)
Y_test_mean, Y_test_sigma = gp.predict(X_test, return_std=True)
# Plot the function, the prediction and the two-sigma confidence interval based on the
MSE
plt.figure(figsize=(10, 6))
plt.plot(X_test_vec, fcn_original, 'k:', linewidth = 3, label = u'$f(x) = x\,\sin(x)$')
plt.plot(X_trn_vec, Y_trn, 'r.', markersize = 12, label = u'Observations')
plt.plot(X_test_vec, Y_test_mean, 'b-', label = u'Prediction')
plt.fill(np.concatenate([X_test_vec, X_test_vec[::-1]]), np.concatenate([Y_test_mean - 2.
* Y_test_sigma, (Y_test_mean + 2. * Y_test_sigma)[::-1]]), alpha = .3, fc = 'b', label = '95%
confidence interval')
plt.xlabel('$x$')
plt.ylabel('$f(x)$')
plt.ylim(-10, 15)
plt.legend(loc = 2)
plt.grid(True)
plt.show()
```

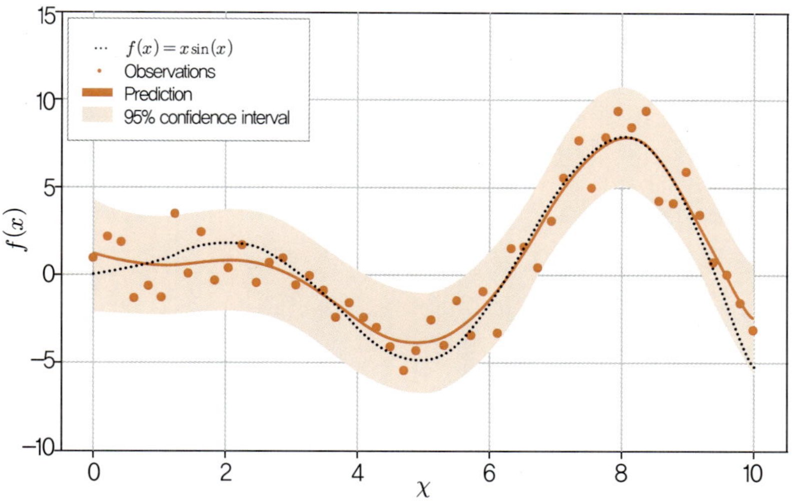

본 예제는 $y = x \sin x + 5(\epsilon - 0.5)$을 통해 얻어진 데이터 점들을 근사하는 문제이다 (단, 여기서 $\epsilon \sim U(0, 1)$). 함수 근사는 가우시안 프로세스 회귀를 통하여 이루어지며, 학습 데이터가 가우시안 프로세스 기반 확률 모형으로 설명됨을 바탕으로 진행된다. 실제 실험에서 사용된 sklearn의 버전은 scikit-learn==0.18.1이며, 커널 함수로는 상수 커널(constant kernel), RBF 커널(radial-basis-function kernel) 및 백색 잡음 커널(white kernel)을 사용되었다.

참고문헌

[1] Scholkopf, B., &Smola, A. J. (2001). *Learning with kernels: support vector machines, regularization, optimization, and beyond*. MIT press.

[2] Rasmussen, C. E., &Williams, C. K. (2006). *Gaussian processes for machine learning* (Vol. 1). MIT press.

[3] Bishop, C. M. (2006). *Pattern recognition and machine learning*. Springer.

[4] http://www.gaussianprocess.org/gpml/code/matlab/doc

[5] https://sheffieldml.github.io/GPy

[6] http://gpflow.readthedocs.io/en/latest/intro.html

[7] https://github.com/jrg365/gpytorch

CHAPTER 06

서포트 벡터 머신 관련 기초 이론

6장에서는 5장에서 소개한 커널 기법 개론에 이어서, 스파스 커널 기법[1](sparse kernel methods) 중 하나인 서포트 벡터 머신(support vector machines)의 기초를 소개한다. 5장에서 언급한 바와 같이, 커널 기법(kernel methods)은 2000년을 전후하여 주요 머신 러닝 모델로 널리 사용된 바 있고, 요즈음에도 학습 데이터의 규모가 크지 않은 경우에는 여전히 편리한 선택이 되고 있다. 그리고 학습 데이터의 규모가 큰 경우에도, 커널 기법의 틀 안에서 이러한 경우를 다룰 수 있는 방향으로 관련 기술이 꾸준히 발전되고 있는데, 이러한 기술의 발전을 논할 때 반드시 짚고 넘어가야 할 발전 방향 중 하나가 바로 스파스 커널 기법이다. 본 장과 이어지는 장에서는 스파스 커널 기법을 대표하는 기법이라고 할 수 있는 서포트 벡터 머신(support vector machines)을 소개하는데, 이들은 학습 데이터의 규모보다 훨씬 작은 개수의 "서포트 벡터(support vectors)"를 활용하여 의사 결정 함수(decision making functions)를 정의하는 전략을 취한다.

6장에서는 이진 분류(binary classification) 문제를 위한 서포트 벡터 머신(e.g., [1]-[4]) 개론을 고려한다. 서포트 벡터 머신에 관한 상세한 지식을 위해서는 [1]-[4] 등을 참고하면 된다. 서포트 벡터 머신을 이용한 이진 분류(binary classification)를 더러 서포트 벡터 분류(support vector classification)로 부르기도 한다.[2]

1) 스파스 커널 기법(sparse kernel methods)는 "희소 커널 기법"으로 번역될 수도 있으나, 머신 러닝 분야에서는 "스파스(sparse)"를 이용한 표현이 보편화되고 있는 추세이므로 "스파스 커널 기법"으로 부르기로 한다.

2) 아울러, 서포트 벡터 머신을 이용한 회귀(regression)를 더러 서포트 벡터 회귀(support vector regression)로 부르기도 한다

6.1 서포트 벡터 분류 문제를 위한 컨벡스 최적화 문제의 유도

서포트 벡터 분류는 분리 마진(separation margin)을 최대화시키는 해를 구하는 관점에서 설명할 수 있는데, 분리 마진은 고등학교 수학에서 만날 수 있는 "점과 직선 사이의 거리 공식"의 연장선 상에서 유도할 수 있다. 서포트 벡터 분류를 문제를 본격적으로 다루기 전에, 고등학교 수학에서 배우는 "점 $P(x_1^*, x_2^*)$과 직선 $l : \alpha x_1 + \beta x_2 + \gamma = 0$ 사이의 거리 공식"과, 이를 일반화한 "R^d공간 위에서의 점 x^*과 초평면(hyperplane) $l : y(x) = w^T x + b = 0$ 사이의 거리 공식"을 유도해보자. 여기에서는, 일반화된 R^d공간 위에서의 거리 공식을 먼저 유도한 후, 고등학교 수학의 점과 직선 사이의 거리 공식은 일반화된 거리 공식의 특별한 경우(special case)가 됨을 보이도록 한다. 그림 1의 아래쪽 좌표 축 안에 등장하는 점(point) x^*과 초평면(hyperplane) $l : y(x) = w^T x + b = 0$ 사이의 거리 $d(x^*, l)$[3]를 구하는 문제에 대해 생각해보자. 먼저, 초평면 l 위에서 반평면(half-space) $\{x \in R^d \mid w^T x + b > 0\}$를 향하는 단위 법선 벡터(unit normal vector)는 $w / \|w\|$가 됨을 기억하자.[4] 점 x^*를 초평면 l 위로 직교 정사영(orthogonal projection)한 결과를 $x^{\perp}$라 하고, 점 x^*와 초평면 l 사이의 거리를 d라 하면[5], 점 x^*는 다음과 같은 분해 표현을 갖는다.

$$x^* = x^{\perp} + d \frac{w}{\|w\|}$$

3) 편의상, 문맥 상 점과 초평면을 따로 언급할 필요가 없는 경우에는 $d(x^*, l)$를 d로 간단히 표기하기로 한다.

4) 이 사실은 다음의 관찰로부터 쉽게 확인할 수 있다: 먼저, 유한 차원 벡터 공간 R^d의 초평면(hyperplane) l 위에 있는 서로 다른 두 점 x_1, x_2를 생각하자. 이 두 점은 각각 $w^T x_1 + b = 0$, $w^T x_2 + b = 0$을 만족하므로, 첫 번째 식에서 두 번째 식을 빼면 $w^T(x_1 - x_2) = 0$이 얻어진다. 이 식은 w와 $(x_1 - x_2)$의 내적, 즉, $< w, x_1 - x_2 >$가 0임을 의미하므로, w와 $x_1 - x_2$는 직교함을 알 수 있다. 마지막으로, $x_1 - x_2$는 l의 접선 벡터(tangent vector) 방향이므로, 접선 벡터 방향과 직교하는 w는 l의 법선 벡터(normal vector) 방향이 되고, 이를 정규화(normalization)함으로써, l의 법선 벡터(normal vector) 방향의 단위 벡터는 $w / \|w\|$가 됨을 알 수 있다.

5) 점과 초평면 사이의 거리 공식을 유도하는 잠시동안만, 설명의 편의상 거리 d는 양 또는 음의 크기를 가질 수 있도록 정의한다. 즉, 점 x^*가 반평면(half-space) $\{x \in R^d \mid w^T x + b > 0\}$에 속하는 경우에는 $d > 0$로, 그 반대 경우에는 $d < 0$로 정의된다.

따라서, 이와 같은 분해를 갖는 x^*를 초평면의 정의에 사용된 함수 $y(\cdot)$에 대입하면, $y(x^*)$는 다음과 같이 표현될 수 있다.

$$y(x^*) = w^T x^* + b = w^T (x^\perp + d \frac{w}{\|w\|}) + b$$
$$= (w^T x^\perp + b) + d \frac{w^T w}{\|w\|} = d\|w\|$$

위 식의 두 번째 줄의 우변에서, $x^\perp$는 초평면 위에 존재하므로 $(w^T x^\perp + b) = 0$이 성립하고, $w^T w = \langle w, w \rangle = \|w\|^2$이므로 $\frac{w^T w}{\|w\|} = \|w\|$이 성립함에 유의하자. 위 식을 활용하면, 점(point) x^*과 초평면(hyperplane) $l : y(x) = w^T x + b = 0$ 사이의 거리 d는 다음과 같이 표현될 수 있다.

$$d(x^*, l) = \frac{y(x^*)}{\|w\|} = \frac{w^T x^* + b}{\|w\|}$$

아울러, 고등학교 수학에서 배우는 "점 $P(x_1^*, x_2^*)$과 직선 $l : \alpha x_1 + \beta x_2 + \gamma = 0$ 사이의 거리 공식([그림 1]의 위쪽 그림 참고)"은, 위에서 제시한 거리 d를 위한 공식에서 $w = [\alpha, \beta]^T$, $b = \gamma$인 경우에 대해 $|d| \equiv |d(x^*, l)|$를 구하는 특별한 경우(special case)에 해당하므로 다음과 같이 구해질 수 있다.

$$|d| = \frac{|y(x^*)|}{\|w\|} = \frac{|w^T x^* + b|}{\|w\|} = \frac{|\alpha x_1^* + \beta x_2^* + \gamma|}{\sqrt{\alpha^2 + \beta^2}}$$

앞에서 언급한 바와 같이, 서포트 벡터 머신을 이용한 이진 분류(binary classification) 문제는 분류 마진(separation margin)을 최대화시키는 해를 구하는 관점에서 설명할 수 있다. 이진 분류(binary classification)를 위한 학습 데이터(training data)가 $D = \{(x_n, y_n)\}_{n=1}^N$로 주어진 경우를 고려하자. 편의상, 우리가 고려하는 이진 분류 문제의 두 가지 클래스를 각각 C_+와 C_-로 부르기로 한다. D의 각 학습

그림 6.1
점과 직선 사이의 거리및 점과 초평면 사이의 거리

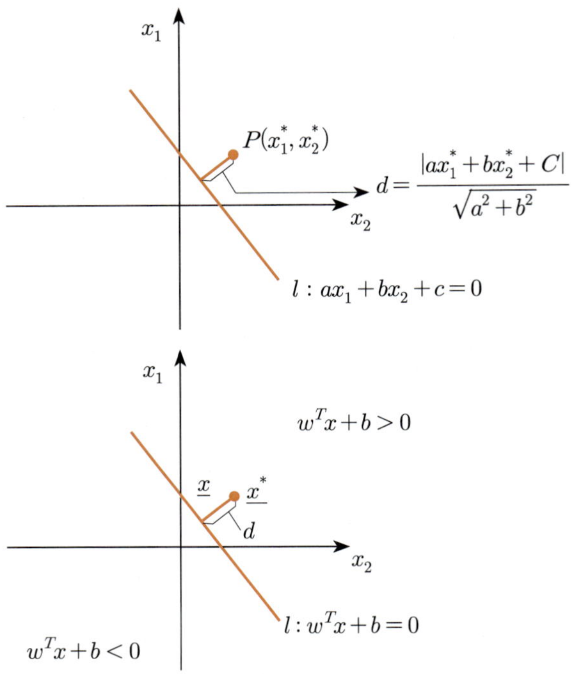

데이터는 (x_n, t_n)의 입출력 쌍으로 주어지며, 입력 벡터 $x_n \in R^d$이 C_+클래스에 속하면 해당 출력을 $t_n = +1$로 표현하고, 입력 벡터 $x_n \in R^d$이 C_- 클래스에 속하면 해당 출력을 $t_n = -1$으로 표현하기로 한다. 따라서, 각 입력 벡터에 대응하는 출력은 타겟 클래스(target class)의 표현으로 정의될 수 있다. 즉,

$$x_n \in C_+ \Leftrightarrow t_n = +1 \text{ and } x_n \in C_- \Leftrightarrow t_n = -1 \text{ for } n \in \{1, \cdots, N\}.$$

이제 분류 마진의 최대화를 통한 서포트 벡터 머신 유도 관점을 보다 알기 쉽게

다루기 위하여, 선형 분류기 $y(x) \equiv w^T x + b$를 사용하여 학습 데이터를 선형 분리할 수 있음(linear separability)을 가정하는 경우부터 시작하여 설명을 전개해나가도록 한다.

[가] 선형 분리 가능성(linear separability)의 가정: 이진 분류(binary classification)를 위해 주어진 학습 데이터 $D = \{(x_n, y_n)\}_{n=1}^{N}$는 선형 분리가 가능함을 가정하자. 즉, 다음을 만족하는 w와 b가 존재한다:

$$w^T x_n + b > 0 \ \text{ for } \forall \ x_n \in C_+,$$
$$w^T x_n + b < 0 \ \text{ for } \forall \ x_n \in C_-$$

학습 데이터의 선형 분리 가능성이 전제된 상태에서, 서포트 벡터 분류의 설명에 있어서 가장 기본적인 개념은, 다음과 같이 선형 분류기 $y(x) \equiv w^T x + b$ 및 학습 데이터 $D = \{(x_n, y_n)\}_{n=1}^{N}$에 대해 정의되는 분리 마진(separation margin)이다.

[나] 분리 마진(separation margin) ρ의 정의: 학습 데이터 $D = \{(x_n, y_n)\}_{n=1}^{N}$가 선형 분류기 $y(x) \equiv w^T x + b$에 의해 선형 분리됨이 전제된 상태에서, 분리 마진(separation margin) ρ는 분리 초평면(separating hyperplane) $l : y(x) = w^T x + b = 0$과 가장 가까운 학습 데이터 입력 x_n과의 양의 거리[6)]를 의미한다. 즉,

$$\rho \equiv \min\{d(x_n, l) \mid (x_n, t_n) \in D\}$$

위의 분리 마진의 정의에 등장하는, 분리 초평면과 가장 가까이 위치하는 학습 데이터 입력들은 서포트 벡터(support vectors)로 정의되고, 서포트 벡터로 구성되는 집

6) 선형분리가능성을 가정하였으므로, 분리마진을 논의할 때 거리는 항상 양수가 됨에 유의하자.

합은 SV[7]로 표기된다. 잡음(noise)에 강인한 분류기(robust classifier)를 구하기 위하여 분리 마진을 최대화 하는 전략을 취한다면, 이 전략은 다음과 같은 최적화 문제로 표현될 수 있을 것이다.

$$\max_{w,b} \rho(w,b) \equiv \frac{|w^T x^{(s)} + b|}{\|w\|}$$

하지만 이러한 최적화 문제는 무한히 많은 답을 갖는 문제점을 가진다. 즉, w^*, b^*가 $(w^*, b^*) = \arg\max_{(w,b)} \dfrac{|w^T x^{(s)} + b|}{\|w\|}$를 만족하여 최적해가 되는 경우에, 영이 아닌 임의의 스칼라 η에 대해서 $(\eta w^*, \eta b^*)$도 (w^*, b^*)와 같은 크기의 분리 마진을 갖게 되어 최적해의 자격을 만족하게 된다. 따라서, 오로지 $\rho(w,b) \equiv |w^T x^{(s)} + b| / \|w\|$를 최대화시킴만을 이용하는 전략은, 잡음에 강인한 분류기를 구하는 문제를 푸는 데에 부족함을 알 수 있다. 이러한 부족함을 극복하기 위하여, 위에서 가정한 선형 분리 가능성(linear separability) 이외에 다음 가정을 추가한다.

[다] 선형 분류기 $y(x) \equiv w^T x + b$를 위한 추가적인 가정(cannonical representation)[8]: 학습 데이터 $D = \{(x_n, y_n)\}_{n=1}^{N}$가 선형 분류기 $y(x) \equiv w^T x + b$에 의해 선형 분리됨이 전제된 상태에서, 선형 분류기의 파라미터 w와 b는 다음을 만족함을 가정한다: $|w^T x^{(s)} + b| = 1$

위의 추가적인 가정에 따라, 여기서 고려하는 선형 분류기 $y(x) \equiv w^T x + b$는

7) SV는 서포트 벡터의 영어 표현 중 각 단어의 맨 앞쪽 알파벳을 이용한 표현이며, 서포트 벡터 머신 관련 연구에서 자주 등장하는 표현이다. 그리고, 분리 마진(separation margin)은 서포트 벡터 $x^{(s)} \in SV$를 활용하여 다음과 같이 표현될 수 있음에 유의하자: $\rho = \dfrac{|y(x^{(s)})|}{\|w\|} = \dfrac{|w^T x^{(s)} + b|}{\|w\|}$

8) "cannonical representation"부분을 "정식 표현"등으로 번역한 후 별도의 [정의]로 제시할 수도 있겠으나 아무래도 그 뜻이 왜곡될 우려가 있어 보여, 다소 부자연스럽지만 "선형 분류기 $y(x) \equiv w^T x + b$를 위한 추가적인 가정(cannonical representation)"이란 표현으로 대신하였다.

모든 서포트 벡터 $x^{(s)} \in SV$에 대해 $|y(x^{(s)})| = 1$를 만족하게 되고, 서포트 벡터 $x^{(s)} \in SV$와 선형 분리 초평면 $l : w^T x + b = 0$ 사이의 거리로 정의되는 분리 마진도 이에 따라 $\rho(w, b) \equiv |w^T x^{(s)} + b| / \|w\| = 1 / \|w\|$를 만족하게 됨에 유의하자. 이상에서 언급한 모든 가정을 전제하면, 분리 마진을 최대화 하는 최대 마진 분류기(maximum margin classifier)는 다음의 최적화 문제를 통하여 구할 수 있음을 알 수 있다.

[라] 분리 마진을 최대화 하는 최대 마진 분류기(maximum margin classifier)를 구하기 위한 최적화 문제:

$$\max_{w,b} \quad \rho \equiv \frac{1}{\|w\|}$$

$$\text{subject to } w^T x^{(s)} + b = +1 \ \text{ for } \ x^{(s)} \in C_+ \cap SV$$

$$w^T x^{(s)} + b = -1 \ \text{ for } \ x^{(s)} \in C_- \cap SV$$

아울러 [라]의 최적화 문제를 보다 다루기 편리한 형태로 변환하면, 다음과 같은 컨벡스 2차 프로그램(convex QP 또는 convex quadratic program[9]) 형태[10]로 고쳐 쓸 수 있다.

[마] 분리 마진을 최대화 하는 최대 마진 분류기(maximum margin classifier)를 구하기 위한 컨벡스 QP 문제:

$$\boxed{\text{P}} \ \min_{w,b} \ \frac{1}{2} \|w\|^2$$

9) Quadratic program은 때로 quadratic programming problem으로 풀어서 표현하기도 한다.

10) 컨벡스 2차 프로그램은 전역적 최적해를 효과적으로 빠르게 찾을 수 있는 종류의 최적화 문제이므로 [마] 형태로의 치환은 매우 유용하다.

$$\text{subject to } 1 - t_n (w^T x_n + b) \le 0 , \forall \ n \in \{1, \cdots, N\}$$

6.2 라그랑제 최적화 이론 소개를 위한 기본 예제

[마]의 최적화 문제에 등장하는 ⓟ심볼은 이 문제가 “분리 마진 최대화 전략”으로부터 유도된 원래의 문제, 즉, “primal problem”이며, 장차 서포트 벡터 머신의 풀이를 위해 이 문제에 대한 쌍대 문제, 즉, “dual problem”이 제시될 예정임을 의미한다. 본 절에서는, 이러한 쌍대 문제의 이해를 위해 라그랑제 최적화 이론(Lagrange optimization theory)[11)]의 기초를 간단히 복습하도록 한다. 라그랑제 최적화 이론을 깊이 있게 이해하기 위해서는 산업공학과 등에서 개설하는 관련 교과목을 수강하는 것이 필요하겠지만, 6 및 7장에서 우리에게 필요한 부분은 SVM의 이해와 관련이 있는 주요 기초 사항이므로 예제를 중심으로 핵심적인 부분만 설명하도록 한다. 이를 위하여, 제약조건이 없는 최적화 문제부터 시작하여, 등식 제약조건이 있는 최적화 문제, 등식 및 부등식 제약조건이 있는 최적화 문제 순서로 간단한 예제들을 살펴보도록 한다.

[바] 제약조건이 없는 최소화 문제를 위한 예제: 본 예제에서는, 2차원 실수 벡터 공간 위에서 $f(x) = x_1^2 + x_2^2$로 정의된 목적함수(objective function)을 최소화 하는 다음 문제를 고려한다:

$$\min_{x \in R} \ f(x) = x_1^2 + x_2^2$$

[바] 예제의 풀이를 위해서는 고등학교 수학에서 극대값 및 극소값을 구할 때 사

11) 라그랑제 최적화 이론(Lagrange optimization theory)을 위해서는 [1], [4] 등의 머신 러닝 교재에서 제시하는 관련 설명 부분을 참고하면 된다.

용했던 $f'(x) = 0$ 조건을 사용하면 된다[12]. 즉, 이 예제의 최소해 x^*는 $\frac{\partial f}{\partial x_1} = 0$ 및 $\frac{\partial f}{\partial x_2} = 0$ 조건을 이용하면, $2x_1{}^* = 0$ 및 $2x_2^* = 0$를 만족한다. 따라서, 풀이 결과는 다음이 된다:

$$x^* = \begin{bmatrix} x_1^* \\ x_2^* \end{bmatrix} = \arg\min_x f(x) = \begin{bmatrix} 0 \\ 0 \end{bmatrix}$$

이제 두 번째 예제로 등식 제약 조건(equality constraints)이 있는 최소화 문제를 고려하자.

[바] 등식 제약조건이 있는 최소화 문제를 위한 예제: 본 예제에서는, 2차원 실수 벡터 공간 위에서 $h(x) = x_1 + x_2 - 1 = 0$로 정의된 등식 제약 조건(equality constraint condition)을 충족하면서 $f(x) = x_1^2 + x_2^2$로 정의된 목적함수(objective function)을 최소화 하는 다음 문제를 고려한다:

$$\min_{x \in R^2} f(x) \equiv x_1^2 + x_2^2$$
$$\text{subject to } h(x) \equiv 1 - x_1 - x_2 = 0$$

[바]의 예제는, 제약 조건이 없는 [마]의 예제와는 달리 매끄러운 목적함수의 미분을 0으로 놓는 방정식을 풀어서 답을 구할 수는 없다. 하지만 라그랑제 최적화 이론은, 주어진 목적함수 $f(x)$와 제약 조건에 등장하는 $h(x)$를 통해 정의되는 라그랑제 함수(Lagrange function)[13] $L(x, \lambda) \equiv f(x) + \lambda h(x)$에 대해 그 미분을 0으

12) 예컨대, 최소해 x^*가 $f'(x) = 0$을 만족해야 하는 이유는 다음을 이용하여 설명할 수 있다: x^* 근방(neighborhood)에서 f의 테일러 급수 전개(Taylor series expansion)가 $f(x) = f(x^*) + f'(x^*)(x - x^*) +$ higher order terms형태가 되므로, 만약 $f'(x) \neq 0$일 경우에는 x^*근방에서 $x - x^*$가 $f'(x)$와 다른 부호를 갖도록 x를 선택함으로써 x가 최소해 x^*보다 더 낮은 목적함수 출력값을 제공할 수 있는 모순에 이르게 된다.

13) 라그랑제 함수 $L(x, \lambda) \equiv f(x) + \lambda h(x)$에 등장하는 쌍대 변수(dual variable) λ는 라그랑제 승수(Lagrange multiplier)로 불린다.

로 놓는 방정식을 풀어서 답을 구할 수 있다고 알려준다(e.g., [5]). 즉, [바]의 예제의 경우, 최소해 x^*는 $\frac{\partial L}{\partial x_1}=0$, $\frac{\partial L}{\partial x_2}=0$ 및 $\frac{\partial L}{\partial \lambda}=0$ 조건을 이용하면, $2x_1{}^* = \lambda^*$, $2x_2^* = \lambda^*$ 및 $1 - x_1^* - x_2^* = 0$[14]를 만족한다. 따라서, $\lambda^* = 1$이 성립하고, 이에 따라 [바] 예제의 풀이 결과는 다음이 된다:

$$x^* = \begin{bmatrix} x_1^* \\ x_2^* \end{bmatrix} = \begin{bmatrix} 0.5 \\ 0.5 \end{bmatrix}$$

다음에서는 마지막 예제로 등식 제약 조건(equality constraints) 및 부등식 제약 조건(inequality constraints)이 있는 최소화 문제를 고려한다.

[사] 등식 및 부등식 제약조건이 모두 있는 최소화 문제를 위한 예제: 본 예제에서는, 2차원 실수 벡터 공간 위에서 $h(x)=x_1+x_2-1=0$로 정의된 등식 제약 조건(equality constraint condition)과 $g(x)=\frac{3}{4}-x_2 \leqq 0$로 정의된 부등식 제약 조건(inequality constraint condition)을 모두 충족하면서 $f(x) = x_1^2+x_2^2$로 정의된 목적함수(objective function)을 최소화 하는 다음 문제를 고려한다:

$$\begin{aligned} &\min_{x \in R^2} f(x) \equiv x_1^2 + x_2^2 \\ &\text{subject to } h(x) \equiv 1 - x_1 - x_2 = 0 \\ &\qquad g(x) = \frac{3}{4} - x_2 \leqq 0 \end{aligned}$$

[사]의 예제는, 등식 제약 조건만 있는 [바]의 예제와는 달리 매끄러운 라그랑제 함수의 미분을 0으로 놓는 방정식을 푸는 전략만으로는 답을 구할 수는 없다. 대신에, 라그랑제 최적화 이론은, 주어진 목적함수 $f(x)$, 등식 제약 조건에 등장

14) $1 - x_1^* - x_2^* = 0$ 조건은 라그랑제 함수를 쌍대 변수 λ로 미분한 결과를 0으로 놓은 방정식의 결과로 볼 수도 있지만, x^*가 등식 제약 조건 $h(x)=0$을 만족하도록 요구함으로 볼 수도 있다.

하는 $h(x)$ 및 부등식 제약 조건에 등장하는 $g(x)$를 통해 정의되는 라그랑제 함수(Lagrange function) $L(x, \lambda) \equiv f(x) + \lambda h(x) + \alpha g(x)$에 대해 다음의 네 가지 KKT 조건(Karush-Khun-Tucker conditions)을 부과함으로써 답을 구할 수 있다고 알려준다(e.g., [5]).

KKT 조건 1. 안장점 조건(saddle point conditions): $\frac{\partial L}{\partial x} = 0$

KKT 조건 2. 원래의 제약 조건(primal constraints): $h(x) = 0,\ g(x) \leqq 0$

KKT 조건 3. 쌍대 제약 조건(dual constraints): $\alpha \geqq 0$

KKT 조건 4. KKT 보완 조건(complementary slackness): $\alpha g(x) = 0$

위의 KKT 조건을 관찰하면, 기본적으로 등식 조건이 있는 예제 [바]의 경우에 적용했던 조건 이외에, 부등식 제약조건으로 말미암아 도입된 쌍대 변수에 부과되는 $\alpha \geqq 0$ 조건과, 원래의 변수와 부등식 관련 쌍대 변수에 걸쳐 도입된 보완 조건 $\alpha g(x) = 0$이 추가되었음을 알 수 있다. 위의 KKT 조건을 이용하여 예제 [사]를 풀어보면 다음의 순서에 따라 결과를 얻을 수 있다.

- 라그랑제 함수를 정의함

$$L(x, \lambda, \alpha) \equiv f(x) + \lambda h(x) + \alpha g(x) = x_1^2 + x_2^2 + \lambda(1 - x_1 - x_2) + \alpha\left(\frac{3}{4} - x_2\right)$$

- 안장점 조건 $\frac{\partial L}{\partial x} = 0$로부터 $2x_1 - \lambda = 0$과 $2x_2 - \lambda - \alpha = 0$이 성립하므로, $x_1 = \frac{\lambda}{2}$과 $x_2 = \frac{\lambda}{2} + \frac{\alpha}{2}$이 성립함.
- 원래의 제약 조건(primal constraints)으로부터 $1 - x_1 - x_2 = 0,\ \frac{3}{4} - x_2 \leqq 0$이 성립함.
- 쌍대 제약 조건(dual constraints)으로부터 $\alpha \geqq 0$이 성립함.

- KKT 보완 조건(complementary slackness)으로부터 $\alpha\left(\frac{3}{4}-x_2\right)=0$이 성립함. 즉, $\alpha=0$ 또는 $x_2=\frac{3}{4}$가 성립함. 하지만, $\alpha=0$인 경우에는 안장점 조건 및 원래 문제의 제약 조건으로부터 $x_1=x_2=0.5$가 성립해야 하는데 이 결과는 부등식 제약조건을 위반하므로, 적합하지 않음.
- 따라서, $x_2=\frac{3}{4}$인 경우가 정답이 되고, 이에 따라 [사] 예제의 풀이 결과는 다음이 됨:

$$x^*=\begin{bmatrix}x_1^*\\x_2^*\end{bmatrix}=\begin{bmatrix}0.25\\0.75\end{bmatrix}$$

내용이 지나치게 길어지는 것을 피하기 위하여, 위의 예제 소개를 끝으로 6장을 마치고, 서포트 벡터 머신의 유도에 대한 보다 상세한 사항은 7장으로 미루도록 한다. 7장의 유도에서도 6장에 소개된 기초 이론들은 여전히 중요한 역할을 하게 된다.

참고문헌

[1] Scholkopf, B., &Smola, A. J. (2001). *Learning with kernels: support vector machines, regularization, optimization, and beyond*. MIT press.

[2] Shawe-Taylor, J. &Cristianini, N. (2004). *Kernel methods for pattern analysis*. Cambridge university press.

[3] Shawe-Taylor, J. &Cristianini, N. (2000). *An introduction to support vector machines and other kernel-based learning methods*. Cambridge university press.

[4] Bishop, C. (2006) *Pattern Recognition and Machine Learning*. Springer.

[5] Boyd, S., &Vandenberghe, L. (2004). *Convex optimization*. Cambridge university press.

CHAPTER 07

서포트 벡터 머신

7장에서는 대표적인 스파스 커널 기법(sparse kernel methods)이라 할 수 있는 서포트 벡터 머신(support vector machines)(e.g., [1]-[4])을 6장의 관련 기초 이론 소개에 이어 비교적 상세하게 소개한다.

서포트 벡터 머신 관련 기초 이론을 다룬 6장에서 우리는, 선형 분류기 $y(x) \equiv w^T x + b$가 학습 데이터 $D = \{(x_n, y_n)\}_{n=1}^{N}$를 선형 분리할 수 있음(linear separability)과 선형 분류기가 학습 데이터 내의 모든 서포트 벡터[1] $x^{(s)} \in SV$에 대해 $|y(x^{(s)})| = 1$를 만족함을 가정하는 경우에 분리 마진(separation margin) $\rho(w, b) \equiv |w^T x^{(s)} + b| / \|w\| = 1/\|w\|$을 최대화 하는 최대 마진 분류기(maximum margin classifier)는 다음의 컨벡스 QP 문제(convex quadratic programming problem)를 통하여 구할 수 있음을 살펴본 바 있다.

[가] 분리 마진을 최대화 하는 최대 마진 분류기(maximum margin classifier)를 구하기 위한 컨벡스 QP 문제:

$$\boxed{\mathrm{P}}\ \min_{w,b} \frac{1}{2}\|w\|^2$$
$$\text{subject to } 1 - t_n(w^T x_n + b) \le 0, \forall n \in \{1, \cdots, N\}$$

문제 [가]는 컨벡스 QP 형태이므로, 문제의 전역적 최적해를 효과적으로 구할 수

1) 6장에서 소개한 바와 같이, 분리 초평면과 가장 가까이 위치하는 학습 데이터 입력들은 서포트 벡터(support vectors)로 정의되고, 서포트 벡터로 구성되는 집합은 SV로 표기된다.

있다(e.g., [5]). 지금부터는 문제 [가]의 최적해가 갖는 성질을, 6장에서 소개한 KKT 조건을 통해 알아보도록 하자.[2] 문제 [가]는 부등식 제약조건을 갖는 최적화 문제이므로, 목적함수 $\frac{1}{2}\|w\|^2$와 부등식 제약 조건에 등장하는

$$1 - t_n(w^T x_n + b) \leq 0, \forall\ n \in \{1, \cdots, N\}$$

를 통해 정의되는 라그랑제 함수(Lagrange function)

$$L(w, b, \alpha) \equiv \frac{1}{2}\|w\|^2 + \sum_{n=1}^{N} \alpha_n (1 - t_n(w^T x_n + b))$$

에 대해, 다음의 KKT 조건(Karush-Kuhn-Tucker conditions)[3]을 적용함으로써 답을 구할 수 있다(e.g., [5]).

- 안장점 조건(saddle point conditions): $\frac{\partial L}{\partial w} = 0$, and $\frac{\partial L}{\partial b} = 0$
- 원래의 제약 조건(primal constraints):
  $$1 - t_n(w^T x_n + b) \leq 0, \forall\ n \in \{1, \cdots, N\}$$
- 쌍대 제약 조건(dual constraints): $\alpha \geqq 0$
- KKT 보완 조건(complementary slackness):
  $$\alpha_n(1 - t_n(w^T x_n + b)) = 0, \forall\ n \in \{1, \cdots, N\}$$

먼저, 안장점 조건인 $\frac{\partial L}{\partial w} = 0$과 $\frac{\partial L}{\partial b} = 0$의 결과는 다음과 같아진다.

2) 이 장면에서는, [가]의 형태로 표현된 최대 분리 마진 분류기 문제의 최적해의 성질을 알아보는 것과 함께, 쌍대 문제의 정의를 다룸으로써 선형 분리 가능성(linear separability)이 가정되지 않는 경우를 다루기 위한 준비를 수행한다.

3) KKT 조건은 각종 최적화 문제의 필요조건 and/or 충분조건의 역할을 한다(자세한 내용을 위해서는 [5] 등을 참고 바람). 그리고, 6장에서 소개한 4가지의 KKT 조건들을 보다 간결하게 언급하기 위하여, 여기에서는 이들을 각각 "안장점 조건", "원래의 제약 조건", "쌍대 제약 조건" 및 "KKT 보완 조건"으로 부르기로 한다.

$$\frac{\partial L}{\partial w}=0\colon\ w-\sum \alpha_n t_n x_n = 0, \therefore w=\sum_{n=1}^{N} \alpha_n t_n x_n$$

$$\frac{\partial L}{\partial b}=0\colon\ \sum_{n=1}^{N} \alpha_n t_n = 0$$

그리고, KKT 보완 조건 $\alpha_n(1-t_n(w^T x_n+b))=0$으로부터, x_n이 서포트 벡터가 아닌 경우에는 $(1-t_n(w^T x_n+b))<0$이 성립하므로 반드시 $\alpha_n = 0$이 성립해야 함을 알 수 있다. 이에 따라 $w=\sum_{n=1}^{N} \alpha_n t_n x_n$ 계산 과정에서, 서포트 벡터가 아닌 x_n은 대응하는 α_n이 0이므로 전혀 영향을 미치지 못하게 된다. 따라서, 연결강도 벡터(weight vector) w는 서포트 벡터에 해당하는 계수만 0이 아닌 값을 가질 수 있는 스파스 표현(sparse representation)을 갖게 된다.[4] 즉, 연결강도 벡터 w의 선형결합 표현식(linear combination)은 다음과 같이 전개될 수 있다.

$$w=\sum_{n=1}^{N} \alpha_n t_n x_n = \sum_{x_n \in SV} \alpha_n t_n x_n$$

아울러 위의 안장점 조건과 스파스 표현식을 종합하면 결과적으로 $w=\sum_{n=1}^{N} \alpha_n t_n x_n = \sum_{x_n \in SV} \alpha_n t_n x_n$ 및 $\sum_{n=1}^{N} \alpha_n t_n = 0$이 성립하므로, 이 결과로부터 서포트 벡터에 관한 흥미로운 결과를 다음의 그림을 통하여 관찰할 수 있다(e.g. [1]). 즉, [그림 1]이 묘사하는 바와 같이, 분리 초평면을 사이에 두고 C_+에 속하는 서포트 벡터들은 분리 초평면의 법선 벡터 방향으로 $\alpha_n t_n$ 크기의 힘을 갖고, C_-에 속하는 서포트 벡터들은 해당 법선 벡터 방향으로 $\alpha_n t_n$ 크기의 힘[5]을

4) 이 이부분은, KKT 보상 조건 $\alpha_n(1-t_n(w^T x_n+b))=0$에서 $\alpha_n > 0$인 경우에는 반드시 $(1-t_n(w^T x_n + b))=0$이 성립해서 양의 α_n에 대응하는 x_n는 반드시 서포트 벡터여야만 함으로 설명될 수도 있다.

5) C_-에 속하는 서포트 벡터가 분리 초평면의 법선 벡터 방향으로 $\alpha_n t_n$ 크기로 갖는 힘의 실제 방향은 $t_n = -1$인 관계로 실제로는 법선과 반대 방향의 힘을 가짐에 유의하자.

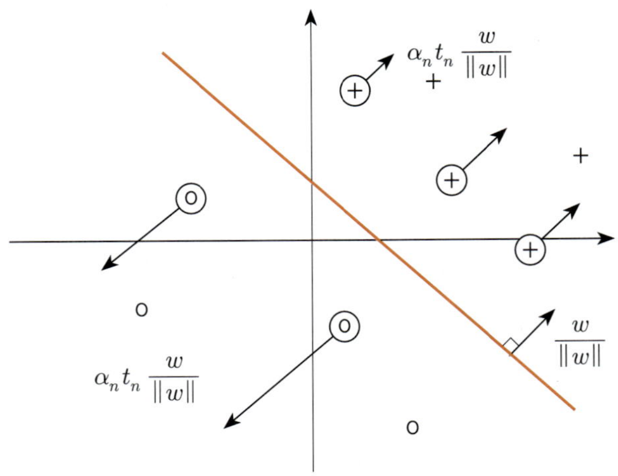

그림 7.1 안장점 조건과 스파스 표현을 통한 서포트 벡터의 이해

갖고 서로 대치하는 상황을 그려보면, 안장점 조건 $\sum_{n=1}^{N} \alpha_n t_n = 0$로부터 분리 초평면의 양쪽 진영에 위치하는 서포트 벡터들 사이에 힘의 균형이 성립함을 알 수 있다. 아울러, 서포트 벡터들이 갖는 힘으로부터 야기되는 회전력(torque)의 합 $\sum_{x_n \in SV} x_n \times (\alpha_n t_n \frac{w}{\|w\|})$은 $(\sum_{x_n \in SV} \alpha_n t_n x_n) \times \frac{w}{\|w\|}$와 같은 표현으로 고쳐 쓸 수 있고, 이 표현의 첫째항 $(\sum_{x_n \in SV} \alpha_n t_n x_n)$은 w와 같으므로 결국 회전 토크의 합도 영 벡터[6]가 되어 회전력의 균형도 유지되고 있는 형국임을 알 수 있다.

6) $\because w \times \frac{w}{\|w\|} = 0$

다음에서는 안장점 조건 $\frac{\partial L}{\partial w}=0$의 결과로 얻어진 $w=\sum_{n=1}^{N}\alpha_n t_n x_n = \sum_{x_n \in S} \alpha_n t_n x_n$에 등장하는 쌍대 변수(dual variables) α_n, $n \in \{1, \cdots, N\}$를 구하는 목적 등[7]으로 활용하기 위하여, 원래의 문제 P에 대응하는 쌍대 문제 D를 유도하는 과정을 알아보도록 한다.

우선, 부등식 제약조건이 있는 최소화 문제인 원래의 문제 P $\min_{w,b} \frac{1}{2}\|w\|^2$ s.t. $1-t_n(w^T x_n + b) \le 0, \forall\, n \in \{1, \cdots, N\}$는 라그랑제 함수(Lagrange function) $L(w,b,\alpha) \equiv \frac{1}{2}\|w\|^2 + \sum_{n=1}^{N}\alpha_n(1-t_n(w^T x_n + b))$를 이용하면 다음의 min-max 문제 P'로 고쳐쓸 수 있음에 유의하자:

$$\text{P}' \ \min_{w,b}\max_{\alpha \ge 0} L(w,b,\alpha) \equiv \frac{1}{2}\|w\|^2 + \sum_{n=1}^{N}\alpha_n(1-t_n(w^T x_n + b))$$

여기에서, P와 P'의 동치성은 다음과 같은 방법으로 확인할 수 있다. 위의 min-max 문제 중 $\max_{\alpha \ge 0} L(w,b,\alpha) \equiv \frac{1}{2}\|w\|^2 + \sum_{n=1}^{N}\alpha_n(1-t_n(w^T x_n + b))$부분은, 변수 w와 b가 원래의 제약 조건(primal constraints): $1-t_n(w^T x_n + b) \le 0$, $\forall\, n \in \{1, \cdots, N\}$를 만족하는 경우에는 $\frac{1}{2}\|w\|^2$와 같아지고, 변수 w와 b가 원래의 제약 조건: $1-t_n(w^T x_n + b) \le 0$, $\forall\, n \in \{1, \cdots, N\}$를 만족하지 않는 경우에는 ∞와 같아짐을 관찰할 수 있다. 결과가 ∞와 같아지는 후자의 경우는 최종적으로 min 값을 구하는 P'의 특성 상 무시할 수 있으므로, 문제 P' $\min_{w,b}\max_{\alpha \ge 0} L(w,b,\alpha)$의 답은 문제 P $\min_{w,b} \frac{1}{2}\|w\|^2$ s.t.

7) 여기에서, 쌍대 변수(dual variables) α_n, $n \in \{1, \cdots, N\}$를 구하는 목적 등으로 표현한 이유는, 쌍대 문제가 갖는 중요성이 단순히 α_n를 구하기 위함에 그치지 않기 때문이다. 쌍대 문제에 대해 보다 깊이 있는 논의를 위해서는 [5] 등의 컨벡스 최적화 관련 도서를 참고하면 된다.

$1 - t_n(w^T x_n + b) \leq 0, \forall n \in \{1, \cdots, N\}$와 같은 답을 가짐을 알 수 있다.

여기에서 문제 P'가 min-max 형태로 표현되어 있고, 라그랑제 함수 $L(w, b, \alpha) \equiv \frac{1}{2}\|w\|^2 + \sum_{n=1}^{N} \alpha_n (1 - t_n(w^T x_n + b))$가 w와 b에 대해 컨벡스하고 각 α_n에 대해 애파인(affine)[8]인 관계로 max-min 형태로 고쳐 쓸 수 있다[9]. 즉, 문제 P'는 다음 문제 D'와 동치가 된다.

$$\text{D'} \max_{\alpha \geq 0} \min_{w,b} L(w, b, \alpha) \equiv \frac{1}{2}\|w\|^2 + \sum_{n=1}^{N} \alpha_n (1 - t_n(w^T x_n + b))$$

그런데, D'의 $\min_{w,b} L(w, b, \alpha) \equiv \frac{1}{2}\|w\|^2 + \sum_{n=1}^{N} \alpha_n (1 - t_n(w^T x_n + b))$부분은 w와 b에 관한 컨벡스 2차식에 대한 최소값을 다루므로, 단순히 $\frac{\partial L}{\partial w} = 0$과 $\frac{\partial L}{\partial b} = 0$를 적용하여 다음과 같은 동치인 쌍대 문제(equivalent dual problem) D로 고쳐 쓸 수 있다:

$$\text{D} \max_{\alpha} -\frac{1}{2}\alpha^T Q \alpha + \underline{1}^T \alpha$$

$$\text{subject to } \alpha \geqq 0, \sum_{n=1}^{N} \alpha_n t_n = 0$$

쌍대 문제에 등장하는 $Q = [Q_{ij}] \in R^{N \times N}$는 그 (i,j)번째 항이 $Q_{ij} = t_i t_j < x_i, x_j >$인 정방 행렬(square matrix)이고, $\underline{1}$는 모든 원소가 1인 $N \times 1$벡터이다. 여

8) 선형 + 상수. 즉, $f(x) = Ax + b$ 형태의 함수를 애파인(affine) 함수라 부른다.

9) 이 장면에서 쌍대 문제의 유도를 위해 최대-최소 부등식(max-min inequality)[5]과 최소-최대 정리(min-max theorem)[5]의 소개가 필요하다. 이를 위해서는 어느 정도 높은 수준의 수학적 엄밀성(mathematical rigor)이 필요하지만, 본 장의 내용을 기술함에 있어서 저자가 갖는 궁극적인 목표는, 일단 어느 정도 편한 마음을 가지고 쌍대 문제(dual problem)을 이해할 수 있도록 끌고 가는 것이므로, 여기에서는 잠시 동안 이러한 수학적 엄밀성을 대학 수준의 공업 수학을 다뤄본 경험으로부터 편하게 느낄 수 있는 정도의 직관으로 대체하여 설명하기로 한다.

기에서 $Q_{ij} = t_i t_j < x_i, x_j >$가 입력 벡터 x_i와 x_j의 내적을 통해서 정의되고 있음에 유의하자. 이 쌍대 문제 D는 컨벡스 QP 형태이므로 그 전역적 최적해를 효과적으로 구할 수 있고[1,5], 이에 따라 안장점 조건 $\frac{\partial L}{\partial w} = 0$의 결과로 얻어진 $w = \sum_{n=1}^{N} \alpha_n t_n x_n = \sum_{x_n \in SV} \alpha_n t_n x_n$에 등장하는 쌍대 변수(dual variables) α_n, $n \in \{1, \cdots, N\}$는 쌍대 문제 D의 해로부터 얻어진다. 그리고, 변수 b는 서포트 벡터에 대해서는 $1 - t_n(w^T x_n + b) = 0$이 성립해야 함을 이용하면 방정식 $1 - t_n(w^T x_n + b) = 0$의 해[10]를 통하여 구할 수 있다.

여기까지는 편의상 선형 분류기 $y(x) \equiv w^T x + b$가 학습 데이터 $D = \{(x_n, y_n)\}_{n=1}^{N}$를 선형 분리할 수 있음(linear separability)을 가정하고 설명을 진행하였다. 그 결과, 선형 분류기는

$$y(x) \equiv w^T x + b = \sum_{n=1}^{N} \alpha_n t_n < x_n , x > + b$$

형태로 표현될 수 있고, α_n, $n \in \{1, \cdots, N\}$는 쌍대 문제 D의 풀이를 통해 구하며, b는 $x_n \in SV$인 경우 $1 - t_n(w^T x_n + b) = 0$가 성립함을 이용하여 구할 수 있음을 살펴보았다. 이 장면에서 최대 마진 선형 분류기는 $y(x) = \sum_{n=1}^{N} \alpha_n t_n < x_n , x > + b$ 형태로 표현될 수 있으며, 이 표현은 학습 데이터의 입력 벡터 x_n와 x의 내적을 기반으로 함에 유의하자. 아울러 앞에서 언급한 바와 같이, 쌍대 문제를 구성하는 $Q_{ij} = t_i t_j < x_i, x_j >$도 입력 벡터 x_i와 x_j의 내적을 통해서 정의됨에 대해서도 유의하자.

10) 방정식 $1 - t_n(w^T x_n + b) = 0$의 유일해 b를 논하기 어려운 일반적인 상황에서는, 예를 들면 최소자승 근사 문제(least-squares approximation problem) $1 - t_n(w^T x_n + b) \approx 0$의 최소 자승해 b등의 방법으로 풀면 되고, 일반적으로 널리 사용되는 여타 해법을 위해서는 참고 문헌 [4], [6] 등의 관련 내용을 참고할 수 있다.

입력 공간에서 선형 분류가 불가능한 일반적인 상황의 이진 분류 문제를 다루기 위하여, 저차원의 입력 벡터 $x_n \in R^d$를 고차원의 특징 공간(feature space) F의 특징 벡터(feature vector) $\phi(x)$로 매핑시켜 주는 특징 함수(feature map) $\phi : R^d \to F$를 고려하자. 그리고, 학습 데이터 $D = \{(x_n, y_n)\}_{n=1}^{N}$를 구성하는 입력 벡터 x_n들을 직접 다루는 대신 특징 함수 $\phi : R^d \to F$를 통하여 이들을 전처리(pre-processing)함으로써 학습 데이터가 $D_\phi = \{(\phi(x_n), t_n)\}_{n=1}^{N}$로 변환되고, 이러한 전처리 과정을 통하여 얻어진 학습 데이터 D_ϕ가 분류기 $y(x) \equiv w^T\phi(x) + b$에 의해 선형 분리되는 상황을 가정하자. 이러한 상황에 대해 앞과 같은 유도과정을 반복하여 적용하면, 다음과 같은 결과가 얻어진다.

[나] 특징 공간 F 위에서 분리 마진을 최대화 하는 최대 마진 분류기(maximum margin classifier) $y(x) \equiv w^T\phi(x) + b$를 구하기 위한 컨벡스 QP 문제 및 이에 대응하는 쌍대 문제(dual problem):

$$\boxed{\mathrm{P}_\phi}\ \min_{w,b}\ \frac{1}{2}\|w\|^2$$

subject to $1 - t_n(w^T\phi(x_n) + b) \le 0,\ \forall\ n \in \{1, \cdots, N\}$

$$\boxed{D_\phi}\ \max_\alpha\ -\frac{1}{2}\alpha^T Q\alpha + \underline{1}^T\alpha$$

subject to $\alpha \geqq 0,\ \sum_{n=1}^{N} \alpha_n t_n = 0$

단, $Q = [Q_{ij}] \in R^{N \times N}$의 (i,j)번째 항은 $Q_{ij} = t_i t_j < \phi(x_i), \phi(x_j) >$

여기에서, 함수해석학(functional analysis)의 머서 정리(Mercer's theorem)(e.g., [1]-[3])를 이용하면, $k(\cdot, \cdot)$가 머서 커널[11]인 경우에는 내적 표현[12]

11) 머서 커널은 $\iint k(x, x')f(x)f(x')\,dx\,dx' \ge 0,\ \forall\ f \in L_2$를 만족한다.

12) 머서 커널을 위한 내적 표현 $k(x, z) = <\phi(x), \phi(z)>$의 활용은 때로 커널 트릭(kernel trick)이라고 불린다.

$k(x, z) = <\phi(x), \phi(z)>$을 가능하게 해주는 특징함수 $\phi : R^d \rightarrow F$를 가짐을 알 수 있다. 따라서, 위의 쌍대 문제 $\boxed{\mathrm{P}_\phi}$의 $Q = [Q_{ij}] \in R^{N \times N}$에 등장하는 Q_{ij}는 $Q_{ij} = t_i t_j < \phi(x_i), \phi(x_j) > = t_i t_j k(x_i, x_j)$로 간편하게 입력 공간 위에서 계산될 수 있는 형태로 고쳐 쓸 수 있고, 최대 마진 분류기도 다음과 같이 입력 공간 위에서 계산될 수 있게 된다.

$$y(x) = \sum_{n=1}^{N} \alpha_n t_n < \phi(x_n) \, , \, \phi(x) > + b = \sum_{n=1}^{N} \alpha_n t_n k(x_n \, , \, x) + b$$

아울러, $y(x)$의 형태는 5장에서 언급한 커널 기법(kernel methods)의 일반적인 결정함수 형태에 상수가 더해진 꼴을 가지고 있음도 관찰할 수 있다.

특징 맵을 이용한 전처리 과정을 거치는 상황에서도 여전히 선형분리가 불가능한 경우에는 슬랙 변수(slack variable) 개념을 이용하여 문제 $\boxed{\mathrm{P}_\phi}$를 약간 수정하는 전략을 사용할 수 있다(e.g., [1]-[4], [6]). 슬랙 변수를 이용하는 전략 하에서는, 부등식 제약조건이 충족될 수 없는 경우 부등식 제약 조건 $1 - t_n(w^T\phi(x_n) + b) \le 0$를 $t_n(w^T\phi(x_n) + b) \geq +1 - \zeta_n$로 완화할 수 있도록 슬랙 변수 $\zeta_n \geq 0$을 도입하고, 이러한 슬랙 변수의 도입이 최소화될 수 있도록 목적함수 부분에 슬랙변수의 합에 비례하는 항도 추가하는 형태로 $\boxed{\mathrm{P}_\phi}$가 수정되어 다음과 같은 최적화 문제[13]가 얻어진다.

$$\boxed{\widetilde{\mathrm{P}_\phi}} : \min_{w, b, \zeta} \ \frac{1}{2}\|w\|^2 + C\sum_{n=1}^{N}\zeta_n$$
$$\text{subject to } t_n(w^T\phi(x_n) + b) \geq +1 - \zeta_n, \ \zeta_n \geq 0, n \in \{1, \cdots, N\}$$

여기서 $C > 0$은 사용자가 정하는 적절한 튜닝 용 상수(trade-off constant)이다.

그리고, 이 문제에 대응하는 쌍대 문제를 유도하면, 흥미롭게도 기존의 쌍대 문제

13) C-SVM 문제로 부르곤 한다.

그림 7.2
서포트 벡터 머신 기반 이진 분류를 위한 파이선 예제

```
import numpy as np
import matplotlib.pyplot as plt
#from sklearn import datasets
from sklearn.datasets import make_moons
from sklearn import svm
np.random.seed(0)
plt.close('all')

# import the moons data
X_trn,Y_trn = make_moons(noise=0.2, random_state=0, n_samples=400)
print(X_trn.shape)
n_data_trn = X_trn.shape[0]
plt.figure()
plt.scatter(X_trn[Y_trn==0, 0], X_trn[Y_trn==0, 1], marker='o', color='r', label='Class 0')
plt.scatter(X_trn[Y_trn==1, 0], X_trn[Y_trn==1, 1], marker='x', color='b', label='Class 1')
plt.legend(loc=2)
plt.grid(True)
plt.title('Trn data set')
x_min,x_max = plt.xlim(); y_min,y_max = plt.ylim()
plt.show()

kernel = 'rbf'
svc = svm.SVC(kernel=kernel,C=1e3,random_state=0,probability=False)
svc.fit(X_trn,Y_trn)
accuracy = (svc.predict(X_trn)==Y_trn).mean()
print ('Trn accuracy (by sklearn): %6.4f' % accuracy)

# plot the decision surface
n_pts = 50
x_pts, y_pts = np.linspace(x_min, x_max, num=n_pts, endpoint=True), np.linspace(y_
min, y_max, num=n_pts, endpoint=True)
X_pts, Y_pts = np.meshgrid(x_pts,y_pts)
#X_vec, Y_vec = np.reshape(X,(-1,)), np.reshape(Y,(-1,))
xy_pts=np.array([X_pts.reshape((-1,)),Y_pts.reshape((-1,))]).T
#xy_pts=np.hstack((X_vec.reshape(n_pts*n_pts,1), Y_vec.reshape(n_pts*n_pts,1)))
z_pts_class = svc.predict(xy_pts)
#z_pts_logit = svc.predict_log_proba(xy_pts)[:,1] - np.log(1-svc.predict_proba(xy_pts)[:,1])
Z_pts_class = z_pts_class.reshape(X_pts.shape)
#Z_pts_logit = z_pts_logit.reshape(X_pts.shape)

plt.figure()
```

```
cmap=plt.cm.jet
plt.scatter(X_trn[Y_trn==0, 0], X_trn[Y_trn==0, 1], marker='o', color='r')
plt.scatter(X_trn[Y_trn==1, 0], X_trn[Y_trn==1, 1], marker='x', color='b')
plt.legend(('Class 0','Class 1'))
plt.contour(X_pts,Y_pts,Z_pts_class,20,alpha=0.3, cmap=cmap)
#plt.contourf(X_pts,Y_pts,Z_pts_logit,20,alpha=0.3, cmap=cmap)
plt.xlim(x_min,x_max); plt.ylim(y_min,y_max)
plt.title('SVC results using sklearn')
plt.grid(True)
plt.show()
```

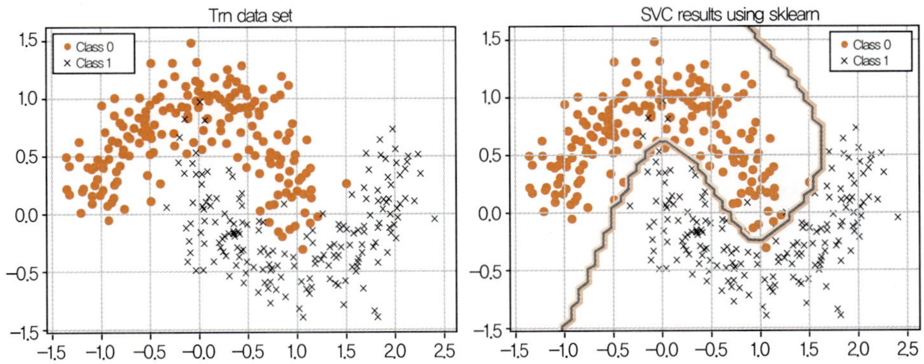

해설: 'scikit learn'에서 제공하는 'make_moons'을 이용하여 두 개의 반원 분포를 갖는 데이터를 생성하여, (좌)에서 그려주고, SVM을 이용한 학습을 진행하여 분류한 결과를 (우)에서 그려주고 있다.

에 α를 위한 상한 조건 $\alpha \leqq C\underline{1}$만 추가된 형태가 얻어짐을 확인할 수 있다(숙제). 즉,

$$\boxed{\widetilde{\mathrm{D}}_{\phi}}: \max_{\alpha} \; -\frac{1}{2}\alpha^{T}Q\alpha + \underline{1}^{T}\alpha$$

$$\text{subject to } 0 \leqq \alpha \leqq C\underline{1}^{T}, \; \sum_{n=1}^{N} \alpha_n t_n = 0$$

마지막으로, 다음에서는 SVM 기반 이진 분류 문제를 다룬 간단한 파이선 예제를 소개한다. 이 예제에서 사용된 sklearn의 버전은 scikit-learn==0.18.1이다.

참고문헌

[1] Scholkopf, B., &Smola, A. J. (2001). *Learning with kernels: support vector machines, regularization, optimization, and beyond*. MIT press.

[2] Shawe-Taylor, J. &Cristianini, N. (2004). *Kernel methods for pattern analysis*. Cambridge university press.

[3] Shawe-Taylor, J. &Cristianini, N. (2000). *An introduction to support vector machines and other kernel-based learning methods*. Cambridge university press.

[4] Bishop, C. (2006) *Pattern Recognition and Machine Learning*. Springer.

[5] Boyd, S., &Vandenberghe, L. (2004). *Convex optimization*. Cambridge university press.

[6] 박혜영, 이관용 (2011). *패턴 인식과 기계학습*. 이한출판사.

CHAPTER 08

젠센 부등식과 응용

8장에서는 최근 머신 러닝에서 가장 중요한 수학적 도구 중 하나로 사용되고 있는 젠센 부등식(Jensen's inequality)(e.g., [1])을 기초 이론과 함께 응용 사례까지 소개하기로 한다.

젠센 부등식은 랜덤 변수[1] X와 컨벡스 함수[2] f를 대상으로 기술되는 부등식이며, 랜덤 변수의 기댓값 $E[X]$에 함수 f를 적용한 결과와 유도된 랜덤 변수(derived random variable) $f(X)$의 기댓값 사이에는 항상 다음과 같은 대소 관계가 성립함을 의미한다.

[가] 젠센 부등식(Jensen's inequality)(e.g., [1]): X가 랜덤 변수이고 f가 컨벡스 함수(convex function)이면, 다음의 부등식은 항상 성립한다:

$$f(E[X]) \leqq E[f(X)]$$

f가 컨케이브 함수(concave function)인 경우에는, $-f$는 컨벡스 함수가 되므로, [가]의 젠센 부등식에 의하여 $-f(E[X]) \leqq E[-f(X)]$이 성립함을 알 수 있

1) 2장에서 소개한 바와 같이, 랜덤 변수(random variable)는, 입력 공간(input space)을 표본공간(sample space)으로 하고 출력 공간(output space)을 실수 공간(real space)로 하는 함수를 의미한다.

2) $f: R \to R$가 컨벡스 함수(convex function)임을 정의하는 속성(defining property)은 다음과 같다: $f(\lambda x_1 + (1-\lambda)x_2) \leqq \lambda f(x_1) + (1-\lambda)f(x_2)$ for $\forall\ x_1, x_2 \in R$, $\forall\ \lambda \in [0,1]$. 컨벡스 함수는 때로 위로 오목하고 아래로 볼록한 함수라고 부르기도 한다. 그리고, $f: R \to R$가 컨케이브 함수(concave function)임을 정의하는 속성(defining property)은 다음과 같다: $f(\lambda x_1 + (1-\lambda)x_2) \geqq \lambda f(x_1) + (1-\lambda)f(x_2)$ for $\forall\ x_1, x_2 \in R$, $\forall\ \lambda \in [0,1]$. 컨케이브 함수는 때로 아래로 오목하고 위로 볼록한 함수라고 부르기도 한다.

다. 이러한 대소 관계는 다음의 [가]와 같이 함수 f가 컨케이브인 경우를 위한 젠센 부등식 형태로 기술될 수 있다.

[가] **젠센 부등식(Jensen's inequality)(e.g., [1])**: X가 랜덤 변수이고 f가 컨케이브 함수(concave function)이면, 다음의 부등식은 항상 성립한다:

$$f(E[X]) \geqq E[f(X)]$$

젠센 부등식에 대한 엄밀한 증명을 위해서는 [1] 등을 참고하면 된다. 젠센 부등식은 머신 러닝의 주요 수학적 도구 중 하나이므로, 머신 러닝을 공부하는 입장에서는 익숙하게 사용할 수 있도록 반복 연습하는 것이 필요하다. 이러한 연습을 목적으로, 몇 가지 관련 이슈들을 생각해보기로 하자. 이와 관련한 첫 번째 이슈로, 고교 수학 과정에서 배우는 산술평균(arithmetic mean), 기하평균(geometric mean) 및 조화평균(harmonic mean) 사이의 대소 관계를 고려하자. 두 양수 x_1, x_2에 대한 산술평균, 기하평균 및 조화평균은 각각 $\frac{x_1 + x_2}{2}$, $\sqrt{x_1 x_2}$, $\frac{2x_1 x_2}{x_1 + x_2}$로 정의되고, 이들 사이에는 일정한 대소 관계(산술평균≧기하평균≧조화평균)가 성립한다. 예를 들어, $x_1 = 4$, $x_2 = 1$인 경우에 산술평균, 기하평균, 조화평균은 각각 2.5, 2, 1.6이 되어 산술평균≧기하평균≧조화평균이 성립함을 관찰할 수 있다. 다음 정리는 이러한 대소 관계가 모든 양수 x_1, x_2에 대해 항상 성립함을 보여준다.

[나] **산술평균, 기하평균 및 조화평균의 대소 관계(e.g., [2])**: 두 양수 x_1, x_2에 대한 산술평균, 기하평균 및 조화평균 사이에는 항상 다음과 같은 부등식이 성립한다[3]. 그리고, 등호는 $x_1 = x_2$일 때 성립한다:

$$\frac{x_1 + x_2}{2} \geqq \sqrt{x_1 x_2} \geqq \frac{2x_1 x_2}{x_1 + x_2} \quad \text{for } \forall\, x_1,\ x_2 > 0$$

[나]의 부등식 중 "산술평균≧기하평균"부분에 대한 증명은 컨케이브 함수 $f(x) \equiv \log(x)$ for $x > 0$와 확률 질량 함수(probability mass function)가 $P_X(x) = \begin{cases} 1/2 & \text{when } x = x_1 \\ 1/2 & \text{when } x = x_2 \end{cases}$인 랜덤 변수 X에 대하여 젠센 부등식 [가]를 적용하면 곧바로 얻을 수 있다. 즉,

$$\log\left(\frac{x_1+x_2}{2}\right) \geqq \frac{\log(x_1)+\log(x_2)}{2} = \log\sqrt{x_1 x_2}$$

$$\therefore \frac{x_1+x_2}{2} \geqq \sqrt{x_1 x_2}$$

이와 유사하게 [나]의 부등식 중 "산술평균≧조화평균"부분에 대한 증명은 컨벡스 함수 $f(x) \equiv \dfrac{1}{x}$ for $x > 0$와 확률 질량 함수(probability mass function)가 $P_X(x) = \begin{cases} 1/2 & \text{when } x = x_1 \\ 1/2 & \text{when } x = x_2 \end{cases}$인 랜덤 변수 X에 대하여 젠센 부등식 [가]를 적용하면 곧바로 얻을 수 있다. 즉,

$$\left(\frac{x_1+x_2}{2}\right)^{-1} \leqq \frac{x_1^{-1}+x_2^{-1}}{2} = \frac{x_1+x_2}{2x_1x_2}$$

$$\therefore \frac{x_1+x_2}{2} \geqq \left(\frac{x_1+x_2}{2x_1x_2}\right)^{-1} = \frac{2x_1x_2}{x_1+x_2}$$

---

3) 고교 수학과정에서 배우는 바와 같이, 두 양수 x_1, x_2에 대한 산술평균, 기하평균 및 조화평균의 물리적 의미는 다음과 같이 설명할 수도 있다: 산술평균은 x_1, x_2 두 점 사이의 중간 값이고, 기하평균은 직사각형의 두 변의 길이가 각각 x_1, x_2일 때, 같은 면적을 가지는 정사각형의 한 변의 길이이다. 그리고, 조화평균은 x_1, x_2의 역수 $\dfrac{1}{x_1}$, $\dfrac{1}{x_2}$을 산술평균한 결과에 다시 역수를 취한 값이다(즉, 조화평균 = $\dfrac{1}{\dfrac{\frac{1}{x_1}+\frac{1}{x_2}}{2}}$).

마지막으로, "기하평균≧조화평균" 부분의 증명은, 앞에서 증명한 "산술평균≧기하평균"의 양변을 $\sqrt{x_1 x_2}$ 로 곱하면 곧바로 얻을 수 있다. 즉,

$$\frac{x_1 + x_2}{2} \geqq \sqrt{x_1 x_2}$$

$$\therefore \left(\frac{x_1 + x_2}{2}\right) \sqrt{x_1 x_2} \geqq x_1 x_2 \therefore \sqrt{x_1 x_2} \geqq \frac{2x_1 x_2}{x_1 + x_2}$$

젠센 부등식의 응용 및 연습과 관련한 두 번째 이슈로 KL 다이버전스[4)](Kullback-Leibler divergence)(e.g., [3])와 깁스 부등식(Gibbs' inequality)(e.g., [4])을 소개한다. 두 랜덤 변수에 대한 확률 분포(probability distribution)[5)]가 각각 $p(x)$, $q(x)$로 주어질 때 두 분포의 KL 다이버전스는 다음과 같이 정의된다. (1) 이산 랜덤 변수(discrete random variables)를 다루는 경우: $KL(p \| q) \equiv \sum_x p(x) \log \frac{p(x)}{q(x)}$. (2) 연속 랜덤 변수(continuous random variables)를 다루는 경우: $KL(p \| q) \equiv \int_{-\infty}^{\infty} p(x) \log \frac{p(x)}{q(x)} dx$ 설명의 편의상, 본 장의 나머지 부분에서는 주로 이산 랜덤 변수를 다루는 경우를 중심으로 설명을 진행하도록 한다. KL 다이버전스는, $p(x)$에 대한 엔트로피를 계산할 때 정보량을 계산하는 과정에서 원래의 분포 $p(x)$ 대신 다른 분포 $q(x)$를 사용함으로 인해 발생할 수 있는 엔트로피의 차이로 설명할 수 있다는 의미에서, 여러 관련 연구에서는 상대 엔트로피(relative entropy)로 표현하기도 한다(예를 들면, [5][6)]). 확률 분포 $p(x)$와 $q(x)$ 사이의 KL 다이버전스 $KL(p \| q)$는 다음에 소개하는 깁스 부등식(Gibbs' inequality)(e.g., [4])에 따라 $p = q$일 경우에는 0이고 $p \neq q$인 경우에는 양수가 되므로, 두 확률분포 $p(x)$, $q(x)$ 사이에 대한 일종의 거리 정보를 제공한다고 볼 수 있다. 단, 대칭성(symmetry)[7)]이나 삼각형 부등식(triangle inequality)[8)]이 만

4) 국문 표현을 사용하여, 쿨백-라이블러 다이버전스라고 부르기도 한다.

5) 여기서 확률 분포(probability distribution)는 이산 랜덤 변수를 위한 확률 질량 함수(probability mass function)와 연속 랜덤 변수를 위한 확률 밀도 함수(probability density function)를 통칭하는 표현이다.

족되지는 않으므로 엄밀한 의미의 거리 함수(distance function)가 되지는 못함에 유의하자.

[다] 깁스 부등식(Gibbs' inequality)(e.g., [4]): KL 다이버전스 $KL(p\|q)$의 값은 $p=q$인 경우에는 0이 되고 $p \neq q$인 경우에는 양수가 된다.

깁스 부등식은 젠센 부등식을 이용하여 증명할 수 있으며, 그 절차는 다음과 같다: 우선 $-KL(p\|q)$는 다음과 같이 전개될 수 있음에 유의하자.

$$
\begin{aligned}
-KL(p\|q) &= \sum_x p(x)\log q(x) - \sum_x p(x)\log p(x) \\
&= \sum_x p(x)\log\frac{q(x)}{p(x)} \\
&= E_{X\sim p(x)}\left[\log\frac{q(X)}{p(X)}\right]
\end{aligned}
$$

여기서 로그함수는 $x>0$ 범위에서 컨케이브 함수(concave function)이므로, 위의 전개 결과의 가장 오른쪽 단에 젠센 부등식 [$\tilde{\text{가}}$]를 적용하면 다음이 얻어진다:

---

6) 이 부분을 보다 자세히 설명하면 다음과 같다: 엔트로피의 정의는 정보량의 기댓값이다. 여기서, 원래의 분포 $p(x)$가 갖는 정보량이란 $\log\dfrac{1}{p(x)} = -\log p(x)$을 의미한다. 따라서, 원래의 분포 $p(x)$가 갖는 엔트로피 $H(p)$는 $-\sum_x p(x)\log p(x)$이 된다. 이제, 위의 정보량 계산에서 원래의 분포 $p(x)$ 대신 다른 분포 $q(x)$를 사용할 경우에 얻어지는 크로스 엔트로피(cross entropy) $H(p,q)$와 원래의 엔트로피의 차를 구해보면 다음과 같이 KL 다이버전스가 얻어짐을 확인할 수 있다:

$$
\begin{aligned}
H(p,q)-H(p) &= -\sum_x p(x)\log q(x) + \sum_x p(x)\log p(x) \\
&= \sum_x p(x)\log\frac{p(x)}{q(x)} = KL(p\|q)
\end{aligned}
$$

7) 대칭성은, 임의의 p, q에 대하여 $d(p,q)=d(q,p)$이 성립함을 의미한다.

8) 삼각형 부등식은, 임의의 p, q, r에 대하여 $d(p,r)+d(r,q) \geq d(p,q)$이 성립함을 의미한다.

$$E_{X \sim p(x)}\left[\log \frac{q(X)}{p(X)}\right] \leqq \log\left(E_{X \sim p(x)}\left[\frac{q(X)}{p(X)}\right]\right)$$

그런데 위의 부등식의 우변에 있는 $E_{X \sim p(x)}\left[\frac{q(X)}{p(X)}\right]$를 전개하면 $E_{X \sim p(x)}\left[\frac{q(X)}{p(X)}\right] = \sum_x p(x)\frac{q(x)}{p(x)} = \sum_x q(x) = 1$이 되므로, 결과적으로 위의 부등식의 우변은 0이 된다. 이러한 결과로 부터, 깁스 부등식 [다]는 젠센 부등식 [가]에 의하여 참이 됨을 알 수 있다.

젠센 부등식의 응용 및 연습과 관련한 세 번째 이슈로 EM 알고리즘(expectation-maximization algorithm)[6]을 소개한다. EM 알고리즘은 직접 관측할 수 없는 잠재 변수(latent variable)에 의존하는 확률 모형에서 파라미터의 최우 추정(maximum likelihood estimate, MLE)[9]을 찾기 위한 반복적인 방법으로 기댓값을 다루는 E-단계(expectation step)와 최대화를 다루는 M-단계(maximization step)로 구성된다. 다음에서는 EM 알고리즘의 유도 과정[10]과 사용 절차 등을 간단히 설명한다. 관측할 수 있는 랜덤 변수 X와 관측할 수 없는 잠재 변수(latent variable) Z 및 파라미터 θ가 있을 때, (X, Z)에 대한 확률분포가 $p(X, Z|\theta)$로 주어지는 경우를 고려하자. 이 경우에, 최우 추정을 구하기 위한 우도 함수는 $L(\theta\,; X) = p(X|\theta) = \sum_Z p(X, Z|\theta)$로 표현될 수 있다. EM 알고리즘은 이 우도 함수를 직접 다루기 어려운 경우를 위한 일종의 반복적 풀이 알고리즘이다. 다음에서는 EM 알고리즘의 주요 과정을 유도한다. 우선, 로그 우도 함수 $\log L(\theta\,; X)$는 다음을 만족함에 유의하자.

$$\log L(\theta\,; X) = \log p(X|\theta) = \log\left(\sum_Z p(X, Z|\theta)\right)$$

9) 유사한 과정을 통하여, 최대 사후 추정값(maximum a posteriori estimate, MAP)을 찾는 데에도 사용할 수 있다.

10) EM 알고리즘의 유도과정을 설명하는 방법 중 하나로 젠센 부등식을 이용한 설명을 들 수 있다. 본 장의 나머지 부분에서는 이와 관련된 주제를 주로 다룬다.

$$= \log \left(\sum_Z q(Z) \frac{p(X, Z|\theta)}{q(Z)}\right)$$

$$\geq \sum_Z q(Z) \log \frac{p(X, Z|\theta)}{q(Z)}$$

위의 수식 전개 중 마지막 줄의 대소 관계 부분은 젠센 부등식 [가]이 적용된 결과임에 유의하자. 여기서, 위의 부등식의 좌변과 우변 사이의 차이는 다음과 같이 전개될 수 있다.

$$\log p(X|\theta) - \sum_Z q(Z) \log \frac{p(X, Z|\theta)}{q(Z)}$$

$$= \sum_Z q(Z) \log p(X|\theta) - \sum_Z q(Z) \log \frac{p(X, Z|\theta)}{q(Z)}$$

$$= \sum_Z q(Z) \log \frac{q(Z)}{p(X, Z|\theta)/p(X|\theta)}$$

$$= \sum_Z q(Z) \log \frac{q(Z)}{p(Z|X, \theta)} = KL(q(\cdot)\|p(\cdot|X, \theta))$$

이러한 전개 결과로부터, 좌변에 있는 $\log p(X|\theta)$와 우변에 있는 $\sum_Z q(Z) \log \frac{p(X, Z|\theta)}{q(Z)}$의 차이는 확률 분포 $q(Z)$와 $p(Z|X, \theta)$ 사이의 KL 다이버전스로 표현될 수 있음을 알 수 있다. [다]의 깁스 부등식에 의해, 이 차이는 0 이상이 되며, $q(Z) = p(Z|X, \theta)$일 경우에는 이 차이가 0과 같아져서 좌변과 우변은 등식관계가 된다. 따라서, 우리가 고려하는 로그 우도는 q와 θ에 의존하는 하한(lower bound) $L(q, \theta)$와 KL 다이버전스 $KL(q(\cdot)\|p(\cdot|X, \theta))$[11]의 합으로 표현될 수 있음을 알 수 있다. 즉,

11) 간편한 표기를 위하여 문맥이 분명할 때에는 $KL(q(\cdot)\|p(\cdot|X, \theta))$를 $KL(q\|p)$로 표기하기로 한다.

$$\log p(X|\theta) = L(q,\theta) + KL(q\|p),$$
$$\text{where } L(q,\theta) = \sum_Z q(Z)\log\frac{p(X,Z|\theta)}{q(Z)}$$
$$\text{and } KL(q\|p) \equiv \sum_Z q(Z)\log\frac{q(Z)}{p(Z|X,\theta)}$$

EM 알고리즘은 최대 우도(maximum likelihood)를 실현하는 파라미터 θ를 찾기 위한 (E-단계와 M-단계로 구성되는) 2 단계 반복 최적화 기법으로써, E-단계에서는 θ를 고정시킨 상태에서 하한 L을 최대화시키는 q를 찾고, M-단계에서는 q를 고정시킨 상태에서 하한 L을 최대화시키는 θ를 찾는 알고리즘으로 설명할 수 있다. 보다 상세한 설명을 위하여, 파라미터의 현재 값이 θ^{old}라고 가정하자. 앞에서 언급한 바와 같이, E-단계에서는 θ^{old}를 고정시킨 상태에서 하한(lower bound) $L(q,\theta^{\text{old}})$을 최대화시키는 $q(Z)$를 찾는다. 이 최대화 문제에 대한 해는, $L(q,\theta^{\text{old}}) = \log p(X|\theta^{\text{old}}) - KL(q(\cdot)\|p(\cdot|X,\theta^{\text{old}}))$이 성립하므로 $q^*(Z) = p(Z|X,\theta^{\text{old}})$일 때 얻어짐을 알 수 있다. 즉,

$$q^* = \operatorname{argmax}_q L(q,\theta^{\text{old}}) = p(\cdot|X,\theta^{\text{old}})$$ [12)]

M-단계에서는 확률 분포 q가 $q^*(Z) = p(Z|X,\theta^{\text{old}})$로 고정된 상태에서, 하한(lower bound) $L(q^*,\theta)$가 θ에 대해 최대화되어 새로운 값 θ^{new}를 제공한다. 여기서, 확률 분포 q는 M-단계동안 $q^*(Z) = p(Z|X,\theta^{\text{old}})$로 고정되어 있으므로 하한 $L(q^*,\theta)$는 다음과 같이 고쳐 쓸 수 있다:

$$L(q^*,\theta) = \sum_Z q^*(Z)\log\frac{p(X,Z|\theta)}{q^*(Z)}$$
$$= \sum_Z p(Z|X,\theta^{\text{old}})\log\frac{p(X,Z|\theta)}{p(Z|X,\theta^{\text{old}})}$$

12) 이 경우에, $L(q^*,\theta^{\text{old}}) = \log p(X|\theta^{\text{old}})$이 성립함은 물론이다.

$$= \sum_{Z} p(Z|X, \theta^{\text{old}}) \log p(X, Z|\theta) - \sum_{Z} p(Z|X, \theta^{\text{old}}) \log p(Z|X, \theta^{\text{old}})$$

그리고, 위 식의 마지막 줄의 가장 오른쪽 항은 파라미터 θ와 무관하므로, 다음이 성립한다.

$$\theta^{\text{new}} = \operatorname{argmax}_{\theta} L(q^*, \theta) = \operatorname{argmax}_{\theta} \sum_{Z} p(Z|X, \theta^{\text{old}}) \log p(X, Z|\theta)$$

θ^{new}를 구하는 과정에 사용되는 목적함수 $\sum_{Z} p(Z|X, \theta^{\text{old}}) \log p(X, Z|\theta)$는, 일반적으로 $Q(\theta|\theta^{\text{old}})$로 표기하고 Q함수(Q function)[12] 또는 완전 데이터 로그 우도의 기댓값(expected complete-data log-likelihood)으로 부른다(e.g., [7]). 이상에서 설명한 EM 알고리즘의 수행 절차를 요약하면 다음과 같다:

[라] EM 알고리즘(expectation-maximization (EM) algorithm)[6]) 수행 절차(e.g., [7]): EM 알고리즘의 수행절차는 다음과 같이 요약될 수 있다.

(1) 관측 가능한 학습 데이터 $X \equiv \{x_1, \cdots, x_N\}$, 관측 불가능한 잠재 변수 Z[13] 및 파라미터 θ를 가진 확률 모형 $p(X, Z|\theta)$를 고려한다.
(2) 파라미터 초기화를 수행한다: $\theta^{(0)} \equiv \theta_{init}$
(3) 파라미터 수렴에 관한 종료 조건이 만족될 때까지, 다음의 E-단계와 M-단계를 반복 수행한다:

[E-단계] t번째 반복 단계에서 구한 파라미터 $\theta^{(t)}$를 이용하여 Q함수를 구한다.

12) 여기서 등장하는 Q함수는, 11장 강화학습에서 등장하는 Q함수와는 다른 개념임에 유의하자.
13) 뒤에 소개하는 가우시안 혼합 모델에서는, 잠재변수를 $Z \equiv \{z_1, \cdots, z_N\}$ 형태로 표현할 수 있다.

$$Q(\theta|\theta^{(t)}) = E_{Z \sim p(\cdot|X,\theta^{(t)})}[\log p(X,Z|\theta)]$$
$$= \sum_Z p(Z|X,\theta^{(t)}) \log p(X,Z|\theta)$$

[M-단계] E-단계에서 구한 Q함수를 최대화 하는 파라미터 $\theta^{(t+1)}$를 구한다.

$$\theta^{(t+1)} = \arg\max_\theta \mathrm{Q}(\theta|\theta^{(\mathrm{t})})$$

다음에서는 EM 알고리즘의 응용 및 연습과 관련한 이슈로 가우시안 혼합 모델(Gaussian mixture model, GMM)(e.g., [3,7])을 소개한다. 가우시안 분포는 기본적으로 평균에서 가장 큰 값을 갖고 평균에서 멀리 떨어질수록 확률 밀도 함수 값이 작아지는 단일 모드인(uni-modal) 특징을 가지므로, 멀티 모드인(multi-modal) 특징을 포함하는 일반적인 상황에 대한 확률 모형으로 사용하기에는 한계가 있다. 이러한 한계를 극복하기 위한 과정에서 쉽게 생각해볼 수 있는 편리한 모형이 K개의 가우시안이 혼합된 확률 모형인 가우시안 혼합 모델이다. 가우시안 혼합 모델의 확률 밀도 함수는 $p(x) = \sum_{k=1}^{K} \pi_k N(x|\mu_k, \Sigma_k)$ 형태로 주어진다. 여기서 π_k, $k = 1, \cdots, K$는 잠재변수를 위한 확률 질량 함수를 표현하는 데에 사용되는 혼합 계수(mixing coefficients)라고 부르며, 확률 질량 함수를 표현하므로 다음을 만족해야 한다.

$$\pi_k \in [0,1],\ k = 1, \cdots, K,\ \sum_{k=1}^{K} \pi_k = 1$$

여기서, 가우시안 혼합 모델의 전체 파라미터 집합은 다음과 같이 표현될 수 있음에 유의하자.

$$\theta \equiv \{\pi_1, \cdots, \pi_K, \mu_1, \cdots, \mu_K, \Sigma_1, \cdots, \Sigma_K\}$$

가우시안 혼합 모델의 파라미터 추정을 위한 학습 데이터가 $X \equiv \{x_1, \cdots, x_N\}$[14]로 주어지고, 이에 대응하는 잠재 변수가 $Z \equiv \{z_1, \cdots, z_N\}$로 표현되는 경우에 로

그 우도 함수(log likelihood function) $\ell(\theta)$은 다음과 같이 표현될 수 있다.

$$\ell(\theta) \equiv \log p(X|\theta) = \sum_{n=1}^{N} \log \left\{ \sum_{k=1}^{K} \pi_k N(x_n | \mu_k, \Sigma_k) \right\}$$

따라서, 학습 데이터 X에 대한 로그 우도를 최대화하는 최우 추정 θ_{ML}는 다음과 같이 표현될 수 있다.

$$\theta_{ML} \equiv \mathrm{argmax}_\theta\, \ell(\theta) = \mathrm{argmax}_\theta \left(\sum_{n=1}^{N} \log \left\{ \sum_{k=1}^{K} \pi_k N(x_n | \mu_k, \Sigma_k) \right\} \right)$$

다음에서는, 최우 추정 결과를 구하기 위하여 위의 로그 우도를 각 파라미터에 대해 미분하여 0이 되는 값을 구한 후 이들을 활용하는 전략을 알아본다. 첫 번째로, 로그 우도를 μ_k에 대해 편미분한 결과를 0이 되게 하는 장면을 생각해보자.

$$\frac{\partial\, \ell(\theta)}{\partial \mu_k} = 0\ .$$

$$\therefore\ \frac{\partial}{\partial \mu_k} \left(\sum_{n=1}^{N} \log \left\{ \sum_{k=1}^{K} \pi_k N(x_n | \mu_k, \Sigma_k) \right\} \right)$$

$$= \sum_{n=1}^{N} \frac{\pi_k N(x_n | \mu_k, \Sigma_k)}{\left\{ \sum_{k=1}^{K} \pi_k N(x_n | \mu_k, \Sigma_k) \right\}} \left\{ -\frac{1}{2} 2 (-1) \Sigma_k^{-1} (x_n - \mu_k) \right\} = 0$$

따라서 이 μ_k를 위한 방정식은, $\gamma_{nk} \equiv \dfrac{\pi_k N(x_n | \mu_k, \Sigma_k)}{\sum_{j=1}^{K} \pi_j N(x_n | \mu_j, \Sigma_j)}$[15]를 대입하여 고쳐 쓰면 $\sum_{n=1}^{N} \gamma_{nk} (x_n - \mu_k) = 0$이 되고 그 풀이 결과는 다음과 같아진다:

14) $X \equiv \{x_n\}_{n=1}^{N}$로 표현하기도 한다.

$$\mu_k = \frac{1}{N_k} \sum_{n=1}^{N} \gamma_{nk} x_n, \text{ where } N_k \equiv \sum_{n=1}^{N} \gamma_{nk}$$

두 번째로, 로그 우도를 Σ_k에 대해 편미분한 결과를 0이 되게 하는 장면을 생각해보자. 즉, $\frac{\partial \ell(\theta)}{\partial \Sigma_k} = 0$. 연쇄법칙(chain rule) 적용 단계에서 벡터 미적분학(vector calculus)(e.g., [3])을 활용하면, $\frac{\partial \ell(\theta)}{\partial \Sigma_k} = 0$는 다음과 같이 전개될 수 있다.

$$\frac{\partial}{\partial \Sigma_k}\left(\sum_{n=1}^{N} \log\left\{\sum_{k=1}^{K} \pi_k N(x_n | \mu_k, \Sigma_k)\right\}\right)$$

$$= \sum_{n=1}^{N} \frac{\pi_k N(x_n | \mu_k, \Sigma_k)}{\left\{\sum_{k=1}^{K} \pi_k N(x_n | \mu_k, \Sigma_k)\right\}} \frac{\partial \log N(x_n | \mu_k, \Sigma_k)}{\partial \Sigma_k} = 0$$

$$\therefore \sum_{n=1}^{N}\left\{\gamma_{nk}\left(-\frac{1}{2}\Sigma_k^{-1} + \frac{1}{2}\Sigma_k^{-1}(x_n - \mu_k)(x_n - \mu_k)^T \Sigma_k^{-1}\right)\right\} = 0$$

$$\therefore \Sigma_k = \frac{1}{N_k} \sum_{n=1}^{N} \gamma_{nk} (x_n - \mu_k)(x_n - \mu_k)^T, \text{ where } N_k \equiv \sum_{n=1}^{N} \gamma_{nk}$$

세 번째로, μ_k, Σ_k, $k = 1, \cdots, K$가 고정된 상태에서 최적의 π_k, $k = 1, \cdots, K$를 구하는 장면을 생각해보자. 이 장면에서는, π_k가 잠재 변수에 대한 확률 질량 함수(probability mass function) 역할을 수행하므로 $\frac{\partial \ell(\theta)}{\partial \pi_k} = 0$를 풀면 안되고, π_k

15) 여기서 $\gamma_{nk} \equiv \frac{\pi_k N(x_n | \mu_k, \Sigma_k)}{\sum_{j=1}^{K} \pi_j N(x_n | \mu_j, \Sigma_j)}$는 사후확률(posterior probabilities) $p(z_n = k | x_n, \theta)$를 의미하며, n번째 학습 데이터 x_n의 설명을 위해 k번째 잠재 모드(즉, $z_n = k$인 모드)가 책임지는 정도 (responsibility)로 표현하기도 한다.

의 전체 합이 1인 등식 제약조건(equality constraint)을 갖는 최적화 문제(constrained optimization problem)로 표현된 다음 문제를 풀어야 한다.

$$\max_{\{\pi_k\}_{k=1}^K} \quad \ell(\theta) = \sum_{n=1}^{N} \log \left\{ \sum_{k=1}^{K} \pi_k \, N(x_n | \mu_k, \Sigma_k) \right\}$$

$$\text{s.t.} \quad \sum_{k=1}^{K} \pi_k = 1$$

등식 제약조건에 라그랑제 승수(Lagrange multiplier) λ를 도입하면, 위의 문제를 위한 라그랑제 함수(Lagrange function)는 다음과 같이 표현된다:

$$L(\{\pi_k\}_{k=1}^K, \lambda) = \sum_{n=1}^{N} \log \left\{ \sum_{k=1}^{K} \pi_k \, N(x_n | \mu_k, \Sigma_k) \right\} + \lambda \, (1 - \sum_{k=1}^{K} \pi_k)$$

그리고, 이 라그랑제 함수를 π_k에 관해 편미분한 결과를 0으로 놓은 결과, 즉, $\dfrac{\partial \, L(\{\pi_k\}_{k=1}^K, \lambda)}{\partial \pi_k} = 0$를 전개하면 다음이 구해진다:

$$\sum_{n=1}^{N} \frac{N(x_n \mid \mu_k, \Sigma_k)}{\sum_{j=1}^{K} \pi_j \, N(x_n \mid \mu_j, \Sigma_j)} = \lambda$$

이 식의 양변에 π_k를 곱해주면 $\displaystyle\sum_{n=1}^{N} \frac{\pi_k \, N(x_n \mid \mu_k, \Sigma_k)}{\sum_{j=1}^{K} \pi_j \, N(x_n \mid \mu_j, \Sigma_j)} = \lambda \pi_k$이 얻어진다. 그리고, 이 식의 좌변에 $\gamma_{nk} \equiv \dfrac{\pi_k \, N(x_n \mid \mu_k, \Sigma_k)}{\sum_{j=1}^{K} \pi_j \, N(x_n \mid \mu_j, \Sigma_j)}$를 대입하면, 이 식은 $\displaystyle\sum_{n=1}^{N} \gamma_{nk} = \lambda \pi_k$로 단순화된다. 이 단순화된 결과의 양변에 $\displaystyle\sum_{k=1}^{K}$ 연산을 취해

주면 $N = \lambda \sum_{k=1}^{K} \pi_k = \lambda$이 구해진다. 이상의 내용을 종합하면, 최적의 λ 및 π_k, $k = 1, \cdots, K$는 다음과 같음을 알 수 있다:

$$\lambda = N,\ \pi_k = \frac{N_k}{N}, \text{ where } N_k \equiv \sum_{n=1}^{N} \gamma_{nk}$$

따라서, 가우시안 혼합 모델의 최우 추정 결과를 구하기 위하여, 로그 우도 및 적절한 라그랑제 함수를 각 파라미터에 대해 미분하여 0이 되는 값을 구하는 전략은 다음과 같은 절차로 설명될 수 있다.

[마] 가우시안 혼합 모델(Gaussian mixture model, GMM) 학습 수행 절차(e.g., [3], [7]): 가우시안 혼합 모델 학습 수행 절차는 다음과 같이 요약될 수 있다.

(1) 주어진 학습 데이터 $X \equiv \{x_1, \cdots, x_N\}$를 설명할 수 있는 가우시안 혼합 모델을 정의한다: $p(x) = \sum_{k=1}^{K} \pi_k N(x | \mu_k, \Sigma_k)$

(2) 파라미터초기화를수행한다:$\theta^{(0)} \equiv \{\pi_1^{(0)}, \cdots, \pi_K^{(0)}, \mu_1^{(0)}, \cdots, \mu_K^{(0)}, \Sigma_1^{(0)}, \cdots, \Sigma_K^{(0)}\}$

(3) 파라미터 수렴에 관한 종료 조건이 만족될 때까지, 다음의 두 단계를 시간 스텝 t를 0부터 시작하여 하나씩 증가시키면서 반복 수행한다:

- 사후확률 $p(z_n = k | x_n, \theta^{(t)})$ 계산 단계: t번째 반복 단계에서 구한 파라미터 $\theta^{(t)}$를 이용하여 사후 확률 함수를 구한다.

$$\gamma_{nk}^{(t)} = p(z_n = k | x_n, \theta^{(t)}) = \frac{\pi_k^{(t)} N(x_n | \mu_k^{(t)}, \Sigma_k^{(t)})}{\sum_{j=1}^{K} \pi_j^{(t)} N(x_n | \mu_j^{(t)}, \Sigma_j^{(t)})},$$

$n = 1, \cdots, N,\ k = 1, \cdots, K$

- 파라미터 업데이트 단계: 사후확률 계산 단계에서 얻어진 $\gamma_{nk}^{(t)} = p(z_n = k \mid x_n, \theta^{(t)})$를 이용하여 파라미터 업데이트를 다음과 같이 수행한다:

$$N_k \equiv \sum_{n=1}^{N} \gamma_{nk}^{(t)},$$

$$\mu_k^{(t+1)} = \frac{1}{N_k} \sum_{n=1}^{N} \gamma_{nk}^{(t)} x_n,$$

$$\Sigma_k^{(t+1)} = \frac{1}{N_k} \sum_{n=1}^{N} \gamma_{nk}^{(t)} (x_n - \mu_k^{(t)})(x_n - \mu_k^{(t)})^T,$$

$$\pi_k^{(t+1)} = \frac{N_k}{N}$$

위의 가우시안 혼합 모델(Gaussian mixture model, GMM) 학습 수행 절차는 [라]에서 소개한 EM 알고리즘 수행 절차의 관점에서도 설명될 수 있다(숙제). 마지막으로, 젠센 부등식은 본 장에 소개된 예제이외에도 VAE(variational auto-encoder, 변분형 자동 엔코더)[8]를 포함한 각종 최신 머신 러닝 방법론을 유도하는 데에도 널리 사용됨에 유의하자.

참고문헌

[1] Ash, R. B. (1972). Real Analysis and Probability. Academic Press.

[2] 홍성대. 기본/실력 수학의 정석.

[3] Bishop, C. M. (2006). *Pattern recognition and machine learning*. Springer.

[4] Hamming, R. W. (1991). *Art of Probability*. Addison Wesley Publishing Company.

[5] Peters, J., Mülling, K., &Altun, Y. (2010, July). Relative Entropy Policy Search. In *AAAI* (pp. 1607-1612).

[6] Dempster, A. P., Laird, N. M., &Rubin, D. B. (1977). Maximum likelihood from incomplete data via the EM algorithm. *Journal of the royal statistical society*. Series B (methodological), 1-38.

[7] 박혜영. &이관용. (2011). 패턴인식과 기계학습. 이한출판사.

[8] Kingma, D. P., &Welling, M. (2013). Auto-encoding variational bayes. *arXiv preprint arXiv:1312.6114*.

CHAPTER 09

마코프 의사결정 과정

이번 장부터 11장까지의 범위에서는 몇 가지 주요 확률론적 최적 제어(stochastic optimal control) 관련 문제를 소개한다. 9장에서는 시스템에 대한 정보가 마코프 의사결정 과정(Markov decision process)(e.g., [1,2]) 형태로 주어진 경우에 대한 최적 제어를 다루고, 10장에서는 시스템에 대한 정보가 상태 방정식(state equation)(e.g., [3,4]) 형태로 주어진 경우에 대한 최적 제어를 다룬다. 본 교재에서 9장과 10장을 소개하는 가장 큰 이유는, 11장에서 소개하는 강화학습(reinforcement learning)을 보다 효과적으로 설명할 수 있기 위해서이다. 강화학습은 최근에 머신 러닝 분야에서 가장 활발한 성과를 거두고 있는 분야로써, 그 목적을 한마디로 표현하면 데이터를 기반으로 확률론적 최적 제어 문제를 푸는 데에 있다. 보다 정확하게 표현하면, 강화학습 방법의 목적은 상태 전이(state transition)와 보상 신호(reward signals)에 대한 데이터(data)를 바탕으로, 주어진 시스템에 대한 목적함수(objective function)를 최대화하는 과정을 통하여, 최종 보상 신호 합을 최대화시키는 제어 정책(control policy)을 찾는 것이다. 대부분의 강화학습 방법론은, 마코프 의사결정 프로세스(Markov decision process, MDP) 환경으로 주어지는 시스템에서 제어 입력과 상태의 상호작용으로부터 유도된다. 강화학습의 주요 요소는 매 시간 $t \in \{0, 1, 2, 3, \cdots\}$에서의 상태(state) $x_t \in S$와 제어 입력(control input) $u_t \in A$ 그리고 보상 신호(reward signal) $r_{t+1} \in R$로 구성된다. 제어기(controller)는 현재 상태 x_t를 관측하고 제어 정책 π에 의하여 제어 입력 u_t를 생성하며, 시스템에 제어기가 생성하는 제어 입력 u_t를 가했을 때, 시스템의 상태는 다음과 같이 정의되는 상태전이 확률에 따라 변한다: $P_{ss'}^{a} = Pr\{x_{t+1} = s' | x_t = s, u_t = a\}$

이때, 기대 보상 신호는 다음과 같아진다[1]: $R_{ss'}^{a} = E\{r_{t+1} | x_t = s, u_t = a,$

$x_{t+1} = s'\}$

최적 제어 정책을 선택하는 과정에서는, 총 보상 신호 합을 최적화하기 위해, 할인율 $\gamma \in (0,1)$을 적용한 할인 보상 신호들의 기대 합인 목적함수

$$J(\pi) \equiv E\left[\sum_{t=0} \gamma^t r_{t+1} | \pi\right] \equiv E_\pi\left[\sum_{t=0} \gamma^t r_{t+1}\right]$$

를 이용하게 된다. 본 장에서는 시스템이 항상 유한 마코프 의사결정 프로세스(finite Markov decision process) 환경임을 가정한다.

[가] 유한 마코프 의사결정 프로세스(finite Markov decision process)의 정의: 유한 마코프 의사결정 프로세스는 상태 공간 S, 제어 입력 공간 A, 상태 전이 확률 $P^a_{ss'}$, 보상 신호 기댓값 $R^a_{ss'}$, 할인율 γ을 통해 정의된다.
즉, MDP=$(S, A, P^a_{ss'}, R^a_{ss'}, \gamma)$.

여기에서 우리가 다루는 MDP는 유한 마코프 의사결정 프로세스이므로 상태 공간 S와 제어입력 공간 A의 원소 개수는 유한하다. 즉, $|S| < \infty$, $|A| < \infty$. 위에서 설명한 제어기(controller)와 MDP 시스템(system) 사이의 상호관계는 그림 1 및 그림 2로 표현될 수 있다. 그림 1에서는 제어기와 시스템의 상호작용이 고전적인 피드백 제어 관점에서 표현되고 있다. 즉, 제어 입력 u_t가 시스템에 가해지면 상태는 (예컨대, 상태방정식 $x_{t+1} = f(x_t, u_t)$에 따라) x_{t+1}이 되고, 보상 신호 r_{t+1}을 생성한다. 그리고 제어기는 상태를 바탕으로 (예컨대, $u_t = k(x_t)$에 따라) 제어 입력 u_t를 생성한다. 유한 마코프 의사결정 프로세스를 고려하는 현 상황에서는, 앞에 예로든 $f(x_t, u_t)$와 $k(x_t)$는 각각 x_t, u_t와 x_t를 인덱스로 갖는 확률 변수로 취급해야함은 물론이다. 앞에서 예로든 $u_t = k(x_t)$의 경우에서 볼 수 있듯이, 일반적으로 제어 입력

1) 기대 보상 신호를 위해서는, 우리가 고려하는 문제에 따라 $R_s = E\{r_{t+1} | x_t = s\}$, $R^a_s = E\{r_{t+1} | x_t = s, u_t = a\}$, $R^a_{ss'} = E\{r_{t+1} | x_t = s, u_t = a, x_{t+1} = s'\}$ 등이 사용될 수 있다.

그림 9.1
제어기와 시스템의 상호작용 (e.g., [2])

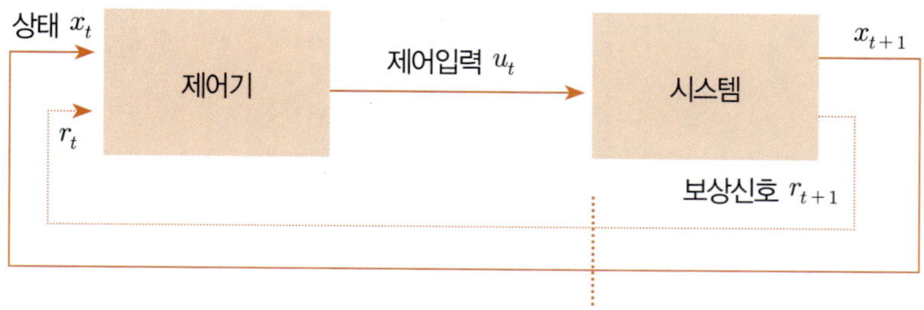

그림 9.2
제어기와 시스템의 상호작용: 학습 제어 관점에서의 표현

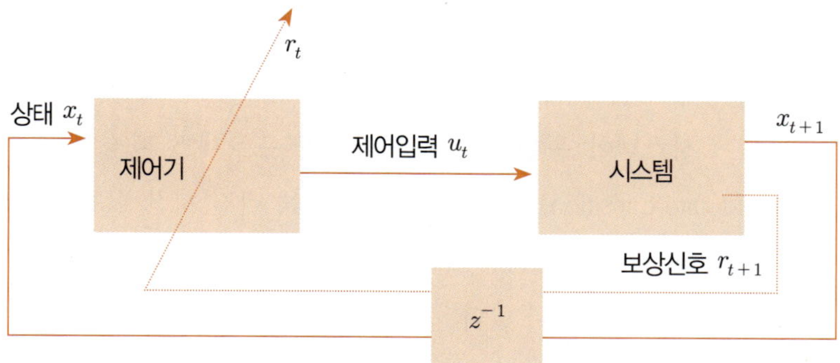

u_t는 x_t를 인덱스로 갖는 확률 변수이고 보상신호 r_t는 제어기 $k(\cdot)$를 튜닝하는데 사용된다. 그림 1에서는 상태 x_t와 보상신호 r_t의 역할이 명확하게 구분되어 있지 않다. 이러한 역할 구분을 명확히 하기 위하여 학습 제어(learning control) 관련 커뮤니티(community)에서는 때로 그림 2와 같은 표현을 사용하기도 한다. 그림 2에서는, r_t의 역할이 학습 과정을 통하여 제어기의 파라미터를 튜닝하는 데 있음이 보다 명시

그림 9.3
시간의 경과에 따르는 상태, 제어 입력 및 보상 신호의 변화 (e.g., [2])

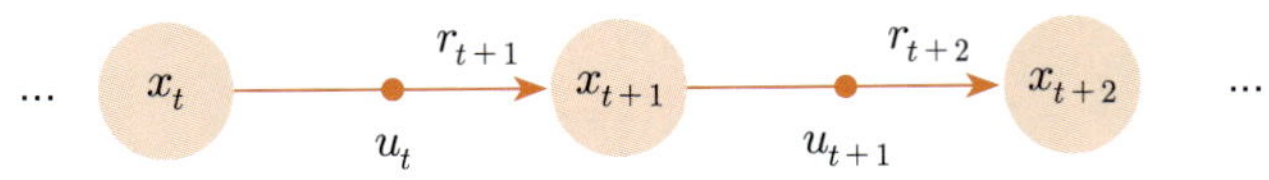

적으로 나타나 있으며, 한 스텝의 시간 지연(time delay)은 z^{-1}로 표현된다. 그림 3에서는, 제어기와 시스템의 상호작용이 시간의 경과에 따르는 순차적 상황 전개로 표현된다. 그림이 표현하는 바와 같이, 시스템의 상태가 x_t일 때 제어 입력 u_t가 시스템에 가해지면 보상 신호 r_{t+1}가 생성되고 다음 시점의 상태는 x_{t+1}이 된다. 마찬가지로, 시스템의 상태가 x_{t+1}일 때 제어 입력 u_{t+1}가 시스템에 가해지면 보상 신호 r_{t+2}가 생성되고 다음 시점의 상태는 x_{t+2}이 되며, 시간의 경과됨에 따라 마찬가지 상황이 반복된다.

시스템이 유한 마코프 의사결정 프로세스 환경일 경우에, 시스템의 상태 전이(state transition) 및 보상 신호 결과는 직전 시간 스텝의 상태 및 제어입력에만 의존한다. 이러한 성질을 마코프 성질(Markov property)이라고 부르며, 수식을 이용하여 표현하면 다음과 같다:

$\Pr[x_{t+1}=s', r_{t+1}=r | x_t, u_t, r_t, x_{t-1}, u_{t-1}, \cdots, r_1, x_0, u_0] = \Pr[x_{t+1}=s', r_{t+1}=r | x_t, u_t]$가 여하한 s', r 및 경로 $x_t, u_t, r_t, x_{t-1}, u_{t-1}, \cdots, r_1, x_0, u_0$에 대해 성립함.

제어 정책(control policy)이 π로 고정된 상황에서, 상태 s가 얼마나 가치 있는지 혹은 상태와 제어입력의 쌍 (s, a)가 얼마나 가치 있는지를 따지는 작업은 마코프 의사결정 프로세스 및 강화학습에서 중요한 의미가 있다. 제어 정책 π 아래에서 상태 s의 가치는

$$V^{\pi}(s) = E_{\pi}[\sum_{k=0}\gamma^k r_{t+1+k}|x_t = s]$$

로 정의되고, 함수 $V^{\pi}: S \rightarrow R$는 상태 가치함수(state value function)(e.g., [2])라고 부른다. 마찬가지로, 제어 정책 π 아래에서 상태와 제어입력의 쌍 (s, a)의 가치는

$$Q^{\pi}(s, a) = E_{\pi}[\sum_{k=0}\gamma^k r_{t+1+k}|x_t = s, u_t = a]$$

로 정의되고, 함수 $Q^{\pi}: S \times A \rightarrow R$는 제어입력 가치함수(action value function)(e.g., [2]) 혹은 상태-제어입력 가치함수(state-action value function)라고 부른다.2) 제어 정책 π 아래 (s, a)의 가치인 $Q^{\pi}(s, a)$를 다룰 때에는 상태 s에서 제어입력 a를 적용한 이후 시점에서는 고정된 제어 정책(control policy) π를 일관되게 적용함에 유의하자. 위와 같이 정의되는 상태 가치함수 V^{π}와 상태-제어입력 가치함수 Q^{π}는 다음과 같은 상호간의 연결고리를 보여주는 등식을 만족한다.

[나] 상태 가치함수 V^{π}와 상태-제어입력 가치함수 Q^{π}의 연결고리: 상태 가치함수 V^{π}와 상태-제어입력 가치함수 Q^{π}는 다음의 등식을 만족한다.

$$V^{\pi}(s) = \sum_{a}\pi(s, a)\, Q^{\pi}(s, a)$$

$$Q^{\pi}(s, a) = \sum_{s'} P^{a}_{ss'}\,[R^{a}_{ss'} + \gamma V^{\pi}(s')]$$

이들 가치함수들이 위와 같은 연결고리를 갖는 이유는 각각의 정의로부터 유추해볼 수 있다. 앞에서 언급한 바와 같이, $V^{\pi}(s)$를 정의할 때에는 제어 정책 π가 첫 시점부터 일관되게 제어입력을 생성하는 데 사용된 반면에, $Q^{\pi}(s, a)$를 정의할 때에는 첫 번째 제어입력은 a가 되고 그 이후 시점부터는 제어 정책 π가 일관되게 제

2) 본 교재에서는, 상태와 제어입력의 쌍 (s, a)의 가치를 다루고 있는 상황에 주목하여 상태-제어입력 가치함수(state-action value function)라고 부르기로 한다.

어입력을 생성하는 데 사용된다. 연결고리 [나]의 첫 번째 등식은, 첫 번째 제어입력 a도 제어 정책 π에 따라 생성되는 경우에는 $Q^{\pi}(s,a)$의 a에 관한 기댓값, 즉, $\sum_{a}\pi(a|s)Q^{\pi}(s,a)$은 결국 $V^{\pi}(s)$와 같아야 함을 나타낸다. 한편, 연결고리 [나]의 두 번째 등식은, $Q^{\pi}(s,a)$의 의미로부터 쉽게 유추해볼 수 있다. 즉, $Q^{\pi}(s,a)$의 가치는 상태 $x_t = s$에서 제어입력 $u_t = a$를 적용한 직후에 얻어지는 보상신호의 기댓값과 한 스텝 후부터 얻어지는 보상신호 누적합에 대한 기댓값으로 구성되는데, 보상신호 누적합 부분은 s_{t+1}의 상태 s'에 관한 상태 가치함수를 이용하여 표현할 수 있음을 기억하면 두 번째 등식의 우변은 $Q^{\pi}(s,a)$의 다른 표현이 됨을 알 수 있다.

[나]에 기술된 상태 가치함수 V^{π}와 상태-제어입력 가치함수 Q^{π}의 연결고리를 활용하면, $V^{\pi}(s)$와 $Q^{\pi}(s,a)$를 구하기 위한 벨만 방정식을 구할 수 있다.

[다] $V^{\pi}(s)$와 $Q^{\pi}(s,a)$를 위한 벨만 방정식: $V^{\pi}(s)$와 $Q^{\pi}(s,a)$는 각각 다음의 방정식을 만족한다.

$$V^{\pi}(s) = \sum_{a}\pi(s,a)\sum_{s'}P_{ss'}^{a}[R_{ss'}^{a} + \gamma V^{\pi}(s')],\ \forall s\in S$$

$$Q^{\pi}(s,a) = \sum_{s'}P_{ss'}^{a}[R_{ss'}^{a} + \gamma\sum_{a'}\pi(s',a')Q^{\pi}(s',a')],\ \forall s\in S,\ \forall a\in A$$

[다]의 성립 이유는, 다음의 논리 전개로 설명할 수 있다.

$$V^{\pi}(s) = \sum_{a}\pi(s,a)Q^{\pi}(s,a) = \sum_{a}\pi(s,a)\sum_{s'}P_{ss'}^{a}[R_{ss'}^{a} + \gamma V^{\pi}(s')]$$

$$\therefore\ V^{\pi}(s) = \sum_{a}\pi(s,a)\sum_{s'}P_{ss'}^{a}[R_{ss'}^{a} + \gamma V^{\pi}(s')],\ \forall s\in S$$

$$Q^{\pi}(s,a) = \sum_{s'}P_{ss'}^{a}[R_{ss'}^{a} + \gamma V^{\pi}(s')] = \sum_{s'}P_{ss'}^{a}[R_{ss'}^{a} + \gamma\sum_{a'}\pi(s',a')Q^{\pi}(s',a')]$$

$$Q^{\pi}(s,a) = \sum_{s'}P_{ss'}^{a}[R_{ss'}^{a} + \gamma\sum_{a'}\pi(s',a')Q^{\pi}(s',a')],\ \forall s\in S,\ \forall a\in A$$

이 장에서 우리는 유한 마코프 의사결정 프로세스를 다루므로 상태 공간 S와 제어입력 공간 A의 원소 개수는 유한하다. 따라서, [다]에 소개된 두 종류의 벨만 방정식은 모두 변수의 개수가 유한한 선형 연립방정식임에 유의하자. 따라서, 상태 공간 S와 제어입력 공간 A의 원소 개수가 적을 때는 쉽게 풀 수 있게 된다. 반면에 우리가 다루는 상태 공간이나 제어입력 공간이 작지 않은 경우에는 반복적 방법(iterative method)을 이용하여 풀 수 있다. 예컨대, $V^{\pi}(s)$를 구하기 위해서는 다음의 업데이트 규칙(update rule)을 이용할 수 있다.

$$V_{k+1}(s) \leftarrow \sum_{a} \pi(s,a) \sum_{s'} P^{a}_{ss'} [R^{a}_{ss'} + \gamma V_k(s')]$$

이와 같이 반복적 방법으로 $V^{\pi}(s)$를 구하는 작업은 반복적 정책 평가(iterative policy evaluation)라고 불리기도 한다. 이러한 반복적인 방법은, 기본적으로 선형 연립방정식을 풀기 위한 반복적 방법인 자코비 방법(Jacobi method), 가우스-자이델 방법(Gauss-Seidel method) 등의 수치해법들(numerical methods)(e.g., [5])과 궤를 같이 한다.

이상에서 우리는 제어 정책(control policy)이 π로 고정된 상황에서, 상태 가치함수와 상태-제어입력 가치함수를 정의하고 이들을 구하기 위한 선형연립방정식 형태의 벨만 방정식에 대한 논의를 진행하였다. 이러한 논의의 궁극적인 목표는 유한 마코프 의사결정 환경으로 정의되는 시스템에 대하여 결정론적 최적 제어 정책(deterministic optimal control policy)를 구하는 데 있다. 유한 마코프 의사결정 환경에서는 반드시 한 개 이상의 최적 제어 정책이 존재하며, 그 중 하나 이상은 결정론적 최적 제어 정책(deterministic optimal control policy)임(e.g., [1, 2])을 알아두자. 우리는 이러한 결정론적 최적 제어 정책을 함수 $\pi^* : S \rightarrow A$로 표현하기로 한다. $\pi^* : S \rightarrow A$는 결정론적 제어 정책이자 동시에 최적 제어 정책이므로, 여하한 결정론적 제어 정책 $\pi : S \rightarrow A$에 대해서도, $V^{\pi^*}(s) \geq V^{\pi}(s) \quad \forall\ s, \forall\ \pi$을 만족한다. 제어 정책이 결정론적 최적 제어 정책(deterministic optimal control policy) $\pi^* : S \rightarrow A$으로 고정된 상황에서, 이에 대응하는 상태 가치함수와 상태-제어입력 가치함수를 앞에서와 같은 방법으로 정의할 수 있다(e.g., [2]). 즉,

$$V^{\pi^*}(s) = E_{\pi^*}[\sum_{k=0}\gamma^k r_{t+1+k}|x_t = s]$$

$$Q^{\pi^*}(s, a) = E_{\pi^*}[\sum_{k=0}\gamma^k r_{t+1+k}|x_t = s, u_t = a]$$

수식이 지나치게 복잡해 보이는 것을 피하기 위하여 V^{π^*}와 Q^{π^*}는 각각 V^*와 Q^*로 간단히 표기되며, 이들은 각각 최적 상태 가치함수(optimal state value function)와 최적 상태-제어입력 가치함수(optimal state-action value function)라고 불린다. 그리고, [다]의 두 번째 항과 같은 맥락에서 $Q^*(s, a)$는 $Q^*(s, a) = \sum_{s'} P^a_{ss'}[R^a_{ss'} + \gamma V^*(s')]$으로 고쳐 쓸 수 있다. 한편, V^*가 결정론적 최적 제어 정책(deterministic optimal control policy) $\pi^* : S \rightarrow A$가 고정된 상태에서 정의된 상태 가치함수임을 기억하면, 다음과 같은 일련의 논리 전개에 따라 $V^*(s) = \max_a Q^*(s, a)$와 $\pi^*(s) = \arg\max_a Q^*(s, a)$가 성립함을 알 수 있다.

$$V^*(s) = Q^*(s, \pi^*(s)), Q^*(s, \pi^*(s)) \geqq Q^*(s, a),\ \forall\ a \in A$$
$$\therefore V^*(s) = Q^*(s, \pi^*(s)) = \max_{a\in A} Q^*(s, a),\ \therefore\ \pi^*(s) = \arg\max_a Q^*(s, a)$$

[마] 최적 상태 가치함수 V^*, 최적 상태-제어입력 가치함수 Q^* 및 최적 제어 정책 π^*의 연결고리: 최적 상태 가치함수 V^*와 최적 상태-제어입력 가치함수 Q^*, 그리고 최적 제어 정책 π^*는 다음의 등식을 만족한다.

$$V^*(s) = \max_a Q^*(s, a),$$

$$Q^*(s, a) = \sum_{s'} P^a_{ss'}[R^a_{ss'} + \gamma V^*(s')],$$

$$\pi^*(s) = \arg\max_{a\in A} Q^*(s, a).$$

[마]에 기술된 최적 상태 가치함수 V^*와 최적 상태-제어입력 가치함수 Q^*의 연결고리를 활용하면, $V^*(s)$와 $Q^*(s,a)$에 관한 다음의 벨만 방정식을 구할 수 있다.

[바] $V^*(s)$와 $Q^*(s,a)$를 위한 벨만 방정식: $V^*(s)$와 $Q^*(s,a)$는 각각 다음의 방정식을 만족한다.

$$V^*(s) = \max_a \sum_{s'} P^a_{ss'}[R^a_{ss'} + \gamma V^*(s')], \ \ \forall\ s \in S$$

$$Q^*(s,a) = \sum_{s'} P^a_{ss'}[R^a_{ss'} + \gamma \max_{a'} Q^*(s',a')], \ \ \forall\ s \in S, \ \forall\ a \in A$$

[바]의 벨만 방정식들은, [다]의 경우와 달리 비선형 연산자(nonlinear operator)인 max 연산자를 포함한다. 이들을 풀기 위한 방법으로는 정책 반복법(policy iteration)과 가치 반복법(value iteration)이 있으며, 이들은 모두 동적 프로그래밍 풀이법(dynamic programming methods)라고 불린다(e.g., [1, 2]). 우선 정책 반복법(policy iteration)을 구현하기 위해서는, 정책 평가(policy evaluation) 과정과 함께 정책 개선(policy improvement) 과정이 필요하다. 여기에서 정책 개선과정이라 함은, 제어 정책으로 $\pi : S \rightarrow A$가 사용되고 있는 상황에서 어떻게 하면 각 $s \in S$에 대해 $\pi(s)$보다 더 우수한 제어입력 $a \in A$를 구할 수 있을까 하는 질문에 대한 답을 구하는 과정으로 볼 수 있다. $Q^\pi(s,a) \geqq V^\pi(s)(= Q^\pi(s, \pi(s)))$가 성립하는 경우에는 a가 $\pi(s)$보다 더 우수하다는 결론을 내릴 수 있으므로, $s \in S$ 위에서의 정책 개선의 도구가 될 수 있다. 따라서, 다음과 같은 방법으로 제어 정책을 업데이트하는 경우 정책 개선을 보장할 수 있으며, 이러한 정책 개선이 최대화 과정을 통해서 탐욕적으로 얻어짐을 표현하기 위하여 탐욕적 정책 개선(greedy policy improvement) 혹은 그리디 정책 개선이라고 불린다(e.g., [2]).

[사] 그리디 정책 개선(greedy policy update): 제어 정책 $\pi : S \rightarrow A$는 다음과 같은 업데이트를 통해 개선될 수 있다:

$$\pi^{\text{new}}(s) \leftarrow \arg\max_{\text{a}} Q^{\pi}(s, a) = \arg\max_{\text{a}} \sum_{s'} P^{a}_{s,s'} \left[R^{a}_{s,s'} + \gamma V^{\pi}(s') \right], \ \forall s$$

앞에서 언급한 바와 같이, 정책 반복법(policy iteration)은 정책 평가(policy evaluation) 과정과 함께 정책 개선(policy improvement) 과정을 결합함으로써 구현할 수 있는데, 이들 과정을 교대로 적용함으로써 제어 정책이 점차 개선되어 감을 이룰 수 있으므로, 이러한 교대 적용은 궁극적으로 최적 제어 정책으로의 수렴을 가져다 줄 수 있다는 원리(e.g., [1,2])를 이용한다.

[아] 정책 반복법 절차(policy iteration procedure): 다음의 정책 반복법 절차를 통하여 V^*와 π^*를 구할 수 있다.

(1) 임의의 정책 π를 초기 제어 정책으로 선택한다.

(2) 반복적 정책 평가 등을 이용하여 V^{π}를 구한다.

(3) 그리디 정책 개선 등을 이용하여 π^{new}를 구한다.

(4) $\pi = \pi^{\text{new}}$이면 종료하고, 그렇지 않으면 $\pi \leftarrow \pi^{\text{new}}$로 대입한 후 (2)부터 반복 수행한다.

이러한 개념은 그림 4의 다이어그램을 통해 설명될 수 있다. 가치 반복법(value iteration)은 V^*를 위한 벨만 방정식을 이용한다. 즉, $V^*(s) = \max_a \sum_{s'} P^{a}_{ss'} [R^{a}_{ss'} + \gamma V^*(s')]$, $\forall\ s \in S$의 우변의 내용을 좌변에 있는 $V^*(s)$를 업데이트하기 위한 정보로 활용하는 것이 가치 반복법의 핵심이며, 가치 반복법의 절차는 그림 5의 다이어그램을 통해 표현될 수 있다.

[자] 가치 반복법 절차(value iteration procedure): 다음의 가치 반복법 절차를 통하여 V^*를 구할 수 있다.

(1) 임의의 $\hat{V}$를 V^* 추정을 위한 초기 후보로 선택한다.

그림 9.4
정책 반복법 절차
(e.g., [2])

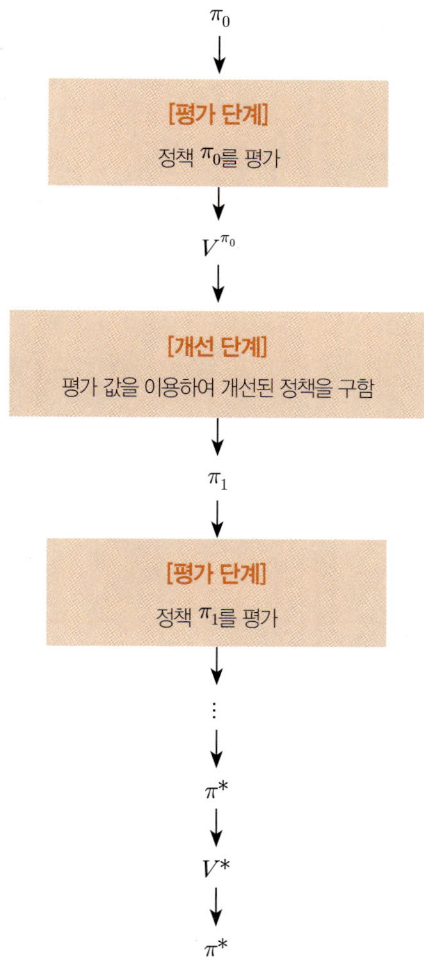

(2) V^*를 위한 벨만 방정식 우변의 내용을 활용하여 $\hat{V}$에 대한 업데이트를 수행한다. 즉, $\hat{V}^{\text{new}} \leftarrow \max_a \sum_{s'} P^a_{ss'} [R^a_{ss'} + \gamma \hat{V}(s')]$

그림 9.5
가치 반복법 절차
(e.g., [2])

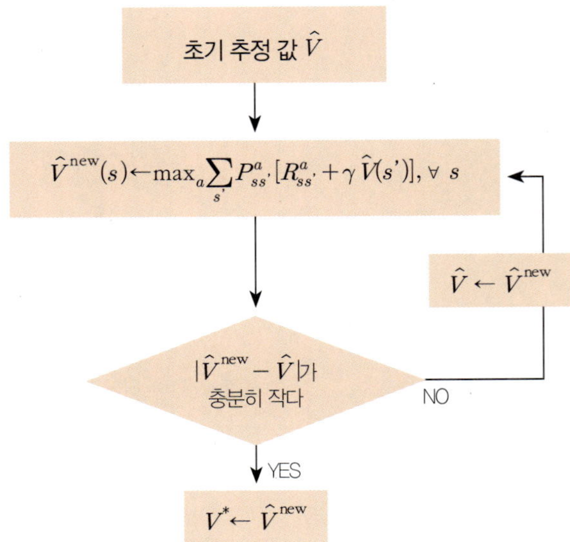

(3) $|\hat{V}^{\text{new}} - \hat{V}|$가 허용 수준(tolerance level) 이내이면 종료하고, 그렇지 않으면 $\hat{V} \leftarrow \hat{V}^{\text{new}}$로 대입한 후 (2)부터 반복 수행한다.

가치 반복법의 수렴성에 관한 보다 상세한 설명을 위해서는 참고문헌 [1,2] 등을 참고하면 된다. 벨만 방정식에 등장하는 max 연산자, $P^a_{ss'}$, γ 등이 모두 시스템의 이득(gain) 관점에서 보면 수축 사상(contraction mapping)적 측면을 가지고 있으므로 이러한 증명은 수축 사상 고정점 정리(contraction mapping fixed point method)(e.g., [6])의 연장선 상에서 이루어질 수 있음을 그려볼 수 있다.

참고문헌

[1] Puterman, M. L. (2014). *Markov decision processes: discrete stochastic dynamic programming*. John Wiley &Sons.

[2] Sutton, R. S., &Barto, A. G. (1998). *Reinforcement learning: An introduction*(Vol. 1, No. 1). MIT press.

[3] Bertsekas, D. P. (1995). *Dynamic programming and optimal control* (Vol. 1, No. 2). Athena scientific.

[4] Todorov, E. (2006). Optimal control theory. Bayesian brain: probabilistic approaches to neural coding, 269-298.

[5] Burden, R. L., &Faires, J. D. (2001). Numerical analysis. 8th Edition. Brooks/Cole.

[6] Palais, R. S. (2007). A simple proof of the Banach contraction principle. *Journal of Fixed Point Theory and Applications, 2*(2), 221-223.

MEMO

CHAPTER 10

확률론적 최적 제어

최근 들어 인공지능 분야의 강화학습 기법(reinforcement learning methods)은 이론 및 응용적 측면에서 비약적인 발전을 거듭하여 왔다. 강화학습은 시스템과 제어입력 간의 상호 작용에 보상값(reward)으로 표현되는 평가적 피드백 신호(evaluative feedback signal)를 활용하여 전체 보상값의 합에 대한 기댓값을 최대화하는 최적 제어 전략(optimal control policy)을 데이터를 기반으로 찾아내는 방법으로써, 인공지능 분야의 주요한 도구 중 하나로 자리를 잡아 가고 있으며 최근에 발표된 새로운 강화학습 기법들은 제어 및 로봇학습을 비롯한 각종 공학 문제에 성공적으로 적용되는 모습을 보여주고 있다. 특히, 알파고(AlphaGo)[1,2]의 등장은 많은 사람들에게 놀라움을 안겨주며, 인공지능에 대한 신뢰구축을 이끌 수 있는 기술의 개발과 인공지능 기술의 올바른 이해와 활용이라는 새로운 숙제를 관련 학연산을 비롯한 전문가 그룹과 일반 사용자 그룹에게 던져주었다. 본 교재의 9장-11장에서는 이러한 숙제에 대한 대응의 일환으로, 알파고가 구사하는 강화학습(reinforcement learning) 전략과 관련 있는 기본적인 주제들을 폭넓게 소개하도록 한다. 이러한 주제를 소개하는 과정에서 다루게 될 주제들의 선순환 관계를 다음 그림의 다이어그램형태로 표현해보았다. 이 그림이 의미하는 바를 요약하면 다음과 같다:

- 심층 강화학습(Deep RL)은 강화학습(RL)에 딥러닝 기술이 접목된 형태로 발전한 결과임.
- 심층 강화학습(Deep RL)은 그 적용 대상이 기본적으로 순차적 의사결정 문제(sequential decision making problems)인 만큼 많은 내용을 제어공학과 공유하고 있으며, 궁극적으로 제어이론의 발전과 응용 범위의 확대 역할도 수행할 것으

그림 10.1
제어이론, 마코프 의사결정 과정, 강화학습, 심층 강화학습를 소개하는 과정에서 다루게 될 주제들 간의 상호관계

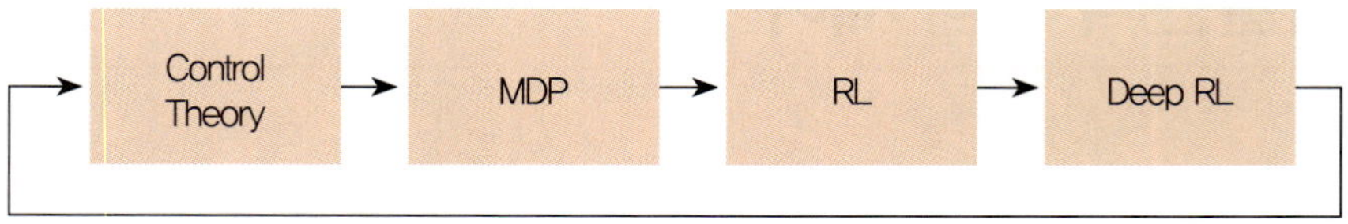

로기대함.

- 마코프 의사결정 과정(MDP)는 특수한 형태로 정의된 최적 제어 문제(optimal control problem)을 의미하며, 제어이론적 관점에서 접근하면 그 이해의 폭을 넓힐 수 있음.
- 강화학습(RL)은, 데이터를 기반으로 하는 확률론적 최적제어 풀이법의 일종으로 볼 수 있으며, 강화학습 분야의 많은 알고리즘은 특수한 형태의 확률론적 최적제어 문제인 마코프 의사결정 과정(MDP)의 해법을 통하여 설명할 수 있음 등등.

2016년 1월에 네이쳐 저널에 발표된 알파고 알고리즘[1)][1]은 해당 시점에서 가용한 각종 머신러닝 기술을 공학적으로 조합하여 바둑이라고 하는 매우 다루기 힘든 응용분야에 도전하는 노력을 보여주었다. 이러한 공학적 조합에 고려되고 있는 가장 주요한 머신러닝 기술 중 하나는 강화학습이다. 강화학습을 이해하는 데에는 여러 가지 접근 방식이 있을 수 있다. 이세돌 9단과 알파고의 5국이 진행될 때, 저자 중 다수는 대학원 수업을 통해서 알파고 알고리즘의 이해[3]라는 주제로 알파고 알고리즘에서 사용하는 강화학습에 대한 소개를 다룬 바 있었는데, 10장에서는 알파고 알

1) 알파고 제로 논문[2]에서는, [1]의 알파고 버전을 알파고 판(AlphaGo Fan)이라고 부른다.

고리즘과 관련된 범위를 위의 그림과 같이 비교적 넓게 잡은 후 관련 제어이론의 기초를 간단히 소개할 예정이다. 이러한 접근 방식에서는 그림의 제일 왼편 블록을 차지하는 제어이론 분야의 확률론적 최적제어(stochastic optimal control) 이론이 중요한 역할을 하는데, 다음에서는 확률론적 최적제어부터 Hamilton-Jacobi-Bellman방정식에 이르는 대략적인 연결고리에 관한 개념등을 기술하도록 한다.

확률론적 최적제어에서는 시스템이 확률미분방정식(stochastic differential equation) 형태의 상태방정식으로 표현되고, 성능 지수(performance index)가 상태와 제어입력의 비용함수에 대한 적분과 최종 상태에 대한 비용의 합으로 표현될 때, 성능지수를 최적화 하는 제어정책(control policy)을 Hamilton-Jacobi-Bellman 방정식의 풀이를 통하여 구하게 되는데, 이러한 풀이는 Q-learning을 포함한 각종 주요 강화학습 알고리즘의 핵심을 정확하게 이해하는 데에 기본이 된다. 아울러, 강화학습의 틀 안에서 이산입력 대신 연속입력을 고려하는 최적제어 전략을 개발하는 경우에 이러한 이해는 효과적인 학습 알고리즘을 탐구하기 위한 중요한 출발점이 되기도 한다. 확률론적 최적제어 기술은 주로 저차원의 상태공간 위에서 수학적으로 엄밀하게 기술되는 상태방정식과 성능지수를 간단한 종류에 대해서는 해석적으로, 그리고, 상대적으로 복잡한 종류에 대해서는 수치해석적으로 다루었다. 이에 반해서, 강화학습 기술에서는 기본적으로 데이터를 기반으로 하여 최적제어 문제를 풀기 위하여 신경망 등의 함수근사기(function approximator)를 적극적으로 활용하여 보다 더 큰 차원을 상태공간으로 갖는 시스템을 효과적으로 다루는 데에도 상당한 성과가 있었다. 그럼에도 불구하고, 구글 딥마인드의 DQN[4]과 알파고[1,2]의 등장 이전에는, 강화학습을 이용한 풀이는 바둑이나 무인 자동차처럼 복잡한 스케일의 문제를 다루는 데에는 역부족일 것이라는 인식이 지배적이었다. 따라서, 당시의 구글 딥마인드 챌린지 매치 대국을 통하여 전 세계의 이목을 끈 알파고 알고리즘[1,2]의 등장은, 이와 같은 인식을 긍정적인 방향으로 바꾸고자 하는 공학적 노력에 대한 주요한 이정표라고 볼 수 있다. 아울러, 2017년 10월에 발표된 알파고 제로(AlphaGo Zero) 방법론[2]과 2017년 12월에 발표된 알파제로(Alpha Zero) 방법론[11]에 이르러서는, 보다 범용적인 모습의 강화학습으로 보다 강력한 해를 구할 수 있음을 인식하게 되었다.

이제 다시 10장의 핵심 주제인 확률론적 최적제어 기술을 보다 구체적으로 다루기 위해, 관련 수학 개념들을 다소 범위를 넓게 잡고 단계별로 설명해보자. 이러한 설명에 있어서 가장 기본적인 개념은, 다음과 같이 정의되는 대칭단순 임의보행 확률과정(symmetric simple random walk process)이다.[2)]

[가] 대칭단순 임의보행 확률과정의 정의(e.g., [5]): 대칭단순 임의보행 확률과정(symmetric simple random walk process) $S(t),\ t = 0, 1, \cdots$는 다음과 같은 성질(defining properties)을 통해 정의된다:

(1) $S(0) = 0$.

(2) $S(t) = X_1 + X_2 + \cdots + X_t$. 여기에서 X_i는 $P[X_i = 1] = P[X_i = -1] = 1/2$를 만족하는 IID 확률변수임.

설명의 편의를 위하여 다음에서는 위의 대칭단순 임의보행 확률과정을 단순 임의보행으로 부르도록 하자. 고등학교 확률과 통계 시간에 배우는 지식을 동원하면, 단순 임의 보행은 다음과 같은 성질의 가짐을 알 수 있다.

[나] 단순 임의보행의 주요 성질 (e.g., [5]): 단순 임의보행 $S(t)$의 확률분포는 다음과 같은 성질을 갖는다:

(1) $t < |s|$일 경우에는, $P[S(t) = s] = 0$이다. 즉, 시간 인덱스 t에 비해 s의 절대값이 클 경우에는, $S(t)$의 값이 s가 될 가능성은 없다.

(2) $t + s$가 홀수일 경우에는, $P[S(t) = s] = 0$이다. 즉, 시간 인덱스 t가 홀수이고 s가 짝수이거나, 시간 인덱스 t가 짝수이고 s가 홀수인 경우에는, $S(t)$의 값이 s가 될 가능성은 없다.

---

2) 임의 보행확률 과정과 브라운 운동 등의 내용에 관한 보다 상세한 설명을 위해서는 [5]-[7] 등의 수학 서적을 참고하면 된다.

(3) $|s| \leqq t$이고 $t+s$가 짝수인 경우에는, $P[S(t)=s] = \binom{t}{\frac{t+s}{2}}(\frac{1}{2})^t$이다.

(주의: 여기에서, $\binom{t}{\frac{t+s}{2}}$는 고등학교 확률과 통계에 등장하는 ${}_tC_{(t+s)/2}$를 의미하며,

"t choose $\frac{t+s}{2}$"라고 읽는다)

위의 성질들로부터 우리는 단순 임의보행 $S(t)$의 확률질량함수(probability mass function, PMF)의 기저(support), 즉, 확률이 0이 아닌 s의 영역은, $s=0$을 중심으로 좌우 대칭이고 한 칸씩 건너뛴 형태이며 $-t$ 이상 t 이하의 범위에서만 존재함을 알 수 있다. 그리고, IID 확률변수의 경우 기댓값과 분산의 계산을 위한 연산이 중첩의 원리(superposition)를 만족함 (즉, $E[X_1+\cdots+X_t] = E[X_1]+\cdots+E[X_t]$와 $Var[X_1+\cdots+X_t] = Var[X_1]+\cdots+Var[X_t]$이 성립함)을 이용하면, 단순 임의보행 $S(t)$의 기댓값과 분산에 대한 다음 결과를 손쉽게 유도할 수 있다.

[다] 단순 임의보행의 기댓값과 분산(e.g., [5]): 단순 임의보행 $S(t)$의 기댓값과 분산은 다음과 같다:

(1) $E[S(t)] = 0$.
(2) $Var[S(t)] = t$.

또한 단순 임의보행 $S(t)$ 대신, 단순 임의보행의 증분(increment), 즉, $t_2 \geq t_1$인 경우에 $S(t_2)-S(t_1)$를 고려하는 경우에도 다음과 같은 유사한 결과를 얻을 수 있다.

[라] 단순 임의보행의 증분에 대한 기댓값과 분산(e.g., [5]): $t_2 \geq t_1$인 경우에 단순 임의보행 $S(t)$의 증분 $S(t_2)-S(t_1)$에 대한 기댓값과 분산은 다음과 같다:

(1) $E[S(t_2) - S(t_1)] = 0$.
(2) $Var[S(t_2) - S(t_1)] = t_2 - t_1$.

여기에서, 단순 임의보행의 출발점 $S(0)$이 원점, 즉, 0인 관계로, $S(t)$를 증분 $S(t) - S(0)$로 볼 수도 있으므로, [다]의 결과는 [라]의 특별한 경우(special case)로 볼 수도 있다. 따라서, [다]와 [라]는 모두 단순 임의보행의 증분의 기댓값은 언제나 0이 되고, 단순 임의보행의 증분의 분산은 언제나 경과한 시간 $t_2 - t_1$이 됨을 보여준다. 단순 임의보행은 시간이 경과함에 따라 양 혹은 음으로의 변화 중 어느 쪽도 선호하지 않으며, 경과한 시간이 증가할수록 불확실성은 그 증가에 비례하여 커지게 됨을 생각할 때, [다]와 [라]의 결과는 우리가 이 문제에 대해 직관적으로 느낄 수 있는 부분과 일치한다.

다음에서는, 임의보행의 극한(limit)으로 정의될 수 있는 브라운 운동(Brownian motion 또는 Brown motion) $W(t)$을 소개한다. 브라운 운동은, 임의보행 $S(t) = X_1 + X_2 + \cdots + X_t$을 정의할 때 $\Delta t = 1$이었던 시간 인덱스 간격을 $\Delta t = t/n$로 감소시키고, 각 X_i가 갖는 값들의 크기였던 1을 $\sqrt{t/n}$ 로 감소시키는 방식으로 (즉, $\tilde{S}(t) = \tilde{X}_{\Delta t} + \tilde{X}_{2\Delta t} + \cdots + \tilde{X}_t$과 $\tilde{X}_{i\Delta t} \in \{-\sqrt{t/n}, \sqrt{t/n}\}$이 성립하도록) 수정된 임의보행 $\tilde{S}(t)$을 고려한 후, n을 ∞로 보내는 극한을 통해서 정의할 수 있는 개념이다. 이와 같이 수학적으로 정의하는 방식보다 매력적인 방식의 정의를 우리는 고등학교 생물시간에 브라운 꽃가루 운동이라는 개념으로 배운 바 있다. 질량이 매우 작은 꽃가루 하나가 천천히 낙하하여 물을 향해 입수하는 상황을 생각하고 정확한 입수 시점을 $t = 0$로 정의하면, 꽃가루는 입수 직후부터는 질량이 매우 작은 물 분자와 독립적인 완전 탄성 충돌을 계속하면서 계속적인 위치 변화를 겪게 된다. 실제 꽃가루의 운동은 3차원적으로 일어나지만, 설명의 편의상 꽃가루 운동이 일차원적이고, 매 충돌 사이의 시간 간격은 $\Delta t = t/n$이며, 각 충돌 당 위치 변화의 크기도 $\sqrt{t/n}$ 로 일정하다고 가정하면, 이러한 일차원적 꽃가루 운동은 위에서 언급한 수정된 임의보행 $\tilde{S}(t)$를 통하여 모델링할 수 있을 것이다. 그리고, 이러한 모델에 중심극한정리(central limit theorem)(e.g., [7])를 적용하면 다음과 같이 정의되는 브라운 운동을 얻을 수 있다.

[마] 표준 브라운 운동(standard Brownian motion)의 정의(e.g., [5]): 표준 브라운 운동 $W(t), t \geq 0$는 다음과 같은 성질(defining properties)을 통해 정의된다:

(1) $W(0) = 0$.

(2) $t_2 \geq t_1 > 0$인 경우에, 브라운 운동의 증분(increment) $W(t_2) - W(t_1)$은 $W(\tilde{t}), \tilde{t} \in [0, t_1]$와 독립이다.

(3) $t_2 \geq t_1 > 0$인 경우에, 브라운 운동의 증분(increment) $W(t_2) - W(t_1)$은 기댓값이 0이고 분산이 $t_2 - t_1$인 정규분포를 갖는다. (즉, $W(t_2) - W(t_1) \sim N(0, t_2 - t_1)$)

브라운 운동은 임의보행의 극한을 통해 정의되므로, 임의보행이 원래 가졌던 속성이 브라운 운동의 속성으로 계승되는 상황을 볼 수 있다. 예컨대, 경과 시간이 $t_2 - t_1$인 브라운 운동의 증분 $W(t_2) - W(t_1)$은, 단순 임의보행을 다룰 때와 마찬가지로 기댓값이 0이 되고, 분산이 경과시간 $t_2 - t_1$과 같음은 이러한 속성에 대한 계승을 보여준다. [마]의 정의는, 분산이 $\alpha(t_2 - t_1)$인 일반적인 브라운 운동 및 각 시간 인덱스 t에 대해 $W(t)$가 랜덤벡터가 되는 고차원 브라운 운동 등의 개념으로 확장될 수 있다. 이 책에서는 브라운 운동을 확률론적 최적제어 및 Hamilton-Jacobi-Bellman 방정식의 개념을 설명하는 단계에서 사용하므로, 우리의 관심을 주로 표준 브라운 운동 중심으로 한정하고 설명을 진행하되 상황에 따라 일반적인 브라운 운동, 고차원 브라운 운동 등을 고려하도록 한다. 아울러, 설명의 편의를 위하여 지금부터는 필요에 따라 가끔씩 위의 표준 브라운 운동을 그냥 브라운 운동으로 부르는 경우도 있을 것이다.

[마]에 기술된 브라운 운동의 성질 중 (3)번을 이용하면, 극소량의 시간 경과 Δt

에 대응하는 브라운 운동의 증분 $\Delta W_t = W(t+\Delta t) - W(t)$은 기댓값이 0이 되고, 분산이 Δt인 정규분포를 갖게 된다. 확률미분방정식(stochastic differential equation)을 다루기 위해 이해해야 할 브라운 운동의 중요한 성질 중 하나는, $\Delta t \to 0$일 경우에 $(\Delta W_t)^2$와 Δt의 차이가 0으로 수렴한다는 성질이다.

[바] 표준 브라운 운동의 주요 성질 중 하나(e.g., [5]): $\Delta t \to 0$이면 $(\Delta W_t)^2 \to \Delta t$. 따라서, $(dW_t)^2 = dt$.

확률과정의 수렴을 논할 때에는 높은 수준의 수학적 엄밀성(mathematical rigor)을 필요로 한다. 본 장의 내용을 기술함에 있어서 필자가 갖는 궁극적인 목표는, 일단 단순 임의보행으로부터 시작한 이야기를 강화학습에 이르기까지 어느 정도 편한 마음을 가지고 읽을 수 있도록 끌고 가는 것이므로, 여기에서는 잠시 동안 이러한 수학적 엄밀성을 고교 및 대학 교육과정에서 확률을 다뤄본 경험으로부터 편하게 느낄 수 있는 정도의 직관으로 대체하기로 한다. 앞에서 언급한 바와 같이, 극소량의 시간 경과 Δt에 대응하는 브라운 운동의 증분 $\Delta W_t = W(t+\Delta t) - W(t)$은 기댓값이 0이 되고, 분산이 Δt인 정규분포를 갖는다. 이제 우리의 관심을 $(\Delta W_t)^2$로 돌려보자. 확률변수 ΔW_t가 정규분포에 따르므로, 적어도 $(\Delta W_t)^2$의 기댓값과 분산을 따지는 작업은 어렵지 않아 보인다. ΔW_t의 기댓값과 분산이 각각 0과 시간 경과 Δt와 같으므로, $(\Delta W_t)^2$의 기댓값은 다음의 과정을 통해 쉽게 구해진다.

$$E[\Delta W_t^2] - E^2[\Delta W_t] = E[\Delta W_t^2] - 0 = Var[\Delta W_t] = \Delta t.$$

$$\therefore E[\Delta W_t^2] = \Delta t.$$

그리고, $Var[(\Delta W_t)^2] = E[(\Delta W_t)^4] - E^2[(\Delta W_t)^2] = E[(\Delta W_t)^4] - (\Delta t)^2$이 성립하므로, $(\Delta W_t)^2$의 분산은 ΔW_t의 4차 모멘트를 알면 구할 수 있다. 여기에서 표준 정규 확률변수(standard normal random variable) Z의 4차 모멘트가 3[3]임을 기억하면, $(\Delta W_t)^2$의 분산은 다음의 과정을 통해 $2(\Delta t)^2$가 됨을 알 수 있다.

$$3 = E[(\frac{\Delta W_t}{\sqrt{\Delta t}})^4] = \frac{E[(\Delta W_t)^4]}{(\Delta t)^2}$$
$$\therefore E[(\Delta W_t)^4] = 3(\Delta t)^2$$
$$\therefore Var[(\Delta W_t)^2] = E[(\Delta W_t)^4] - E^2[(\Delta W_t)^2]$$
$$= 3(\Delta t)^2 - (\Delta t)^2 = 2(\Delta t)^2$$

이상에서 전개 과정으로 인해 $(\Delta W_t)^2$의 기댓값과 분산은 각각 Δt과 $2(\Delta t)^2$이므로, Δt가 무한소로 작아져서 dt로 취급될 때, $(\Delta W_t)^2$ 역시 dt로 취급될 수 있는 가능성을 관찰할 수 있다. 물론 이러한 관찰은, 앞에서 언급한 바와 같이 [바]의 증명이 결코 될 수 없으며, 엄밀한 증명을 위해서는 [5] 등을 참고하면 된다. 그리고, 브라운 운동의 수학적 측면을 보다 엄밀하게 다루고 싶은 경우에는 수학과에 계신 분들의 도움을 받아서 [6], [7] 등과 같은 참고서적을 공부하면 된다[4].

이제 브라운 운동 W_t의 증분을 통해 정의되는 dW_t를 이해할 수 있고, 왜 $(dW_t)^2$가 dt와 같은 지에 대해 감을 잡았으므로, 이토 프로세스(Ito process)로 불리는 확률미분방정식(stochastic differential equation)에 대해 알아보자. 앞으로 dW_t는, 단순한 표기를 위하여, 때로 $dW(t)$ 또는 dW로 표기할 예정이다.

[사] 이토 프로세스(Ito process)의 정의(e.g., [8], [9]): 이토 프로세스(Ito process)는 다음 형태의 확률미분방정식(stochastic differential equation)를 통해 정의된다:

$dx = f(x)dt + F(x)dW$. 여기에서 dW는 n_w차원 브라운 운동의 증분을 의미하고 f와 F는 적절한 의미[5]의 연속성을 만족해야 한다.

---

3) 숙제: $Z \sim N(0,1)$인 경우에, $E[Z^4] = 3$이 성립함을 보이시오 (힌트: Z의 모멘트 생성함수(moment generating function)은 $\phi_Z(s) = \exp(s^2/2)$이고, 이를 4번 미분한 후 $s = 0$을 대입하면 Z의 4차 모멘트를 구할 수 있다(e.g., [5]).

4) [6]은 비교적 쉽고, [7]은 어렵다.

5) 앞에서 언급한 바와 같이, 본 장의 궁극적인 목표는 단순 임의보행으로부터 시작한 이야기를 강화학습에 이르기까지 어느 정도 편한 마음을 가지고 읽을 수 있도록 끌고 가는 것이므로, 확률미분방정식에 대한 논의에서는 수학적 엄밀성을 생략하고 기술하도록 한다.

[사]의 확률미분방정식 $dx = f(x)dt + F(x)dW$ 의 참 의미는, 양변에 대한 적분이 다음과 같이 일치함을 의미한다:

$$x(T) - x(0) = \int_0^T f(x(t))dt + \int_0^T F(x(t))dW_t$$

단, 여기에서 우변의 마지막 항 $\int_0^t F(x(t))dW_t$ 은 이토 적분(Ito integral)을 의미한다. 여기서 이토 적분이라 함은, 이차적분가능한 함수(square-integrable function) $g(t)$에 대하여 $\int_0^t g(s)dW(s) = \lim_{\substack{n \\ 0=s_0<s_2<\cdots<s_n}} \sum_{k=0}^{n-1} g(s_k)(W(s_{k+1}) - W(s_k))$ 로 정의되는 적분을 의미한다. 여기서 주의할 점은 이 적분은 그 자체로 스칼라 값이 아니라 확률변수라는 사실이다. 확률론적 미분방정식을 다루기 위한 주요 수학 개념 중 하나로 이토 보조정리(Ito lemma)(e.g., [5,6,7,8, 10])를 들 수 있는데 확률론적 최적제어 기술의 논의를 위해서는 다음과 같은 이토 보조정리의 적용 예가 필요하다.

[아] 이토 보조정리(Ito lemma)의 적용 예: $dx = f(x)dt + F(x)dW$를 만족하는 이토 프로세스(Ito process)에 대해 이계미분 가능한 함수 $a(x)$를 적용하면 그 결과는 다음과 같은 이토프로세스가 된다: $da(x(t)) = \left(a_x f(x(t)) + \frac{1}{2}a_{xx}F^2(x(t))\right)dt + a_x F(x(t))dW(t)$

이러한 적용 예를 증명하기 위해서는 엄밀한 수학적 유도과정이 필요하지만, [바]의 $(dW_t)^2 = dt$를 이용하면 다음과 같은 증명을 위한 핵심적인 힌트를 얻을 수 있다.

$$\begin{aligned} da &= \frac{\partial a}{\partial x}dx + \frac{1}{2}\frac{\partial^2 a}{\partial x^2}(dx)^2 \\ &= a_x(f(x)dt + F(x)dW) + \frac{1}{2}a_{xx}F^2(x)dt \end{aligned}$$

$$= \left(a_x f(x) + \frac{1}{2} a_{xx} F^2(x)\right) dt + a_x F(x) dW$$

확률 제어 시스템을 고려하는 경우에는 제어입력에 의한 상태변화가 반영되어야 하므로, 다음과 같은 확률미분방정식을 활용하게 된다. $dx = f(x,u)\,dt + F(x,u)\,dW$

이 식의 우변에는 제어입력을 나타내는 u가 포함되어있음에 유의하자. 아울러 우리가 최소화[5]해야 하는 목적함수가 다음과 같이 주어지는 경우를 생각하자:

$J(x,u) = h(x(t_f)) + \int_0^{t_f} l(x(t), u(t))dt$. 여기에서 $h(x(t_f))$항은 최종 시간 t_f 시점에 상태 x가 갖는 최종 비용(terminal cost)이고, $l(x(t), u(t))$는 t시점에 상태 x와 제어입력 u가 갖는 단계 비용(stage cost 또는 running cost) 관련 항이다. 이 경우에 초기 시점이 t이고 초기 상태 벡터가 x인 상황에서 최적 제어 정책을 통하여 제어 입력을 생성하는 경우에 향후 목적함수의 기댓값을 나타내는 최적 상태 가치함수(state value function)[6] $v(x,t)$는 다음의 Hamilton-Jacobi-Bellman 방정식을 만족해야 된다.

$$-v_t(x,t) = \min_u \left\{ l(x,u) + f(x,u)^T v_x(x,t) + \frac{1}{2} \mathrm{tr}(\Sigma(x,u) v_{xx}(x,t)) \right\}$$

여기에서 $\Sigma(x,u) = F(x,u)F(x,u)^T$를 의미함.

Hamilton-Bellman-Jacobi 방정식의 유도 및 증명은 [8, 9] 등을 따르면 된다. 참고로 이러한 증명은, 확률미분방정식 $dx = f(x,u)dt + F(x,u)dW$의 이산화

---

5) 우리의 목적함수가 비용(cost)을 표현하면 최소화 문제가 되고, 보상(reward)을 표현하면 최대화 문제가 된다. 이 장에서는 최소화 문제를 대상으로 기술하지만, 보상을 위하여 비용×(−1) 사용하면 최대화 문제로 표현될 수 있음은 물론이다.

6) 가치함수(value function)의 의미는, 9장 및 11장에서 소개한 내용과 비슷한 방식으로 받아들이면 된다. 즉, $v(x,t) \equiv \min_u E_u\left[h(x(t_f)) + \int_t^{t_f} l(x(t), u(t))dt\right]$. 여기에서는 유한구간문제(finite horizon problem)을 다루므로, 상태가치함수의 정의에 x와 t가 함께 고려됨에 유의하자.

(discretization)로부터, x_k 와 u_k가 주어진 상태에서 x_{k+1}에 대한 조건부 확률밀도함수(conditional probability density function)가

$$x_{k+1} \sim N(x_t + \Delta t\, f(x_t, u_t), \Delta t\, \Sigma(x_t, u_t)),$$
$$\text{where } \Sigma(x_t, u_t) \equiv F(x_t, u_t) F(x_t, u_t)^T$$

형태의 다변수 정규분포가 됨을 관찰한 후, 최적 상태 가치함수(optimal state value function)를 9장에서 소개한 내용과 유사한 방식[7]으로 정의하여 벨만 방정식을 구한 후 테일러 급수 전개와 이토 보조정리 등을 활용하는 절차를 따르면 유도될 수 있다.(숙제) 마지막으로, 확률론적 최적제어와 강화학습의 비교를 언급한 참고문헌으로는 [9] 등을 들 수 있다.

7) 9장에서 MDP의 최적 상태 가치함수를 논할 때에는 보상신호를 기반으로 하는 목적함수를 최대화 하였던 반면에, 10장에서 제어 시스템의 최적 상태 가치함수를 논할 때에는 비용을 최소화하는 관점을 취하고 있다. 아울러, 유한한 시간 구간(finite time horizon)을 대상으로 설명하고 있는 점, 할인율이 1인 상황을 다루고 있는 점 등에도 유의하자.

참고문헌

[1] Silver, D., Huang, A., Maddison, C. J., Guez, A., Sifre, L., Van Den Driessche, G., ... & Dieleman, S. (2016). Mastering the game of Go with deep neural networks and tree search. Nature, 529(7587), 484-489.

[2] Silver, D., Schrittwieser, J., Simonyan, K., Antonoglou, I., Huang, A., Guez, A., ... &Chen, Y. (2017). Mastering the game of Go without human knowledge. Nature, 550(7676), 354-359.

[3] 박주영. 알파고 알고리즘의 이해. 2016년 3월 16일. 유튜브(https://www.youtube.com/watch?v=RKY4GmaDmfc).

[4] Mnih, V., Kavukcuoglu, K., Silver, D., Rusu, A. A., Veness, J., Bellemare, M. G., ... & Petersen, S. (2015). Human-level control through deep reinforcement learning. Nature, 518(7540), 529-533.

[5] Buchanan, J. R. (2012). An undergraduate introduction to financial mathematics. World Scientific.

[6] Brzezniak, Z., &Zastawniak, T. (2000). *Basic stochastic processes: a course through exercises*. Springer Science &Business Media.

[7] Ç ı nlar, E. (2011). Probability and stochastics (Vol. 261). Springer Science & Business Media.

[8] Todorov, E. (2006). Optimal control theory. Bayesian brain: probabilistic approaches to neural coding, 269-298.

[9] Kappen, H. J., & Ruiz, H. C. (2016). Adaptive importance sampling for control and inference. Journal of Statistical Physics, 162(5), 1244-1266

[10] Movellan, J. R. (2011). Tutorial on stochastic differential equations. MPLab Tutorials Version, 6.

[11] Silver, D., Hubert, T., Schrittwieserr, J., Antonoglou, I., Lai, M., Guez, A., ... &Lillicrap, T. (2017). Mastering Chess and Shogi by Self-Play with a General Reinforcement Learning Algorithm. *arXiv preprint arXiv:1712.01815*.

MEMO

CHAPTER 11

강화학습

미국의 MIT 대학은 매년 전 세계적으로 연구되는 기술 중 가장 파급효과가 클 것으로 예상되는 10대 혁신기술(breakthroughs)을 발표하는데, 강화학습(reinforcement learning)은 2017년에 선정된 10대 혁신기술 중 하나이다.[1] 강화학습은 인공지능 기술 중 가장 활발한 연구가 이루어지는 분야 중 하나로써, 최근에는 딥러닝(deep learning) 기술과 결합되어 시너지 효과를 거두며 급속한 발전을 이루고 있다. 강화학습은 일반적으로 순차적 의사결정 문제(sequential decision making problems)를 풀기 위해 사용된다. 여기에서 순차적 의사결정 문제를 푼다함은, 시간에 따라서 상태가 변하는 동적시스템[2]을 대상으로 매 시간스텝 t마다 상태 x_t를 관찰한 후 향후 상태변화(state transition)나 보상신호(reward signal) 등을 종합적으로 고려하여 합리적인 방향으로 제어입력(control input) u_t을 선택하는 의사결정(decision making) 문제를 다루는 상황을 의미한다. 이러한 순차적 의사결정 문제에서 시스템 모델이 충분히 간단하고 정확하게 주어져 있는 경우[3]에는, 모델이 제공하는 정보만을 활용하여 제어 정책을 구할 수 있게 된다. 11장에서는 이러한 모델이 충분히 간단하고 정확하게 주어지지 않고, 데이터 형태의 관측은 가능한 경우를 다룬다. 부연 설명하면, 11장

1) https://www.technologyreview.com/lists/technologies/2017/

2) 여기에서 말하는 동적시스템(dynamical system)은 기본적으로 상태와 제어입력 개념이 장착된 동적 시스템을 의미하며, 간단하고 다루기 편리한 예로는 상태 공간과 제어입력 공간이 유한 집합인 유한 마코프 의사결정 과정(finite Markov decision process)이나 상태 공간과 제어입력 공간이 실수벡터공간인 유한 차원 선형 상태방정식(finite dimensional linear state equation) 모델(e.g., $x_{t+1} = Ax_1 + Bu_t + w_t$) 등을 들 수 있다.

3) 예컨대, 유한 마코프 의사결정 과정 $MDP = (S, A, P^a_{ss'}, R^a_{ss'}, \gamma)$를 다루는 경우이거나 보상신호(reward signal)가 상태와 제어입력의 2차식 형태로 주어지는 경우의 유한 차원 선형 상태방정식 모델, $x_{t+1} = Ax_1 + Bu_t + w_t$을 다루는 경우.

에서는 9장에서와 마찬가지로 상태 전이(state transition)와 보상 신호(reward signal) 생성 등이 유한 마코프 의사결정 과정(finite Markov decision process)에 따라 이루어짐을 가정하되, 9장과는 달리 상태전이(state transition) 모델과 보상 기댓값(reward expectation) 모델(즉, $P^a_{ss'}$, $R^a_{ss'}$)이 직접 주어지지는 않고, 예컨대, $(x_t, u_t, r_{t+1}, x_{t+1})$ 혹은 $(x_t, u_t, r_{t+1}, x_{t+1}, u_{t+1})$ 등과 같은 상태전이 데이터(state transition data) 형태로는 관찰될 수 있는 상황에서 최적에 가까운 제어정책(control policy)을 찾는 문제를 다룬다.

강화학습 기법[1,2]은 주로 가치 기반 기법(value-based methods)[3,4], 정책 탐색 기법(policy search methods)[5,6,7] 및 액터-크리틱 기법(actor-critic methods)[8,9] 등의 방향으로 계속적인 발전을 이루어 왔는데, 이들 각 방향의 방법론들은 나름대로의 장단점을 가지고 있다. 가치 기반 기법의 경우에는 상태와 제어입력이 이산적인 경우를 위한 Q-학습(Q-learning)[3]이나 SARSA 기법[4] 등이 오래 전부터 개발되어 사용되어왔는데 이들은 최근에도 수렴성(convergence) 등에 대한 확고한 이론적 기반 위에서 최적 경로계획(optimal path planning) 등의 문제에 효과적으로 적용되고 있다. 상태나 제어입력이 R^n과 같이 연속적인 공간일 경우에는 Q-학습이나 SARSA 학습의 다양한 확장 버전들이 사용되어 왔으나, 이들은 이산적인 상태 및 제어입력을 다루는 경우와는 달리 일반적으로 수렴성이 쉽게 보장되지 않고 응용 분야에 따라 성능이 만족스럽지 못한 경우가 종종 관찰되는 단점을 가지고 있었다. 이러한 단점은 구글딥마인드의 DQN 기술[17]을 계기로 상당 부분 해소되고 있다. 한편, REINFORCE[5] 등의 정책 탐색 기법은 주어진 제어 정책(control policy)에 대한 최적 파라메터를 기울기 강하(gradient descent) 등의 방법들을 이용하여 직접 탐색하는 방법으로 국소적 수렴성(local convergence)은 보장되는 장점을 가진 반면에 기울기(gradient) 관련 정보를 구할 때 전체 보상 신호들(reward signals)의 합에 대한 기댓값 대신 경험적으로 관찰된 샘플에 의존하는 성능지수를 사용하는데 이 과정에서 분산(variance)이 매우 커질 수 있는 단점을 가진다. 액터-크리틱[8,9]은, 가치함수 기반 기법과 정책 탐색 기법이 혼합된 형태로 볼 수 있는 방법으로 제어입력을 제공하는 액터(actor) 부분과 상태(state) 혹은 상태-제어입력(state-action) 가치함수를 추정하는 크리틱(critic) 부분으로 구성된다. 강화학습을 유명하게 만든 구글 딥마인드의 AlphaGo Fan 버전[10]에서는, 일차적으로 기보를 학습 데이터로 사용하는 지도학습 딥 액터(SL deep actor)의 학습결과를 강화학습 딥 액터(RL deep actor)의 초기 연결강도 값들로 활용하고 정책 기울기(policy gradients)를 활용하여 액터의 성능을 개선시킨 후 이 액터와 자기 대국(self-play) 형태의 시뮬레이션 결과를 이용하여 강화학습 딥 크리틱(RL deep critic)을 학습하는 순서를 따른다. 그리고, 지도학습 및 강화학습의 결과 도출된 신경망들을 APV-MCTS(asynchronous policy and value Monte-Carlo tree search) 탐색과정에서 적절히 조합하여 사용함으로써, 각각으로는 한계가 있을 수 있는 기존 방법론들을 공학적으로 잘 조합하는 전략을 취한다.[4]

본 장에서는 강화학습 방법론의 3가지 주요 방향이라고 할 수 있는 가치 기반 기법(value-based methods), 정책 탐색 기법(policy search methods) 및 액터-크리틱 기법(actor-critic methods) 분야의 기본 주제들을 순서대로 간단히 설명할 예정이다. 이러한 설명에 앞서, 이들 기법들이 일반적으로 사용하는 점증적 업데이트(incremental update)를 이해하기 위하여 평균 필터(average filter)를 우선 기술한다. 시간스텝(time step) $1, \cdots, k+1$ 때에 총 $k+1$회에 걸쳐 동일한 추정 목적을 가지고 동일한 대상에 대한 실험을 수행하여 $z_1, \cdots, z_{k+1}$의 관측치를 얻었을 때, 이들의 산술 평균은 $\overline{z_{k+1}} = \frac{z_1 + \cdots + z_{k+1}}{k+1}$가 된다. 이와 같은 방법으로 평균을 계산하는 경우에는, $\overline{z_{k+1}}$를 구하기 위하여 관측치 $z_1, \cdots, z_{k+1}$ 전체를 사용하게 되므로 시간 스텝의 수가 증가할수록 더 많은 관측치를 보관하고 있어야 하는 문제점이 야기될 수 있다. 이러한 문제점을 극복하기 위하여 다음의 전개 과정을 활용하면, 위의 평균 계산법을 대체할 수 있는 점증적 업데이트(incremental update) 공식을 얻을 수 있다.

$$\overline{z_{k+1}} = \frac{1}{k+1}\left(\sum_{i=1}^{k+1} z_i\right) = \frac{1}{k+1}\left(z_{k+1} + \sum_{i=1}^{k} z_i\right) = \frac{1}{k+1}\left(z_{k+1} + k\overline{z_k}\right)$$

4) 필자의 견해로는, AlphaGo Fan 관련 논문[10]의 기술 중 가장 돋보이는 부분은, 지도학습, 강화학습 및 몬테-카를로 트리 탐색 기술의 공학적 조합을 통하여 바둑에 대한 솔루션을 찾아낸 점이 아닐까 생각한다.

$$= \frac{1}{k+1}(z_{k+1} + (k+1)\overline{z_k} - \overline{z_k})$$
$$= \overline{z_k} + \frac{1}{k+1}(z_{k+1} - \overline{z_k})$$

이 식의 마지막 줄 우변의 내용은 $\overline{z_k}$와 z_{k+1}만으로 구성되므로, $\overline{z_{k+1}}$를 전체 관측치에 의존하지 않고 편리하게 구할 수 있는 점증적 표현(incremental expression)이 된다. 아울러, $\overline{z_{k+1}}$, $\overline{z_k}$ 및 z_{k+1}를 각각 "NewEstimate(신 추정치)", "OldEstimate(구 추정치)"및 "Target(타겟)"으로 정의하고, $\alpha_k \equiv \frac{1}{k+1}$를 k 시점의 "LearningRate"(학습률)로 정의하면, 위의 전개 과정은 다음과 같이 표현되는 점증적 업데이트 공식으로 설명될 수 있다.

> **[가] 점증적 업데이트 공식의 일반 표현**[5]: 점증적 업데이트 공식은 일반적으로
> "NewEstimate ← OldEstimate + LearningRate × (Target - OldEstimate)"
> 형태로 표현되며, 이를 한글로 옮기면 다음과 같다.
> "신 추정치 ← 구 추정치 + 학습률 × (타겟 - 구 추정치)"

위에서 설명한 점증적 업데이트 공식 $\overline{z_{k+1}} \leftarrow \overline{z_k} + \alpha_k(z_{k+1} - \overline{z_k})$은 $\overline{z_{k+1}} \leftarrow \alpha_k z_{k+1} + (1-\alpha_k)\overline{z_k}$형태로도 고쳐 쓸 수 있다. 여기에서 첫 번째 업데이트 공식은 "NewEstimate"가 "OldEstimate"를 "Target"방향으로 갱신하여 얻어짐을 명시적으로 보여주는 형태이고, 새롭게 고쳐 쓴 두 번째 업데이트 공식은 "NewEstimate"가 "OldEstimate"과 "Target"의 가중 평균(weighted average)임을 명시적으로 보여주는 형태이다.

다음에서는 강화학습의 주요 전략 중 하나인 가치 기반 기법(value-based methods)

---

5) 여기에서는 보다 분명한 의미 전달을 위하여 영어 표현과 한글 표현을 모두 소개하였다.

그림 11.1
Q 학습(Q-learning) 순서도 (e.g., [1])

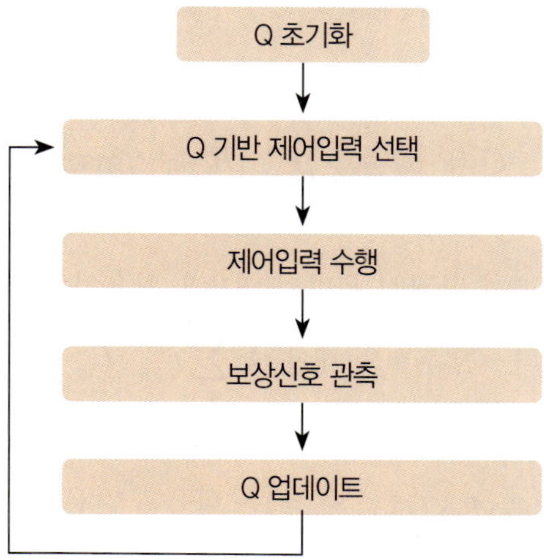

에 대해 알아보자. 가치 기반 기법은 최적 제어정책을 구하기 위하여 가치 함수(value function)에 의존하는 기법을 의미하며, 가장 대표적인 예로 Q 학습(Q-learning)[6][3]과 SARSA[4]를 들 수 있다. Q 학습의 원리를 간단하게 그린 순서도는 그림 1과 같으며, 시스템이 유한 마코프 의사결정 과정으로 주어진 경우에 최적 제어 정책을 찾기 위해 사용할 수 있다. 〈그림 1〉의 각 스텝이 갖는 의미를 위해서는, 다음의 설명 부분을 참고하면 된다. Q 학습의 장점으로는, 상태전이(state transition) 모델과 보상 기댓값(reward expectation) 모델 ($P^a_{ss'}$, $R^a_{ss'}$)을 필요로 하지 않는다는 점과 적절한 조건 아래에서 최적 제어 정책으로의 수렴성의 증명이 가능하다는 점[3]을 들 수 있다. Q 학습의 핵심 업데이트 공식은 최적 상태-제어입력 가치함수(optimal state-action value function) Q^*를 위한 벨만 방정식[7]으로부터 유도될 수 있다.

6) Q 학습 관련 연구에서는, Q 학습의 영문 표현으로 Q와 learning 사이에 "-"를 넣는 방식(즉, Q-learning)을 선호하는 것 같다.

9장에서 언급한 바와 같이 최적 상태-제어입력 가치함수는 $Q^*(s,a) = E_{\pi^*}[\sum_{k=0} \gamma^k r_{t+1+k} | x_t = s, u_t = a]$로 정의되며 다음의 벨만 방정식을 만족한다:

$$Q^*(s,a) = \sum_{s'} P^a_{ss'} [R^a_{ss'} + \gamma \max_{a'} Q^*(s', a')], \ \forall \ s \in S, \ \forall \ a \in A$$

이 벨만 방정식 우변의 내용을 활용하면 $Q^*(s,a)$를 위한 타겟(target) 값을 얻을 수 있다. 즉, 우변의 내용 중 $\sum_{s'} P^a_{ss'} [R^a_{ss'} + \gamma \max_{a'} Q^*(s', a')]$ 부분은 기댓값 공식 형태로 표현되어 있으므로, 학습 데이터 중 포함되어 있는 상태 전이(state transition) 샘플 $(x_t, u_t, r_{t+1}, s_{t+1})$은 다음과 같은 근사를 수행할 수 있게 해준다.

$$Q(x_t, u_t) \approx r_{t+1} + \gamma \max_a Q(x_{t+1}, a)$$

이러한 근사값을 $Q(x_t, u_t)$의 점증적 업데이트를 위한 타켓(target)으로 사용하면, [가]의 점증적 업데이트 전략은 다음과 같은 Q 학습(Q-learning)[3]의 "Q 업데이트 공식"을 제공한다.

$$Q(x_t, u_t) \leftarrow Q(x_t, u_t) + \alpha [r_{t+1} + \gamma \max_{a'} Q(x_{t+1}, a') - Q(x_t, u_t)]$$

여기에서, Q의 업데이트는 보상신호 관측치(즉, r_{t+1})와 Q 함수[8]의 내용에 의존하고 있음에 유의하자. 아울러, 이러한 업데이트를 계속적으로 적용하여 궁극적으로 Q^*를 찾을 수 있기 위해서는, $S \times A$공간의 여하한 원소 (s,a)에 대해서도 충분히 많이 방문함이 보장되어야 함에도 유의하자(e.g., [1]). 이러한 보장을 위해서 사용

7) 보다 자세한 내용을 위해서는 9장이나 관련 참고문헌을 이용하면 된다.

8) 유한 마코프 의사결정 과정(finite Markov decision process)에서는 상태 공간과 제어입력 공간이 모두 유한하므로, Q 함수는 때로 Q 테이블(Q table)로 표현되기도 한다.

할 수 있는 제어 정책 중 하나로는 입실론-그리디 제어 정책(epsilon-greedy policy)를 들 수 있다[1]. 입실론-그리디 제어 정책에서는 적절히 작은 $\epsilon \in (0, 1)$을 택하여[9], 확률 $(1-\epsilon)$만큼은 $\arg\max_a Q(s, a)$를 제어입력으로 택하고 나머지 확률만큼(즉, 확률 ϵ만큼)은 제어입력을 무작위로 택하는 방식(random choice)으로 "Q 기반 제어입력 선택"을 수행한다. Q 학습과 쌍벽을 이루는 가치 기반 기법(value-based methods)으로는 SARSA 기법[4]를 들 수 있는데, 이 기법은 기본적으로 9장에서 소개한 정책반복법(policy iteration)의 틀을 따른다. 학습의 핵심 업데이트 공식은 상태-제어입력 가치함수(optimal state-action value function) Q^π를 위한 벨만 방정식[10]으로부터 유도될 수 있다. 9장에서 언급한 바와 같이 상태-제어입력 가치함수는 $Q^\pi(s, a) = E_\pi[\sum_{k=0}^{\infty} \gamma^k r_{t+1+k} | x_t = s, u_t = a]$로 정의되며 다음의 벨만 방정식을 만족한다:

$$Q^\pi(s, a) = \sum_{s'} P^a_{ss'}[R^a_{ss'} + \gamma \sum_{a'} \pi(s', a') Q^\pi(s', a')], \ \forall\ s \in S, \forall\ a \in A$$

이 벨만 방정식 우변의 내용을 활용하면 $Q^\pi(s, a)$를 위한 타겟(target) 값을 얻을 수 있다. 즉, 우변의 내용 $\sum_{s'} P^a_{ss'}[R^a_{ss'} + \gamma \sum_{a'} \pi(s', a') Q^\pi(s', a')]$은 기댓값 공식 형태로 표현되어 있으므로, 학습 데이터 중 포함되어 있는 상태 전이(state transition) 샘플 $(x_t, u_t, r_{t+1}, s_{t+1}, u_{t+1})$은 다음과 같은 근사를 수행할 수 있게 해준다.

$$Q^\pi(x_t, u_t) \approx r_{t+1} + \gamma Q^\pi(x_{t+1}, u_{t+1})$$

이러한 근사값을 $Q^\pi(x_t, u_t)$의 점증적 업데이트를 위한 타켓(target)으로 사용하면, [가]의 점증적 업데이트 전략은 다음과 같은 SARSA 기법[4]의 "Q 업데이트 공식"을 제공한다.

---

9) 학습 초기에는 ϵ을 다소 크게 잡다가 학습 후반부로 갈수록 점차 줄이는 형태의 방식이 널리 쓰이는 편이다.

10) 보다 자세한 내용을 위해서는 9장이나 관련 참고문헌을 이용하면 된다.

$$Q^{\pi}(x_t, u_t) \leftarrow Q(x_t, u_t) + \alpha\,[\, r_{t+1} + \gamma\, Q^{\pi}(x_{t+1}, u_{t+1}) - Q^{\pi}(x_t, u_t)\,]$$

여기에서, Q의 업데이트는 보상신호 관측치(즉, r_{t+1})와 Q 함수의 내용에 의존한다. 이러한 업데이트를 계속적으로 적용하여 궁극적으로 Q^*에 수렴하는 Q 함수를 찾을 수 있기 위해서는, $S \times A$공간의 여하한 원소 (s, a)에 대해서도 충분히 많이 방문함을 보장하는 입실론-그리디 제어 정책(epsilon-greedy policy)을 사용할 수 있으며, 학습이 경과함에 따라 $\epsilon > 0$의 크기가 0으로 감소시키는 것이 필요함에 유의하자. Q 학습과 SARSA 기법의 근본적인 차이점은, SARSA 기법이 타겟의 책정을 위하여 자체 정책이 제시하는 결과를 따르는 반면에 Q 학습은 그리디 정책과 관련된 Q 값, 즉, $\max_a Q(\cdot, a)$을 활용하는 점을 들 수 있다.

다음에서는, 강화학습의 주요 전략 중 하나인 정책 탐색 기법(policy search methods)에 관련된 주제를 설명한다. 이 방법은 기본적으로 제어입력을 생성하는 확률론적 제어정책을 위한 함수족(function family)을 $\pi_\theta(s,a) \equiv P(u_t = a | x_t = s)$로 미리 정해놓고 그 파라미터 θ를 최적화시키는 전략을 사용하며, 제어공학(control engineering) 관점에서 쉽게 이해할 수 있는 장점과 함께, 제어입력이 연속적인 경우도 효과적으로 다룰 수 있고 국소적 수렴성(local convergence)이 보장되는 장점을 갖는다. 정책 탐색 기법(policy search methods) 중 가장 널리 쓰이는 종류는 정책 기울기(policy gradient)를 활용하는 방법들인데, 이 방법들은 주로 다음의 정책 기울기 정리에 의존한다.

[나] 정책 기울기 정리(policy gradient theorem)[11][6]: 초기 상태가 $x_0 = s_0$로 고정된 경우를 위한 목적함수 $J(\theta) \equiv V^{\pi_\theta}(s_0) = E_{\pi_\theta}[\sum_{k=0}^{\infty} \gamma^k r_{1+k} | x_0 = s_0]$의 정

11) [나]의 정책 기울기 정리에서는, 9장의 내용을 바탕으로 쉽게 접근할 수 있도록 초기 상태가 $x_0 = s_0$로 고정된 경우의 목적함수만을 대상으로 기술하였다. 이 부분은 여타 종류의 목적함수(e.g., 목적함수가 평균 보상(average reward) 형태로 주어지는 경우 및 초기 상태가 상태 공간 위에서 확률 분포를 갖는 경우 등등)를 위해서 확장될 수 있다. 정책 기울기 정리에 대한 깊은 이해를 위해서는 [6] 등을 참고하면 된다.

책 기울기(policy gradient) $\nabla_\theta J(\theta)$는 다음과 같이 표현될 수 있다.

$$\nabla_\theta J(\theta) = E_{\pi_\theta} [\nabla_\theta \log \pi_\theta (s, a) \, Q^{\pi_\theta}(s, a)]$$

정책 기울기 정리의 증명은 [6]의 부록에 상세하게 기술되어 있다[12]. 증명보다는 직관을 좋아하는 분들에게는, 유한한 시간 구간(finite horizon)을 갖는 경우로 국한시켜서 따져보는 방법이나 다음과 같이 등식을 펼쳐놓고 이해하는 방법 등을 추천한다.

$$J(\theta) \equiv V^{\pi_\theta}(s_0) = \sum_s d^{\pi_\theta}(s) \sum_a \pi_\theta(s, a) R_s^a$$

$$\frac{\partial J}{\partial \theta} = \sum_s d^\pi(s) \sum_a \frac{\partial \pi(s, a)}{\partial \theta} Q^\pi(s, a)$$

$$= \sum_s d^\pi(s) \sum_a \pi(s, a) \frac{\partial \log \pi(s, a)}{\partial \theta} Q^\pi(s, a)$$

여기서, $d^{\pi_\theta}(s)$는 π_θ를 제어정책으로 사용할 때 정상 상태에 도달한 후 상태가 갖게 되는 분포에 비례하는 정상상태 분포(stationary distribution)이고, R_s^a는 기대 보상신호(expected reward)[13]이다. 편의상 π_θ를 π로 표기하였으며, 두 번째 줄 등식의 가운데 토막에서 θ에 관한 미분이 $\frac{\partial \pi(s, a)}{\partial \theta}$에만 영향을 주고 $d^\pi(s)$는 그대로 남아 있고 R_s^a가 $Q^\pi(s, a)$로 바뀌어 있는 점이 흥미롭다. 아울러 $\frac{\partial \pi(s, a)}{\partial \theta}$는 $\pi(s, a)\frac{\partial \log \pi(s, a)}{\partial \theta}$로 고쳐 쓸 수 있는 점에 유의하자. 그리고, 두 번째 줄 등식의 우변 항은 기댓값 형태로 표현되어 있으므로, 샘플링을 통해서 근사할 수 있음을 알

12) 끈기를 가지고 끝까지 따라가서 이해하고 나면 상당한 보람을 느낄 수 있는 증명이라고 생각한다.

13) 기대 보상 신호를 위해서는, 우리가 고려하는 문제에 따라 $R_s = E\{r_{t+1} | x_t = s\}$, $R_s^a = E\{r_{t+1} | x_t = s, u_t = a\}$, $R_{ss'}^a = E\{r_{t+1} | x_t = s, u_t = a, x_{t+1} = s'\}$ 등이 사용될 수 있다.

수 있다. 이상에서 설명한 정책 기울기 정리와 샘플링 근사를 이용하는 고전적인 강화학습 방법 중 하나가 REINFORCE 알고리즘[5]이다[14]. REINFORCE 알고리즘의 핵심은 다음과 같이 구성되며, $Q^{\pi}(s_t, a_t)$를 위한 불편 추정(unbiased estimate)[15]의 자격을 갖춘 샘플 q_t를 이용한다:

(1) 제어정책 파라미터 θ 초기화

(2) π_θ에 의해 생성되는 모든 에피소드 $\{x_0, u_0, r_1, \cdots, x_T, u_T, r_{T+1}\}$에 대해 다음을 수행:

for t=1 to T do:

$$\theta \leftarrow \theta + \eta \nabla_\theta \log \pi_\theta(x_t, u_t) q_t$$

end

(3) θ가 수렴을 위한 종료 조건을 만족하지 못하면 (2)의 과정을 계속 수렴하고, 만족하면 종료.

액터-크리틱[8,9]은, 가치함수 기반 기법과 정책 탐색 기법이 혼합된 형태로 볼 수 있는 방법으로 제어입력을 제공하는 액터(actor) 부분과 상태(state) 혹은 상태-제어입력(state-action) 가치함수를 추정하는 크리틱(critic) 부분이 분리된(separate) 혹은 결합된(combined) 구조(structure)를 갖는 형태[16]로 구성되며, 이 중 액터 부분은 일반적인 제어 시스템의 제어기(controller) 부분에 해당되고 크리틱 부분은 액터에 의해 제공되는 제어전략의 성능(performance)을 모니터링 하는 역할을 수행하게 된다.[17] 이러한 학습방법은 일반적으로 정책탐색 기법만을 사용하는 경우보다 짧은 시

14) REINFORCE 알고리즘은 AlphaGo Fan [10]에서 강화학습 딥 액터의 학습에 사용되었다.

15) 불편 추정(unbiased estimate)의 자격은, 기댓값을 통해 참값을 구할 수 있는 경우에 얻어진다. 그리고, 숙제로 관련 참고문헌을 통하여 q_t를 위한 효과적인 선택에는 어떤 종류가 있는지 알아보자.

16) 2016년 1월에 발표된 구글 딥마인드의 알파고 관련 첫 번째 네이처 논문, 즉, AlphaGo Fan 관련 논문[10]에서는 분리된 액터-크리틱(separate actor-critic) 구조를 사용하고, 2017년 10월에 발표된 구글 딥마인드의 알파고 관련 두 번째 네이처 논문, 즉, AlphaGo zero 관련 논문[11]에서는 결합된 액터-크리틱(combined actor-critic) 구조, 즉, $(p, v) = f_\theta(s)$를 사용한다.

간 내에 효과적인 제어전략을 제공할 수 있는 장점을 가진다. 액터-크리틱을 이용한 강화학습이 주요한 역할을 하는 구글 딥마인드의 AlphaGo Fan 버전[10]의 학습과정은 그림 2과 같이 세 부분으로 구성된다[12]. 첫 단계는 인간전문가 데이터를 가져와서 롤 아웃 정책(rollout policy)[18], p_π과 지도학습 정책망(SL policy network), p_σ을 구축했다. 롤아웃 정책(p_π)은 인간전문가 데이터를 토대로 학습한 후, 빠른 속도로 최종 착수까지의 경로 및 성능(state transition & performance)을 근사하게 검색한다. 그래서 롤아웃 정책은 심층신경망을 사용할 때보다 더 빠르지만 덜 정확하다. 다음으로 지도학습 정책망(p_σ)은 인간전문가 데이터로부터 총 48개의 입력 특성 지도(input features map)를 만들고, 즉각적인 피드백을 계산하여 학습상태를 갱신한다. 이때 입력 특징 추출을 위해 사용되는 48개의 특징 목록은 바둑돌의 색(3), 꼬부리기 회수(8), 활로(8), 잡은 돌의 수(8), 자충수 (8), 이동 후 활로(8), 축으로 잡힘(1), 축으로 탈출(1), 민감성(1), 1로 채워진 평면(1), 0으로 채워진 평면(1)이다[10]. 두 번째 단계의 시작은 강화학습 정책망(RL policy network), p_σ이다. 우선 앞 단계에서 구축된 지도학습 정책망(p_σ)을 가져와서 여기에 보상 함수 $r(s)$를 적용하여 자기대국(self-play)을 진행한다. 여러 가지 정책망(p_σ) 변형들을 만들어서 그 변형들끼리 무작위로 대국을 진행하면서 스스로 학습 데이터를 생산한다. 그런 다음 확률통계적 방법을 사용하여 강화학습 가치망(RL value network) v_θ의 파라미트(θ)를 학습시킨다. 세 번째 최종 단계에서는, 지도학습과 강화학습의 결과를 가져와서 몬테카를로 트리 검색(Monte-Carlo tree search, MCTS)을 수행한다. 이 방법은 몬테카를로 방법과 트리검색을 혼합한 것으로, 무작위 표본방식으로 검색 공간을 이동한다. 매 진행의 결과를 이용하여 선택의 분기가 일어나는 마디에 가중치를 부여하면, 미래에 어떤 결정을 할 때 더 좋은 마디를 선택할 수 있다.

2017년 10월에 발표된 구글 딥마인드의 AlphaGo Zero 버전[11]에서는, 바둑이

17) 때때로, 액터(actor)와 크리틱(critic)은 각각 정책망(policy network)과 가치망(value network)로 불리기도 한다.

18) 〈그림 2〉에서는 편의상 롤 아웃 정책(rollout policy)은 "지도학습 단순 제어기"로, 지도학습 정책망(SL policy network)은 "지도학습 복잡 제어기"로, 강화학습 정책망(RL policy network)은 "강화학습 복잡 제어기"로, 표현한다.

그림 11.2
AlphaGo Fan 버전 [10]이 고려하는 공학적 조합

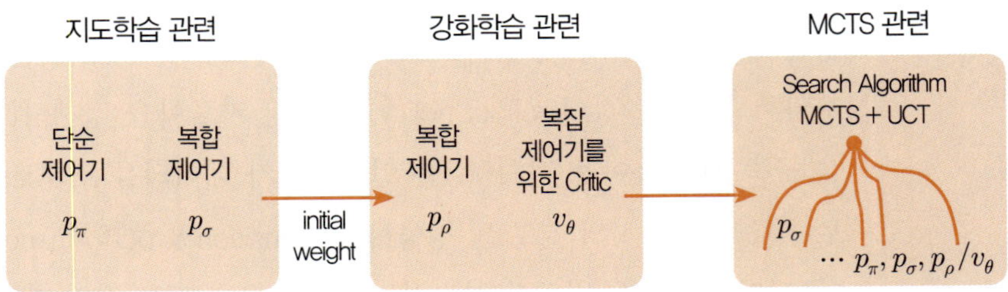

라는 응용 분야(application domain)가 앞에서 언급한 "기보를 기반으로 하는 지도학습"+"강화학습"+"몬테카를로 트리탐색"의 공학적 조합을 과감하게 탈피하고, 보다 더 전형적이고 단순한 자기 대국 기반 강화학습 기법만으로도 훨씬 더 우수한 성과를 거둘 수 있음을 입증하였다.[19] 여기에서 알파고 제로[11]가 "보다 더 전형적인 강화학습"을 이용하고 있음은, 알파고 제로의 다음 특징으로 설명할 수 있다:

(1) 인간의 기보를 학습 데이터로 사용하지 않고 자기 대국(self-play)을 기반으로 한 강화 학습만으로 학습함
(2) 입력 특징 추출을 위해 고안한 48개의 특징 목록 대신 바둑판 위의 흑백 돌에 관한 (8개의 시간 스텝을 고려한) 시계열 정보와 흑/백 여부만을 사용함.
(3) 분리된 액터 & 크리틱 대신 결합된 액터 & 크리틱 구조로 표현되는 단일 신경망 구조를 사용함.

19) 강화학습을 오랫동안 경험해온 입장에서, 그동안 강화학습 분야를 꾸준히 연구하며 다져온 기술을 바탕으로 알파고 제로 수준의 고급 머신러닝 시스템 개발을 이루어 낸 데이비드 실버(David Silver) 이하 딥마인드 연구진의 실력은 정말 대단하다는 생각이 든다. 비록 바둑이 상태 전이가 결정론적(deterministic)이고, 상태가 관측가능(fully observable)하다는 점에서는 머신러닝을 이용한 풀이에 다소간의 편리함을 제공하지만, 이러한 편리함에도 불구하고, 머신러닝을 기반으로 바둑의 엄청난 경우의 수를 극복할 수 있다는 사실은 생각할수록 경이롭다.

(4) 상대적으로 복잡한 몬테-카를로 롤아웃을 수행하는 대신, (3)의 단일 신경망을 활용한 단순 트리 검색(simple tree search)을 사용함.

지면의 제약을 고려하여 본 장의 강화학습 소개는 이상으로 마치고, 강화학습 분야를 코딩과 함께 공부할 수 있는 2개의 유익한 최신 자료를 소개한다.

(1) 홍콩과학기술대 김성훈교수의 강화학습 교육자료: Sung Kim, 모두를 위한 RL 강좌, 유튜브, https://www.youtube.com/watch?v=dZ4vw6v3LcA&t=12s[13] 등
(2) 이웅원, 양혁렬, 김건우, 이영무, 이의령저, 파이썬과 케라스로 배우는 강화학습, 위키북스, 2017.[14]

마지막으로, 11장에서 못 다한 알파고 제로 관련 이야기는 [16]의 강의 자료에서, [15]와 비슷한 형식으로 소개한다.

참고문헌

[1] Sutton, R. S., &Barto, A.G. (1998). *Reinforcement learning: An introduction*. MIT press.

[2] Kaelbling, L. P., Littman, M. L., &Moore, A. W. (1996). Reinforcement learning: A survey. *Journal of artificial intelligence research, 4*, 237-285.

[3] Watkins, C. J., & Dayan, P. (1992). Q-learning. *Machine learning, 8*(3-4), 279-292.

[4] Rummery, G. A., & Niranjan, M. (1994). *On-line Q-learning using connectionist systems* (Vol. 37). University of Cambridge, Department of Engineering.

[5] Williams, R. J. (1992). Simple statistical gradient-following algorithms for connectionist reinforcement learning. *Machine learning, 8*(3-4), 229-256.

[6] Sutton, R. S., McAllester, D. A., Singh, S. P., & Mansour, Y. (2000). Policy gradient

methods for reinforcement learning with function approximation. In *Advances in neural information processing systems* (pp. 1057-1063).

[7] Riedmiller, M., Peters, J., & Schaal, S. (2007, April). Evaluation of policy gradient methods and variants on the cart-pole benchmark. In *Approximate Dynamic Programming and Reinforcement Learning, 2007. ADPRL 2007. IEEE International Symposium on* (pp. 254-261). IEEE.

[8] Barto, A. G., Sutton, R. S., & Anderson, C. W. (1983). Neuronlike adaptive elements that can solve difficult learning control problems. *IEEE transactions on systems, man, and cybernetics*, (5), 834-846.

[9] Peters, J., & Schaal, S. (2008). Natural actor-critic. *Neurocomputing, 71*(7), 1180-1190.

[10] Silver, D., Huang, A., Maddison, C. J., Guez, A., Sifre, L., Van Den Driessche, G., ... & Dieleman, S. (2016). Mastering the game of Go with deep neural networks and tree search. *Nature, 529*(7587), 484-489.

[11] Silver, D., Schrittwieser, J., Simonyan, K., Antonoglou, I., Huang, A., Guez, A., ... &Chen, Y. (2017). Mastering the game of Go without human knowledge. *Nature, 550*(7676), 354-359.

[12] 김지연. (2017). 알파고 사례 연구. *과학기술학연구, 17*(1), 5–39.

[13] https://www.youtube.com/watch?v=dZ4vw6v3LcA&t=12s

[14] 이웅원, 양혁렬, 김건우, 이영무, 이의령, 파이썬과 케라스로 배우는 강화학습, 위키북스, 2017.

[15] 박주영, 알파고 알고리즘의 이해, 2016년 3월 16일, 유튜브(https://www.youtube.com/watch?v=RKY4GmaDmfc).

[16] 박주영, 알파고 제로 알고리즘의 이해 및 DNC 강의 보충 1 & 2, 2017년 11월 30일 & 2017년 12월 1일(https://www.youtube.com/watch?v=lIjTmGbQbfs, https://www.youtube.com/watch?v=Ajhxs4aY8_k)

[17] Mnih, V., Kavukcuoglu, K., Silver, D., Rusu, A. A., Veness, J., Bellemare, M. G., ... & Petersen, S. (2015). Human-lever control through deep reinforcement learning. Nature, 518(7540), 529.

CHAPTER 12

딥 러닝 개론 : DNC를 중심으로

본 장에서는 딥러닝(deep learning) 분야를 그 출현 배경과 함께 간단히 소개하기 위하여, 퍼셉트론(Perceptron), 다층 퍼셉트론(multi-layer Perceptron), 컨볼루션 신경망(convolutional neural network)[1], 순환 신경망(recurrent neural network), LSTM(long short term memory), GRU(gated recurrent units), DNC(differentiable neural computer) 등을 순서대로 관련 내용과 함께 소개하도록 한다[2].

인공 신경망(artificial neural networks)의 역사는 1958년에 로젠블랏(Rosenblatt)이 발표한 퍼셉트론(perceptron)으로부터 시작되었다고 볼 수 있다[1,2]. 일반적으로 머신 러닝(machine learning)이라는 학문의 출발점을 어디로 보아야 하는가 하는 질문에 대한 답은 전공 분야에 따라 다른 의견을 보이곤 하는데, 전기전자컴퓨터 분야에서는 데이터를 전자기기나 컴퓨터를 통하여 하드웨어 혹은 소프트웨어적으로 처리하는 과정을 통하여 인공지능을 실현하는 기술을 머신러닝(machine learning)으로 보는 관점이 지배적이므로, 그 출발점을 로젠블랏(Rosenblatt)의 퍼셉트론으로 보는 경우가 많다.[3] 퍼셉트론은 뉴런(neuron)의 기능을 모방한 입출력 관계식을 바탕으로 그림 1의 구조를 가지며, 선형 분리가능성(linear separability)[4]을 갖는 학습 데이터에

1) 컨볼루션 신경망(convolutional neural network)은 때로 합성곱 신경망이라 부르기도 한다.

2) 여기에서 언급한 CNN, RNN, LSTM, GRU 등은 모두 딥 러닝의 핵심 주제들이지만 이를 위해서는 좋은 참고 자료(e.g., [12]–[13])가 많으므로, 본 장에서는 이들에 대해서는 간단한 언급 형태로만 소개하고, DNC(differentiable neural computer)에 보다 많은 지면을 할당하도록 한다. 그리고, 알파고 관련 내용에 대해서는 11장에서 이미 언급하였으므로, 12장에서는 다루지 않도록 한다.

3) 로젠블랏의 퍼셉트론은 실제로 하드웨어를 통한 구현을 다루었으므로, 이러한 관점에서 머신 러닝의 출발점으로 삼기에 손색이 없다. 관점을 달리하여 하드웨어 및 소프트웨어적 구현을 논외로 하는 경우라면, 머신 러닝의 출발점은 퍼셉트론이 등장보다 훨씬 더 과거로 올라가게 될 것이다.

4) 선형 분리가능성(linear separability)에 대한 정의는 6장에서 소개되었다.

그림 12.1
퍼셉트론의 기본 구조 (e.g., [2])

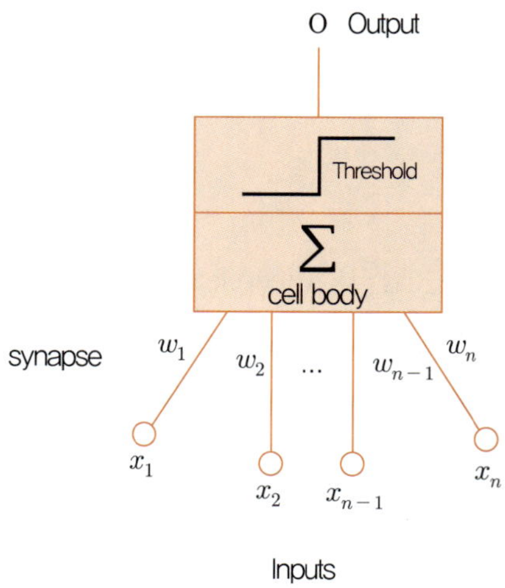

대해 퍼셉트론 학습알고리즘(Perceptron training algorithm)[1,2]을 통하여 이진 분류를 올바로 실행할 수 있는 역량을 갖는다.

로젠블랏(Rosenblatt)은 퍼셉트론[1]을 발표한 후, 이 기술이 장차 말하고, 보고, 쓰고, 재현 가능할 뿐만 아니라, 스스로의 존재를 의식할 수 있는 전자 및 컴퓨터 기술로 발전할 것으로 기대됨을 언급함[3]으로써 인공지능 커뮤니티 안팎에서 큰 논쟁을 불러일으켰다. 그 후에, 민스키(Minsky)와 페퍼트(Papert)는 퍼셉트론(Perceptrons)[4]이라는 책을 통하여 퍼셉트론의 여러 가지 특징을 분석하면서 퍼셉트론이 XOR 형태의 이진분류와 같이 간단한 문제도 풀 수가 없다는 점을 보임으로써 로젠블랏의 언급이 (적어도 당시 시점에서는) 지나친 과장일 수밖에 없음을 시사하였다. 이러한 논쟁 등의 우여곡절 끝에 퍼셉트론과 신경망에 관한 연구는, 1980년대에 다층 퍼셉트론(muli-layer Perceptron)의 역량에 대한 재발견과 역전파 알고리즘(back-propagation)의 등장으로 다시 주목을 끌 때까지, 상당 기간 동안 일종의 암

흑기를 겪게 된다. 1980년대에 들어 다층 퍼셉트론(muli-layer Perceptron, MLP)은 이론 및 응용 측면에서 다시금 큰 주목을 끌며 오랫 동안 지속되었던 신경망 연구에 대한 무관심을 극복하는 계기를 마련하는데, 이러한 계기의 마련에 다층 퍼셉트론에 관한 보편적 근사 정리(universal approximation theorems)(e.g., [5,6])와 역전파 알고리즘(back-propagation algorithm)(e.g., [7])의 등장은 중요한 역할을 하였다. 다층 퍼셉트론에 관한 보편적 근사 정리들[5,6]에서는, 임의의 함수가 타겟 함수로 주어진 경우 한 개의 은닉층(hidden layer)를 갖는 다층 퍼셉트론 구조를 이용하여 주어진 타겟 함수를 충분히 가깝게 근사할 수 있음을 보임으로써, 다층 퍼셉트론을 각종 의사 결정 문제에 사용함에 대한 이론적 근거를 제시하였다. 그리고, 역전파 알고리즘은 각종 응용 문제에 다층 퍼셉트론 등의 신경망이 효과적으로 적용될 수 있는 길을 열었다. 역전파 알고리즘은 PDP(Parallel Distributed Processing) 그룹[5] 등에 의해 소개되며[7,8] 널리 유행되었는데, 역전파 알고리즘은 기본적으로 기울기 강하법(gradient descent method)와 연쇄 법칙(chain rules)의 결합으로 설명될 수 있으므로 PDP 그룹의 소개 이전에도 다양한 문맥에서 사용된 바 있다[10]. 1980년대 들어서 새롭게 활기를 띠었던 신경망 등의 머신 러닝 기술은 당시 컴퓨터 관련 기술과 주변 환경이 아직 충분히 성숙되지 못하였던 관계로 다소간의 침체기를 겪다가, 2010년대 이후에 현대적인 딥 러닝 기술과 빅 데이터 응용 등이 본격적으로 성공을 거두면서 다시금 크게 인기를 끌며 인공지능의 핵심 기술로 자리를 잡게 된다. 이러한 성공과 인기 상승에 결정적인 역할을 한 주요 기술로는 컨볼루션 신경망(convolutional neural network, CNN)을 들 수 있다. 컨볼루션 신경망은 다층 신경망 종류 중 하나로 1995년 LeCun과 Bengio에 의해 개발 되었다[11]. CNN은 영상 처리 및 시각 인식 등의 분야에 많이 사용되며, 각 신경망 층간이 연결된 구조를 갖추고 있다.[11-13] 여기에 사용된 층(layer)들은 컨볼루션 층(convolution layer), 풀링 층(pooling layer), 전방향 층(feedforward layer) 등으로 이루어져 있고, 입력에 대한 출력을 얻어내는 전방

5) 현대 딥 러닝의 선구자라 할 수 있는 토론토 대학의 Geoffrey E. Hinton 교수도, David E. Rumelhart 등과 함께 당시의 PDP 그룹에 속하였다. Hinton 교수가 오랫동안의 연구를 통해 보여준 학자로써의 도전과 성과에 깊은 경의를 표한다. ([9] 참고)

향 네트워크(feedforward network) 형태의 구조이다. 컨볼루션 층(convolution layer)은 입력된 데이터에 컨볼루션(convolution) 연산을 수행하여 특징 맵(feature map)을 구한다. 주로 맥스-풀링(max-pooling) 혹은 평균-풀링(average pooling) 형태로 구성되는 풀링 층(pooling layer)은 컨볼루션 층에서 출력되는 특징 맵을 서브 샘플링(sub-sampling)하여 특징의 차원을, 될 수 있으면 핵심적인 의미는 상당 부분 유지될 수 있도록 하면서, 축소해 나간다. 앞에서 언급한 바와 같이, 주요 풀링 방법으로는 맥스-풀링과 평균-풀링을 들 수 있다. 맥스-풀링은 특징 맵에 구간을 나누어 그 안에서 가장 큰 값을 대푯값으로 하고, 평균 풀링은 그 구간의 평균값을 대푯값으로 하여 차원이 축소된 특징 맵을 만든다. 이러한 층들은 사용자가 경험에 따라 적절히 설정하여 다층 구조로 쌓아서 사용할 수 있다. 이렇게 전방향으로 학습을 진행하여 각 층의 파라메터 값을 계산하고 마지막 단의 전방향 층에 도달하게 되면 기울기(gradient) 정보를 기반으로 하여 역전파(back propagation)을 통해 예측 값과 실제 값의 차이를 줄이는 방향으로 파라메터를 업데이트하여 학습을 진행한다. 이와 같이 컨볼루션을 사용하여 시각 인식 등의 문제를 해결하는 방식은 AlexNet[14], VGGNet[15], Inception[16], ResNet[17] 등을 거쳐 계속적인 성능향상을 이루면서 오늘에 이르고 있다.

이상에서 언급한 소개한 기술들과 함께 딥 러닝 분야의 현대적인 발전을 주도하는 또 하나의 축은 RNN(recurrent neural network, RNN), LSTM, GRU, DNC 등과 같이 궤환 구조(feedback structure)를 포함하는 순환형 타입의 신경망 모델이다. 궤환 구조(feedback structure)는 1982년에 소개된 홉필드 네트워크(Hopfield network)[18] 등으로부터 신경망 커뮤니티에 널리 활용되기 시작하였다. Albert Einstein World Award of Science상을 수상한 바 있는 저명한 물리학자인 홉필드(John J. Hopfield)는, 간단한 궤환 구조를 갖는 홉필드 네트워크가 학습 데이터를 헤비안 규칙(Hebbian rule) 등을 통해 비동기적으로 학습시킴으로써 연상메모리(associative memory) 로 작동할 수 있음을 보였다. 그리고, 이러한 궤환 구조 신경망 기반 연상 메모리는 후에 양방향 연상메모리(bidirectional associative memory)[19] 등의 개념으로 확장된다. 궤환 구조를 사용하는 기본적인 RNN 구조는, 음성이나 문자와 같은 순차적 데이터

그림 12.2
RNN의 기본 구조
(e.g., [2])

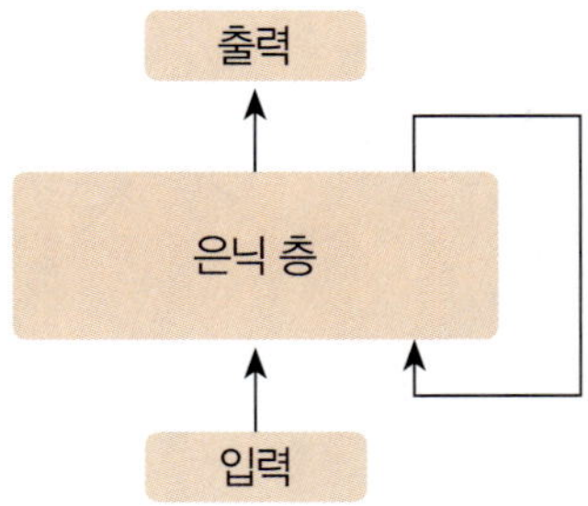

를 처리하는데 많이 사용되며, 그림 2와 같은 궤환 구조(feedback structure)를 활용한다.

RNN은 그림 2의 다이어그램에서 볼 수 있듯이, 학습 과정에서 그 시간에 들어오는 데이터만을 입력으로 사용하는 것이 아니고 이전 시간의 입력을 통해 은닉 층에서 출력한 데이터 또한 입력으로 사용하는 방법으로 학습을 진행한다. 학습 과정에서는 CNN과 유사하게 처음에 전방향으로 학습을 진행하여 출력 값을 구하고, 역전파를 통해 예측 값과 실제 값의 차이를 줄여나가는 방향으로 파라메터를 업데이트하여 학습하게 된다. 하지만 순차적인 시간의 길이가 길어지면 최종 시간 단계에서 역전파를 진행할 때 초기 시간에 가까워질수록(즉, 최종 시간에서 멀어질수록) 기울기 값이 0에 가까운 값으로 줄어들어 기울기 사라짐 현상(vanishing gradient)이 발생하게 되는데, 이러한 문제점을 개선하기 위해 LSTM(Long Short-Term Memory)[20], GRU(Gated Recurrent Unit)[21] 등이 고안되었다.

한 개의 층을 갖는 LSTM의 기본 구조는 그림 3과 같으며, 이러한 LSTM의 상태 방정식, 출력 방정식 및 게이트 신호들(gates)을 간단히 소개하면 다음과 같다:[6)]

6) LSTM과 GRU를 위한 수식에서, ∘ 는 원소별 곱하기 연산(element-wise multiplication)을 의미한다.

그림 12.3
한 개의 층을 갖는 LSTM의 기본 구조 (e.g., [20]).

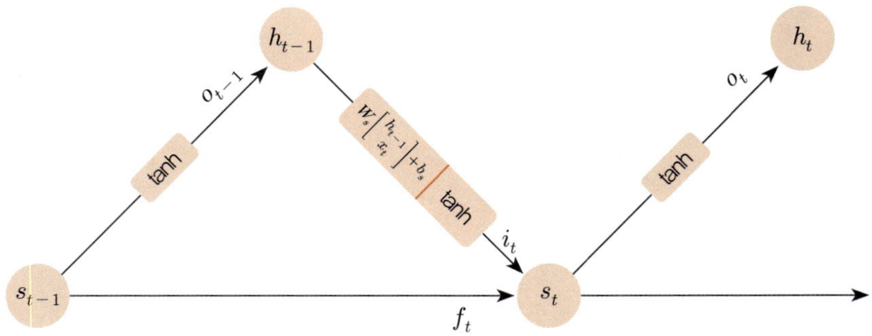

게이트 신호들: 입력 게이트 벡터(input gate vector) $i_t = \sigma(W_i[h_{t-1};x_t]+b_i)$,

망각 게이트 벡터(forget gate vector) $f_t = \sigma(W_f[h_{t-1};x_t]+b_f)$,

출력 게이트 벡터(output gatevector) $o_t = \sigma(W_o[h_{t-1};x_t]+b_o)$,

상태 방정식: $s_t = f_t \circ s_{t-1} + i_t \circ \tilde{s}_t$, where $\tilde{s}_t \equiv \tanh(W_s[h_{t-1};x_t]+b_s)$,

출력 방정식: $h_t = o_t \circ \tanh(s_t)$

그림3에서는, 편의상 게이트 신호의 곱을 간략하게 표현하였음에 유의하자.

그리고, LSTM을 보다 단순화한 궤환 구조의 주요 신경망 모델로는 GRU(Gated Recurrent Units)[21]을 들 수 있으며, GRU의 성능 분석은 [22] 등에서 제시된 바 있다. GRU의 기본 구조는 그림 4과 같으며, 이러한 GRU의 상태 방정식, 출력 방정식 및 게이트 신호들(gates)을 간단히 소개하면 다음과 같다:

게이트 신호들: 업데이트 게이트 벡터(update gate vector) $z_t = \sigma(W_z[h_{t-1};x_t]+b_z)$,

리셋 게이트 벡터(reset gate vector) $r_t = \sigma(W_r[h_{t-1};x_t]+b_r)$,

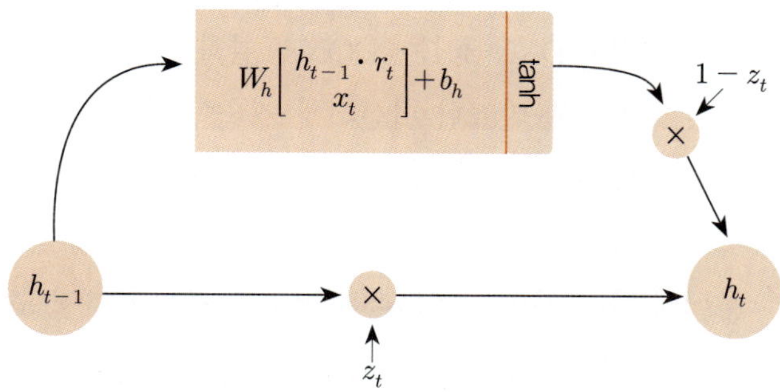

그림 12.4
GRU의 기본 구조 (e.g., [21])

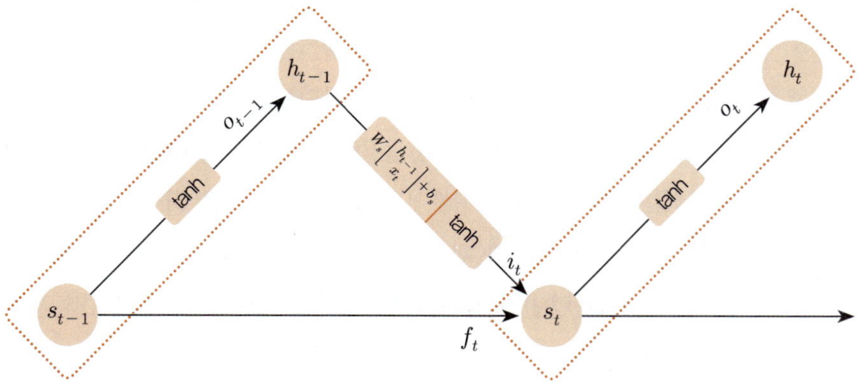

그림 12.5
LSTM을 GRU로 단순화하는 과정에 대한 관찰

상태방정식 $h_t = z_t \circ h_{t-1} + (1-z_t) \circ \tanh(W_h\,[\,r_t \circ h_{t-1}; x_t\,] + b_h\,)$

그림 5에 보인 바와 같이, LSTM 중 점선으로 나타낸 부분을 하나의 노드로 병합하는 개념으로부터 출발하면 GRU의 구조에 이를 수 있음을 관찰할 수 있음에 유의

하자.

구글 딥마인드는 2016년 10월에 DNC(differentiable neural computer) 기술[23]을 발표하였다. DNC[23]는, DQN과 알파고에 이어 세 번째로 구글 딥마인드에 의해 네이처 저널에 발표한 머신러닝 기술이다. 앞에서 언급한 바와 같이 신경망(neural networks)은 일반적으로 정해진 전형적인 신경망 구조의 노드 사이의 연결강도를 기울기 역전파를 통하여 변화시키는 방식으로 학습을 실행하는데, 이러한 방식은 응용분야에 따라 적용하기 곤란한 기술적 한계를 가질 수 있다. 구글 딥마인드는 DNC를 통하여, 기존 신경망 기반 딥러닝 기술의 한계를 극복하기 위해 신경망의 입출력 기능을 수행하는 제어기(controller)와 학습 결과를 효과적으로 저장할 수 있는 외부 메모리로 분리하는 구조를 제안하였다[23]. DNC는 제어기(controller), 읽기/쓰기 헤드(read/write heads), 외부 메모리(external memory), 시간적 링크 행렬(temporal link matrix), 메모리 사용 가중치 벡터(memory usage weighting) 등으로 구성된다. 제어기는 입력과 외부 메모리로부터의 정보를 받아 LSTM이나 MLP 등의 신경망 모델을 통해 학습을 진행하고, 이로 부터의 결과를 출력하는 구조를 갖는다. 읽기/쓰기 헤드는 쓰기 벡터(write vector), 지우기 벡터(erase vector), 읽기 벡터(read vector), 쓰기 키(write key), 읽기 키(read key), 읽기 모드 벡터(read mode vector) 등으로 구성된 인터페이스 부분이다. 이 부분에서는 제어기로부터 출력된 값을 외부 메모리의 어디에 쓸 것인가, 제어기가 제공하는 입출력 키의 정보와 외부 메모리의 정보 중에 비슷한 데이터는 무엇인가 등을 확인하여 제어기와 외부 메모리 간의 데이터 중계 역할을 한다. 다음으로 외부 메모리는 제어기에서 학습된 정보에 대해 저장하고, 필요시에 해당 메모리 정보를 제공하는 역할을 한다. 마지막으로 외부 메모리의 사용량 정보를 제공하는 메모리 사용 가중치 벡터(usage weighting)와 각 데이터 간의 순서 정보를 제공하는 링크 행렬(link matrix)로 구성된다. 이러한 구조들을 통해 입력 데이터가 주어졌을 때, 이에 대응하는 데이터가 외부 메모리에 존재할 경우에 새롭게 학습을 진행하지 않고, 외부 메모리로부터의 데이터를 이용하여 결과 값을 출력하도록 한다. 입력 데이터에 대응되는 데이터가 외부 메모리에 존재하지 않을 경우에는, 입력 데이터 정보를 외부 메모리에 기록하여 추후에 비슷한 데이터의 입력이 있을 때 사용하게 된다. 이 모든 작업은 읽기/쓰기 헤드의 중계 역할로부터 수행됨에 유의하자.

다음에서는 이상에서 대략적으로 기술한 DNC[23]의 개요를 그림과 수식을 활용하여 보다 자세히 설명하되, 설명의 편의상 읽기용 헤드(read head)가 하나인 경우를 대상으로 설명한다. 신경망 제어기 NN[7]를 위한 제어 입력 벡터(control input vector) χ_t는 $\chi_t \equiv [x_t; r_{t-1}]$로 정의되는데, 여기서 x_t는 시점 t때의 입력 벡터(input vector)이고, r_{t-1}는 시점 $t-1$ 때의 읽기 벡터(read vector)이다. 그리고, 신경망 제어기 NN의 출력은 전방향 출력 벡터(feedforward output vector) v_t와 인터페이스 벡터(interface vector) ξ_t로 구성된다. 신경망 제어기 NN은 LSTM(long short term memory) 등의 순환형 신경망(recurrent neural network) 형태로 구현될 수도 있고, MLP(multi-layer Perceptron) 등의 전방향 신경망(feedforward neural network) 형태로 구현될 수도 있다. 신경망 제어기 NN이 LSTM 기반으로 구현될 경우에는, 신경망 제어기 NN의 출력 (v_t, ξ_t)은 제어 입력 벡터 $\chi_1, \cdots, \chi_t$에 따라 결정되므로 신경망 제어기의 입출력 관계는 다음과 같이 표현될 수 있다[23]:

$$(v_t, \xi_t) = NN([\chi_1; \cdots; \chi_t]; \theta)$$

이러한 표현을 다음과 같이 고쳐 쓰면, LSTM 기반의 신경망 제어기의 입출력 관계를 보다 분명하게 나타낼 수 있다:

$$\begin{bmatrix} v_t \\ \xi_t \end{bmatrix} = \begin{bmatrix} W_{v,h} \\ W_{\xi,h} \end{bmatrix} h_t, \text{ where } h_t = LSTM(\chi_t, h_{t-1})$$

그리고, 신경망 제어기 NN이 MLP 기반으로 구현될 경우, 신경망 제어기 NN의 출력 (v_t, ξ_t)은 제어 입력 벡터 χ_t에 따라 결정되므로 신경망 제어기의 입출력 관계는 다음과 같이 표현될 수 있다:

---

7) 본 장의 DNC 설명 과정에서, 메모리가 담을 수 있는 워드 개수(number of words)를 N로 표현하므로 혼동을 피하기 위하여 신경망 제어기는 NN으로 표현하기로 한다.

$$\begin{bmatrix} v_t \\ \xi_t \end{bmatrix} = \begin{bmatrix} W_{v,h} \\ W_{\xi,h} \end{bmatrix} h_t, \text{ where } h_t = MLP(\chi_t)$$

전방향 출력 벡터(feedforward output vector) v_t와 읽기 벡터(read vectors) r_t는 다음의 선형 결합(linear combination)을 통하여 출력 벡터 y_t를 생성한다: $y_t = W_{y,r}\, r_t + v_t$.

그리고, 인터페이스 벡터는 외부 메모리의 업데이트를 위한 주요 정보를 제공하며 다음과 같이 10개의 항으로 구성된다.

$$\xi_t = (k_t^{\,w}, \hat{\beta}_t^{\,w}, k_t^{\,r}, \hat{\beta}_t^{\,r}, \hat{e}_t, \nu_t, \hat{f}_t, \hat{g}_t^{\,a}, \hat{g}_t^{\,w}, \hat{\pi}_t)$$

인터페이스 벡터의 원소들 중 hat 기호(^)가 붙은 항들은, 추가적인 후처리를 거친 후 알맞은 스케일을 갖는 항들로 변환된다(즉, $(\hat{\beta}_t^{\,w}, \hat{\beta}_t^{\,r}, \hat{e}_t, \hat{f}_t, \hat{g}_t^{\,a}, \hat{g}_t^{\,w}, \hat{\pi}_t)$는 후처리(post-processing)를 통해 $(\beta_t^{\,w}, \beta_t^{\,r}, e_t, f_t, g_t^a, g_t^w, \pi_t)$로 변환됨). 여기서, 시점 t 때의 인터페이스 벡터 ξ_t가 포함하는 항들에 관한 의미는 다음과 같다: k_t^w는 쓰기 키(write key), $\beta_t^{\,w}$는 쓰기 강도(write strength), k_t^r는 읽기 키(read key), $\beta_t^{\,r}$는 읽기 강도(read strength), e_t는 지우기 벡터(erase vector), ν_t는 쓰기 벡터(write vector), f_t는 자유 게이트(free gate), g_t^a는 할당 게이트(allocation gate), g_t^w는 쓰기 게이트(write gate), π_t는 읽기 모드 벡터(read mode vector)를 의미한다. 그리고, 각 항이 속하는 범위 다음과 같다[8]: $k_t^w \in R^W$, $\beta_t^{\,w} = oneplus\,(\hat{\beta}_t^{\,w}) \in [1, \infty)$, $k_t^r \in R^{WR}$, $\beta_t^{\,r} = oneplus\,(\hat{\beta}_t^{\,r}) \in [1, \infty)^R$, $e_t = \sigma(\hat{e}_t) \in [0, 1]^W$, $\nu_t \in R^W$, $f_t = \sigma(\hat{f}_t) \in [0, 1]^R$, $g_t^a = \sigma(\hat{g}_t^{\,a}) \in [0, 1]$, $g_t^w = \sigma(\hat{g}_t^{\,w}) \in [0, 1]$, $\pi_t = softmax\,(\hat{\pi}_t) \in S_3^R$. 여기에서 사용된 $oneplus(\cdot)$, $\sigma(\cdot)$ 및 $softmax(\cdot)$는 각각 원플러스(oneplus), 로지스틱 시그모이드(logistic sigmoid) 및 소프트 맥스(softmax) 함수이고, 그 정의는 각각 다음과 같다:

8) 본 장에서는 편의상 읽기용 헤드(read heads)가 하나인 경우, 즉, $R = 1$인 경우를 대상으로 설명하고 있지만, 인터페이스 벡터의 각 항이 속하는 범위를 제시할 때에는 R을 구체적으로 명시하여, 읽기용 헤드가 R개인 일반적인 경우에 대한 결과도 가늠할 수 있도록 하였다.

$$\text{oneplus}(x) \equiv 1+\text{softplus}(x) = 1+\log(1+\exp(x)),$$
$$\sigma(x) = \frac{1}{1+e^{-x}},$$
$$\text{softmax}(x)[i] = \frac{e^{x_i}}{\sum_j e^{x_j}},\ \forall\ i$$

그리고, DNC에 등장하는 각종 확률과 가중치(weights)의 범위를 표기하는 데에 사용되는 집합 S_N 및 Δ_N의 정의는 다음과 같다[9]:

$$S_N \equiv \left\{\alpha\in R^N |\ 0 \leqq \alpha_i \leqq 1, \forall\ i,\ \sum_{i=1}^{N}\alpha_i = 1\right\},$$
$$\Delta_N \equiv \left\{\alpha\in R^N |\ 0 \leqq \alpha_i \leqq 1, \forall\ i,\ \sum_{i=1}^{N}\alpha_i \leqq 1\right\}.$$

여기에서, 인터페이스 벡터 ξ_t에 등장하는 전체 파라미터의 수를 순서대로 더해보면, 총합이 $WR+3W+5R+3$임이 됨을 알 수 있다(즉, $\xi_t \in R^{(WR+3W+5R+3)}$).

그림 6,7,8에서는, DNC를 보다 다각도로 이해할 수 있기 위해서, 그 기본 구조(그림 6)와 함께, 시간 축을 좌우로 펼친 가운데 살펴보는 DNC 개념도(그림 7) 및 제어공학적 관점에서 그려본 DNC 개념도(그림 8) 형태도 소개하였다.[10] 우리가 제어하고자 하는 시스템[11]에 대한 이해가 분명하고 시스템의 상태(states)가 관측 가능한(observable)인 경우에는, 예컨대 제어기를 MLP(multi-layered perceptron) 형태로 구현하고 시스템의 상태를 제어기의 입력 x_t으로 사용하여 MLP 제어기의 출력을 제어

9) 컨벡스 헐(convex hull) Co과 표준 기저 벡터들(standard basis vectors)을 이용하면, 다음과 같이 간단한 표기가 가능해진다: $S_N \equiv Co(e_1, \cdots, e_N)$, $\Delta_N \equiv Co(e_1, \cdots, e_N, 0)$

10) 그림 6에서는 편의상 제어기가 LSTM인 경우를 도시하였으며, MLP 제어기를 사용하는 경우에는 "LSTM-based controller *"라고 표현된 블록이 "MLP-based controller"로 바뀌게 되고, 해당 블록에 점선으로 표현된 피드백 경로는 없어지게 된다.

11) 제어하고자 하는 대상에 대해, 제어 공학에서는 시스템(system)이라고 부르는 반면에, 머신 러닝에서는 환경(environment)이라는 표현을 많이 쓴다.

그림 12.6
DNC[23]의
기본 구조

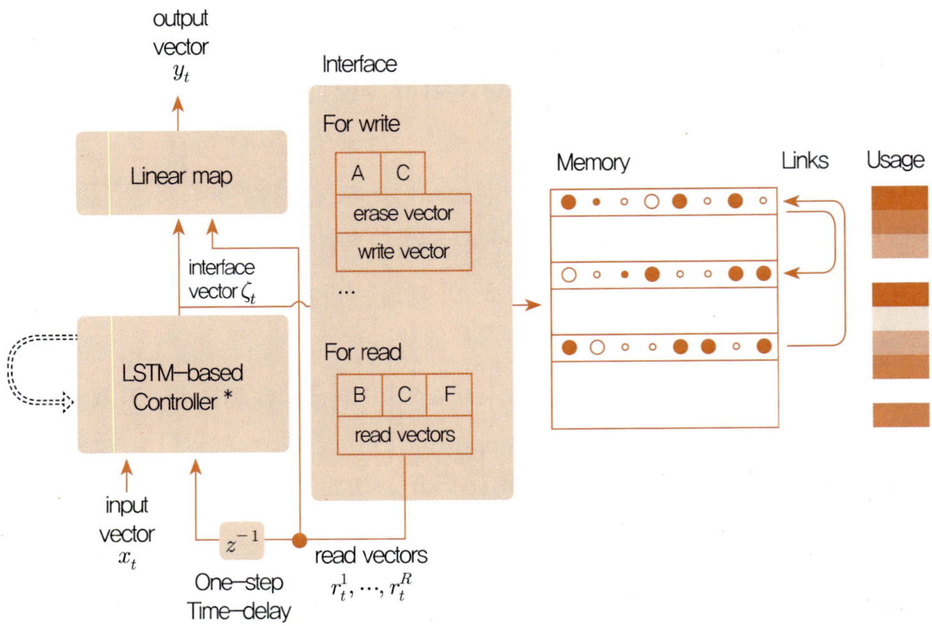

신호(control actions)로 시스템에 적용하여 적절한 제어 성능을 달성할 수 있게 된다. 이러한 경우는 제어 대상이 매우 간단하고 시스템과 제어기가 모두 상태(states)를 공유할 수 있는 이상적인 상황에 해당한다고 볼 수 있다. 반면에, 우리가 제어하고자 하는 시스템이 매우 복잡하여 시스템 상태(states)의 활용 자체를 논하기가 어려운 경우에는, 시스템의 상태의 활용이 불가능하므로 제어기가 자기 자신의 내부 상태를 갖도록 하고[12] 제어기 출력의 구성에 제어기의 내부 상태를 활용하는 전략을 쓸 수 있다. 예컨대 제어기를 LSTM 형태로 구현하고, LSTM 제어기의 출력을 제어

12) 이 경우에는 제어기가 순환형 타입(recurrent type)의 구조를 갖게 된다.

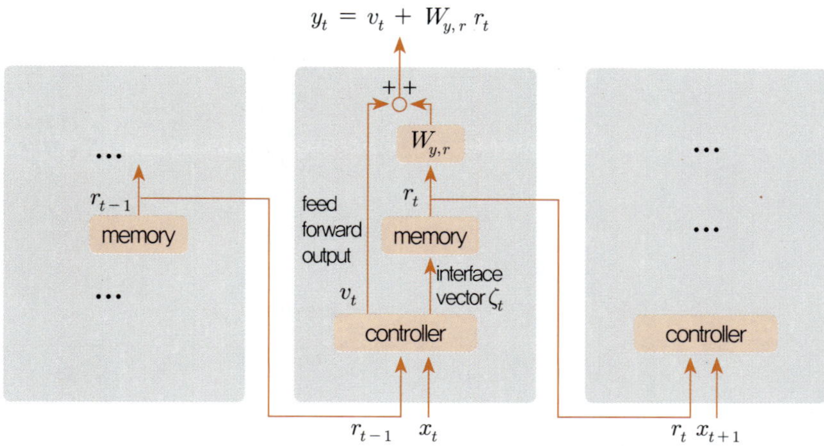

그림 12.7 시간 축을 좌우로 펼친 가운데 살펴보는 DNC 개념도 (e.g., [24]).

신호(control actions)로 사용하는 경우가 이러한 전략에 해당한다. 본 장에서 다루는 DNC[23]는 외부 메모리를 추가적으로 도입하여 사용하므로, LSTM 제어기가 제공할 수 있는 성능 이상을 제공할 수 있다. 이러한 상황을 다소 의인화 하여 비유하여 상황별로 정리하면 다음과 같다:

(1) MLP 제어기나 LSTM 제어기가 자체적으로 해결할 수 있는 미션을 다루고 있는 경우에는, 외부 메모리를 통한 궤환 루프(feedback loop)의 역할을 최소화하고 전방향 출력 v_t만을 제어 신호(control actions)로 사용하여 적절한 제어 성능을 달성할 수 있게 된다.

(2) 반면에 MLP나 LSTM 제어기가 자체적으로 해결하기에 벅찬 미션을 수행해야 경우에는, 외부 메모리를 통한 궤환 루프(feedback loop)의 역할이 매우 중요하다. 이 경우에는 MLP나 LSTM 제어기가 담당할 수 있는 부분에 대해서는 전방향 출력 v_t를 통해 미션을 수행하되, 이와 병행하여 인터페이스 벡터를 통하

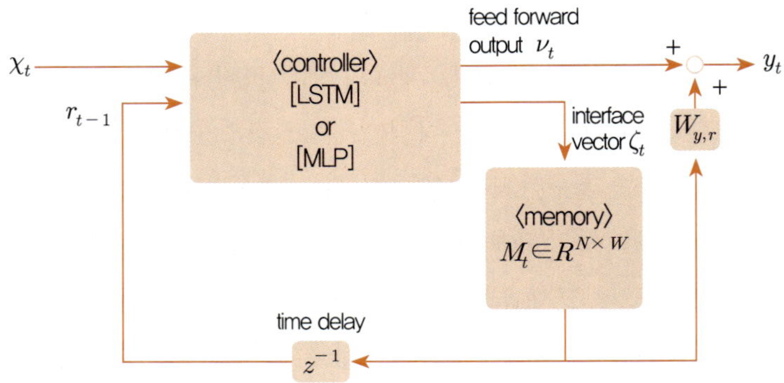

그림 12.8 제어 공학점 관점에서 그려본 DNC[23] 개념도

여 메모리와 소통하여 추가적인 정보를 읽기 벡터(read vector) r_t 형태로 읽어 낸 후, 이를 전체 출력 y_t를 구하는 과정에서 $y_t = v_t + W_{y,r}\, r_t$ 형태로 활용한다. 이러한 과정을 거쳐 얻어진 전체 출력 y_t는 미션 중에서 MLP나 LSTM 제어기가 자체적으로는 해결할 수 없었던 측면을 보완하여 전체 제어 성능이 만족스런 수준에 도달할 수 있도록 해준다. 또한, 읽기 벡터 r_t는 입력 x_{t+1}와 결합하여 $\chi_{t+1} \equiv [x_{t+1}; r_t]$ 형태로 MLP나 LSTM 신경망 입력 벡터를 구성한 후 해당 시점 이후의 전방향 출력과 인터페이스 벡터 생성에 기여하게 된다.

다음에서는, 위의 비유 부분에 대한 수리적 의미를 추가적으로 설명한다. 먼저, 전체 DNC는 기본적으로 메모리 행렬(memory matrix) M_t 등을 상태변수(state variables)[13]로 갖는 동적 시스템임에 유의하자. DNC의 메모리 행렬에 대한 상태 방

13) 제어기(controller)로 LSTM을 사용하는 경우에는, LSTM의 셀 스테이트(cell state) s_t도 DNC의 상태 변수에 속하게 된다. 그리고, DNC 내에서 궤환 구조를 갖는 사용 가중치 벡터(usage weighting), 선행 가중치 벡터(precedence weighting) 및 링크 행렬(link matrix) 등도 상태 변수로 볼 수 있다.

정식은 메모리 업데이트 공식(memory update equation)이라 부를 수 있으며, 다음 수식으로 표현될 수 있다[23]:

$$M_t = M_{t-1} \circ (E - w_t^w e_t^T) + w_t^w \nu_t^T$$

여기서, $E \in R^{N \times W}$는 모든 원소가 1인 행렬이고, $w_t^w \in \Delta_N$는 쓰기 가중치 벡터(write weighting)이며, $e_t \in [0,1]^W$와 $\nu_t \in R^W$는 각각 지우기 벡터(erase vector)와 쓰기 벡터(write vector)이다. 이들 중 e_t와 ν_t는 인터페이스 벡터 $\xi_t \in R^{(WR+3W+5R+3)}$의 일부를 구성하고 있음에 유의하자. 쓰기 가중치 벡터(write weighting) $w_t^w \in \Delta_N$는, $e_t \in [0,1]^W$와 $\nu_t \in R^W$를 가지고 메모리 행렬에 지우고 쓰는 작업을 수행하는 과정에서 가중치 제공을 위해 사용되며, 다음과 같이 구해진다:

$$w_t^w = g_t^w \left(g_t^a a_t + \left(1 - g_t^a\right) c_t^w \right)$$

여기서, 쓰기 가중치 벡터(write weighting) w_t^w의 계산에 필요한 네 가지 요소, 즉, 쓰기 게이트(write gate), 할당 게이트(allocation gate), 할당 가중치 벡터(allocation weighting) 및 콘텐츠-조회 가중치 벡터(content-lookup weighting)와 쓰기 가중치 벡터 계산 과정은 다음과 같이 요약될 수 있다:

(1) 쓰기 게이트(write gate) $g_t^w \in [0,1]$는, 해당 시점에 (즉, 시점 t때에) 지우고 새로 쓰는 작업을 수행하는 것이 어느 정도 필요한지에 대한 답을 제공하는 게이트 신호이다.

(2) 할당 게이트(allocation gate) $g_t^a \in [0,1]$는, 쓰기 게이트 $g_t^w \in [0,1]$가 충분히 큰 값을 제공하여 해당 시점이 메모리에 지우고 새로 쓰는 작업의 수행이 필요한 때임을 알려주면, 쓰는 위치를 메모리 행렬 중 비어 있는 곳을 대상으로 할 것인지 아니면 쓰기 키(write key)와의 매칭 정도(matching degree)[14]가 높은

곳을 대상으로 할 것인지에 대한 답을 제공하는 게이트 신호이다. g_t^a 값이 1에 가까우면 비어 있는 곳을 대상으로 지우고 새로 쓰는 작업을 주로 수행하고, 0에 가까우면 콘텐츠-기반 어드레싱을 주로 수행한다. 쓰기 작업이 이와 같은 2가지 선택을 통해 이루어짐을 나타내기 위해 그림 6의 "For write"부분에 A와 C를 구체적으로 표시해보았다.[15)]

(3) 할당 가중치 벡터(allocation weighting) $a_t^w \in [0,1]^N$는, 쓰기 게이트(write gate) g_t^w와 할당 게이트(allocation gate) g_t^a가 해당 시점이 메모리 중 빈 곳에 쓰는 것이 적절한 시점임을 알려주면, 메모리 중 어느 주소에 얼마만큼을 할당해서 써야하는 지를 구체적으로 정해주는 가중치 벡터(weighting)이다. 이 가중치 벡터의 계산은 다음의 4 단계 과정을 통하여 수행된다:

(3-1) 보존 가중치 벡터(retention weighting) $\psi_t = \left(1 - f_t^{\,i}\, w_{t-1}^r\right)$를 통해 각 주소의 내용 보존 필요성 정도를 정의한다.[16)]

(3-2) 보존 가중치 벡터를 각 주소별 게이트 신호로 사용하여 사용 가중치 벡터(usage weighting)를 다음 방식으로 계산한다:

$$u_t = \left(u_{t-1} + w_{t-1}^w - \left(u_{t-1} \circ w_{t-1}^w\right)\right) \circ \psi_t \,,\; t = 1 \cdots$$
$$\text{및 } u_0 = 0_{N \times 1}$$

여기서, ∘는 원소별 곱하기 연산(element-wise multiplication)을 의미하며, 직전 시간 스텝 때의 사용 수준(usage level)이 클수록 그리고 직전 시간 스텝 때에 미리 써둔 정도가 클수록 사용 가중치가 큰 값을 갖도록 정의된다.[17)] 사용 가중치 벡터(usage weighting)의 계산 과정에서, 보존 가중치 벡터(retention weighting) ψ_t는 게이트 벡터로써의 역할을 수행하

14) 이와 같이 키(key)와의 매칭 정도를 활용한 주소 찾기(addressing)를 콘텐츠-기반 어드레싱(content-based addressing)이라고 부르기도 한다.

15) A는 "빈 곳에 쓰는 할당(Allocation)"을 의미하고, C는 "콘텐츠 기반 주소 찾기(Content-based addressing)"를 의미한다.

16) 여기서 보존 가중치 벡터는, 직전 시간 스텝 때에 이미 읽어둔 정도와 자유 게이트(free gates) f_t 값이 클수록 내용 보존 필요성이 감소되는 형태로 정의되어 있음에 유의하자.

고 있음에 유의하자.

(3-3) 사용 가중치 벡터(usage weighting)의 원소들에 대해 오름차순 정렬(sorting)을 수행하여, 정렬 결과의 순위를 나타내는 비사용 순위 리스트(usage-free list) ϕ_t를 구한다. 즉, $\phi_t = SortIndicesAscending(u_t)$.

(3-4) 마지막으로, 할당 가중치(allocation weight) $a_t^w[i]$, $i \in \{1, \cdots, N\}$는 비사용 순위가 앞설수록 큰 값을 갖도록 다음과 같이 정의된다:

$$a_t[\phi_t[i]] = (1 - u_t[\phi_t[i]])\prod_{j=1}^{i-1} u_t[\phi[j]], \; i \in \{1, \cdots, N\}$$

(4) 쓰기콘텐츠-조회가중치(write content-lookup weight) $c_t^w[i]$, $i \in \{1, \cdots, N\}$는, $(t-1)$ 시점 때에 메모리 행렬(memory matrix) M_{t-1}의 각 열(row)이 쓰기 키(write key) k_t^w와 매칭되는 정도에 따라 값을 가질 수 있도록 다음과 같이 정의된다:

$$c_t^w = C(M_{t-1}, k_t^w, \beta_t^w),$$

$$\text{where } C(M, k, \beta)[i] = \frac{\exp\{D(k, M[i, .])\beta\}}{\sum_j \exp\{D(k, M[i, .])\beta\}}, \; i \in \{1, \cdots, N\}$$

여기서, $D(\cdot, \cdot)$는 $D(u, v) = (u^T v) / (\|u\| \|v\|)$로 정의되는 코사인 유사도(cosine similarity)이고, $\beta_t^w \in [1, \infty)$는 쓰기 강도(write strength)를 의미한다.

(5) 이상의 과정을 통하여 쓰기 게이트(write gate) $g_t^w \in [0, 1]$, 할당 게이트(allocation gate) $g_t^a \in [0, 1]$, 할당 가중치 벡터(allocation weighting) $a_t^w \in \Delta_N$

17) 직전 시간 스텝 때의 사용 수준(usage level)이 클수록 그리고 직전 시간 스텝 때에 이미 써둔 정도가 클수록 큰 값을 갖도록 정의된 해당 장면이, $u_{t-1} + w_{t-1}^w - (u_{t-1} \circ w_{t-1}^w)$와 같이 원소별 합을 구한 후 다시 원소별 곱을 빼주는 형태를 활용한 이유는, 사용 가중치 벡터(usage weighting)의 각 원소가 항상 [0,1] 범위 내의 값을 갖도록 하기 위함으로 보여진다. (참고: $u + w - uw = 1 - (1-u)(1-w)$)

및 쓰기 콘텐츠-조회 가중치 벡터(write content-lookup weighting) $c_t^w \in S_N$가 결정되면, 쓰기 가중치 벡터(write weighting) $w_t^w \in \Delta_N$는 다음과 같이 계산된다:

$$w_t^w = g_t^w \left(g_t^a a_t + \left(1 - g_t^a\right) c_t^w \right)$$

DNC의 메모리 행렬(memory matrix) M_t로부터 읽기 벡터(read vector) $r_t \in R^W$를 구하는 작업은 $r_t = M_t^T w_t^r$를 통해 수행된다. 여기서, $w_t^r \in \Delta_N$는 메모리 행렬로부터 읽기 벡터(read vector)를 읽어내는 과정에서 가중치 제공을 위해 사용되는 읽기 가중치 벡터(write weighting)이고 다음과 같이 구해진다:

$$w_t^r = \pi_t^b b_t + \pi_t^c c_t^r + \pi_t^f f_t$$

여기서 $\pi \equiv \left[\pi_t^b, \pi_t^c, \pi_t^f\right]^T \in S_3$은 읽기 모드 벡터(read mode vector)로써, 읽기 작업을 위한 세 가지 선택, 즉, 역방향 읽기, 콘텐츠-기반 읽기 및 순방향 읽기에 대한 확률을 나타내는 벡터이다. 읽기 작업이 이와 같은 3가지 선택을 통해 이루어짐을 나타내기 위해, 그림 6의 "For read"부분에 B, C, F를 구체적으로 표시해보았다.[18] 읽기 가중치 벡터(read weighting) w_t^r의 계산에 필요한 3 가지 요소, 즉, 순방향 가중치 벡터(forward weighting) f_t, 역방향 가중치 벡터(forward weighting) b_t 및 콘텐츠-조회 가중치 벡터 c_t^r의 계산 과정은 다음과 같이 요약될 수 있다:

(1) 순방향 가중치 벡터(forward weighting)와 역방향 가중치 벡터(forward weighting)는, 선행 가중치 벡터(precedence weighting) $p_t \in \Delta_N$와 링크 행렬(link matrix) $L_t \in [0,1]^{N \times N}$를 통해 계산된다. 여기서, 선행 가중치 벡터(precedence weighting)는 다음의 재귀 관계(recursive relation)를 통해 정의된다:

18) B, C 및 F는 각각 "역방향 읽기(Backward reading)", "콘텐츠 기반 읽기(Content-based reading)"및 "순방향 읽기(Forward reading)"을 의미한다.

$$p_t = \left(1 - \sum_{i=1}^{N} w_t^w[i]\right) p_{t-1} + w_t^w \text{ for } t = 1, \cdots \text{ 및 } p_0 = 0_{N\times 1.}$$

그리고, 링크 행렬(link matrix) $L_t \in [0,1]^{N\times N}$은 다음의 재귀 관계(recursive relation)를 통해 정의된다:

$$L_0[i,j] = 0, \forall\, i,j,\ L_t[i,i] = 0, \forall\, i,$$
$$L_t[i,j] = \left(1 - w_t^w[i] - w_t^w[j]\right) L_{t-1}[i,j] + w_t^w[i]\, p_{t-1}[j]$$

여기서 링크 행렬 L_t는 입력이 w_{t-1}^w인 경우에 출력이 w_t^w이 되도록 해주는 선형연산자의 동적 행렬표현(dynamic matrix representation)에 가까우며, 선행 가중치 벡터 p_{t-1}는 $(t-1)$ 시점 때의 쓰기 가중치 벡터(write weighting) w_{t-1}^w에 대한 매끄러운 버전임에 유의하자.[19] 그리고, L_t의 대각항이 모두 0이 되도록 한 것은 홉필드 신경망[18] 시절부터 효과적인 연상 작용의 구현을 위해 자주 사용되어온 전략임에도 유의하자.

(2) 순방향 가중치 벡터(forward weighting) f_t와 역방향 가중치 벡터(forward weighting) b_t는 $(t-1)$ 시점의 읽기 가중치 벡터(read weighting) w_{t-1}^r에 각각 링크 행렬 L_t과 그 전치행렬을 곱하여 구한다. 즉,

$$f_t = L_t w_{t-1}^r,\ b_t = L_t^T w_{t-1}^r.$$

(3) 마지막으로, 읽기 콘텐츠-조회 가중치(read content-lookup weight) $c_t^r[i], i \in \{1, \cdots, N\}$는, $(t-1)$ 시점 때에 메모리 행렬(memory matrix) M_{t-1}의 각 열(row)이 읽기 키(read key) k_t^r와 매칭되는 정도에 따라 값을 가질 수 있도록 다음과 같이 정의된다:

19) 링크 행렬(link matrix)을 위한 재귀식이 L_t의 범위를 알맞은 수준으로 유지시켜 줌을 따져보는 것은 매우 흥미로운 정성적 분석(qualitative analysis)이 될 것이다.

$$c_t^r = C\left(M_{t-1}, k_t{}^r, \beta_t{}^r\right),$$

$$\text{where } C(M, k, \beta)[i] = \frac{\exp\{D(k, M[i, .])\beta\}}{\sum_j \exp\{D(k, M[i, .])\beta\}}, \ i \in \{1, \cdots, N\}$$

앞에서 언급한 바와 같이 $D(\cdot, \cdot)$는 코사인 유사도(cosine similarity)이고, $\beta_t^r \in [1, \infty)$는 읽기 강도(read strength)이다.

본 장의 분량 중 상당 부분은 구글 딥마인드의 DNC(differentiable neural computer, 미분가능 뉴럴 컴퓨터)[23]의 설명을 다루었다. 필자의 견해로는, DNC는 장차 머신러닝의 응용 범위를 확대하고 제어기의 역량을 심화하여 궁극적으로 머신 러닝을 한 단계 더 높은 수준으로 도약할 수 있도록 해주는 미래 지향적 기술 중 하나로 발전할 것으로 생각한다.

참고문헌

[1] Rosenblatt, F. (1958). The perceptron: A probabilistic model for information storage and organization in the brain. *Psychological review*, *65*(6), 386.

[2] Widrow, B., &Lehr, M. A. (1990). 30 years of adaptive neural networks: perceptron, madaline, and backpropagation. *Proceedings of the IEEE*, *78*(9), 1415-1442.

[3] Mikel Olazaran (1996). A sociological study of the official history of the Perceptrons controversy". *Social Studies of Science*. *26* (3): 611–659. JSTOR 285702. doi:10.1177/030631296026003005.

[4] Minsky, M., &Papert, S. (1969). Perceptrons.

[5] Cybenko, G. (1989). Approximation by superpositions of a sigmoidal function. *Mathematics of Control, Signals, and Systems (MCSS)*, *2*(4), 303-314.

[6] Hornik, K., Stinchcombe, M., &White, H. (1989). Multilayer feedforward networks are universal approximators. *Neural networks*, *2*(5), 359-366.

[7] Rumelhart, D. E., Hinton, G. E., &Williams, R. J. (1985). *Learning internal representations by error propagation* (No. ICS-8506). California Univ San Diego La Jolla Inst for Cognitive Science.

[8] Rumelhart, D. E., McClelland, J. L., &PDP Research Group. (1987). *Parallel distributed processing* (Vol. 1, p. 184). Cambridge, MA, USA:: MIT press.

[9] http://www.cs.toronto.edu/~hinton/papers.html.

[10] Boden, M. A. (2006). *Mind as machine: A history of cognitive science*. Clarendon Press.

[11] LeCun, Y., &Bengio, Y. (1995). Convolutional networks for images, speech, and time series. *The handbook of brain theory and neural networks*, *3361*(10), 1995.

[12] LeCun, Y., Bengio, Y., &Hinton, G. (2015). Deep learning. *Nature*, *521*(7553), 436-444.

[13] Goodfellow, I., Bengio, Y., &Courville, A. (2016). *Deep learning*. MIT press.

[14] Krizhevsky, A., Sutskever, I., &Hinton, G. E. (2012). Imagenet classification with deep convolutional neural networks. In *Advances in neural information processing systems* (pp. 1097-1105).

[15] Simonyan, K., &Zisserman, A. (2014). Very deep convolutional networks for large-scale image recognition. *arXiv preprint arXiv:1409.1556*.

[16] Szegedy, C., Liu, W., Jia, Y., Sermanet, P., Reed, S., Anguelov, D., ... &Rabinovich, A. (2015). Going deeper with convolutions. In *Proceedings of the IEEE conference*

on computer vision and pattern recognition (pp. 1-9).

[17] He, K., Zhang, X., Ren, S., &Sun, J. (2016). Deep residual learning for image recognition. In *Proceedings of the IEEE conference on computer vision and pattern recognition* (pp. 770-778).

[18] Hopfield, J. J. (1982). Neural networks and physical systems with emergent collective computational abilities. *Proceedings of the national academy of sciences, 79*(8), 2554-2558.

[19] Kosko, B. (1988). Bidirectional associative memories. *IEEE Transactions on Systems, man, and Cybernetics, 18*(1), 49-60.

[20] Hochreiter, S., & Schmidhuber, J. (1997). Long short-term memory. *Neural computation, 9*(8), 1735-1780.

[21] Cho, K., Van Merriënboer, B., Bahdanau, D., & Bengio, Y. (2014). On the properties of neural machine translation: Encoder-decoder approaches. *arXiv preprint arXiv:1409.1259*.

[22] Chung, J., Gulcehre, C., Cho, K., & Bengio, Y. (2014). Empirical evaluation of gated recurrent neural networks on sequence modeling. arXiv preprint arXiv:1412.3555.

[23] Graves, A., Wayne, G., Reynolds, M., Harley, T., Danihelka, I., Grabska-Barwińska, A., ... &Badia, A. P. (2016). Hybrid computing using a neural network with dynamic external memory. *Nature, 538*(7626), 471-476.

[24] http://github.com/deepmind/dnc

국문 색인

ㄱ

ㅇ

ㅈ

ㅊ

ㅋ

ㅌ

ㅍ

ㅎ

영문 색인

K

L

M

S

T

저자 소개

김지연 spring900@gmail.com

2010년 : 고려대학교 과학기술학협동과정 박사
2012~2013년 : 가톨릭대 인문과학연구소 연구교수
2015~2016년 : 고려대 과학기술학연구소 연구교수
2015년~현재 : 한국과학기술학회지 편집위원
2016년~현재 : 고려대 공과대학 연구교수
연구분야 : 기술사회학, IT 정책

박주영 parkj@korea.ac.kr

1983년 : 서울대학교 전기공학과 공학사
1985년 : KAIST 핵공학과 공학석사
1992년 : 미국 텍사스주립대학 전기 및 컴퓨터 공학과 공학박사
1993년~현재 : 고려대학교 전자기계융합공학과(학부) 제어계측공학과(대학원) 교수
연구분야 : 머신러닝, 제어이론

박정호 seanpark0107@naver.com

2016년 : 고려대학교 제어계측공학과 공학사
2018년 : 고려대학교 대학원 제어계측공학과 석사
2018년~현재 : 연세의료원 산학협력단 헬스IT산업화지원센터
연구분야 : 머신러닝, 제어이론

김재인 kkjin85@korea.ac.kr

2012년 : 가천대학교 수학정보학과 이학사
2013년~현재 : 고려대학교 대학원 수학과 박사과정
연구분야 : 머신러닝, 제어이론

김태환 kteaw0110@gmail.com

2015년 : 고려대학교 제어계측공학과 공학사
2017년 : 고려대학교 대학원 제어계측공학과 석사
2017년~현재 : KT융합기술연구원 AI기술팀
연구분야 : 머신러닝, 제어이론

머신러닝 기술의 이해 : 기술사회학과 공학적 측면을 중심으로

김지연 · 박주영 · 박정호 · 김재인 · 김태환 공저
1판 1쇄 인쇄 2018년 1월 15일
1판 1쇄 발행 2018년 2월 1일

편집인 명 혜 란
펴낸이 안 기 열
발행처 드림미디어
서울특별시 마포구 연남동 493-1번지 세창빌딩 501호
전화 (02)332-3812~3
팩스 (02)323-4560
메일 dream356@empas.com

등록번호 제 6-0465호
ISBN 978-89-91051-54-6
정가 20,000원
* 저자와의 협의 하에 인지는 생략합니다.

불법복사는 지적 재산을 훔치는 범죄행위입니다.
저작권법 제136조(권리의 침해죄)에 따라 위반자는 5년 이하의 징역 또는 5천만 원 이하의 벌금에 처하거나 이를 병과할 수 있습니다.